조선교통사 제2권

일러두기

1. 서울의 지명은 을사늑약(1905) 이전까지 조선시대 수도인 한양으로 표기하고, 을사늑약 이후부터 일제강점기까지는 경성, 해방 이후는 서울로 표기하였다.
2. 국가명은 시대에 따라 조선, 한국으로 나누어 표기하였다. (단 문서 초록의 경우 조선시대이더라도 원문이 한국일 경우 한국으로 표기함)
3. '한일합병' 또는 '한일합병 조약'은 강제성을 나타내기 위하여 한국병합늑약, 한국병합조약 등의 표현이 거론되고 있으나, 아직 표기가 통일되지 않아서 국어사전과 백과사전에 실린 '한일합병'을 그대로 사용하였다. 참고로 국권피탈과 경술국치는 1910년 전반을 가리키는 말로, 조약 자체보다 범위가 넓어서 배제하였다.

조선교통사 제2권

초판 1쇄 인쇄일	2017년 6월 7일
초판 1쇄 발행일	2017년 6월 12일
지은이	센코카이(鮮交会)
기획·편찬	한국철도문화재단, 한국철도협회
옮긴이	최영수, 서홍
감수	이용상
펴낸이	최길주
펴낸곳	도서출판 BG북갤러리
등록일자	2003년 11월 5일(제318-2003-000130호)
주소	서울시 영등포구 국회대로72길 6, 405호(여의도동, 아크로폴리스)
전화	02)761-7005(代)
팩스	02)761-7995
홈페이지	http://www.bookgallery.co.kr
E-mail	cgjpower@hanmail.net

ⓒ 한국철도문화재단 · 한국철도협회, 2017

ISBN 978-89-6495-103-3 94300
　　　978-89-6495-034-0 (세트)

이 도서의 국립중앙도서관 출판시도서목록(CIP)은 e-CIP홈페이지(http://www.nl.go.kr/ecip)와 국가자료공동목록시스템(http://www.nl.go.kr/kolisnet)에서 이용하실 수 있습니다. (CIP제어번호 : CIP2017012435)

조선교통사

朝/鮮/交/通/史

센코카이(鮮交会) 지음
한국철도문화재단
한국철도협회 공동 기획·편찬

제2권

BG 북갤러리

일본과 한국은 지리적으로 가까운 위치에 있어 고대로부터 인문, 문화의 교류도 빈번한, 가까운 나라였다는 것은 역사적으로도 잘 알려져 왔다.

조선반도는 1899년 경성과 인천 간의 철도가 개통되었다. 그 후 45년간 선각자들이 산야를 측량하고 터널을 파고 교량을 통해 철도를 개통하여 전국에 증기기관차를 달리게 하였다. 철도교통은 민간의 손에서 시작하였지만 시대의 요청에 따라 군용선의 건설로부터 이후 조선반도의 자원개발, 경제발전을 위해 한반도의 지역적 교류에 크게 기여했다. 그러나 태평양전쟁 발발 이후 수송력 증강을 위한 사명으로 그 운영이 수차례 변화하는 경험을 했다. 또한 조선총독부 철도국은 1933년 이후 그동안의 철도사업 이외에 해사, 해운, 항만, 세관 등을 추가하여 교통행정의 일원화를 도모하는 교통국으로 조직이 변화하였다.

이러한 경영에 참여하였던 많은 직원들이 40년이 지난 지금에 당시의 상황을 자세하게 기록하고 내용을 집대성하는 교통사의 간행을 여망해 왔다.

여기에 각지에 산재해 있는 자료와 실제로 수십 년 전의 기억을 더듬어 하나의 책으로 만들어 낸 것으로, 회원일동의 기쁨이다.

이 교통사는 과거, 1899년부터 1945년까지 45년간의 조선철도교통의 귀중한 업적을 그대로 기술한 것이다.

금년 재단법인 선교회 설립 20년을 맞이하여 기념사업으로 편찬한 《조선교통사》를 각 방면에서 많이 읽어주기를 희망하며 《조선교통사》의 간행에 있어 감사의 인사를 드린다.

1986년 4월 1일
재단법인 선교회 이사장 야마토 요이치(大和与一)

발간사 II

우리 철도 역사는 금년으로 118년을 맞이한다. 우리나라 근대화를 견인한 철도는 해방 이후 산업화와 경제 성장의 주요한 동력이 되었다. 최근에는 호남고속철도 개통과 2018년 초에는 동서를 횡단하는 인천~강릉까지의 철도가 운행을 예정하고 있다.

철도는 환경과 에너지 면에서 우수하며, 사회경제적 그리고 문화적인 측면에서도 그 역할이 커지고 있다.

그동안 우리나라 철도 발전에서 미흡했던 점은 철도를 문화적인 측면에서 바라보고 이를 체계적으로 정리, 발전시키는 일이었다. 이에 한국 철도문화의 발굴과 보급을 위해 한국철도문화재단은 2008년 12월 10일 당시 국토해양부 재단법인으로 설립되었다. 그동안 한국철도문화재단은 국토교통부, 철도시설공단, 철도공사와 함께 '한국철도문학상'을 제정하여 7회에 걸쳐 시행하였고, 또한 정기적인 철도문화 세미나, 철도서적 편찬작업 등을 꾸준히 진행해 왔다.

이 책은 우리 문화재단의 출판 사업으로 추진되었다. 문화재단은 철도사 정리의 일환으로 초기 철도사에 있어 가장 중요한 자료를 포함하고 있는 《조선교통사》 번역작업을 추진해 왔다. 2012년에 《조선교통사》 제1권이 출간되었고, 이번이 그 후속작업이다.

이 《조선교통사》 출간 사업을 통해 좀 더 체계적으로 철도 역사가 정리되어 연구의 깊이가 더해지기를 기대한다. 아울러 기본적인 사료가 널리 읽혀지고 인용되어 철도 연구의 시계열적·공간적인 범위가 더욱 확대될 것을 기원해 본다.

향후 철도는 역사와 문화를 통해 새롭게 조명되고, 세계 각국의 역사와 사람 속에서 살아있는 공통의 언어로 자리매김할 것이다.

이 번역서의 출간에 도움을 주신 철도협회장이신 강영일 철도시설공단 이사장께 감사의 인사를 전한다.

2017년 4월
한국철도문화재단 이사장 김동건

발간사 Ⅲ

지난 2012년 출간되었던 《조선교통사》 제1권의 속편으로 해방 전 초기 철도의 기술과 철도운영 상황을 상세히 기술한 《조선교통사》 제2권 발간이 마무리되었다.

바쁘신 일정에도 불구하고 이 책의 집필을 위해 노고를 아끼지 않으신 우송대학교 이용상 교수님과 한국철도문화재단 그리고 관계자분들께 깊은 감사의 말씀을 전한다.

역사는 시대에 따라 끊임없이 변하며 새로운 요소를 받아들이고, 이를 창조적으로 재구성하는 '삶을 담는 그릇'과 같다고 한다. 이번에 발간되는 《조선교통사》 제2권은 초기 한국 철도가 걸어온 길 그리고 그 시대의 기술과 환경을 자세히 들여다 볼 수 있는 귀중한 자료로써, 우리 철도의 정체성 확립과 비전을 제시할 수 있는 소중한 사료가 될 것으로 기대한다.

118년에 이르는 오랜 세월, 철도는 한반도 경제 발전과 문화 교류의 가교 역할을 충실히 해왔다. 특히 2004년 경부고속철도를 시작으로, 2015년 호남고속철도, 2016년 수서고속철도로 이어진 고속철도의 시대는 전국 반나절 생활권이란 속도 혁명과 함께 국민 생활의 패러다임을 혁신하였고, 국토 균형발전 기여 등 일일이 열거하기 힘든 다양한 사회·경제적 시너지를 창출하였다.

이 과정에서 33.2km로 시작된 철도 연장거리는 현재 4,039km로 120배 이상 늘어났으며, 해외에서도 인프라와 시스템, 차량으로 대한민국 철도는 그 외연을 꾸준히 넓혀가고 있다.

이제 우리는 지금까지의 성과를 토대로 제4차 산업혁명의 도래와 초불확실성 시대의 급변하는 변화의 물결에 맞서 세상이 바꿀 철도를 들여다보고, 철도가 바꿀 세상을 함께 꿈꾸며 만들어 나가야 한다.

대한민국이 진정한 철도 강국으로 발돋움하고 한국 철도가 세계인이 주목하는 글로벌 브랜드로 자리매김하기 위해 우리 철도의 시작과 현재를 조명하고, 철도의 발전적인 변화를 이끌어 내기 위한 노력이 절실한 시점이다.

이번 《조선교통사》 제2권 출간이 철도산업의 발전과 성장의 소중한 밑거름이 되기를 희망하며, 이 책과 함께하는 독자여러분의 앞날에도 무한한 영광과 행복이 충만하기를 간절히 기원한다.

2017년 4월
한국철도협회 회장 강영일

제2권 서문

《조선교통사》 제1권을 출간한 것이 5년 전인 2012년 5월이었다. 그때의 생각으로는 3년 후인 2015년에 《조선교통사》 제2권 출간을 예정했었다. 여러 가지 사정으로 번역이 지연되었다. 일차적인 책임은 이를 추진한 본인에게 있다. 가끔은 연구자들이나 독자들로부터 《조선교통사》 제2권에 대한 문의를 받았지만 마무리를 짓지 못했다. 작년부터 본격적인 작업이 시작되어 이제 마무리가 되었다.

《조선교통사》는 일제강점기 철도를 사실 위주로 정리한 가장 권위 있는 저서로 평가되고 있으며, 총 14편으로 구성되어 있다.

철도 경영 · 조직, 건설 · 개량 및 보선, 건축, 차량, 공장, 전기, 통신, 운전, 영업, 자재, 행정 그리고 해운행정, 항공행정, 항만시설로 구성되어 있다. 《조선교통사》 제1권에서는 1편에서 3편까지로 경영 · 조직과 건설을 다루고 있다.

이번 《조선교통사》 제2권은 4편에서 8편까지로 개량, 보선, 건축, 차량, 공장, 전기, 통신, 운전의 내용을 포함하고 있다.

이번 내용은 당시의 기술적인 내용이 대부분 포함되어 있다. 개량공사 내역과 비용, 역의 건축양식, 차량의 종류, 열차 운행시각 등을 통하여 당시의 기술, 차량 운행 상황을 자세하게 알 수 있다.

번역자들은 가능한 한 원문에 충실하려고 했지만 기술적인 용어들은 이해하기 쉽게 현재의 철도용어로 표현하였다. 일본인들의 철도 부설 의도를 알 수 있는 문구도 그대로 두어 독자들이 판단하게 하였다.

이번 작업을 하면서도 계속적으로 머리에서 떠나지 않는 것은 당시 한반도의 철도에 대한 성격과 그 영향력이었다. 일제강점기를 지나고 해방 이후 산업화기를 지난 이제 고속철도가 운영되고 있는 '우리 철도에 있어서 일제강점기 철도는 지금 어떤 의미를 가지고 있는가'이다.

향후 좀 더 깊은 연구를 통해 일본 본토와 타이완, 만주철도, 사할린철도와 어떤 공통점이 있었고 차이점이 무엇이었는가를 규명할 때 우리 철도의 성격이 더욱 분명해질 것이다.

《조선교통사》 제2권의 대부분은 철도운영에 있어 기술적인 영역에 해당하는 분야로 조선철도의 성격을 규명하는 데 매우 중요한 부분이라고 할 것이다.

《조선교통사》 제2권의 출간에도 많은 분들의 도움이 있었다. 먼저 (주)세종기술의 송진호 회장님의 도움이 있었다. 흔쾌하게 번역작업을 하는 데 물질적인 지원을 주셨다.

번역은 《조선교통사》 제1권에도 수고해 주셨던 최영수 박사와 새롭게 서홍 박사가 담당해 주었다. 노고에 감사를 드린다.

출간은 《조선교통사》 편찬을 총괄하는 한국철도문화재단과 한국철도협회가 맡아 주었다. 관계자 여러분들께 심심한 감사의 인사를 드린다.

나머지 마지막부분인 《조선교통사》 제3권도 머지않은 장래에 세상에 빛을 보게 할 것이다.

이번 번역서를 통해 한국 철도사의 연구 깊이와 영역이 더욱 넓어져서 많은 연구자들이 배출되었으면 하는 마음 간절하다.

2017년 4월
봄의 향기가 있는 연구실에서 **이용상** 씀

《조선교통사》 제1, 2, 3권 전체 목차

제4편
국유철도의
건설·개량 및 보선

제1권 제4편 제1장에 이어서

제2장
개량

제1절 개량사업의 개요

국유철도는 창업시부터 제1차 직영, 남만주철도주식회사 위탁경영시대를 지나 제2차 직영(제1기) 중반인 1920년대 초기까지는 조선반도(한반도)에 철도를 보급 및 발달시키기 위해 신선 건설에 중점을 두는 한편, 그 당시의 요청에 따라 소규모 계획으로 기존 선 개량공사를 진행하는, 이른바 건주개종형(建主改從型)이었다.

그런데 1931년 만주사변 발발 이후 급변하는 시국의 정세 변화에 따라 중요산업의 개발 확충과 수송력 증강을 최고의 사명으로 시급함을 요하는 크고 작은 개량공사가 경부, 경의 등의 주요 간선뿐 아니라 조선 각 선에 걸쳐 해마다 그 공사량이 증가했다. 또한 전세가 더욱 치열해짐에 따라 대륙으로의 물자 수송에 대응하기 위해 개량비가 방대한 금액에 달하게 되어, 이른바 개주건종형(改主建從型)으로 바뀌었다. 그리고 당국은 이러한 사명의 완수를 위해 기술자를 총동원하여 밤낮으로 시행에 만전을 기해 왔으나, 그 일부는 공사 진행 중 전쟁이 종결되었다.

수송력 증강을 위해서는 ① 선로용량 증가, ② 열차 속도 향상, ③ 중량 기관차 운행 등이 필요한 요소였으며, 이를 위해 광범위한 분야에 걸쳐서 개량공사를 실시하였다.

그 주요 내용을 크게 구분하면 대략 다음과 같다.

(1) 선로 개량

　　중량 레일 변환

　　경사도 및 곡선 완화

　　시공기초면의 상승

　　건조물(교량, 구교(소규모 교량), 터널 등)의 개축

　　지역교통의 정비 확충(서울과 용산, 청진지구 외)

(2) 역설비 개량

　　역과 신호소 등의 신설 및 정거장설비 개량, 유효장 연장, 급탄 및 급수 시설 개량, 연락설비 및 종단역시설 정비 확충

　　기관차고 신·증축

(3) 복선 등의 선로 증설

(4) 조차장 신·증설

(5) 매수선의 광범위한 개축과 증강

철도 창업시대

조선철도는 1906년에 설치된 통감부 철도관리국의 경영 아래 들어가면서 국유로 통일되었으며, 당시의 개량공사는 우선 경부와 경의 양 선의 선로 개량이었다. 당시 군사상 필요로 인해 급하게 건설된 경의선 선로와 설비의 개량이 필요한 곳이 많았다. 이들 공사는 1907년부터 1911년 사이에 시행되었다. 경부선 또한 이 사이에 마산선과 경인선, 호남선과 함께 남은 신설공사와 병행하여 개량공사가 진행되었으며, 동시에 경부선 종단시설 확충 등을 시행했다.

〈호남선 건설〉

개통 당시 군산역

용산 방면 측량대(1910년 11월 용산 복귀)

완전 개통 당시 목포역(1914년)

원산 방면 측량대(1911년 4월 원산 출발)

서빙고~왕십리 선로(한강 연안의 풍경)

청량리정차장(1911년 10월, 용산~의정부 간 개통 당시)

한탄강교량(동두천~전곡 간. 1912년 7월 연천까지 개통 당시)

검불랑 부근 대형축제공사

상동 아치교공사

삼방 제5호선 남쪽 출구(세포~삼방 간, 1914년 8월 경원선 전체 개통 시)

삼방천 제15호 교량(재천(載川)~고산 간에 있으며, 1914년 8월 전체 개통 시)

원산정차장(1913년 8월 원산~용지원 간 개통 시)

내금강, 장안사 전경

내금강, 진주담

〈함경선 건설〉

청진~회령 간 철도 부설 전 청진. 수압식 경편철도(1905년)

성진북부공구 카릿트 폭파공사(1919년)

호안옹벽(1919년)

단천 남대천교량(2,411피트)과 북대천교량(1,829피트, 1927년)

기암~용강 간 해변(1927년)

곡구~기암 간 해변(1927년)

원산 송도원해수욕장(1923년 8월)

〈경경선 공사〉

교량공사(상판지지 거더 가설용 스테이징 설치)

대형 축제공사

터널공사

장척 궤조 부설(경경남부선)

죽령터널 갱문

북한강교량공사(경경북부선)

육교공사(철근 콘크리트 상판)

원주역 구내

〈평원선(동부) 건설〉

터널공사

교량 기초공사

궤도 연장공사

〈혜산선 건설〉

연선 결빙 상황

교량공사

〈만포선 건설〉

만포진 부근 압록강

독로강 구현령을 분수령으로, 북으로 흘러 압록강으로 합류

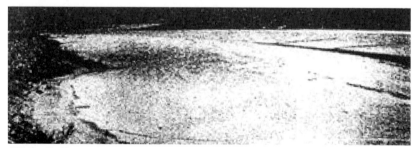

청천강 구현령을 분수령으로, 남으로 흘러 황하로 들어간다.

명문천 제11교량(스테이징으로 T수평재 철근 콘크리트 시공중)

예전의 세검정 만포진 시가 북부, 압록강에 면한 절벽 위에 세워진 이조 중기 것으로 청 태조 침략 시 조선의 박남흥 장군이 이를 격퇴한 뒤, 압록강에서 검을 씻어 칼집에 넣었다는 전설이 있다. 1939년 8월 낙뢰로 소실

명문천 제13교량(스테이징 대용의 목제 트러스로 T수평재 철근 콘크리트 시공중)

명문천 제10교량(T수평재 철근 콘크리트, 경간 12m)

개고정차장 및 피난선(최급구배 100/1,000인 피난선)

구현 제10터널 갱내의 일부

구현 제5터널의 내벽을 쌓아 올리기 위해 잔교를 매단 모습

구현 제15터널과 연목교량

연목교량공사

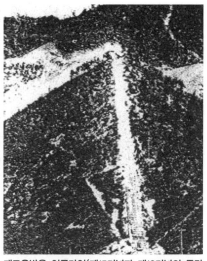

재료운반용 인클라인(제15터널과 제16터널의 중간 교차점 표고 해발 546m, 궤간 60cm, 복선 직선거리 100m, 연장 244m, 동력 15마력 전동기)

구현령공사구 전경

구현령터널 순천 방향 출구 도갱 굴착 상황(연장 2,377m)

구현령터널 순천 방향 출구 갱문

구현령터널 만포 방향 출구 갱문

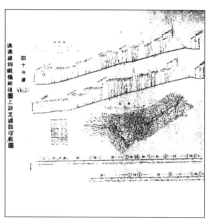

구현령 전후 선로도

상판지지 거더 운반 상황

상판지지 거더 가설 상황

상판지지 거더 가선(새들)공사

전천~강계 간 별하리 상판지지 거더 가설공사(1937년 9월)

만포선과 매집선의 직결. 야마다(山田) 철도국장의 침목정 설치 기념식

〈동해북부선 건설〉

측량대 출발(1927년 4월)

해안선 풍경

해안 파도 방지 콘크리트작업(상음~흡곡 간, 1928년 10월)

교량공사

외금강 십이폭포

외금강, 만물상의 위용

해금강, 봉래도

〈백무선 건설〉

해금강, 총석정

북계수역 조선 내 최고 표고 해발 1,720m(1933년 9월 개통) 조명은 석류램프

과목∼학구 간의 학구천 아치교 부근의 대형 축제

목재반출열차

제1차 직영시대

압록강 가교공사는 경의선의 선로 개량공사 시행과 거의 같은 시기에 착수되었으며, 1911년 11월에 준공되었다. 같은 시기에 만철 안봉선의 광궤 개축공사도 완료되었다. 이로써 오랜 기간의 숙원이었던 조선~만주 간 연락선이 달성되었다.

이로 인해 경부와 경의 간선의 강화 개량이 더욱 필요해졌으며, 전선에 걸쳐 곡선 개량과 중량 레일로의 변경, 침목 증설, 역시설 개량 등의 각종 공사가 시행되었다. 또한 한강교량 개축 등과 더불어 1912년 9월 제2 가교가 가설되었으며, 마산선도 수해 대책을 위해 진영~낙동강 구간 선로의 기초면 상승공사를 실시하였다.

남만주철도주식회사 위탁경영시대

1912~1926년 사이에는 부산과 인천 등의 해륙연락설비, 부산 및 부산진 구간 복선공사 외 경부선 대구~부강 간(143.7km) 선로 개량과 특히 성현터널(2,323m) 신설과 그 전후 선로의 개량 등 대규모 공사를 실시하였다.

그밖에 부산 제2잔교의 증설 외에 경의선은 남대문역에서 신촌을 거쳐 수색역으로 직결되는 새 선로로 개량되었다. 또한 남대문역은 증·개축에 의해 근대적인 설비를 갖추고 경성역으로 개칭되어 운행을 개시하면서 완전히 다른 모습을 보여주게 되었다.

제2차 직영(제1기)시대

1927년 이래로 철도 12년 계획 실시 및 만주사변 후의 정세 변환에 대응하기 위해 개량공사가 계속해서 실시되었다. 그 주요 내용은 다음과 같다.

(1) 열차 운행 횟수 증가, 열차 속도 향상과 중기관차 운행에 적합한 선로 개량공사
(2) 지선 및 사설철도와의 연결설비 개선, 정거장설비 개량

진남포 석탄집적시설(1933년 4월)

(3) 매수선의 광궤 개축과 보강공사

특히 경부와 경의선은 급증하는 수송에 대처하기 위해,

(1) 중량 레일로 변환

(2) 완화 곡선 삽입

(3) 교량, 구교(溝橋) 등의 보강 및 호포천교량 개축

(4) 정거장설비 및 전기 · 통신설비 확충

(5) 진남포 무연탄 선적설비 신설

등 수송력 증강을 위한 개량공사 등을 실시하였다.

이 가운데 무연탄 선적설비는 일본 최초의 시도였는데, 동시에 송탄 제반 기계설비 등도 1935년 초기에 완성됨에 따라 조선 서부 일대의 무연탄 화물 취급 능력은 크게 향상되었다.

이 기간의 주요 개량공사는 〈표 4-3〉과 같다.

<표 4-3> 개량공사 명세표(1907~1925년)

(1) 철도 창업시대

선명	공사 종류	구간	연장구간	공사기간	기사
경의선	경사면, 곡선 교량 등 개량 정거장설비 개량	전 구간	496km	1907. 4. ~1911. 11.	터널 신설 19개소 연장 5,400m 교량 개축 22개소 연장 7,343m 역 신축 또는 증·개축
		전 구간	26개소	상동	
경부선	부산종단시설	부산~초량	4.6km	1907. 4.~1912.	부산~초량 간 선로 증설, 부산정거장, 부산잔교
경인선	선로 개량	인천~영등포	29.7km	1907.~1909.	교량, 구교(溝橋) 개축, 복선토목공사 낙동강교 가구조 개축
마산선	선로 개량	낙동강교 전 구간	40.1km	1905. 10. ~1908. 4.	선로 개량

(2) 제1차 직영시대

선명	공사 종류	구간	연장구간	공사기간	기사
경부선	한강교량	노량진~용산	1.3km	1911.~1925.	제2교량 가설, 구교(舊橋) 개축, 전후 기초면 상승
	선로 증설	영등포~남대문	9.2km	1913.~1914.	복선
마산선	기초면 상승	잔영~낙동강	13.4km	1912.~1913.	기초면 상승, 연약지반 방지공사

(3) 만철 위탁직영시대

선명	공사 종류	구간	연장구간	공사기간	기사
경부선	선로 개량	대구~부강	143.7km	1914. 10. ~1919. 12.	노선 변경에 의한 경사면, 곡선 등 선로의 대대적인 개량
	성현터널	남성현~삼성	2,323m	1920. 2. ~1923. 3.	터널 신설, 터널 전후의 선로 개량
경인선	해륙연락시설 선로 증설	부산		1917.~1919.	화물 반입선 증설, 화물장치장
		인천		1922.~1923.	화물 측선 증설, 화물장치장
		부산~부산진	2.9km	1917.~1918. 6.	부산~부산진 간 복선
경의선	경성역 신축	경성		1922. 6. ~1925. 10.	남대문역 개·증축 경성역으로 개칭(1923. 1.)
	선로 개량	경성~수색	8.5km	1919.~1920. 12.	아현~의령터널 신설, 경성~신촌~수색 간 선로 신설, 용산역 구내 개량

(4) 제2차 직영(제1기)시대(1926~1935년)

선명	공사 종류	구간	연장 개소	공사기간	기사
경부선	수송량 증가에 동반된 선로 개량	부산~경성	전 구간	여러 해	중량 레일 변경, 완화곡선 삽입, 교량, 구교(溝橋) 보강, 정거장설비 개량
경의선		경성~안동	전 구간	여러 해	
전라선	매수선의 광궤 개축	이리~전주	25.3km	1928. 4.~1929. 9.	전북철도 매수선, 만경강교량 개축을 포함한 구간철도 매수선, 조선철도 경동선 매수선
도문선		회령~동관진	57.7km	1931. 5.~1933. 8.	
동해선		울산~경주	39.3km	1935. 6.~1936. 12.	
평남선	진남포 무연탄 선적설비 신설	진남포 ~대동강연안		1931. 9.~1935. 2.	공유수면 매립, 무연탄 선적 잔교, 구내 석탄선, 기계설비, 조탄설비
경부선	호포천 교량 개축	구포~물금	18.3m×7	1934. 11.~1935. 10.	우물통 기초, 연약지반 근고정 공사, 부제방

제2차 직영(제2기)시대

이 기간의 조선 국유철도는 일본~조선~중국대륙 간 수송교통의 대동맥으로서 시국의 변화에 따라 업무량이 급격히 늘어나면서 조선 내 지하자원 개발과 산업경제 발전에 따른 수송량까지 급증, 그 사명 달성을 위한 여러 시책이 전 노선에 걸쳐 이루어지게 되었다. 이러한 새로운 정세에 대응하여 각종 수송력 증강을 위한 개량공사가 실시되었다. 즉, 1937년 제70회 의회부터 1945년의 제86회 의회까지 협의를 거친 주요 개량공사는 〈표 4-3〉 상세 연도별 개량공사(신규계획) 명세표에 나타난 바와 같으나,

청천강교량 복사재구 조립(1940년 5월)

청천강 하행선 신교량(우측은 구 교량, 1940년 8월)

(1) 당초에는 경부 및 경의선 주요 간선 선로 개량, 역설비 개량 외에 경부선의 일부 복선화에 착수하였다.
(2) 다음 연도부터는 경부 및 경의선 복선화 전면시행을 수차례 착수한 데다 주요 교량의 개축 및 개량공사까지 겹쳐 공사량은 매우 증가하였다.
(3) 또한 1939년부터는 북선지방의 지하자원 개발에 맞추어 각종 산업 확충 강화에 따른 수송량 증가로, 경원과 함경선 일부 구간의 복선화 등에 착수하였다.
(4) 1940년에는 부산과 수색, 평양의 3대 조차장 신·증설에 착수하였다.
1941년 12월 태평양전쟁의 발발로 인한 전세(戰勢)국면의 추이에 따른 격동의 시국 하에서 일변한 내외 제반정세로 조선 내 중요산업의 강화가 요구되는 한편, 대륙 물자 수송도 떠맡게 되었다. 이들 사태에 대응하기 위해,
(5) 경의선 복선화의 남은 구간(남시~신의주 간)의 복선과 다사도철도의 남시~신의주 간 매수 및 선로 개량
(6) 함경선 일부 복선화 구간의 추가 시행
(7) 만포선 개량
(8) 중계항으로서의 부산 종단시설 확충
(9) 부산~신의주 간 역설비 개량, 관동 기관차량의 신·증설
(10) 조차장의 신·증설
(11) 철광석의 시급한 채굴을 목적으로 각의에서 결정된 황해선 매수 및 개량공사에 착수하여 이 중 사리원~하성 간(41.7km)은 많은 노력 끝에

완성되어 철광석 증산에 크게 기여하였다.

1944년 2월 제정된 '결전 비상조치 요강'에 의해 기존의 계획이 변경되어 시행중이던 경원·함경선 일부 복선공사 중 13구간이 중지되었다. 그 외 구간에 있어서는 소기의 준공을 위해 총력을 기울여 완성에 매진하였으나, 속행 중 전쟁이 종결되었다. 또한 노반 완성 구간도 선로 부족 때문에 복선운전을 개시한 곳은 얼마 되지 않았다.

그리고 수송간선인 경부 및 경의선 복선공사는 철강 공급의 지연으로 청천강교량 외 2교의 횡목 가설 완성이 예정 기간보다 늦어졌으나, 1944년 7월 중앙에서 급속 복선화 완성의 필요성이 인정되어 완성을 위해 모든 노력을 경주하였다. 그 결과 같은 해 12월 복선선로를 연결, 정비하여 1945년 2월 준공하고, 3교는 미완성인 채로 전 구간의 복선운전이 개시되었다.

⑿ 1945년 신규계획 개량공사는 다음과 같았다.

    ① 목포~삼학도 간 노선 신설

    ② 부산항 화차 항공수송설비 신설

    ③ 방공시설

또한 1945년 상반기에 긴박한 전세 정황에 대응하여 시행된 시설 확충공사는,

⑴ 전술한 청천강교 외 2교 급속 완성(6월 1일 개통)

⑵ 부산·평양·대전조차장설비 및 급속 정비하고 생산량 증가를 꾀함(미완성)

⑶ 부산지구의 조차 집적 및 공항 능력 제고(미완성)

⑷ 울산~울산항 간 철도 건설 완성(7월 말 완성)

⑸ 경주~포항 간 선로 확장 궤도 부설(완성)

⑹ 동해북부선 양양~묵호항 간 철도 급속 신설(미완성)

⑺ 평원선 선로용량은 현재 직통 17개 열차를 24개 열차로 증강하는 한편, 만포선 용량은 현재 직통 11개 열차에서 14개 열차로 증강하기 위해 개량(완성)했다.

그리고 공습이 격화됨에 따라 대륙 물자의 남한 항구를 통한 일본 수송 경

로는 위험성이 컸기 때문에 이를 북선 항만으로 전환하기로 계획하고 이에 대응할 철도 및 항만시설 강화에 주력하였다.

참고로 수송력 증강 공사시행 중 주요 노선의 1943년 3월 말 수송 능력(선로용량과 유효장)은 〈그림 4-1〉과 같다.

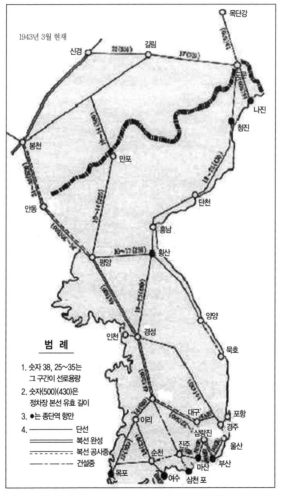

〈그림 4-1〉 수송망과 주요 간선 수송 능력(선로용량과 유효장)

<表 4-4> 주요 개량공사 일람표(1936~1945년)

공사 종별	공사 장소 또는 구간(종전 시 완성, 미완성)	
레일 변환		
(37kg을 50kg)	경부 · 경의 본선	
(30kg을 37kg)	호남 · 전라선	
분기부 개량	경부 · 경의 본선	
기초면 상승	경부선(구포~삼랑진 간)	
	마산선(삼랑진~마산 간)	
	경원 · 함경선(석왕사~경성 간)	
선로 개량	함경선(강덕~유성~청진 간)	
선로 보강	서포~고원 간, 순천~만포 간	(이상 완성)
교량 개축	경부선 왜관 낙동강교, 금강 제1교, 한강교	
(주요한 것)	경의선 임진강교, 대동강 제1, 제2교, 청천강교, 대령강교, 압록강교	(이상 완성)
	마산선 낙동강교	(미완성)
복선	경부선 부산진~영등포 간	
	경의선 경성~신의주 간	
	경원 · 함경선 수성~고무산 간	
	문천~용담 간	
	동해남부선 부산진~부전 간	(이상 완성)
	경원 · 함경선 용산~청량리 간, 청량리~상삼봉 간 부분 복선	
	경인선 영등포~인천 간	(이상 미완성)
	용산선 용산~성산천신호소 간 (완성)	
선로 증설	경부선 영등포~경성 간	
	함경선 전라~청진 간	(이상 완성)
유효장	경부, 경의, 동해남부, 호남, 경원, 함경, 만포, 평원	(완성)
정거장 신설	경부선 고모, 아포, 매포	
	경원선 서빙고	
	호남선 서대전	
	함경선 용담, 문봉, 흥남, 내포, 영안, 생기령	
신호소 및 열차교 환설비 신설	경원, 함경, 평원 각 선	
정거장 구내 개량	평양, 고원, 함흥, 청진 외	(이상 완성)
역시설 개량	용산, 황해 황주, 겸이포 외	
기관차고 신설	김천 외 8개소	
기관차고 개축	부산 외 9개소	

공사 종별	공사 장소 또는 구간(종전 시 완성, 미완성)	
급탄·급수시설 개량	대전, 경성 외	
종단시설 확충	부산, 마산, 진해, 여수, 목포, 진남포, 인천부두, 원산, 단천	
해륙 연락시설 개량	부산지구 야적장 외 시설	(이상 미완성 장소 불명)
조차장 신·증설	부산, 수색, 평양, 대전, 원산, 본궁, 대구	(긴급 부분 완성)
매수선 개량	대구선 대구~영천 간	
	경경선 경주~영천 간	
	황해선 사리원~하성 간	
	양시선 남시~신의주 간	
	평양탄광선 승호리~신성천 간	
	부산임항선 부산진~감만리 간	(이상 완성)
	동해중부선 경주~학산 간	(이 중 경주~포항 간 완성)
	개천선 신안주~개천 간	(미완성)

이상과 같이 이 기간은 방대한 개량공사를 실시했으나 전시 아래의 극심한 자재난과 인력 확보 및 기존 계획 변경 등에 의해 공사 수행상의 장애물이 종종 등장하여 상당한 어려움이 있었다.

제2절 개량공사 상황

경의선 개량

초기의 개량 : 경의선 건설 초기에는 군사상의 긴급한 수요에 대응하기 위해 자연지형을 최대한 활용하여 가능한 한 토목공사의 양을 줄이고 터널 등의 대공사를 피해 전체에 걸쳐 25‰ 정도의 경사를 허용하며, 장소에 따라서는 33‰의 경사 및 반경 약 160m의 곡선을 채용한 지점도 있었다. 따라서 열차 견인력도 약해 일반 여객과 화물을 수송 증강하기 위해서는 경사도 완화와 곡선 개량, 선로 및 교량의 정비가 필요했다. 이 때문에 당시의 임시군용철도감부는 1905년 3월 이미 개량공사 정비 및 설계를 마치고, 공사비도

2,000만 엔(수해비, 수송비, 압록강교량 가설비 포함)이 소요되었다.

　이것을 1905년 이후 4년에 걸쳐 임시군사비 지불의 지속비로 계상하여 일부 공사에 착수했으나 통감부 인계 이후인 1906년에도 종전과 같이 군사비 지불로 지속해서 시행하였다.

　1907년 이후 개량공사비는 철도회계 자본 감정 경리로 옮겨졌으나, 그 후 계획의 확장 및 개선의 필요가 있어 당초 예산액으로 완성하는 것은 어려웠다. 또한 1910년 이후 3년 연속으로 잔여 건설공사비로서 544만여 엔(총계 40만여 엔을 포함)을 추가 요구하여 1909년 12월 제26회 의회의 허락을 얻었다. 이후 공사는 순조롭게 진행되어 1911년 1월에는 일부 공사를 제외하고 계획의 대부분이 준공되었다. 그 결과 경의선 전선에서 경사 10‰, 최소 곡선반경 약 400m의 선로가 완성되었

압록강 복선교량 기초공사(잠함설치공사)

으며, 압록강 교량공사 완성 시기와 비슷하게 조선~만주철도 연결이 완수되었다. 그 후 수해 등의 상황을 감안해 1912년부터 2년에 걸쳐 용산 기점 284km 부근 시공기초면 상승 및 제1, 제2 청천강 및 대령강의 피일교 신설, 맹중리 외 교량

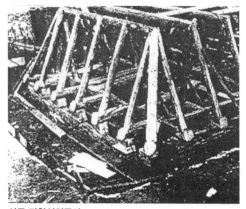

상동 잠함설치공사

교량 기초공사

임진강교량 기초공사(1941년)

등이 개·증축 되었다.

개량 후 본선의 총연장은 선로 변경 등으로 약 496km(경성~안동 간)가 되었다(① 터널 신설 19개소, 연장 5,400m, ② 교량의 개·증축 328개소. 이 중 167m 이상의 교량 22개소, 연장 7,343m, ③ 구교(溝橋) 개축 310개소).

공사가 가장 곤란했던 곳은 임진강과 대동강, 청천강, 대령강 및 압록강의 5대 교량이었다. 임진강은 1907년 7월 공사에 착수하였으나 이듬해 7월 대수해로 인해 이미 많은 부분 공사가 종료된 기초공사 등의 공작물도 거의 파괴되어 공정은 현저히 저해되었다. 그러나 공사 진척을 위해 힘써 노력한 결과 1909년 12월 준공되었다. 청천강 및 압록강의 기초공사는 당초 신식 잠함공법을 도입했으나 그 외 교량은 우물통공법에 의해 시공되었다.

구정리터널 갱문 성현 부근 속성공사로 겸무산에 판 터널. 액석은 당시의 임시 건설부장관 오야곤페이(大屋 權平)의 휘호. 이 터널은 현재는 없다.

레일 변경 기타 개량 : 레일은 원래 1m당 무게 30kg을 사용했으나, 조선~만주 연결 간선의 경우 다수 차량의 견인에 견딜 수 있는 대형기관차로 운전하고 적당한 속력 유지를 위해 37kg짜리로 변경할 필요가 있었으므로 개량공사가 준공된 구간은 정거장 구내를 제외하고 차례대로 37kg짜리로 변경하여 대형기관차의 운전을 가능하게 하였다.

또한 1922년부터 각 역 구내 30kg 레일을 37kg 레일로, 1923년부터는 곡선부를 50kg 레일로 일부 변경하여 안전 운전에 한층 만전을 기했으며 열차 운행 횟수 증가에 따른 기관차고의 확충, 박천사리선 부설, 침목 증설 등도 실시했다. 그 후 박천사리선(맹중리~박천 간 9.3km)은 1926년 12월에 영업선으로 편입했다.

다음으로 지방 발전 상황에 따라 역사(驛舍)의 신축 또는 증·개축을 행한 곳이 26군데에 이르렀는데, 그 주요 내용은 다음과 같다.

(1) 신의주역사는 선만(鮮滿)(조선과 만주) 연결에 있어 그 중요성에 따라 1911년

시운전

10월 신축했다. 3층의 기와 구조로 하고, 호텔을 겸
업하는 설비로 하였다.

⑵ 개성역사는 1918년 10월 착공하여 1919년 5월에
준공되었다.

⑶ 정주역사는 1922년 10월 착공하여 1923년 5월
준공되었다.

⑷ 신막, 황주, 선천 각 역사는 1923년 10월 착공하
여 1924년 5월 준공되었다.

이렇듯 개축이 완료되어 각 역무의 기능을 높였다.
또한 역의 상황에 따라 각 역의 측선 증설, 승강장 및
화물장치장의 신·증축과 통신설비 등을 개량하였으
며, 매년 수송량 증대 및 수해 등의 상황을 고려해 각
소에서 개량공사가 이루어졌다.

경부철도의 한전증표(韓錢證票) 임금지불을 위한 교환 증서

만주사변 후에는 조선, 만주의 교통과 조선 내 산업 발전과 함께 객화 수
송이 급격히 증가하였으며, 이에 대응하기 위해 열차 운행 횟수 증가, 열차
속도 향상 등의 필요성에 의해 선로 증강 및 제반 시설 정비를 위한 각종 개
량공사가 실시되었다.

그 중에서도 서부지방의 무연탄 산출을 촉진하기 위해 당국에서는 첫 시도
로 평남선 진남포에 조탄장(操炭場)설비를 신설하였다.

진남포 조탄장설비 : 조선에서는 양질의 무연탄이 다량 산출되었다. 매장지
는 각지에 존재하였는데 평안남도 지방이 주요 산출지였다. 당시 연간 산출
량 52만 톤 중 22만 톤이 평양 일원에서만 반출되었는데 적하시설이 존재하
지 않았기 때문에 반출비가 비싸 대량 반출이 불가능한 상태였다.

종래의 평양탄뿐 아니라 향후 평원선, 만포선 개통과 더불어 주변 선을 따
라 풍부한 무연탄 개발이 예상되었기 때문에 철도국은 진남포 대동강 해안
에 무연탄 선적 전용시설을 설치하여 수송 집하를 신속하게 하고 하역비를

성현 부근 스위치백 1904년 11월. 개량공사 이전의 것

절감함으로써 석탄 생산량의 증가를 촉진해 조선 내 지하자원 개발에 기여
함과 동시에 철도의 업적 호전에도 일조하려는 의도가 있었다.

이 공사는 1931년 9월 대동강의 공유수면 매립공사를 39만 8천엔, 1932년
4월에는 석탄 집적 잔교공사를 21만 7천엔에 착공하였으며, 둘 다 1932년
10월에 준공되었다. 또한 진남포역 구내 석탄선 신설 및 기계설비공사도 같
은 해 12월에 준공되었으므로, 1933년 4월에는 사용을 개시할 수 있었다.

제1기 공사의 규모는 길이 127m에 걸친 고가 거더 위에서 움직이는 기중기
2기를 설치하고, 그 좌우로 약 8,000㎡의 저탄장을 마련하였다. 이것과 진
남포역 간은 철도선로에 의해 수송하고 매립호 안에서 60m 떨어진 강안에
58m 간격으로 2기의 석탄적재기를 설치하였다. 접안설비로는 적재기 기초
각부(脚部)를 둘러싸고 독립된 이자도식(二子島式) 잔교를 축조하였으며,
앞면은 간조면 하 최소 8.5m 수심을 유지하도록 하고, 상하류에 부표를 설
치하여 1,000~6,000톤급 화물선 계류에 적합하도록 하였다. 저탄장과 하
중 적재기와는 2개의 트러스교로 연결시켰으며, 석탄 운반에는 당시 가장 진
보된 자동식 컨베이어 벨트를 채택하였다. 또한 이들 제반 기기는 모두 전동
력으로 운전하며, 운반 능력은 1시간 300톤, 연간 30만 톤, 향후 70만 톤의

운반을 가능케 할 계획이었다.

 육상에서의 석탄 운반용 9톤 크레인은 독일 디마크사의 제품으로 좋은 효율을 나타냈으며, 이러한 방식의 대형 크레인을 도입한 것은 일본에서는 처음으로 그 후 만철 대련 부두 및 일본 국내 공항과 부두, 창고 또는 공장지대에 다량 설치되었다.

 그럼에도 불구하고 이상의 설비들로는 불충분했으므로 석탄 운반설비를 확충하기로 하고 1934년 6월부터 1935년에 걸쳐 저탄장 중장비와 이동식 호퍼(hopper), 컨베이어 벨트식 석탄적재기, 전동기를 확충 및 완비하였다. 이 설비는 당국 최초의 시도였는데, 공무과에서 입안과 설계, 시공에 노력을 기울였으나 제반 기기와 전기부문의 설치공사 및 시운전은 공작과에 이관되어 공사가 준공되기에 이르렀다.

 그 후 조선 내 제반 산업 도약과 더불어 무연탄 수요는 더욱 증대되었으며, 새로운 설비 확충이 더욱 요망되었다.

오우라(大浦) 체신청장관 황윤(黃潤) 부근의 속성공사 시찰(1904년 9월)

공사중인 한강철교(1899년)

경부선 개량

부산 종단시설 확충 : 통감부 철도관리국으로 이전된 후 곧 부산~초량 간 선로 부설과 기타 잔여 건설공사를 속행하여 1908년 4월부터는 부산~초량 간 운행을 개시하였다. 이와 더불어 부산 본역 신축에 착수하여 1층을 역, 2층을 철도호텔 겸용 설비로서 1910년 3월 완공하였다.

다음으로 부산 해륙연락설비는 통감부 내무국 시행으로 부산잔교 및 돌제 공사 진행과 더불어 선로 연장과 기차역 지붕 건설 등의 공사를 시행하고, 1912년 10월 돌제잔교 완성과 더불어 해륙연락이 한층 편리해졌다.

그 후 부산~시모노세키 간 연락 수송은 여객과 화물 모두 해마다 증가하여, 제1잔교만으로는 도저히 감당할 수 없게 되었다. 그래서 1917년 통감부 내무국이 시행중인 제2잔교 공사 준공과 더불어 같은 해 3월 부산역 구내에 화물 반입선을, 이듬해 3월 같은 잔교상에도 선로를 연장하였다. 그리고 4월에는 화물장치장과 창고를 신설하였으며, 그 후 1919년에는 세 번에 걸쳐 반입선 증설공사를 시행하였다. 또한 선로 배치 변경공사에 의해 선차(배와 철도)연락

화물과 여객을 구별하게 되어 상당히 편리해졌으나, 그 후로도 필요에 따라 매년 공사를 속행해 개량하였다.

한강교량 개축 : 한강교량은 경인선과 공용이었기 때문에 운전 밀도 증대에 따라 선로의 철강 강도 유지 측면에서 중기관차를 운전하기에는 위험하다고 판단해 하루라도 개축을 소홀히 할 수 없는 상태였다. 그뿐만 아니라 복선화 또한 필요해서 구 교량의 상류 쪽에 한강 제2교 가설 계획을 세우고 1911년부터 1912년에 걸쳐 개량비 39만 6천엔, 복선공사 건설비 90만 2천엔을 요구해 1910년 12월 제27회 의회에서 협찬을 얻어냈다. 1911년 7월 압록강 가교에 사용한 잠함공법을 채용하여

경의선 일부 준공기념비(개성 소재)

착공, 1912년 9월 교량 전후의 복선 토목공사와 함께 준공되었다.

또한 구 한강교량 개축공사에는 구 철강 수평재 철거 및 교각 일부 개량공사를 시행하여 1913년에 들어서 신규 철강 수평재를 가설하였다. 이 결과 구 교량도 개축에 의해 새로이 변모하였고, 복선공사에 따른 노량진과 용산 양 정거장 구내의 선로 개량도 1914년 완성, 교량 전후의 좁은 길도 개선되어서 모습이 새로워졌다.

그 후 1925년 7월 대홍수에 의해 한강교량은 본교와 피일교 간의 제방 전부가 유실되었으며, 탁류가 철강 수평재 하부의 60cm까지 달하는 상황이었기 때문에 안전을 위해 종래의 제방을 전부 피일교로 개량하고, 기존 교량 철강 수평재의 90cm 상승공사 및 용산~노량진 간 선로의 기초면 상승공사

를 재해비로 시행하였다.

대구~부강 간 선로 개량 : 경부선 또한 경의선과 마찬가지로 초기 속성공사로 인하여 선로가 최고 경사도 20‰, 최소 곡선반경 300m인 곳이 많아 수송상 어려움이 있었다. 또한 국제 연락 수송 개시 및 호남과 경원 양 선의 개통과 사설철도선 증가 등으로 인해 수송력을 증가시켜야 했기 때문에 애로사항을 타개하기 위한 전선에 걸친 선로 개량이 필요하게 되었다. 원래 연속 급경사와 급곡선이 많은 구간의 선로 선정은 지형상 쉬운 곳이 아니므로 이들 개량에는 대규모 선로 변경이 불가피하였다.

그 중에서도 대구~부강 간은 경부선 중의 최고 난관의 하나였는데 선로 경사를 10‰, 최소 곡선반경을 400m로 선정하고 일부 노선을 변경하는 등 1914년 10월 이후 대규모 개량공사에 착공하여 1919년 말까지 준공하였다.

구간	길이(km)	공사기간
대구~약목	12.5	1915. 2.~1916. 2.
약목~김천	35.8	1914. 10.~1916. 11.
김천~영동	38.2	1917. 1.~1919. 6.
영동~옥천	20.9	1917. 6.~1919. 12.
옥천~대전	14.7	1916. 7.~1919. 12.
대전~부강	21.6	1914. 10.~1916. 2.

경성봉래교(육교) 신설(1938년)

약목~김천 간은 원래 금오산의 남쪽 기슭을 우회하는 도중에 터널이 있는 25.7km의 선로였는데, 이번에는 이것을 금오산 동북에서 서쪽으로 우회해 낙동강 상류 익산군의 평야로 연결하였으며 새로이 구미와 대신 두 역을 신설하였다.

김천~부강 간도 종래 20‰의 연속구배 구간에서 정기보조기관차를 사용했으나, 이것을 폐지하고 그 밖의 수송상의 어려움을 타개하여 운전상의 기능을 대폭 향상하였다.

성현터널 및 부근 개량 : 경부선 개량공사 중의 난공사였던 이 터널은 개량공사 전까지는 전후의 경사도가 20‰인 연속구간으로 운전상의 어려움이 있었다. 1920년 2월 남쪽 입구 및 북쪽 입구의 양쪽 방면에서 개량에 착수하여 새로이 연장 2,323m의 터널을 굴삭해서 전후의 경사면을 10‰로 변경하였다. 이 공사에는 발전소 및 공기 압착소를 설치하고 착암기를 사용하여 1920년 9월 갱도를 관통하였으며, 이어서 복공 및 전후 노반공사에 착수하여 1923년 3월 말 공사비 195만 6천엔으로 준공하였다. 또한 터널 남쪽 입구에 남성현정거장을 신설하여 같은 해 5월부터 개량선 운행을 개시함과 동시에 대구·청도 간 선로 경사면 완화공사도 완성하였다.

이상 경부선 개량공사 완성에 따라 비로소 열차 운전은 근대적인 모습을 갖추게 되었고, 열차의 속도 향상 및 수송력 증강으로 경부와 경의 간선의 모습도 새로워져 국제 수송노선에 걸맞은 선로의 면모를 갖추게 되었다.

침목 증설 외 증강 : 경부선은 1919년 선로 개량공사가 성현터널을 제외하고 대부분 준공됨에 따라 열차 운행 횟수 및 견인량 수가 증가했기 때문에 침목을 1920년 이후에는 본선 내의 반경 400m 이하의 급곡선과 교량 일부에, 1921년부터는 그 밖의 곡선부 및 직선부에도 증설하여 1922년에 대부분 완성되었다. 또한 그 이후에도 필요구간에 대해서는 계속하여 침목 증설공사가 실시되었다.

레일의 경우도 당초 30kg이던 것을 37kg으로 순차적으로 재부설해 안전운전을 도모했다.

군용철도 월미도지선, 재료 운반선(1905년)

대동강 임시교 시운전(1905년 3월)

결빙 시의 대동강과 가교공사(1905년)

결빙중인 압록강 가교공사(1909년 12월)

잠함 침하작업(1909년)

하저에서의 잠함 내 작업(1909년)

개폐교(1934년 3월 31일. 회전 폐지하고 고정)

부산~부산진 간 개량 : 초량기관차고의 확장, 객차와 화차 유치선, 입환선, 화물선 등 그 외 제반 시설 개량공사 외에 부산진 매립지 일부를 이용한 부산진역사의 이전 개축 및 부산~부산진 간 복선공사 등을 1918년까지 완성하였다.

호포천교량 개축 : 이 다리(18.3m×7)는 경부선 구포 부근에서 낙동강 지류

인 호포천에 가설된 것으로, 낙동강의 범람구역 부근에 있어서 홍적토가 퇴적된 극히 불량한 지반의 지역이었다. 구 교량은 경부철도회사 건설 초기부터 '마의 교량' 같은 존재였으며, 교대와 교각은 해마다 침하 또는 경사 이동이 발생하여 그때마다 보강 조치를 강구해왔다. 그러나 점차로 그 변화 정도가 심각해지는 한편, 열차 운행 횟수 증가와 열차 속도 향상으로 인해 열차 운전이 더욱 위험해졌다. 1934년 12월 개축공사에 착수하였는데, 교대는 일반적인 말뚝기초공법이었으며, 교각은 우물통 기초공법에 의해 시공했다. 그러나 제방 구축에 따른 교대 이동이 일어나 제방은 침하한 반면, 부근 지반은 융기하는 현상을 보였다. 이 때문에 교대와 교각 간에도 보호 버력 콘크리트를 설치하여 지주벽을 삼고, 제방에는 부제방을 만들었으나 교대 이동은 완화되지 않고 교각에도 이동이 발생하였다. 그렇기 때문에 각 교각 간에도 보호 버력 콘크리트를 시공하는 등 각종 어려운 작업을 속행하여 1921년 10월에 겨우 준공되었다(경부선 복선공사에 다시 기록).

경성, 용산 주변 개량 : 경부와 경의 양 선의 직통열차는 원래 용산~남대문 양 역간을 되돌아 운행할 수밖에 없었다. 그러나 여객·화물수송이 점차 빈번해짐에 따라 열차 운전시간 단축과 열차 정리상 남대문역에서 바로 경의선 수색역에 이르는 선로가 필요했기 때문에 1919년 6월부터 개량공사에 착수하였다. 즉, 서대문역 서쪽에 솟아오른 안산산록의 아현리에 아현(382m) 및 고령(482m) 양 터널을 뚫어 신촌으로 나와 수색역으로 통하는 새로운 선로를 1920년 11월 완성하였다. 이에 따라 경의선은 남대문역으로 직통하게 되었으며, 동시에 용산역 구내배선 개량공사도 시행되었다.

또한 서대문역은 경성의 상황을 고려해 1919년 3월 말에 폐지되었으며, 남대문역은 1923년 1월 1일 경성역으로 개칭되었다.

당시 남대문역은 협소하여 개·증축이 필요했기 때문에 1922년 6월부터 역의 개축에 착수하여 3년여에 걸친 1925년 9월에 준공되어, 같은 해 10월 15일부터 새 역사에서 영업을 개시하였다. 새 역사는 승강기와 확성 전화기, 증기난방 등의 근대적인 설비를 완비하였으며, 당시로서는 기능적으로도 신식으로 경성의 간판 역에 걸맞은 당당한 위용을 갖추게 되었다.

1929년 이후에는 용산~서강~당인리 간 및 서강~신촌 간 용산선에 열차 운전이 시행되었다. 또한 1940년에는 용산~서강 간(4.3km) 및 서강~성산천신호소(수색조차장 내) 간 복선과 서강~신촌 간(1.6km) 선로 개량공사에 착수하였다. 이에 따라 직통 화물열차는 경부선 용산역에서 경성역을 통과하지 않고 직접 경의선 수색조차장으로 직결되는 한편, 또한 용산역부터는 서강~당인리~신촌 또는 서강~신촌을 거쳐 경성으로 통하는 도시 환상선을 형성하는 열차 운전을 개시하게 되어 도시 주변 교통은 한층 편리해졌다(〈그림 4-2〉 '경성~용산 주변 약도' 참조).

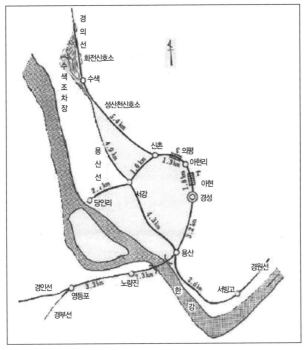

〈그림 4-2〉 경성·용산 주변 약도

경인선 개량

경인선은 경인철도합자회사가 건설하게 되어 초기에는 교량과 구교(溝橋) 등의 건설물을 임시구조로 만들었으며, 작은 곡선이 많은 선로였다. 그러나 국유철도로 통일된 후 열차 운행 횟수 증가에 따라 각종 개량공사가 실시되었다. 즉, 1907년과 1908년의 두 해에 걸쳐 총 공사액 52만 5천엔으로 공사에 착수하여 1909년 3월에 완공되었다. 그 결과 구선에 비해 선로 연장은 약 1.6km를 단축하고, 향후 복선화를 고려하여 인천~영등포 간 중에서 영등포 부근 약 4.8km를 제외하고 전 구간은 용지와 토목공사, 교량, 구교를 복선형 선로로 병합하여 실시하였다.

또한 인천은 경성에서 가장 가까운 항만으로서 1923년 총독부 내무국 시행으로 인천항 개축공사 완성과 더불어 해륙연락설비를 정비할 필요가 생겨나 같은 해에 항구 부근 세관 구내에 연락화물취급소 신축 및 화물 측선의 부설 연장공사를 시행하고, 1923년에는 항구 내에 화물장치장을 증설하여 항구의 선차연락 수송의 편리를 꾀하였다.

또한 그 후에도 필요에 따라 경인선 전선에 걸쳐 선로 및 건조물 보강공사를 실시해 왔으나, 1937년에는 기존 계획예산에 따라 경성~용산 간 복복선 공사 및 경인선 복선공사를 시행하였다(단, 경인선 복선운전 개시는 불명).

그리고 1940년에는 영등포~경성 간 선로 증설 및 영등포~인천 간 역설비 개량공사에 착수하였다. 개축공사를 통해 한강교량은 경부선 복선공사에 따른 상판지지 거더의 가설이 완성되어 1944년 8월 개통에 의하여 재래교 2선을 경인선 복선으로 사용할 수 있게 되었다.

마산선 개량

마산선 삼랑진~마산 간(40.1km)은 경의선과 마찬가지로 임시군용철도 감부의 속성공사에 의해 건설되었는데, 교량과 구교(溝橋) 등은 모두 가구조로 영업 개시를 위해서는 상당 부분 개량할 필요가 있었다. 철도감부는

1905년 6월 경의선 개량공사와 더불어 예산을 계상 신청하고, 같은 해 10월 총금액 119만 2천여 엔으로 1905년 이래 3개년 사업으로 의회의 승인을 얻어 즉시 공사에 착수하여 1906년 9월 통감부에 이관 후에도 계속 공사가 진행되었다. 그리고 1908년 4월까지 임시구조 목교였던 낙동강교량을 본 구조 철강 수평재(18.3m×6+61.0m×7)로 개축함과 동시에 마산~진영 간의 25‰의 일부 경사구간을 제외하고, 전선의 개량공사가 준공되었다.

그 후 1911년 7월의 낙동강 대홍수로 인해 1912년부터 진영~낙동강 간 시공기초면 상승공사에 착수하였으나, 지반 약화로 인해 제방 성토가 수십 번에 걸쳐 침하되어 이를 방지하기 위한 공법을 적극 강구, 1913년 공사가 겨우 종료되었다.

본선은 낙동강 연안의 범람지대를 통과하였으나, 당시에는 하천제방도 없어 홍수 시에는 선로 침수로 인해 열차가 불통되는 일이 종종 있었다.

마산과 진해는 국방상의 중요 지점이었기 때문에 마산선을 강화할 필요성이 커짐에 따라서 1937년부터 ① 낙동강~한림정 간(8.4km)의 기초면 상승공사, ② 낙동강교량(996.6m)의 개축공사에 착수하였다.

낙동강~한림정 간 기초면 상승 : 낙동강 홍수 시에도 이 구간의 열차 운행을 가능하게 하기 위해서는 재래선보다 선로의 기초면을 약 2m 상승시킬 필요가 있었다. 선로 지대의 지질은 실트층이 깊고 연약지반이라 이번 공사 시행 중에도 제방 성토가 침하되고 교량 등의 구조물도 이동 침하되는 현상이 발생하는 등 극히 어려운 공사였다.

개량선은 재래선과 병행하여 시공했으나 성토가 지중에 잠겨서 성토를 여러 번 반복해도 계획한 제방 높이에 미치지 못하고, 오히려 선로 양 측만 솟아올라 예정했던 성토량만으로는 계획한 높이의 반에도 미치지 못했다. 그렇기 때문에 상당 기간에 걸쳐 솟아오른 부분을 눌러 성토를 만들어 부제방을 설치하고, 이것과 평행을 유지하면서 성토를 반복하여 설계했던 성토량의 약 세 배를 들여 준공시켰다. 그러나 준공기간도 예정 기일보다 상당히

선로 주변 풍경

지연되었다. 또한 건조물도 이동 침하되었는데 지반이 안정되기를 기다렸다가 보강한 후, 레일 부설 및 상판지지 거더 가설작업을 진행한 것 외에도 재래선 운행에 영향을 미치지 않도록 하기 위한 현장 감시에는 많은 어려움이 있었다. 후에 회계검사 시에 계상 변경 증액이 당초의 계약액과 같아야 했으므로 추궁을 당하기도 했지만 현지사찰을 통한 실태 점검을 통해 이해시킬 수 있었다.

마산선 낙동강교량 개축 : 마산선은 경부선 삼랑진에서 분기되어 2km 정도 지나 낙동강 본류를 횡단한다. 여기에 가설된 재래교(연장 537m)는 이미 1908년 개축된 것으로, 그 가교 지점은 하천 침식이 심하여 교대, 교각 모두 붕괴의 위험이 있어 재래교 아래 약 200m 부근에 재래교와 병행하여 신교를 건설하도록 계획하고 개축공사에 착수하였다.

신교는 길이 996.6m(62.0m×3경간 연속 수평재×5쌍+62.0m 단경간)로 하고, 교대와 교각 하부 17기의 기초공사는 모두 잠함공법에 의해 1938년 9월에 착공하여 1940년 2월에 준공되었다.

또한 트러스 거더의 제작은 일본의 제작회사에 의뢰했으나 강재의 입수가 어려워 제작이 매우 지연되었다. 종전 직전에 겨우 현지에 반입되었으나, 그 가설공사 중에 전쟁이 종결되었다.

신교의 가교지점은 낙동강 하구에서 약 50km 상류에 위치하며, 부근 일대는 실트층이 깊고, 기초지반은 강바닥에서 32m 깊이로 굴 껍데기와 자갈이 섞인 모래층이었다. 따라서 잠함공법은 시행상 한계가 있어 난공사가 예상되었다. 다행히 그 해에는 낙동강에 홍수가 일어나지 않아서 공사기간 중 강의 수위는 현저히 낮았기 때문에 가설공사는 비교적 용이했다. 그러나 사질지반의 함수량이 감소하여 오히려 마찰력이 증가했기 때문에 잠함의 침하작업이 매우 곤란하였다.

또한 잠함공사 시행 중 함 내 최고 기압이 40lb~46lb에 달해 노동 시간 50분~1시간 30분, 1일 4교대 6시간으로 1시간 이상 휴식하는 1일 2회 작업으로 잠수병 발생을 예방코자 하였으나 발병자가 468명에 달했으며, 이는 전체 작업 인원의 2%였다. 하부공사 관련 제표는 경부와 경의선에서 주요 교량공사와 비교 대조를 위해 편의상 '주요 교량의 개축 항목'에 일괄 표시하였다.

매수선 개량

매수선은 철도 12년 계획에 따른 전북철도회사선 등의 5개선 및 그 후의 신규계획에 의한 신선 건설의 진척에 동반, 기존 선과의 사이에 개재되는 사설철도 및 전시 하 물자 등 수송력 증강에 따라 국유철도 경영 산하로 해야 할 사설철도 회사선에 대해 정부 재정방침에 근거하여 순차 매수한 개천철도 회사선 등의 8선을 합하여 13선이 되었다(1945년 8월 매수한 2선 제외).

이들 매수선 중 선로가 협소한 선은 을종 선로규격(1942년 1월 개정 규격에서는 3급선에 해당)의 광궤선으로 개축하고, 광궤선은 침목 증설 외 선로 보강공사에 의해 을종선 규격으로 개량하여 각각 기존 선에 연결시키기로 했다. 매수선 및 그 개량공사 상황은 〈표 4-5〉와 같다.

(1) 전라선 이리~전주 간은 당초 경전북부선이라고 칭했으나, 건설된 신선인 경전북부선 전주~순천 간 개통으로 경전서부선의 일부 순천~여수항을 합해 여수항~이리 간을 전라선으로 개칭하였다.

(2) 양시선 신의주~남시 간은 경의선의 복선 역할을 하므로 선로규격을 2

<表 4-5> 매수선의 개량공사 상황

(1944년 3월 말 현재)

사설철도	선명	궤간	구간	연장(km)	매수 연월일
			매수선		
전북철도회사		협	이리~전주		
조선철도회사	전남선	광	송정리~담양	24.9(15.5리)	1927. 10. 1.
	경동선	협	대구~학산	36.5	1928. 1. 1.
			경주~울산	147.8	1928. 7. 1.
도문철도회사		협	회령~동관진 (삼봉교 중심까지 포함)	59.5	1929. 4. 1.
조선철도회사	경남선	광	마산~진주	70.0	1931. 4. 1.
개천철도회사		협	신안주~천동	36.9	1933. 4. 1.
남조선철도회사		광	광주~여수항	160.0	1936. 3. 1.
조선철도회사	경북선	광	김천~경북 안동	118.1	1940. 3. 1.
다사도철도회사		광	신의주~남시	33.9	1943. 4. 1.
북선척식주식회사		광	고무산~무산	60.4	1944. 4. 1.
서선중앙철도회사		광	승호리~신성천	68.6	1944. 4. 1.
조선철도회사	황해선	협	사리원~해주항 그 외 포함 전선	278.5	1944. 4. 1.
부산임항철도회사		광	부산진~감만리	5.1	1944. 5. 1.

급선에 준하는 것으로 하고, 매수 직후 선로 보강공사에 착수하였다. 선로 보강공사는 대체로 다음과 같다.

① 교량과 구교(溝橋)의 강재수평재 개량

② 37kg 레일을 50kg으로 변환

③ 침목 증설 및 자갈 보충

④ 삼교천교량 전후 기초면 상승

⑤ 토목 표준을 갑종선로(개정 규격 2급 선에 해당)로 개량

⑥ 기타 설비 개량

(3) 도문선은 두만강 우안 산록의 협소한 지대에 있는 선로의 개량이어서 지형상 작업이 곤란한 곳이 많아 구선, 신선과의 병용을 위해 시행 중 3선식 공법을 채용하는 등 공사 수행상 극히 어려움이 있었다.

매수선 개량공사						
영업선명	궤간	구간	길이 (km)	개량공사 착수 연월일	영업 개시 연월일	적요
전라선	광	이리~전주	25.3	1938. 4.	1929. 9. 20.	광궤 개축
광주선	광	송정리~담양	36.5		1928. 1. 1.	선로 강화 (1944. 10. 31. 영업 중지)
동해남부선	광	경주~울산	39.3	1935. 6.	1936. 12. 1.	광궤 개축
대구선	광	대구~영천	38.4	1936. 9.	1938. 7. 1.	광궤 개축
경경남부선	광	영천~경주	37.5	1937. 7.	1939. 6. 1.	광궤 개축
동해중부선	광	경주~학산	38.4	1939. 11.	1945.	광궤노반 완성 경주~포항 간 광궤운전
도문선	광	회령~상삼봉	40.4	1931. 5.	1932. 11. 1.	광궤 개축 1933. 10. 1.부터 북선철도
		상삼봉~동관진	17.3	1932. 3.	1933. 8. 1.	만철위탁선
경전남부선	광	마산~진주	70.0		1931. 4. 1.	선로 강화
만포선	광	개천~천동	6.3	1932. 9.	1933. 7. 15.	광궤 개축
개천선	협	신안주~개천	29.5	1943.		광궤노반 완성, 재래선 운전
경전남부선	광	광주~여수항	160.0		1936. 3. 1.	선로 강화
경북선	광	김천~경북 안동	118.2		1940. 3. 1.	선로 강화, 1944. 9. 30. 점촌~경북 안동 간 영업 중지
양시선	광	신의주~남시	33.9		1945. 3. 1.	갑종선 규격으로 개량
무산선	광	고무산~무산	60.4		1944. 4. 1.	선로 강화
평양탄광선	광	승호리~신성천	68.6		1944. 4. 1.	선로 강화
황해선	광	사리원~하성	41.7	1943. 12.	1944. 10. 1.	광궤 개축 완성
	광	하성~해주항	40.7	1943. 12.		광궤 개축공사 중 종전
황해선	협	전선	278.5	미착수	1944. 4. 1.	재래선 운전
부산임항선	광	부산진~감만리	6.1		1944. 5. 1.	선로 강화, 구간 변경

(4) 개천선 신안주~개천 간 광궤 개축공사는 궤도 재료 조달의 어려움으로 인해 노반공사는 완성했으나, 재래선은 그대로 협궤 운전을 지속하였다.

(5) 황해선은 광궤 개축 이전에 하성 철산에서 철광석을 긴급히 대량 반출하라는 요청이 있어서 우선 사리원~하성 간만 개통시키고, 하성~해주

간은 노반공사 중에 종전되었다. 그리고 재래선인 황해선은 그대로 협궤 운전을 지속하였다.

(6) 동해중부선 경주~학산 간의 광궤 개축공사는 전 구간의 노반공사를 1940년까지 완성시켰으나, 궤도 재료 조달의 어려움으로 인해 경주~포항 간만 1944년 말 레일 부설이 완성되었다.

경부 · 경의선 복선

경부와 경의선은 수송력 증강을 위해 선로 및 교량 등의 보강공사와 정거장시설 등 정비 확충에 주력해 왔는데, 그 후 조선 산업경제 약진과 일본~조선~대륙 간 운송 교통의 대동맥으로서 객화수송 급증에 대처하기 위해 열차 운행 횟수 증가, 열차 속도 향상, 중기관차 운행 등이 필수가 되었다.

러일전쟁 전후에 건설된 선로 및 교량은 그 강도 및 규격이 부족한 것이 많았기 때문에 경부와 경의선의 복선화와 교량 개축 등의 획기적인 대개량공사가 함께 병행되어 1937년부터 착수되었다.

복선화 기획과 선로건설기준 : 복선화는 재래선인 경부 · 경의 본선을 따라 한 개 선을 신설하고, 재래선과 병용함으로써 복선화할 계획이었다. 재래선은 1927년 제정된 건설규정에 의한 갑종선로로 그 규격의 고정적인 기준

터널 철거공사

이 되는 최소 곡선반경은 400m, 최소 경사는 10‰이었으나(경부선에는 최소 반경 300m인 곳이 실제는 다수 남아 있었다), 신 선로 또한 동일 규격을 적용하기로 하였다. 경부·경의선은 원래부터 조선의 주요 간선일 뿐 아니라 일본과 대륙을 연결하는 국제 수송선의 주요 활로로서 당시의 정세에 입각하여 향후 열차 속도 향상에 대한 요구가 예상되었다.

참고로 당시 만철은 1934년 11월부터 대련~신경 간(704.4km)을 8시간 30분 만에 달리는 특급열차 '아시아'를 운행하였으며, 일본 철도성에서는 도쿄~시모노세키 간(1,092km)을 광궤선으로 10시간에 운전하는 소위 '탄환열차' 건설계획이 구체화되고 있었으며, 또한 향후 조선해협 터널에 대한 구상도 있었다.

따라서 경부·경의 간선도 이에 대응하여 갑종선 규격을 적용하는 것은 부득이한 경우에 한해 최소한으로 억제하고 예산 범위 내에서 우수한 규격의 선로 건설을 기획하였으며, 주요 기준을 다음과 같이 하였다.

표준 활하중   L-20, 교량 LS-22 이상
열차 속도   시속 100km/h
최소 곡선반경   400m(부득이한 경우), 가능한 한 600m 이상
최급경사   10‰(부득이한 경우), 가능한 한 6‰ 이하
시공기초면 폭   10m(복선형), 6m(단선형)
궤도 중심 간격   정거장 외의 본선 간 4m
선로중량   50kg(측선은 37kg)
정거장 유효장   500m

이 기준에 근거한 신규 선정은 다음과 같은 방침에 따라 실시하였다.

(1) 최소 곡선반경은 600m 이상

(2) 최급 상행 경사는 6‰ 이하, 적어도 8‰ 이하를 적용하며, 경사구간은 곡선 보정하여 완화한다. 급경사의 연속구간 길이는 짧게 한다. 연속 10‰ 이상인 상행 경사구간의 재래선은 열차 하행 경사선용으로 충당

하고, 상행 경사선용에는 완경사의 신선을 건설한다.

(3) 정거장 구내의 상하 본선은 출입 모두 직선으로 한다.

(4) 재래선의 급곡선, 반향곡선 등을 연속으로 운전하기 어려운 구간은 폐
선하고, 복선분의 신선을 건설할 수밖에 없다.

(5) 복선공사에 동반되는 재래선 개량을 위한 선로 변경 공사는 부득이하다.

건설규정은 그 이후 중일전쟁의 진전과 더불어 대륙철도 일관 수송상 선로
규격을 통일하기 위해 선철과 만철, 화북, 화중철도 등의 대륙철도 회의 결
과 1942년 1월 개정되었으며, 새로운 규정에 따라 본선 종별은 1급선 또는
4급선으로 구별되었다. 그리고 경부·경의선은 2급선으로 지정되었다. 이 2
급선은 구 규정의 갑종선로에, 3급선은 을종선로에 해당하였다.

공사 진척 상황 : 경부선의 일부 복선구간은 이미 선로 개량공사에 의해
1918년 6월에는 부산~부산진 간이, 1919년에는 영등포~경성 간이 복선화
(경부·경인선 병용)되었으나, 그 후 정세 진전에 의해 열차 운전이 증가하자
1936년 6월에는 부산~삼랑진 간의 일부와 사상~구포 간(5.5km) 및 대전
~영등포 간의 일부인 수원~군포 간(11.6km)의 복선화공사에 착수하였다.

그리고 전면적인 경부·경의선 복선화공사는 대략 다음과 같이 착수되었다.

1937년 경부선 부산진~삼랑진 간(46.3km)

1937년 경부선 대전~영등포 간(158.1km)

1938년 경의선 경성~평양 간(260.7km)

1940년 경부선 삼랑진~대전 간(234.0km)

1940년 경의선 평양~남시 간(191.2km)

1943년 경의선 남시~신의주 간(44.8km)

이상에 의해 경부·경의선 전 구간의 복선공사를 시행하였다.

이와 더불어 주요 교량의 신·개축공사도 1936년 경의선 청천강과 압록강,
1937년 경의선 대동강(제1, 제2)과 대령강, 1938년 경부선 금강 제1과 한강,
1938년 경의선 임진강을 각각 착수하였다(상세 내용은 '주요 교량공사 개축

완성된 옹벽공사

항목' 참조).

그리고 1937년 6월에는 부산과 경성, 평양에 각각 개량사무소를 설치하고 상기의 복선화공사 및 교량 신·개축공사 외에 조차장 신설, 마산선 개량 및 마산선 낙동강교량 개축, 진남포시설 확충 공사 등 급격히 팽창한 개량공사를 관할하면서 이들 제반 공사에 매진하였다.

경부·경의선의 전면적인 복선화공사의 당초 계획은 1942년 완성을 목표로 하여 각 공사에 착수하였는데 당시 가장 우려되었던 점은 가까운 장래에 반드시 철도 이외의 일반 공사도 많이 필요해져 노동력 부족이 불가피할 것이라는 점이었다. 이를 보완하기 위해서는 종래보다 더욱 많은 기계를 이용해야 했는데, 토목공사용 가솔린 기관차와 터널 굴삭용 착암기, 교량 기초공사용 잠함공법(바닥이 없는 잠함(철근 콘크리트 상자) 속에서 흙을 파내면서 가라앉혀 건축물의 기초로 삼는 공법)을 위한 제반 기계설비 등 기타 철도공사에 신공법을 많이 채택하도록 하였다. 이에 따라 공사 진척상 큰 성과를 올릴 수 있었지만, 시국의 변화에 따라 조선 내의 다른 국책 사업 및 생산 확충 사업의 진전과 물가 및 임금 급등으로 노무자 수급, 강재 등 주요 물자 입수가 어려워졌다. 특히 1939년 이래 강재는 기획원 및 군수성 등 기관의 사정에 의한 할당제도가 실시되었고 군수가 우선되었기 때문에 대형 교량의 트러스 거더 제작은 예정보다 많이 지연되었다.

한편, 수송력 증강은 한층 더 긴급해져 복선 미완성 구간에 대해서는 1944년 물동(물자동원 할당액)으로는 시설이 어려웠으나, 같은 해 7월 중앙에서 긴급 완성의 필요성이 인정되어 만철로부터 레일 212km분의 철거된 재료로 1944년 12월까지 완성시키도록 각료 회의에서 승인되었다. 여기에 조선 내 자재를 더해서 모든 노력을 기울여 완성시킨 결과 1944년 12월 복선 레일이 연결되었으며, 정비하여 1945년 2월 25일에 전 구간의 복선 운전이 개시되었다. 특히 교량공사가 지연된 구간은 경부선 왜관~약목 간 낙동강교(상행선), 경의선 신안주~맹중리 간 청천강교(상행선) 및 같은 맹중리~영미 간 대령강교(하행선)의 3대 교량이었다. 이들 교량의 하부공사는 모두 빨리 완성되었지만, 앞에 서술한 바와 같이 강재 조달 지연과 일본에서 제작하는 상판지지 거더가 전세 국면으로 인해 해상 수송에 어려움이 생겨 가설이 지연되었다. 그러면서 그동안 단선 교량 구간을 잠시 병용 운전하였으나 가설공사 준공에 의해서 1945년 6월 1일 복선 개통이 완료되었다.

1937년 이후의 복선공사 준공에 맞추어 부분적인 복선 운전이 개시된 상황은 다음과 같다(〈표 4-6〉 참조).

(1) 부산진~삼랑진 간 : 사상~구포 간은 1937년 6월에 복선 운전을 개시하였으며, 잔여 구간의 대부분은 1938년에 공사, 준공되어 신선으로 전환되었다. 이어서 재래선의 수해 구간의 기초면 상승공사를 시행하였기 때문에 1940년 4월부터 전 구간의 복선 운전이 개시되었다.

(2) 삼랑진~대전 간 : 왜관 낙동강교량(상행선) 미완성으로 인해서 왜관~약목 간을 제외하고 1943년에는 완성 구간의 복선 운전이 개시되었다.

(3) 대전~영등포 간 : 수원~군포 간은 1937년에 복선 운전을 개시하였으며, 잔여 전 구간의 복선 운전도 1939년 6월에 개시하였다.

(4) 경성~평양 간 : 문산~장단 간 외 4구간을 제외하고 잔여 구간의 대부

(1945년 3월 말)

선명	구간	연장 (km)	공사 착수	복선 개통	기사
경부선	부산~부산진	2.9	1917. 4.	1918. 6.	
	부산진~삼랑진	46.3	1936. 6.	1940. 4.	
	삼랑진~대전	234.0	1940. 5.	1945. 3.	왜관 낙동강교량(상행선 미완성)
	대전~영등포	158.1	1936. 6.	1939. 6.	
	영등포~경성	9.2	1913.	1914.	1944. 8. 4선 완성(경인선 포함)
계	부산~경성	450.5		1945. 3.	
경의선	경성~평양	260.7	1938. 8.	1942. 5.	
	평양~남시	191.2	1940. 6.	1945. 3.	청천강교량(상행선)-미완성 대령강교량(하행선)-미완성
	남시~신의주	44.8	1943. 5.	1945. 3.	양시선 포함 3선
	신의주~안동	2.6	1936. 7.	1943. 5.	압록강교량 완성 시
계	경성~안동	499.3		1945. 3.	

분은 1941년 6월까지 복선 운전을 개시하였다.

(5) 평양~남시 간 : 청천강교(상행선) 및 대령강교(하행선) 미완성으로 인해서 신안주~영미 구간을 제외하고 1943년에 잔여 구간은 복선 운전을 개시하였다.

(6) 신의주~안동 간 : 압록강교량(복선형) 준공 완성으로 이 구간의 복선은 1943년 5월에 개통되었다.

공사 시행 상황 : 노선 선정 방침에 근거한 새로운 선로는 기존 선을 따라서 단선 병행하는 것과 복선형을 신설해서 기존 선을 폐기하는 것, 또는 기존 선과 신설선 전환, 기존 선 개량 등 역간에 따라 선로 형태가 각기 다른 경우가 많아서 시행에 있어서 복잡하고 손이 많이 가는 공사가 많았다. 그 중 대표적인 노반공사의 예를 들면 다음과 같다.

(1) 밀양~유천 간 재래선은 곡선반경 300m와 400m의 연속구간에 반향곡선을 포함하는 연장 약 4km의 운전상 어려움이 많은 구간이 있었는데, 이것을 폐기하고 복선형 노반을 신설하여 밀양강교량(연장 540m)

및 밀양터널(연장 1,000m 복선형)을 신설하였다.

(2) 청도~삼성 간 중에서 청도~남성현 간의 재래선은 10‰의 경사 연속 7.0km에 이르는 구간 및 남성현~삼성 간에는 상행, 하행 모두 10‰ 경사의 성현터널(연장 2,323m)이 있었기 때문에 청도~삼성 간의 재래선은 복선의 하행 경사선용으로 하고, 복선의 상행 경사선용 선로는 산 쪽에 완만한 경사의 신 선로를 건설하여 재래선의 성현터널과 병행하여 단선형 터널(연장 2,480m)을 설치하였다.

(3) 김천~직지사 간에 있어서 김천정거장 출구 부근에 3.8km에 이르는 구간은 곡선반경 400m의 반향 곡선으로 10/1000 경사의 연속구간이었으나, 이를 직선의 복선형 선로로 개량하였다.

경의선도 경부선과 마찬가지였으나, 특히 대형 교량이 많아서 복선형 압록강교 및 단선형 대령강교는 각각 재래교의 상류 쪽 70~170m에 가설되고, 단선형 청천강교 및 임진강교와 복선형 대동강교는 모두 재래교의 하류 37~95m에 가설되었다. 그밖에 단·복선형의 소 교량이 재래선의 상하류 쪽에 가설되어 선로 전환공사가 상당히 많았다.

본래 복선공사는 건설선 공사 현장과 달리 재래선에 근접해서 이루어지기 때문에 재래선의 열차 운행에 지장을 주어서는 안 되므로 공사 중에는 항상 주도면밀한 주의가 필요했다. 그러나 토질이 불량한 지역에서는 토사 붕괴로 재래선로가 매몰되거나 열차 운전 도중에 이루어지는 절벽 등의 폭파 시 종종 바위가 튀어 재래선을 파손시키는 등의 장해를 일으켰다. 또한 불량 지반의 제방 구축 시에는 재래선의 침하 결괴(決壞)를 일으켜 교량과 옹벽 등이 경사 이동하는 등 예측치 못한 사고가 발생해 고귀한 인명을 앗아가거나 물자 손실을 초래하는 경우도 있었다.

그 중에서도 경부선 구포~물금 간 호포천교량의 우물통 시공 중에 토사 분출에 의한 사상자가 나왔으며, 오산~수원 간의 오산터널은 지질 불량으로 인한 낙반으로 사상자가 발생하였으며, 전동~전의 간 곡성터널은 지층

이 단단해 4개월간 기한을 연장하여 공사를 완성하는 등 수많은 난공사 현장이 전 노선에 존재했다. 그러나 다행히 큰 영향을 미치는 일 없이 준공되었다. 특히 난공사였던 호포천교량 개축의 자세한 내용은 다음과 같다.

호포천 복선형 교량공사 : 재래교(경간 18.3m×7)는 이전의 경부선 개량공사에서 1934년 12월에 공사에 착수하였으나, 토질 불량으로 인한 많은 어려운 작업을 거쳐 1935년 10월에 준공되었다.

다음의 구포~물금 간의 복선공사 시에는 당초 재래선을 따라 단선형 선로를 한 개 선 건설할 예정이었으나, 조사 검토 결과 복선형 교량을 신설하고 재래선을 폐기하기로 변경하였다. 신교는 재래선보다 약 20m 상류 쪽에 설치하도록 하고, 공사 중에는 재래선에 영향을 미치지 않도록 미리 유념하여 재래선의 방호공사를 준공한 후 1937년 6월 공사에 착수하였다. 재래교의 우물통 기초 근입(골격)은 19m였으나, 신 교량은 이를 더욱 깊게 해 완전한 우물통 기초공사를 할 계획으로 교각 기초공사작업을 진행하였다. 그러나 깊이 16m 부분에서 전석을 포함한 대형 진흙층이 나타나 제거작업 중 갑자기 아랫부분에서 진흙이 분출되었다. 순간적인 분출이었기 때문에 탈출하지 못하고 결국 노동자 여러 명의 인명 사고가 발생하였다. 이로 인해 긴급대책을 통해 검토를 거듭한 결과 우물통 안을 채우고 윗부분에는 콘크리트를 붓는 긴급 잠함공법으로 변경하여 시공하도록 하였다. 이것은 긴급 시공법이었으므로 누기율이 높아 안전성에 문제가 되었으나, 신중히 작업한 결과 근입 26m 깊이에서 전석이 없는 고운 모래지반임을 확인하고, 봉쇄 콘크리트를 타설해 마침내 완료할 수 있었다. 남은 다른 복선형 교각, 교대 기초공사도 모두 잠함공법으로 무사히 완성해 경부선 건설 이래 오랜 난제를 극복할 수 있었다.

궤도 부설공사 : 궤도 부설공사는 노반공사의 진척 상황과 재래선의 열차 운행 조정을 고려하여 직영공사로 가장 가까운 보선구의 인원을 동원하여 시행되었다.

소요된 도상 자갈은 기설 자갈선 확장만으로는 부족했기 때문에 노선 주변마다 존재하는 자갈을 현장 채집하고, 이를 노반 축조 완성 후에 노면에 퇴적하여 레일 연장작업을 시행하였다. 그리고 경부·경인선이 간선으로서 국제 열차를 비롯해 많은 급행열차를 운행하였기 때문에 개통 후에 열차 속도에 영향을 미치지 않도록 견고한 궤도를 처음부터 유지하도록 할 필요가 있었으므로, 미리 중량 기관차를 운행시켜 도상 고정작업을 실시하였다.

주요 교량 개축
국유철도의 교량 개요
(1) 국유철도의 대형 교량

주요 대형 교량은 조선의 지형상 대형 하천을 횡단하여 가설되어 있는 경부·경의선 양 선에 많아 남쪽으로부터 왜관 낙동강, 금강 제1, 금강 제2, 한강, 임진강, 대동강 제1, 대동강 제2, 청천강, 대령강, 압록강의 각 교량이었다. 이 중 청천강교량이 가장 길어 1,200m, 한강은 1,000m, 압록강은 943m로 제3위였다.

이상 주요 교량은 모두 강 연안에는 플레이트 거더 경간도 있으나, 교량의 대부분은 트러스 거더 경간이었다.

(2) 철도교의 상판지지 거더

일반적으로 경간 6m까지는 I수평재, 경간 9m~21m까지는 플레이트 거더, 그 이상은 트러스 거더 경간 60m가 많고, 압록강은 경간 90m와 경간 60m의 트러스 거더를 조합해 사용한 것이었다.

경부·경의선의 상판지지 거더 설계 하중은 개축 전에는 E-40이고, 재래의 상판지지 거더는 러일전쟁(1905년) 후의 개량공사 시 가설한 것이 많고, 플레이트 거더 및 트러스 거더는 모두 American Bridge Co.(1906~1911년)에서 제작했다. 그 구조는 트러스 거더의 인장재는 I바로 구성된 구식의 핀 연결 트러스 거더였다. 그 핀홀도 상당히 마모되어 있어 열차 통과 시에는 진동이 심한 트러스 거더도 많았다.

압록강교량도 전술한 A. B. Co.(1910년)제로 경간 60m도 90m의 트러스 거더와 함께 핀 연결 플랫형 트러스 거더(평평한 삼각형 교량 상부 구조물)였다. 또한 중앙에 가까운 이 2경간은 배 운행을 위해 교각을 중심으로 교축선으로 90°회전하고, 십자형으로 열리는 회전교였으나 1934년 3월 이후에는 회전의 필요성이 없어져 교각 유지상 안전을 위해 회전을 중지하고 고정하도록 하였다. 회전 당시에는 일본 유일의 철도회전교로 유명하였다.

다음으로 경부·경의선 이외 다른 지선교량도 설계 강도는 E-40이었으나, 그 중에는 일본산 기차제조(주)에서 제작된 1897년 무렵의 초기의 것도 있었다. 이 중에는 강도가 부족한 상판지지 거더도 많았기 때문에 철거 후 보강 가공하여 다른 지선용으로 재사용하였다.

(3) 조선 국경의 철도교

국경인 압록강에는 앞에서 서술한 압록강교량 외에 수풍댐 하류에 사철의 압록강 청수철도교(667m)와 만포선의 만포 압록강교량(587m)이 모두 1939년 10월에 완성되었다. 또한 두만강에는 삼봉교(1934년 4월 광궤 개량)와 남양도문교(1933년 4월 완성) 및 훈춘도문교(1939년 11월 광궤 개량) 등이 있었다.

(4) 경부·경의선 이외의 대형교와 특수교

교량표(제4장 공무관계 제표)에 나타난 것처럼 전선에 걸쳐 연장 500m 이상인 교량이 수십 개 있으나, 그 중 트러스 거더를 가설한 것은 마산선 낙동강교량(996.6m, 경간 60m×16연속)과 경경선 북한강교량(561m, 경간 60m 3개 연속 및 플레이트 거더), 만포 압록강교량(587m, 경간 45m 3연속 및 플레이트 거더) 등이고, 기타 교량은 경경선 안동 낙동강(784m, 경간 24.4m 플레이트 거더 30연속)을 비롯해 플레이트 거더를 가설한 것이었다.

또한 특수교량으로서는 경경선 원주~반곡 간에 깊은 골짜기를 건너는 길 아천고가교가 있다. 지형상 교각 높이 40m의 철강 교각으로 상판지지 거더는 플레이트 거더(연장 236m) 가설인 조선 최초의 고가교였다.

또한 경경선 안동 부근의 성락천교량(연장 200m)은 중앙부가 경간 62m 의 데크 트러스 2개가 연속되어 있는데, 이것도 조선 철도교로는 최초의 데 크 트러스(상로)였다.

(5) 철근 콘크리트 수평재류

철근 콘크리트의 진보와 더불어 소경간의 철근 콘크리트 T수평재와 철근 콘 크리트 상판교, 상자형 다리, 아치교 등이 현장시공에 의해 많이 가설되었다.

(6) 시방서 작성

1927년 4월 미터법이 채택 실시되어, 교량의 교대와 교각 및 상판지지 거더 등에 관해 각 경간별 미터식 교량 표준도가 작성되었다.

또한 설계시방서와 제작시방서, 철근 콘크리트 시방서 등은 모두 조선철도 국 독자적으로 제정되었다. 이와 동시에 선로 강도도 종래의 E에서 L시스템 으로 개정하였으며, E-40은 L-18에 해당하게 되었다.

기관차 중량과 교량 통과 시 상당가 : 경부·경의선의 교량 표준 하중은 앞 에 서술한 바와 같이 E-40이었으나, 실제로 운행하는 기관차는 그 후 차례 로 중량이 늘어났으며 가설 이래 30년이나 지난 상판지지 거더는 노후화된 부분이 있어 교량 강도로서는 일반적으로 부족했기 때문에 개축이 필요한 것 은 앞에 서술한 부분과 같다.

다음은 실제 운행한 각 기관차 중량과 교량 표준하중인 LS 상당가의 변천 관계를 나타낸 것이다.

기관차 형식	운행기간	기관차 운전 시 중량	LS 상당가
프러형	1907년 이후	65t	LS-12 정도
터우형	1914년 이후	120t	LS-16 정도
파시4형	1923년 이후	156t	LS-17 정도
파시5형	1939년 이후	196t	LS-20 정도
마터형	1939년 이후	201t	LS-21 정도

각종 기관차가 실제 열차 하중으로 교량을 통과할 때의 경간별 LS 상당가는 다음과 같다.

기관차 종류	경간 10m	경간 30m	경간 60m	종속된 화물이 동일하다는 가정 시의 하중
파시코(5)	LS-18.3	LS-20.2	LS-21.0	LS-7.0
마터이(1)	LS-21.0	LS-20.7	LS-21.4	LS-7.0
미카니(2)	LS-17.5	LS-16.4	LS-16.5	LS-6.0
파시시(4)	LS-16.2	LS-16.6	LS-16.9	LS-6.0
터우로(6)	LS-14.6	LS-16.0	LS-16.3	LS-6.0
발틱이(1)	LS-14.4	LS-15.1	LS-15.2	LS-6.0
아메이(1)	LS-10.5	LS-12.8	LS-13.5	LS-6.0
프러시(4)	LS-11.0	LS-13.0	LS-16.3	LS-6.0
사타이(1)	LS-16.5	LS-18.5	LS-11.3	LS-6.0

주) 기관차 길이와 화물 하중과의 관계로 보아 60m 경간이 설계 하중 상당가였다.

주요 교량의 개축 계획 : 경부·경의선 복선 개량공사와 더불어 다수의 장대교량을 단기간 내에 개축하려 했지만 계획상 여러 가지 문제점이 있었다. 복선 중 신설된 1선은 강도 L-22의 상판지지 거더 및 하부구조 모두 신설하지만, 재래선도 앞에 서술한 대로 강도와 규격 부족 등으로 인해 신설할 필요가 있었다.

당시 조선철도국으로서는 개량공사 외에 건설공사용 교량도 시급하였는데, 이들을 합하면 아마 10수만 톤의 강재가 필요할 것으로 예상되어 이를 단기간에 완성하는 것은 시국상 쉬운 일은 아니었다. 따라서 개축 계획은 우선 복선 중에 1선분을 신설하고, 개통 후에 재래선 상판지지 거더를 만들어 가설하기로 하였다. 이때 재래선의 구 수평재는 철거 보수한 후 다른 지선용 등으로 사용하기로 하였다.

주요 교량의 복선화에 있어서는 단선교를 약간의 간격을 두고 병렬할 것인가, 복선형 교량으로 할 것인가 등 다방면의 검토를 거쳐 결국 당시로서는

국방상의 관점에서 복선형 교량으로 하기로 하고, 압록강교량과 대동강 제1
교량, 대동강 제2교량, 한강교량의 4곳이 결정되었다. 즉, 주요 교량 구성은
다음과 같다.

왜관 낙동강교량	단선교×2
금강 제1교량	단선교×2
금강 제2교량	단선교×2(플레이트 거더로 개축)
한강교량	복선형교+재래교×2
임진강교량	단선교×2
대동강 제1교량	복선형교+재래교
대동강 제2교량	복선형교+재래교
대령강교량	단선교×2
청천강교량	단선교×2
압록강교량	복선형교+재래교

또한 복선형교가 되는 4교의 재래교는 철거하지 않고 그대로 두고 사용하
도록 했으므로, 한강은 4선분, 대동강과 압록강은 3선분의 교량이 확보되
었다. 압록강의 재래교는 평소에는 인도교로 사용하나, 비상시에는 철도교
로서도 재사용 가능하도록 고려하였다. 한강교량의 재래2교는 열차 운행 횟
수가 증가한 경인선 전용으로 하고, 대동강의 재래 교량은 평양 탄광선용으
로 각각 사용하도록 하였다.

다음으로 신교와 재래교가 병렬되는 경우에 신교의 가설 위치를 재래선의
상류 쪽으로 할 것인지, 하류 쪽으로 할 것인지에 대해서는 홍수 시 교각이
물에 잠기는 위치를 고려하여 상류 쪽에 위치하도록 하였다. 즉, 재래교의
상류 쪽에 튼튼하게 새 교각을 설치하면, 재래교의 침수를 막을 수 있어서
유리할 것이라는 결론이 났기 때문이다. 그러나 선로 선정상 교량 전후의 설
치관계 및 시공상 여타 조건에 의해 교량 위치가 결정되는 경우도 많아 교각
세굴의 영향을 받지 않도록 어느 정도의 간격을 두고 신설하도록 하였다.

주요 교량의 개축에 대한 내폭성(耐爆性 ; 폭격에 견디는 성능) 요구와 트러스 거더 형태의 결정 : 이번 수많은 장대교량 개축에 있어서 설계상 주요 항목으로는 ① 국제 간선 교량으로서 국방상 고도의 내폭구조여야 할 것, ② 시국을 고려해 강재를 최대한 절약할 것, ③ 구형 강도는 L-22 이상으로 할 것, ④ 외관을 생각할 것 등을 들어 상부 구조의 트러스 거더의 형성을 어떠한 구조의 교량으로 할 것인가는 중대한 현안이었다. 조선철도국으로서는 이상의 견지에서 도쿄대와 교토대 및 규슈대의 당시의 교량학의 권위자였던 교수들에게 자문을 구하기로 하였다.

한편, 설계담당인 설계과 오다 요노스케(小田弥之亮) 기사는 설계기술자를 총동원하여 주야로 검토에 몰두한 결과 드디어 일본 최초의 트러스 거더 형식으로 다음과 같이 종래와는 다른 고도의 내폭 구조를 고려한 형식의 설계를 완성할 수 있었다.

(1) 연속 수평재에 의한 상부공사의 연속성

(2) 복사재구 형식(아래에 상술)에 의한 트러스 거더의 합리적인 부재 배치

(3) 행거 코드에 의한 보강(압록강교량 94.2 트러스 거더에 대해서)

이 고안에 대해서 오다 기사는 직접 다음과 같이 말하고 있다.

"플레이트 거더는 중량도 가볍고 구조도 간단하기 때문에 파괴되어도 복구는 간단하다. 그러나 경간이 큰 종래의 트러스 거더는 그 성질상 하나의 부재가 파손되어도 전체 구조가 그 형태를 유지할 수 없게 되므로, 그 자체 하중에 의해 붕괴 추락한다. 추락하면 부재가 구부러져 그대로 재사용이 불가능해지며, 복구에는 장시간이 소요된다. 따라서 폭격 등으로 인해 수평재의 일부가 파손되어도 수평재가 추락하기 어렵게 할 수는 없을까? 그러한 저항성이 높은 구조를 생각해낼 수 있다면, 그 조건을 만족시킬 수 있게 된다. 그러나 당시에는 이러한 과제에 대한 자료도 문헌도 없었으나, 당면한 중대 과제이므로 전술한 세 명의 교량학 교수에게 지도를 받기로 하였다."

어떤 교수의 "형식은 가능한 한 그물망과 같은 라티스형이 최적일 것"이라

는 의견에서 힌트를 얻어 일단 워린형 트러스 거더를 두 개 겹친 형태의 더블 워린형을 생각해 보았다. 그러나 이 형식에도 부족한 점이 있었기 때문에 연구를 거듭한 결과 하나의 격간에 경사부재가 2개씩 있고, 거기에 가는 수직재를 가진 형태가 최적이라고 결론을 내렸다(이것을 복사재구라고 이후 명명하였다). 이 형태라면 트러스 거더 부자재의 일부가 파손되거나 없어져도 전체 형태는 힘의 평형을 유지하여 붕괴되지 않기 때문에 수평재가 추락하기 어렵고, 트러스 거더 전체로 볼 때 트러스 거더는 하나의 막대와 같은 성질과 비슷해서 구조상 매우 안정된 형태가 된다는 이점이 있다.

따라서 설령 폭격에 의해 상부지지 트러스의 부자재가 여러 개 파손되어도 자체 하중으로 붕괴되지는 않으며, 수평재도 추락하지 않고 형태를 유지할 수 있으므로 응급복구의 경우에도 무거운 열차는 몰라도 가벼운 열차라면 단기간은 통행이 가능해져 상판지지 거더가 부분적인 파손을 입더라도 추락을 방지할 수 있다.

또한 "교각 등의 기초지반이 양호한 경우에는 상판지지 거더를 3경간 연속으로 하면 안정도는 더욱 높아지고, 거더의 강재중량도 절약할 수 있다."는 상당히 좋은 힌트를 얻었다.

이렇게 해서 3경간 연속의 복사재구형의 신형식은 일본의 종래 철도교의 트러스 거더가 모두 단경간이었던 것에 비해 획기적이라고 여겨졌다.

주요 교량의 구조와 설계 : 이러한 종류의 구조 설계에 있어서 응력의 해석에는 근사적 해법에 따르는 것이 종래에는 일반적이고, 그 결과에 의한 오차도 적다고 여겨졌다. 그러나 이러한 큰 구조에, 그것도 대량 상판지지 거더를 한꺼번에 건설할 경우에는 바른 해석을 할 필요가 있었다. 시험적으로 62m 경간 8격간의 복사재구에 대해서 정밀한 해법을 실시한 결과 그 근사 해법과의 오차는 반드시 근소한 것은 아니었으며, 특히 경사부재에 대한 오차가 크다는 것이 드러났다. 그래서 각 교량의 복사재구에 대해서 타당한 해법을 채택하기로 하였다.

62m 경간의 경우 8격간구(8개 격자구조)로 8차 부정정(不靜定) 구조와 3경간 연속 수평재는 26차 부정정 구조인데 이를 표준형으로 설정하였다. 또한 그밖에 한강교량의 곡현(曲弦, 곡선형) 3경간 연속 수평재로 복선형과 압록강 교량의 62m 경간 3경간 연속 복선형, 이 교량의 94m 경간 3경간 연속 수평재의 적현재(吊弦材, 라이스교 구조물을 하나로 묶는 것)로 된 복선형과 한강교량, 대동강 제1, 제2교량 등 기타 여러 종류의 교량을 동시에 설계하도록 하였다. 이들의 타당한 해법에 의한 응력 계산은 당시에는 수식 계산기를 사용할 수밖에 없는 노력과 인내를 요하는 작업이었다. 또한 설계 계산 종료 후 실제 설계도 작성은 교량의 종류가 많았기 때문에 도면의 수가 매우 방대하였다.

교량의 트러스 거더 형식 연구 검토와 설계를 지속하였으나, 한편 공사 현장에서는 경부·경의선의 복선공사와 기타 신선 설계공사 모두 예정대로 진행되었기 때문에 교량에 대한 연구 검토 결과에 의한 상판지지 거더 형식의 최종 결정을 기다릴 수만은 없었다. 따라서 당시에는 더블 워런형(경사재가 상·하향이 교대로 되어 있는 트러스)과 유사한 능(菱)형(마름모꼴 상부 구조물) 거더를 채택하여 왜관 낙동강(상행선, 하행선), 금강 제1(상행선, 하행성), 북한강, 만포 압록강의 각 교량에 실시하였다.

이들 교량 이외에는 대동강 제1, 제2교량을 제외하고 주요 교량은 모두 수직재를 갖는 복사재 트러스 거더로 하고, 기초가 양호한 것은 3경간 연속 수평재로 하였다. 기초 침하의 우려가 있는 것은 단경간을 사용하고 모두 수직재를 사용하는 복사재 트러스 거더로 하였다.

또한 한강교량의 경우는 재래교의 하류 쪽인데다 경성 시내이기도 했기 때문에 주위와의 경관 조화상 평행형 수평재가 아니라 3경간 연속 수평재의 중앙 경간은 길게 하고, 양단 경간은 짧게 하여 중앙 경간의 교각 위의 수평재의 높이를 높게 한 곡현형으로 역아치형의 3경간 연속 복사재구로 하였다.

압록강에 대해서는 재래교와 병행하여 상류 측에 복선형교를 신설하였다. 물론 재래교와 같은 가동교가 아닌 고정교로 상판지지 거더는 경간 62m의

〈표 4-7〉 주요 장대교량 개요(1936년 이후 건설된 것)

교량명	위치	경간 및 연수	형식	교량 길이	설계 강도	형성품(桁成品) 의 중량	소요 강재	개통 시기
(간선 개량)				m	트러스거 더 경간	t	t	
압록강 (복선형)	신의주 ~안동	2(3@62.0) +2(3@94.2)	[복사재형 3경간 연속 트러스 거더]+ [복사재형 3경간 연속적현 재포함 트러스 거더]	943	L-25	9247	9833	1943. 5. 15.
대령강 (상행선)	영미~ 맹중리	22(21.3) +(62.0) +2(3@62.0)	[상로 플레이트 트러스 거더] +[복사재형 단 트러스 거더]+ [복사재형 3경간 연속 트러스 거더]	943	L-25	2427	2577	1940. 8. 24.
대령강 (하행선)	〃	22(21.3) +(62.0) +2(3@62.0)	상동	943	L-25	2420		1945. 6. 1.
청천강 (상행선)	맹중리 ~ 신안주	22(18.3) +4(3@62.0)	[상로 플레이트 거더]+ [복사재형 3경간 연속 트러스 거더]	1,196	L-25	3390		1945. 6. 1.
청천강 (하행선)	〃	19(18.3) +(62.0) +4(3@62.0)	[상로 플레이트 거더]+[복사재형 단 트러스 거더]+[복사재형 3경간 연속 트러스 거더]	1,198	L-25	3645	3821	1940. 8. 20.
대동강 제1 (복선형)	대동강 ~평양	4(18.3) +2(62.0) +(3@62.0)	[상로 플레이트 거더]+[부자재 포함 워렌형 곡현 단 트러스 거더]+[부자재 포함 3경간 연속 워렌형 곡현 트러스 거더]	392	L-25	2682	2832	1942. 4. 30.
대동강 제2 (복선형)	〃	(21.3) +3(18.3) +2(3@62.0)	[상로 플레이트 거더]+ [부자재 포함 3경간 연속 웨렌형 곡현 트러스 거더]	453	L-25	3252	3425	1942. 4. 30.
임진강 (하행선)	문산~ 장수	10(18.3) +2(62.0) +2(3@62.0)	[상로 플레이트 거더] +[복사재형 단 트러스 거더]+[복사재형 3경간 연속 곡현 트러스 거더]	702	L-25	2321	2417	1941. 11. 25.

교량명	위치	경간 및 연수	형식	교량 길이	설계 강도	형성품(桁成品)의 중량	소요 강재	개통 시기
임진강 (상행선)	문산 ~장수	10(18.3) +8(62.0)	[상로 플레이트 거더] +[복사재형 단 트러스 거더]	706	L-25	2347	2503	1941. 11. 25.
한강 (복선형)	노량진 ~용산	4(3@20.0) +3(3@26.0) +(62.0)+3(55.0) +78.5+55.0)	[하로 플레이트 거더]+[복사재형 단 트러스 거더]+ [복사재형 3경간 연속 곡현 트러스 거더]	1,113	L-25	6646	7139	1944. 8. 1.
금강 제1 (하행선)	신탄진 ~매포	2(18.3) +4(62.0)	[상로 플레이트거더]+ [능형 단 트러스 거더]	291	L-25	1107	1181	1939. 6. 15.
금강 제1 (상행선)	〃	2(18.3) +4(62.0)	상동	291	L-25	1107	1181	1939. 6. 15.
왜관 낙동강 (하행선)	왜관 ~약목	2(15.2) +10(45.0)	[상로 플레이트 거더] +[능형 단 트러스 거더]	507	L-22	1558	1673	1939. 4. 1.
왜관 낙동강 (상행선)	〃	2(15.2) +5(2@45.0)	[상로 플레이트 거더] +능형 2경간 연속 트러스 거더]	507	L-22	1527		1945. 6. 1.
(건설선)	(경경선)							
북한강	양수 ~팔당 (〃)	3(24.4) +10(30.0) +3(62.0)	[상로 플레이트 거더] +능형 단 트러스 거더]	560	L-22	1568	1688	1939. 4. 1.
성낙천	경북 안동 ~이하 (〃)	3(30.0) +2(62.0)	[상로 플레이트 거더] +[상로 워렌형 트러스 거더]	220	L-22	660	706	1941. 7. 1.
길아천	원주 ~반곡	6(10.0) +(16.5) +8(20.0)	[상로 플레이트 거더] +[트러스 가교]	236	L-22	556	591	1941. 7. 1.
만포 압록강	(만포선) 만포진 ~집안	17(24.4) +3(45.0)	[상로 플레이트거더]+ 능형 단 트러스 거더]	587	L-22	1200	1283	1939. 10. 1.

압록강 결빙이 시작될 무렵의 전경(1936년 12월 12일)

3경간 연속 복사재구 2조(6경간) 및 경간 94m의 3경간 연속 복사재구 2조 (6경간)의 대교량이었다.

다만 국제교로서의 중요성을 고려하여 94m 3경간 연속 트러스 거더의 적 현재를 상현의 상부에 부착하여 트러스 전체를 보강하도록 한 형식으로, 이른바 '적현재 부착'이라 할 수 있다. 따라서 전체적으로는 적교(弔橋)와 같은 형태였으나 적교가 아니며, 트러스 거더의 부분적인 파손에 대한 안전도를 더욱 증강하기 위한 적현재는 로프가 아닌 형강(型鋼)을 사용하였다. 중앙의 교각 위 탑 높이는 28m, 수평재의 총중량은 9,247톤으로 교량 부자재 설계에 대한 응력 분석은 모두 정밀한 정해법에 의해 해결했다.

주요 교량의 설계 강도 : 교량의 설계 강도 규격은 경부·경의선은 L-22, 경경·만포선은 L-18이었으나 조만간 강도 증강이 필요해질 경우를 감안하여, 특히 주요 교량의 횡목 경간에 대해서는 미리 규격 이상으로 해둘 필요가 있다는 것이 인정되어 다음과 같이 결정하고 제작하였다.

경부·경의선은 제작 중인 왜관 낙동강교량을 제외한 모든 주요 교량을 L-25로 설계를 수정했다. 이때 L-25는 L-22에 비하여 소요 강재에 있어서 큰 차이가 없다는 것이 확인되었으므로 설계 계산서 및 도면도 그대로 명기하였다.

경경선과 만포선에 있어서는 경경선의 북한강과 성락천, 길아천의 각 교량 및 만포선의 만포 압록강교량 등의 주요 교량의 트러스 거더 경간

만은 특별히 L-22로 하였다(〈그림 4-3〉의 주요 장대교의 개요 및 트러스 거더부 개략도 참조).

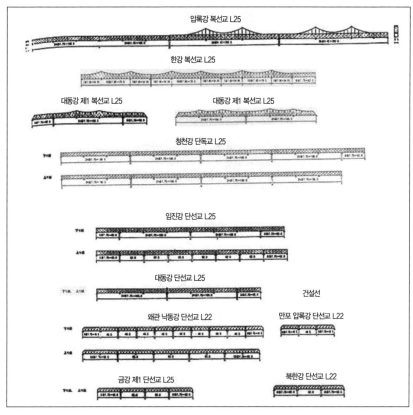

〈그림 4-3〉 1936년 이래 신설된 주요 장대교량의 트러스 거더부 개략도

복선절취공사 상황

주요 교량의 개축공사 상황

(1) 하부공사(교대, 교각)

신설한 하부공사 중 복선형 교대와 교각은 압록강과 대동강 제1, 제2, 한강 각 교량이며, 단선형은 대령강과 청천강, 임진강, 왜관 낙동강의 각 교량이었다. 또한 재래교인 대령강과 청천강, 임진강 하부공사는 견고했기 때문에 일부를 개축한 후 복선용 1선분으로 사용할 수가 있었다.

주요 교량의 하부 기초공사 중 트러스 거더 부분이 될 곳의 기초시행은 잠함공법을 채용했으나 플레이트 거더 부분에 대해서는 우물통공법을 채용했다. 잠함공법은 우물통공법에 비해서 고가이지만 시공이 신속하고, 안전하고, 확실할 뿐 아니라 조선의 황해로 흐르는 이들 하천은 일본 국내와 달리 하천의 간조 차가 심한 데다 홍수 시에는 하천 바닥의 암반까지 씻겨나갈 정도의 특수한 악조건으로 인해 시공 시에는 암반 속까지 어느 정도의 기초공사를 하여 안전을 기할 필요가 있었다.

(2) 주요 하천 상황

		압록강	대령강	청천강	대동강	임진강	한강	마산선 낙동강
유로 연장	km	790	163	213	430	254	482	526
유역 면적	km²	62,600	4,189	9,780	20,100	8,100	34,500	22,900
가교지점 (하구에서)	km	45	27	27	92	32	58	50
가교지점 간만의 차	m	3.70	3.70	3.50	1.50	3.70	0.90	0.60
간조수위	m	0.85	1.90	2.02	0.83	1.68	3.16	0.92
최대 홍수위	m	9.88	9.88	9.30	11.78	11.26	14.73	11.12
높이 차	m	9.03	7.98	7.28	10.95	9.58	11.57	10.20

(3) 주요 교량의 기초 시공법

다리명	형식	재래선과의 위치	잠함공법	우물통공법	상자틀공법	적요
압록강	복선	상류로 70m	O			트러스 거더
대령강	단선	하류로 170m	O	O		플레이트 거더는 우물통공법

다리명	형식	재래선과의 위치	잠함공법	우물통공법	상자틀공법	적요
청천강	단선	하류로 95m	O	O		플레이트 거더는 일부 우물통공법
대동강	복선	하류로 37m	O	O	O	플레이트 거더는 우물통공법
임진강	단선	하류로 75m	O	O		플레이트 거더의 대부분은 우물통공법
한강	복선	하류로 50m	O	O		플레이트 거더는 우물통공법
왜관 낙동강	단선	하류로 40m		O		트러스 거더 플레이트 거더 모두
마산선 낙동강	단선	하류로 200m	O			트러스 거더

(4) 잠함공법에 의한 시공 상황 – 잠함공법 상세 내용

명세 \ 교량명	압록강	대령강	청천강	대동강 (제1,제2)	임진강	한강	마산선 낙동강
잠함기초 수	13	8	19	13	9	11	17
기초형식	복선	단선	단선	복선	단선	복선	단선
간조면에서 기초 깊이(m)	10~12	12~16	13~21	12~21	13~14	12~13	29~31
지질	진흙 세사	진흙 세사	사질	사질	진흙 세사	사질	진흙 세사
잠함기초 설치 지질	암반	암반	암반	암반, 일부 자갈층	암반	암반	자갈층
잠함의 종류	강제와 철근 콘크리트	목제와 철근 콘크리트	목제와 철근 콘크리트	목제와 철근 콘크리트	목제와 철근 콘크리트	목제	강제
잠함의 형태	소판형	소판형 장방형	소판형 장방형	소판형 장방형	소판형 장방형	소판형 장방형	소판형
함 내 최고기압 lb	25	25	32	32	25	25	40~46

대동강 기초지반은 석회암층 중에 점토와 자갈의 두 층이 섞여있어 기초지반을 확정하는 데 고심했다.

이들 주요 교량의 잠함공법에 의한 공사 시행 중 1937년과 1938년, 1939년에는 공사 시행지역에 조선 하천 특유의 여름 장마철 피해도 없이 기대 이상으로 공사가 진척되었다. 그러나 동절기의 결빙(4개월간)과 간만 차의 극심한 영향은 공사를 곤란하게 하였다. 즉, 1일 2회 약 3, 4m의 간조 차에 의

잠함공법 시공 상세 내용

명세 \ 교량명	압록강	대령강	청천강	대동강	임진강	한강	마산선 낙동강
기공년월	1936. 11. 8.	1938. 3. 8.	1937. 3. 1.	1938. 5. 1.	1938. 11. 2.	1939. 3. 1.	1938. 9. 20.
준공년월	1938. 11. 20.	1939. 4. 25.	1937. 11. 3.	1939. 10. 4.	1939. 8. 25.	1940. 6. 15.	1940. 2. 5.
준공 금액 (엔)	1,450,000	548,000	885,000	1,025,000	500,000	1,315,000	1,608,000
담당국 부담 재료비(엔)	152,000	68,000	91,000	142,000	79,000	236,000	156,000
청부업자	하자마구미 (間組)	제니다카 구미 (錢高組)	제니다카 구미 (錢高組)	제니다카 구미 (錢高組)	가시마구미 (鹿島組) 시 로이시구미 (白石組)	제니다카 구미 (錢高組)	하자마구미 (間組)
잠함 1기당 단가(엔)	90,500	44,000	43,300	70,100	37,000	85,000	93,000
콘크리트 1m³당 단가 (엔)	85	80.5	61	54.2	73.6	50	77.2
잠함굴삭 1m³당 단가 (엔)	90.3	82.3	53	57	78.7	65.8	55.7
콘크리트 수량(m³)	13,850	4,390	8,220	13,590	3,940	15,320	20,430

해 수위가 변화하였으며, 이로 인해서 흐름도 상하로 변화하고 유속이 변하기 때문에 가설설비도 변경할 필요가 있었다.

다음으로 동절기의 결빙 상황은 압록강과 대령강, 청천강, 대동강, 임진강 각 하천 모두 대체적으로 동일하였으나 일반적으로 결빙은 12월 초순의 소조기에 일어나고, 해빙은 삭망(朔望)의 대조기에 일어났다. 강 전체의 얼음은 결빙 기간 중에는 조류의 간만 차에 의해 2m 정도 상하 이동하는데 이것이 해빙될 때는 유빙이 되어 얼음덩이가 두께 1m 정도로 크기는 수십 평방미터에 이르며, 7~10일간은 강 위를 상하 이동한다. 이 얼음덩이가 맹렬한 기세로 강안의 교각, 가설물과 충돌하는 힘은 엄청나서 예상치 못한 피해를 입는 일이 많았다.

압록강과 청천강은 유빙이 특히 심하여 교대와 교각 골조의 간조 수위의 상하 5m 사이를 간지석(間知石 ; 석축을 쌓는 데 쓰이는 정교하게 다듬어진 정사각형 모양의 돌)으로 쌓아 예방 공사를 시행하였다. 그러나 시행 시에는 만조 시 골조의 석벽이 수중으로 잠기기 때문에 물이 빠질 때를 기다려 한 번에 2단씩 신중히 시행하였다.

또한 잠함공법 시공 중에 대동강과 청천강의 수내 최고 기압은 32lb⇒1lb 정도, 그 밖의 현장에서는 대략 25lb⇒1lb 정도로 잠수병 발생은 그리 많지 않았다.

(5) 상부공사(상판지지 거더 제작과 조립 가설)

상판지지 거더 제작 : 1920년대 중반의 철도 12년 계획의 건설선에 필요한 상판지지 거더는 대부분 플레이트 거더뿐이었는데, 이들은 조선의 용산공작 주식회사제였다. 1926년부터는 경부·경의선의 주요 교량과 경경선 및 만포 선의 건설선용 상판지지 거더 제작이 급증하여 용산공작(주)에서는 플레이트 거더만도 기한을 맞추기 어려운데다 상판지지 거더 제작은 경험이 없었고, 시설도 갖추고 있지 않았다.

따라서 검토 결과 당시 일본 철도성의 트러스 거더 제작 지정업체를 총동원하여 각 교량마다 교량 제작을 구분하여 〈표 4-8〉과 같이 제작소에 하청하였다. 또한 각 교량 설치부의 플레이트 거더 제작도 막대한 수량이었으므로, 용산공작(주) 이외에 히타치제작소, 미야치철공소 등 각 교량별로 나누어 제작을 하청하였다.

또한 이들 교량 제작 감독은 오사카를 중심으로 하여 당국의 인원을 상주시켜 실시하였다. 이상과 같이 대량(강재 총량은 12만 톤, 그 외 설비 5천 톤)의 상판지지 거더를 단기간에 제작, 완성한 것은 그 당시 일본 교량 건설 사상 유례가 없었으나 전시 중이었기 때문에 일반에는 별로 알려지지 않았다.

상판지지 거더 조립 가설 : 각 교량 상판지지 거더의 조립 가설공사는 모두 각 소관의 건설사무소 및 개량사무소에서 시행되었다.

〈표 4-8〉 주요 교량 주요부의 제작소 명세표

교량명	형식 종별	연수(連數)	제작소
압록강교량	경간 94m 3경간 연속트러스 복선형	2조	기차제조(주) 오사카공장
압록강교량	경간 62m 3경간 연속트러스 복선형	2조	황하교량(주) 도쿄공장
대령강교량 상행선	경간 62m 3경간 연속트러스 단선형	1련	황하교량(주) 오사카공장
대령강교량 상행선	및 62m 3경간 연속트러스 단선형	2조	기차제조(주) 오사카공장
대령강교량 하행선	경간 62m 단경간 트러스 단선형	1련	상동
대령강교량 하행선	경간 62m 3경간 연속트러스 단선형	2조	상동
청천강교량 상행선	경간 62m 3경간 연속트러스 단선형	4조	상동
청천강교량 하행선	경간 62m 단경간 트러스 단선형	1련	기차제조(주) 오사카공장
청천강교량 하행선	경간 62m 3경간 트러스 단선형	4조	상동
대동강 제1교량	경간 62m 단경간 연속트러스 복선형	2련	황하교량(주) 오사카공장
대동강 제1교량	경간 62m 3경간 연속트러스 복선형	1조	상동
대동강 제2교량	경간 62m 3경간 연속트러스 복선형	2조	황하교량(주) 오사카공장
임진강교량 상행선	경간 62m 단경간 트러스 단선형	8련	기차제조(주) 오사카공장
임진강교량 하행선	경간 62m 단경간 트러스 단선형	2련	상동
임진강교량 하행선	경간 62m 3경간 연속트러스 단선형	2조	상동
한강교량	경간 62m 단경간 트러스 복선형	1련	일본교량(주)
한강교량	경간(55.0+78.5+55.0)m 3경간 연속트러스 복선형	3조	상동
금강 제1교량 상행선	경간 62m 단경간 능형 트러스 단선형	4련	기차제조(주) 오사카공장
금강 제1교량 상행선	경간 62m 단경간 능형 트러스 단선형	4련	상동
왜관 낙동강교량 상행선	경간 45m 2경간 연속능형 트러스 단선형	5조	상동
왜관 낙동강교량 하행선	경간 45m 단경간 능형 트러스 단선형	10련	상동
만포 압록강교량	경간 45m 단경간 능형 트러스 단선형	3련	상동
북한강교량	경간 62m 단경간 능형 트러스 단선형	3련	황하교량(주) 도쿄공장
성락천교량	경간 62m 단경간 상로트러스 단선형	2련	상동
길아천교량	바이어덕트 플레이트거더 및 높이 약 40m 강재트러스각	구각(構脚) 수 3	황하교량(주) 도쿄공장

부산항 연락잔교

상판지지 거더 가설공사는 하청으로 이루어졌으며, 그 업자는 당시 일본 국내에서 상판지지 거더 가설공사에 가장 풍부한 경험을 가진 도쿄의 미야치철공소에서 압록강교량을 필두로 주요 교량의 대부분을 시행했는데, 전시의 청천강교량을 마지막으로 가설공사는 무사히 완료되었다.

(6) 내폭 트러스 거더의 효과 실적

주요 장대교량의 트러스 거더 구조에 대하여 조선철도국 독자의 내폭 형식 (건축물 따위의 구조물이 폭탄에 맞아도 견딜 수 있음)을 채용했으나, 이 신기술의 트러스 거더 가설 후 생각지 않게 태평양전쟁의 실전에서 효과를 발휘하였다.

1945년 7월 31일 정오를 조금 지나 미군 P-38 전투 폭격기 2~3개 단이 경의선 청천강교량(하행선)을 폭격하였다. 그 중의 1탄(250kg 폭탄)이 교량의 교각(평양 쪽 62m 단경간과 3경간 연속 수평재의 가설 지점) 바로 위에 명중하였다. 그 결과 단경간 62m 트거스 거더(자체 하중 약 600톤)의 한쪽 부분이 떨어져 11m 강 아래에 비스듬히 낙하하는 피해를 입었다. 그러나 낙하한 트러스 거더의 부자재는 어떤 부분도 직접적인 변형이나 파손이 없었고, 폭격을 입은 다른 3경간 연속 수평재에도 아무런 이상이 없었다. 이 결과 이 낙하된 트러스 거더를 미카3형 기관차 4대로 견인하여 복구하기로 결정하고, 준비를 완료한 후 같은 해 8월 13일에 끌어 올려서 복구를 완료했다. 또한 본선 열차 불통 기간 중에는 가설 우회 선로를 이용하여 열차를 운전하였다.

이 내폭교량은 그 후 1950년 한국전쟁 시의 폭격에도 견뎌내 그 효과가 충분히 입증되었다.

경원·함경선 개량 및 복선

경원·함경선(용산~상삼봉 간 890.6km)은 북선지방의 지하자원 개발과 제반 공업의 부흥 및 동만주 지구로의 수송 교통량 증가에 의해 열차 운행 횟수를 확충시킬 필요가 있었다.

따라서 역간 거리 최장구간에 역 또는 신호시설 및 정거장설비 개량, 열차 교환설비, 분기 부분 개량 등의 선로용량 증가 개량공사를 시행하고, 이와 더불어 급수설비 개량, 기관 차량 증·개축공사 등 여러 종류의 개량공사가 속속 시행되었다. 즉, ① 1937년에는 신호소 신설(신탄리 외 3개 지역), 열차 교환설비(삼방협 외 4개 지역), 유효장 연장(신포 외 6역), ② 1938년에는 역 신설(용담 외 5역), 신호소 신설(온수평 외 1개 지역), ③ 1940년에는 신호소 신설(대덕), ④ 1941년에는 열차 교환설비(경포 외 3개 지역), ⑤ 1939년 6월에는 경원선 용산~청량리 간(12.6km) 및 함경선 수성~고무산 간(34.3km)의 복선공사에 착수하였으며, 1941년 12월에는 수성~고무산 간 복선운전을 개시하였다. 또한 용산~청량리 간도 노반공사가 준공되었다. 당시 북선 및 동만주 지구의 제반 공업이 점점 발전되어 그 생산력 확충 계획과 더불어 경원·함경선의 객화 수송이 급격히 증가하였다. 따라서 종래의 단선 구간의 개량공사 정도로는 수송 능력이 부족하였으며, 또한 급박한 국제 정세로 인해서 응급 타개책을 강구할 필요가 있었다. 따라서 ⑥ 1942년에는 수송 능력이 매우 떨어지는 경원·함경선 중 의정부~덕정 간 외 7구간(112.8km)의 부분 복선공사에 착수하였다. ⑦ 1943년에는 전년도 이외의 수송이 특히 어려운 구간이었던 고무산~회령 간 외 5구간(123.9km)의 복선공사에 착수하였다. 이후 자재와 인력난을 극복하고 계속 공사를 진척시킨 결과 같은 해 11월에는 문천~용담 구간이 복선운전을 개시하고, 의정부~덕정 간 외 2구간도 노반공사를 준공하였다. 그러나 정세가 점점 치열해져 자재와 노무의 중점 배치의 필요상 ⑧ 1944년 2월 '종전비상조치요강'의 제정으로 세포리~삼호 간 외 12구간의 복선 노반공사는 중지하지 않을 수 없게 되었으며, 동두천~전곡 간 외 7구간(95.6km)의 노반공사와 길주~명천 간 고참터널(2,977m) 공사 등의 시행은 속행 중에 종전되었다.

경원·함경선 복선공사 상황을 일람표로 나타내면 〈표 4-9〉와 같다.

〈표 4-9〉 경원·함경선 복선공사

선명	구간	길이(km)	공사기간	적요
경원선	용산~청량리	12.6	1939. 6.	노선 준공(1941. 12.)
함경선	수성~고무산	34.3	1939. 6.~1941. 12.	복선운전 개시(이상 1939년 착수)
경원선	의정부~덕정	12.5	1942. 6.~	노반 준공(1943.)
경원선	동두천~전곡	9.5	1942.~	노반공사 중 종전
경원선	신탄리~가곡	24.1	1942. 8.~	
함경선	문천~용담	9.9	1942.~1943. 11.	복선운전 개시
함경선	함흥~흥남	15.4	1942.~	
함경선	세포리~삼호	7.8	1942.~	공사 중지(1944. 5.)
함경선	거산~증산	12.3	1942.~	노반공사 중 종전
함경선	학중~호동	21.3	1942.~	(이상 1942년 착수)
함경선	마전~여호	9.7	1943.~	
함경선	경포~운포	7.4	1943.~	
함경선	양화~강상	7.1	1943.~	
함경선	길주~명천	30.9	1943.~	
함경선	생기령~나남	16.4	1943.~	오래된 터널공사, 온수평~내포 간 노반공사 중 종전
함경선	고무산~창평	15.3	1945. 2.~	노반공사 중 종전
함경선	창평~전거리	7.3	1943. 12.~	노반공사 중 종전
함경선	전거리~중도	1.7	1944. 4.~	노반공사 중 종전
함경선	중도~회령	13.1	1944.~	노반공사 중 종전

주) 노반공사는 준공구간과 시행 중지 구간에 대한 상세가 불명인 곳이 있음.

청진지구의 개량공사

청진은 천연의 항구를 가진 어항으로서 발전해 왔으나, 북선지방 개발 사업의 급속한 진전과 북만주 지구와의 교통이 빈번해짐에 따라 일본과 조선 간을 통하는 객화가 홍수처럼 몰려 청진부두에 쇄도하였다. 이 때문에 1934

년 완성된 항은 매우 좁았으며, 무역 약진과 더불어 수성천 하구에 서항과 대어항 축조가 완성되었다.

또한 무산 철광 개발과 더불어 일철제철소와 미쓰비시제강소 공장이 건설되었으며, 그밖에 이미 조업 중이었던 섬유공장 등이 광대한 수성평야로 확대되고, 나남과의 합병도 실현되어 조선 굴지의 대도시로 발전하고 있었다. 이렇게 그 모습을 쇄신한 청진의 도약을 위한 계획과 맞물려 철도도 각종 개량공사가 시행되었다.

1944년에는 ① 나남~청진 간 선로 개량, ② 강덕~수성~청진 간 개량공사 등에 착수하였다. 본래 함경 본선은 나남에서 수성을 거쳐 청진에 이르는 경로였으나, 이 공사의 완성으로 나남에서 직접 청진서항과 청진어항을 거쳐 청진으로 통하고, 또한 청진에서는 북상하여 반죽~수성에 이르게 되어 있었다. 이에 따라 청진역도 신역으로 이전 개축되고, 강덕선(15.7km)은

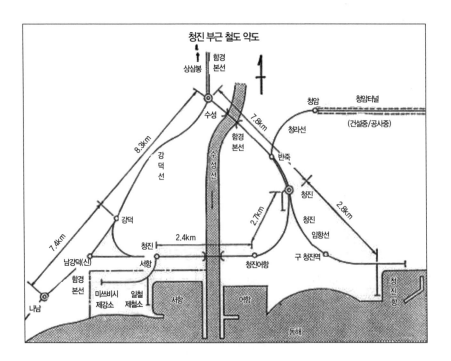

청진 부근 철도 약도

나남~강덕~수성으로 통하게 되었으며, 청진역과 부두 간에는 청진임항선 (2.8km)으로 정비, 개량되었다.

이들 개량공사에 의해서 나남~강덕~수성~청진 간 및 청진~청진어항~ 청진서항 간에 열차 운전이 개시되어 청진지역의 교통이 편리해졌다.

또한 앞에 서술한 바와 같이 수성~고무산 간(34.3km)의 복선화는 1941 년 말에 운전을 개시하였으며, 고무산~무산 간(60.4km, 광궤 완성)은 1944년 4월 매수 후 선로 강화공사를 시행했기 때문에 무산 부근의 매장량 10수억 톤이라고 일컬어지는 풍부한 철광석의 본격적인 개발이 착수되어 청 진의 일철과 미쓰비시제강 양 공장에 넉넉하게 수송되었다.

조차장 신·증설

복선화 등에 의한 수송력 증강과 차량 증비(增備)로 인해 조차장 확충이 필요해져 ① 1937년에는 용산 외 4개 지역(대구, 평양, 대전, 원산)의 조차 장공사에 착수하였고, ② 1940년에는 부산조차장, 경성(수색) 및 평양조차 장의 3대 조차장 신설공사에 착수하였다. 이들 세 조차장 규모는 모두 용지 1개소 당 100만㎡ 이상, 1일 조차 능력 3,000량, 궤도 연장 100km에 달하 는 것으로, 당시 일본 철도성 조차장에 비교해도 대형 계획이었다. 조성공사 에 불도저 등의 건설 기계를 사용하지 않았던 당시로서는 대공사였다.

조차장명	용지	계획 능력 목표	기사
부산	1,255,865㎡(380,565평)	3,500량	이들 용지 내에는 부대시설 용지, 관사 부지 등은 포함되지 않음.
수색	1,663,446㎡(504,075평)	4,500량	
평양	1,548,211㎡(469,155평)	4,000량	

수색과 평양은 험프식 조차장으로 계획되었으며, 화차제동은 철도성의 그 것과는 달리 대형(30톤) 차이기 때문에 차 위에서 수제동기로 간단하고 정확

하게 조차되는 것이었다. ③ 1944년에는 부산, 대전, 본궁조차장 증설공사에 착수하였다. 그리고 각 조차장은 당면한 능력에 대한 계획을 달성하기 위해 공사가 계속해서 시행되던 중에 전쟁이 종결되었다.

조차장명	1944년 말 능력		당면 계획	
	궤도 연장(km)	조차 능력(량)	궤도 연장(km)	조차 능력(량)
부산	41.0	900	89.3	2,200
수색	53.5	1,600	130.0	3,000
평양	47.0	1,300	98.0	3,000
대전		500	42.5	1,300
본궁		720	89.1	1,400

주) 1944년 말 조차장 능력 중 대전은 대전역, 본궁은 함흥역과 남흥역의 능력을 나타내고 있다.

해륙연락시설 및 종단시설 개량

해륙연락 및 종단시설 확충 정비에 관한 개량공사는 수송 상황에 따라서 국방상의 견지에서도 필요한 시설을 순차적으로 설비해 나갔다.

(1) 1937년에는 계속 공사 중이던 부산, 인천, 군산, 진남포 등 각 역의 해륙연락설비공사 외에 부산, 진해, 목포, 여수, 마산 각 역 종단시설 증강에 대한 신규 공사도 착수하였다.

(2) 1940년에는 마산역 외 4역의 종단설비 증강공사에 착수하였다.

(3) 1941년에는 원산 및 단천항역 종단시설 신규 공사에 의해 ① 원산역 종단시설, ② 오몽리~단천항 간 선로 신설 ③ 단천항 광석 집적시설 등의 개량 확충공사에 착수하였다.

이와 동시에 진남포역 종단시설 확장공사에도 착수하여 석탄집적시설 외 시설 확충공사를 실시하였다.

(4) 1942년 10월 대륙 물자의 책임 수송이 결정되자, 일본과의 중계항으로서 부산, 마산, 여수, 목포, 울산 등의 남조선 각종 항구 및 원산, 단천 등의 북조선 항만의 철도종단시설 정비 확충이 점점 시급해져 개량공사

를 급속히 실시하였다.

(5) 1944년에는 대륙 물자 전가 수송이 점점 증가되어 부산 종단시설 확충 공사로서 종단역 구내 확충과 야적집적시설 확충에 착수하였다. 집적장에 대한 당초 계획으로는 부산항의 예정 취급 화물량 500,000톤에 대하여 선적화물 1개월분과 화차 집화물 반 개월분 정도를 예상하고, 체화(滯貨) 수 325,000톤의 50%가 증가한 집적장을 설치하였다.

창고 및 가건물	130,000㎡	집적 능력	130,000톤
야적장	353,900㎡	집적 능력	360,000톤
계	483,900㎡	집적 능력	490,000톤

그러나 전시 하의 선박 입항이 현저히 불규칙해진 데다 긴급사태도 고려해 야적장 확충을 계획하여 동래야적장(120,000㎡) 집적 능력(180,000톤) 확장공사에 착수하였다. 또한 망대 끝 야적장(180,000㎡)을 부산항 외망대 끝에 계획했으나 착수하지 못하고 종전되었다.

〈표 4-10〉 1937년 이후 개량비 연도별 상세내용(차량비 제외)

1937년(제60의회 기정 계획)
제69의회 이전의 예산 잔액을 정리해 1937년 이후 예산으로 함.

공사 종별	예산액(천엔)
선로 개량	
압록강교량 개축	3,157
청천강교량 개축	1,574
마산선 개량	1,500
평양탄광선, 겸이포선 개량	220
부산~신의주 간 레일 교체 외	2,136
용산~수성 간 선로 보정공사	973

공사 종별	예산액(천엔)
계	9,560
복선공사	
부산진~삼랑진 간 복선	240
경룡간 복복선, 경인선 복선	541
계	781
역설비 개량	
부산, 부산진역 개량	2,500
부산~신의주 간 역설비 개량	3,550
호남, 전라선 역설비 개량	639
용산~수성 간 역설비 개량	1,043
계	7,732
매수선 개량	
광궤 개축(대구~학산) (경주~울산)	3,903
선로 보강(광주~여수)	185
계	4,088
통신설비 개량	514
공장설비 신설 확장	1,888
합계	24,563

1937년(제70의회 신규계획)

단위 : 천엔

공사 종별	예산액(천엔)
선로 개량	
부산~신의주 간 선로 변경 외	5,706
경의선 사상~지천 간 기초면 상승	1,365
마산선 낙동강~한림정 간 기초면 상승	1,822
전라, 호남선 레일 부설 변경 외	1,338
청진~남양 간 선로 보강	353
부산진~영천 간 자갈 보충	116
부산~신의주 간 교량 구교(溝橋) 형태 개축	2,517
부산~신의주 간 교량 구교(溝橋) 철강 수평재 교체	6,900
계	20,117
복선공사	

공사 종별	예산액(천엔)
부산진~삼랑진 간 복선	4,640
대전~영등포 간 복선	13,300
계	17,940
역설비 개량	
부산, 부산진역 개량	6,157
부산~신의주 간 신호소 신설 외	1,421
호남선 교체설비 외	737
용산~수성, 청진~남양 간 신호소 신설 외	1,962
계	10,277
종단역시설	
부산, 진해, 마산, 여수, 목포	2,424
조차장 신설	
용산조차장	3,100
대구조차장	1,360
평양조차장	1,280
대전조차장	290
원산조차장	123
계	6,153
통신설비 개량	
부산~신의주 간	531
호남, 전라선 외	401
용산~수성, 청진~남양 간	337
계	1,269
공장설비 확장	6,692
합계	64,872

1938년(제73의회 신규계획)

단위 : 천엔

공사 종별	예산액(천엔)
경성~평양 간 복선	36,200
통신설비 개량	790
계	36,990

1939년(제74의회 신규계획)

단위 : 천엔

공사 종별	예산액(천엔)
선로 개량	
나남~청진 간 선로 개량	3,900
강덕~수성~청진 간 개량	620
계	4,520
복선공사	
수성~고무산 간 복선	5,700
용산~청량리 간 복선	2,900
계	8,600
공장설비	7,962
합계	20,812

1940년(제75의회 신규계획)

단위 : 천엔

공사 종별	예산액(천엔)
선로 개량	
석왕사~경성 간 수해지대 기초면 상승	910
부산진~사상 간 화물선 신설	2,470
부산진~동래 간 일부 선로 개량	1,720
계	5,100
복선 및 선로 증설	
삼랑진~대전 간 복선	55,320
평양~남시 간 복선	40,293
영등포~경성 간 선로 증설	2,730
용산~성산천(용산선) 간 선로 증설	1,830
계	100,173
역설비 개량	
길주 외 3개 지역 기관차고 신·증설	5,193
염분 외 4역 열차 교환설비	1,760
월정리~가곡 간 외 4개소 신호소 증설	1,420
경성역 개량	3,900
용산역 개량	5,020
영등포~인천 간 역설비	1,900
부산, 부산진역 확장	2,900

계	22,093
종단역시설 개량	
마산 외 4역 설비 확장	2,900
조차장 신·증설	
마산조차장 신설	12,360
수색조차장 확장	6,280
평양조차장 확장	8,420
계	27,060
전철화설비	3,360
전기통신설비	4,098
전기신호보안설비	6,585
방공설비	421
합계	171,790

1941년(제76의회 신규계획)

단위 : 천엔

공사 종별	예산액(천엔)
선로 개량	
오몽리~단천항 간 선로 신설	2,090
서포~만포진 간 선로 보강	745
평양~진남포 간	340
대전 부근 호남선 직결	251
마산~평주 간 선로 증강	2,370
마산 부근 직결선 신설	1,452
길주~백암 간 선로 보강	590
계	7,838
역설비 개량	
평양기관차고 기계급탄설비 외	2,212
구장기관차고 신설	1,884
순천, 개천역 급수설비 개량 외	1,023
이리, 여수역 구내 확장 외	2,229
창원역 확장 외	1,775
백암기관차고 확장 외	1,081
경성, 대전기관차고 기계급탄설비 외	1,440
계	11,644

공사 종별	예산액(천엔)
종단역시설	
단천항, 원산역	3,620
진남포역	9,533
계	13,153
통신설비 개량	709
방공설비	467
공장설비	18,691
합계	52,502

1942년(제79의회 신규계획)

단위 : 천엔

공사 종별	예산액(천엔)
선로 개량	
용산~상삼봉 간 선로 보강	4,590
복선	
용산~상삼봉 간 일부(8구간)	43,925
통신설비	
용산~상삼봉 간 전철화선 증강 외	2,130
방공설비	1,685
합계	52,330

1943년(제81의회 신규계획)

단위 : 천엔

공사 종별	예산액(천엔)
선로 개량	
구장~만포 간 선로 보강	6,110
미평~신월리 간 선로 신설	6,850
진해~원포리 간 선로 신설	4,840
계	17,800
복선	
남시~신의주 간	7,793
용산~상삼봉 간 일부(6구간)	77,920
계	85,713
역설비 개량	
의정부~창동 간 신호소 신설 외	1,260

공사 종별	예산액(천엔)
전천 외 2개 지역 기관차고 신설	8,600
개고(价古)~아현(阿峴) 간 신호소 신설 외	2,870
평양조차장 방수제방공사	3,460
계	16,190
기계설비 신설	748
매수선 개량	
다사도선 남시~신의주 간 개량	6,156
합계	126,607

1944년(제84의회 신규계획)

단위 : 천엔

공사 종별	예산액(천엔)
선로 개량	
겸이포선 선로 보강	1,426
부평~인천 간 선로 신설	8,537
적기~수영 간 선로 신설	9,334
울산~울산항 간 선로 신설	3,949
순천~고원 간 선로 보강 외	2,458
계	25,704
역설비 개량	
김천 외 7개소 기관차고 신·증설	43,068
용산역 시설 개량	3,518
황해 황주, 겸인포역 확장 외	5,929
수리 외 4개소 갑검차고 신설	1,548
고원역 구내 개량	11,998
순천 외 3개소 기관차고 증설	4,343
신창~수덕 간 외 3개 지역 신호소 신설	1,248
은산 외 9개 역 측선 증설 외	1,079
계	72,731
조차장 신·증설	
부산, 대전조차장 증설	30,647
본궁조차장 신설	28,170
계	58,817
종단역설비 개량	

공사 종별	예산액(천엔)
부산종단시설 확충	60,413
매수선 개량	
적기임항선 개량	4,775
개천선 개량	18,180
황해선 개량	47,561
계	70,516
기계설비	2,702
합계	290,883

1945년(제86의회 신규계획)

단위 : 천엔

공사 종별	예산액(천엔)
선로 개량	
목포~삼학도 간 선로 신설	1,200
종단선설비 개량	
부산항 화차운송설비 신설	5,860
방공시설	1,887
계	8,947

제3장
보선

제1절 선로 보수와 보선작업

선로 보수의 변천

창업 당시의 선로 보수작업은 선로뿐만 아니라 건물과 전기 관계도 포함하였는데 이들 작업을 보선수결소(보선구의 전신) 또는 각 철도사무소의 공사계에서 실시해 왔다. 그 후 업무의 정비 확장에 따라 점차로 건축 관계와 전기 관계 등을 분리했다. 그 후의 보선구에서의 작업은 크게 레일작업, 이음매작업, 궤간작업, 수준작업, 침목작업, 도상작업, 노반작업, 분기부작업, 보안작업, 제설작업, 협목(목재를 끼우는 작업)작업, 건조물작업, 잡무와 부대(附帶)하는 공사 등이었다. 이들 분류는 예전부터 계속되었으며 그 사이에 큰 변화는 없었다. 또한 작업 실시에 대해서는 보선구에서 각각 1년의 작업 계획을 세우고, 이에 근거해 각 현장에서 월별 작업 계획을 세워 완수하였다. 건설 및 개량공사에 따른 궤도공사에 대해서는 요청이 있으면 그 공사 현장에서 가장 가까운 보선구에서 협력해 주었다.

보선 현업원의 근무 시간도 대체적으로 창업 당시와 큰 변화가 없어 춘계(3

월~4월)와 추계(10월~11월)는 매일 10시간, 하계(5월~9월)는 매일 11시간, 동계(12월~2월)는 매일 9시간으로 하고, 그 중 터널의 갱내 작업에 종사하는 자는 1년간 매일 8시간씩 근무하였다. 그러나 이것은 각 계절의 표준 근무 시간으로, 풍수해 및 기타 임시 긴급 근무를 필요로 하는 경우에는 앞의 시간을 따르지 않았다. 이 근무 시간은 그 후에 정해진 보선구를 포함한 '현업종사원근무시간규정(1936. 3. 달(達 : 에도시대부터 상급자가 하급자에게 내리던 지시, 명령의 의미)갑 723)'에서도 거의 동일하였다.

또한 보선 현장작업반에 대한 명칭이었던 '선로정장(丁場 : 할당된 담당구역을 말함)'은 1936년 7월 '선로반'으로 명칭을 바꾸고, 또한 '선로인부'는 '선로원'으로 명칭이 바뀌었다.

보수 조직과 보수 요원

보선의 조직은 관리 조직과 현장 조직으로 구분되는데 관리 조직에 대해서는 생략하고 현장 조직에 대해서만 언급하기로 한다.

선로 연장작업

일반적으로(한산한 선구는 별도) 본선 선로 연장 평균 7~8km마다 선로반을 두고, 3~4선로반마다 선로담당의 주재 보선보조원을 두어 1보선구로 하였다. 복선 개통 후에도 담당구역은 변경되지 않았다. 보선구에는 보선보조원 외에 사무와 기술 등 기타 필요에 따라서 방위에 종사하는 보조원을 두어 각각 보선구장을 보좌하고 부하 소속원을 지휘하게 하였다.

보수 요원 : 선로 보수에 필요한 요원의 수는 열차에 따른 선로 충격력의 크기, 선로의 강도, 보수 방법, 작업 환경의 질 등에 따라

선로 보수작업

서 크게 다르다. 하지만 선로 충격력, 즉 열차 하중의 통과량에 따라 기본으로 결정했다. 각국 철도도 이를 기준으로 연간 누계 통과톤수에 따라서 요원을 산정하는 것이 일반적이었다.

일본에서 각 철도의 보선 요원 실적에 대해 1935년~1939년의 궤도 연장(본선과 측선을 합친 선로 총연장) 1km당 비교를 예시하면 〈표 4-11〉과 같은데 대략 1.1명~1.2명이었다(1940년 이후의 각종 통계는 군사비밀로 공표되지 않았으며, 그 원고 및 기타 관계 자료는 종전 시 및 한국전쟁에 의해서 모두 소실되었다).

〈표 4-11〉 궤도 연장 1km당 보선 종사원 비교

명칭	보선종사원 수(인)					1km당 평균(인)				
철도명 ＼ 연도	1935	1936	1937	1938	1939	1935	1936	1937	1938	1939
조선철도	4,547	4,942	5,542	5,994	6,754	1.0	1.0	1.1	1.2	1.2
철도성	28,468	29,325	31,856	—	—	1.0	1.1	1.1	—	—
대만철도	1,772	1,842	—	—	—	1.2	1.2	—	—	—

이와 함께 조선철도의 주요 간선인 경부·경의 및 경원·함경 양 선의 1944년 2월 현재 관내에서의 보선 종사원 수는 다음과 같다.

선명	영업 km	보선구장(인)	조 역(인)		선로 수장(인)	선로 수(인)	기타 종업원(인)	합계(인)	기사
			보선	기타					
경부 · 경의	949.8	13	65	53	174	4,667	780	5,772	2급선 복선화 약 80% 3급선 일부 2급선 있음. 복선화 약 43km 정도
경원 · 함경	893.8	12	40	32	136	2,153	481	2,854	

비고)
1. 궤도 연장은 명확하지 않기 때문에 영업 km로 표시했다.
2. 기타 보조역이란 사무·기술·공사·방위(부산·경성 각각 1명만)
3. 기타 종사원의 직명별은 사무계·기술계·영림계(평양 1명만), 토목수장·목공수장·보안수·토목수·목공수·기공수·조기수·창고수·건널목 및 교량 간수·잡무담당 등이다.

1945년 3월 말 전 노선의 보선구 수 및 그 종업원 수는 다음과 같다.

영업 km 수   **5,005.4km**

그 중 협궤선

백무선	백암~무산 간	191.6km
사철 매수선(개천선)	신안주-개천 간	29.5km
사철 매수선(동해중부선)	경주-포항 간	38.4km

보선구 수   **48구**

부산 부두국 관내		부산, 삼랑진, 대구, 마산, 경주
대전철도사무소 관내		김천, 대전, 이리, 정읍
안동	〃	경북 안동, 상주, 제천
순천	〃(45년 8월 운수국)	목포, 남원, 순천, 광주
경성	〃	성환, 경성, 개성, 신막, 철원, 복계, 양평
평양	〃(45년 8월 운수국)	사리원, 평양, 정주, 신의주, 순천, 승호리
강계	〃	희천, 강계
해주	〃	연안, 해주, 황해 사리원

원산	〃 (1945년 8월 부두국)	원산, 고원, 함흥, 고성, 양덕
성진	〃	성진, 신북청, 길주, 백암, 유평동
청진 부두국		나남, 청진, 고무산, 회령

보선종사원 수	14,523명
그 중 일본인	2,163명(15%)
조선인	12,360명(85%)

선로의 보수와 관리

선로는 열차의 주행에 의해서 선로 각부의 재료가 마모되거나 훼손, 부식되어 열화되는 동시에 레일이 휘거나 처지기도 하고, 또한 태풍이나 강우, 강설 등의 자연력에 의해 각종 파괴 현상이 발생한다. 이들 파괴에 대비해 선로를 순회 점검하여 사고 발생을 미연에 방지하고, 또한 파괴된 선로를 신속하게 보수하여 항상 일정한 정비 기준 이내로 유지하여 열차의 안전 운전을 확보하는 것이 선로 보수의 목적이다. 이 목적 달성에 기준이 되는 '선로 정비요령'이 규정되어 있으며, 이에 따라서 보수작업이 실시되었다.

선로 정비요령 : 창업 당시에는 궤도 보수의 기준을 정한 규정으로 '철도선로직무요령'이 있었으나, 그 후 궤도 구조의 변화, 미터법 실시, 건설규정 개정 등에 의해서 수차례에 걸쳐서 개정되었다. 기존의 선로 정비요령은 1942년 9월 '달(達)갑 제444호'로 개정되었으며, 그 중 궤도 정비의 주요 사항은 〈표 4-12〉와 같다.

또한 백무선(백암~무산) 간 협궤철도의 건설에 따라서 1934년 9월 '달 963호'로 '협궤선 선로 정비요령'이 제정되었으며 그 주요 사항은 〈표 4-13〉과 같다. 단, 백무선은 반경 1,200m, 기타 선은 반경 500m를 초과하는 곡선은 직선에 준한다.

① 궤도 문제 발생의 정비 한도(mm)

궤도 문제 발생별	종별	1급선 2급선	3급선	4급선	측선
궤간	증	7	7	7	본선에 준한다.
	감	3	3	3	〃
철차부의 궤간	증	3	3	3	〃
	감	2	2	2	〃
수준	직선 및 1,500m를 초과하는 곡선은 직선에 준한다.	5	6	7	4급선에 준한다.
	곡선	7	8	9	
고저	연장 10m에서	6	7	8	〃
통과	연장 10m에서 직선 및 1,500m를 초과하는 곡선은 직선에 준한다.	5	6	7	〃
	곡선	8	9	10	〃

② 침목 위치 문제 발생 한도(mm)

종별	1급선 2급선	3급선	4급선	측선
침목 간격 확대	40	50	50	60
침목의 궤도에 대한 직각 어긋남	40	50	50	60

③ 레일 변경 한도(mm)

종별 \ 레일 종별	50kg (제1종)	50kg (제2종)	37kg	30kg
레일두부 마모 높이(직각 측정)	9	12	7	7
상동 편마모의 경우	13	13	12	6
마모 부식 등에 의한 레일의 단면적 감소율(%)	16	18	16	14
상동 측선의 경우(%)	20	22	20	18

  보선작업 표준 : 복잡한 보선작업의 시행 방법과 순서, 작업 요원, 작업 요령 등의 세부 사항에 대해서는 선로 정비요령에 근거하여 다음 작업에 대한 보선작업 표준이 정해져 있다.

① 궤도 문제 발생의 한도

종별	증감(mm)	감축(mm)
철차	3	2
직선	4	2
곡선(반경 45m 이상)	6	3
곡선(반경 45m 이하)	6	0

② 레일 변경 한도

종별 \ 레일 종별	12kg	15kg	17kg	20kg	22kg	30kg
레일두부 마모 높이(mm)	2	3	4	5	6	10
상동 마모 단면적이 두부 원형 단면적에 대한 비율(%)	12	13	14	19	20	35

(1) 궤간 및 수준 정정·통과 수정

(2) 레일 교환, 레일 간격 유지, 레일 복진(열차의 주행과 온도 변화의 영향으로 레일이 종방향으로 밀려서 이동하는 현상) 방지, 레일 이음매 탈락 정정 및 방지

(3) 침목 교환

(4) 도상 다지기

(5) 도상 체가름(도상의 토사 등을 체로 분취하는 작업)

등의 각종 작업이 있다.

선로 검사 : 선로의 정비 상태는 수많은 요인에 의해서 좌우되므로 각종 항목에 대해서 종합적으로 판단할 필요가 있다. 이를 위해서 항상 선로 검사를 일정한 기준에 따라서 실시하고, 그 결과를 보수 관리의 기초 자료로 삼았다. 검사의 종류에는 순회 검사, 궤도 보수검사, 열차동요시험, 궤도 재료검사 및 정기 선로심사 등이 실시되었다.

(1) 순회 검사

순회 검사는 직접적으로는 긴급 정비장소의 발견과 작업 후의 상태를 조사

하는 데 목적이 있지만, 그 후의 작업 계획을 수립하는 데 있어서도 중요하였다. 선로수장은 매일 담당 관내를 도보로 순회하면서 작업에 종사하고 보선보조역, 보선구장 등도 직종에 따라서 순회 빈도가 정해졌다.

(2) 궤도 보수검사

궤도 보수 상태를 검사하기 위해서는 궤도 문제 발생의 4항목(궤간, 수평, 면 맞춤, 줄 맞춤) 외에 레일의 이음매 유간, 레일 이음매 탈락 등의 정비 상태에 대해서 실시하였다. 궤도의 정적 이음매 측정에는 주로 사장식(絲張式, 교차법) 등 간단한 방식이 이용되었다.

(3) 열차동요시험

차량이 흔들림 없이 궤도를 주행하고 있는지 여부를 판단하기 위해서, 1925년 10월 이후부터 열차동요시험을 전선에 걸쳐서 매년 가을에 실시하였다. 주행 가속도에 따라서 상하동과 좌우동의 진폭을 측정하고 진동 열차 속도와 km, 건조물 등의 선로 위치를 기입한 기록을 작성하고, 그것을 각 보선구에 배포하여 정비 계획에 참고하도록 하였다. 시험기로서는 아라드(Arad)식 선로 진동 시험기를 중심으로 하였으며 기타 진동계기도 병용해서 사용했다. 1939년의 대륙철도 기술회의에서 부산~북경 간 2,068km를 동일한 열차, 동일한 시험기기에 의한 조건 하에 조선철도~만주철도~화북의 각 철도 구간을 매년 실측하도록 결정되어 1940년 3월부터 실시하였다.

(4) 궤도 재료검사

궤도 재료검사에 대해서는 재료의 종류별로 후에 상세하게 설명하겠다.

(5) 선로심사

각 철도사무소에서는 선로심사라고 하여 매년 정기적으로 늦가을 무렵에 관내 각 보선구의 선로 상태를 검사했다. 이 심사에 임명된 심사원은 각 보선구의 선로반마다 엄격하게 각종 정비 상태를 검사하고 채점 평가하여 그 해의 우량 보선구 및 우량 선로반을 선정해서 표창했다. 따라서 각 보선구와 선로반은 그 심사를 목표로 선로의 정비작업에 전원이 전력을 경주해서 노력하는 것이 일반적이었다.

선로 경계 : 폭풍우 또는 출수(出水) 등의 경우 선로 및 건조물의 경계를 위해서 1933년 7월 '달 제571호'로 선로 경계규정이 제정되었다.

선로 경계는 제1종부터 제3종의 경계로 구분되며,

제1종 경계는 폭풍우 또는 출수(물이 넘침) 등 기타 경우에 각 선로반 전원 및 보선구원의 전부 또는 일부가 출동해서 선로 및 건조물을 경계하는 것

제2종 경계는 강우 및 기타 경우에 선로반 및 보선구원의 일부가 출동하여 지정된 곳 또는 구역을 경계하는 것

제3종 경계(순회)는 강우 및 기타 경우에 선로반의 일부가 출동하여 지정한 시각에 지정된 구역을 순회하는 것

등이었다.

보선구장은 담당 관내를 적당히 구분해서 경계구를 설정하고 경계구 담당자를 정하며, 경계원은 2인 1조로 하였다.

경계원은 신호등, 신호기, 신호 뇌관 및 기타 필요한 기구를 휴대하고 비바람 시에는 특히 아래 각 항에 주의하도록 하였다.

(1) 주요 교량의 수위(수평재 하단으로부터의 수위)

(2) 수로의 정리(수로에 퇴적하는 부유물 제거 등)

(3) 흙깎기 또는 제방의 사면

(4) 공사 중인 각종 건조물

열차 운전 지장의 유무에 관계없이 복구가 용이한 피해에 대해서는 선로수장이 즉시 응급처치하고, 복구가 용이하지 않은 경우에는 구장 또는 보조역의 지휘를 받도록 한다. 구장은 주요한 보고를 받았을 때에는 신속하게 응급처치하는 한편, 현장의 상황 및 복구시기 등에 관해서 지체 없이 관계자에게 보고하도록 하였다.

궤도 재료

레일 : 레일은 30kg, 37kg, 50kg의 세 종류를 사용했다(협궤 백무선은 30kg). 경부·경의선도 당초에는 30kg이었으나 선로 증강을 위해서 37kg으로 변경되었다. 그 후 곡선부 및 기타 특수 구간은 일부 50kg으로 변경되었으나, 1937년 이후부터는 복선공사에 의해서 본선은 전부 50kg, 측선은 37kg으로 정비되었다. 함경·중앙선 등은 당초부터 37kg이 사용되었으며, 호남·전남선은 경부·경의선에서 사용하고 남은 레일인 30kg을 37kg으로 변경한 것이 대부분이었다.

50kg 레일에는 단면 형상에 따라서 높이가 높은 ARA형(제1종)과 PS형(제2종)의 두 종류가 사용되었으나, 1935년경부터 일본 철도성과 동일한 PS형이 이용되었다. 이들 레일은 오래전부터 그룹, 카멜, 카네기 또는 야하타(八幡)제철의 제품을 주로 사용하였다. 그러나 만주사변 이후에는 레일 수요를 국산품으로 조달하게 되었으며, 수입품은 사라졌다.

레일의 표준 길이는 1936년경까지는 10m였으나 기후 및 기타 취급상 50kg과 37kg은 20m로 정하였다. 레일의 표준 중량은 1m당 각각 50.4kg, 37.2kg, 30.4kg이었다. 레일의 재질 규격은 제작 관계상 일본 철도성과 동일한 것을 사용하였다.

레일 이음매판 : 30kg 및 37kg 레일용으로는 L형, 50kg 레일에는 L형과 단책형이 이용되었는데, 레일을 PS형으로 사용하게 된 이후에는 단책형이 표준으로 정해졌다.

이음매판의 볼트 및 너트 : 당초부터 둥근 머리로 목 부분이 타원형을 한 볼트가 사용되었다.

레일 복진 방지용 안티 클리퍼 : 1925년경부터 수입품을 사용하였으나 그 후 국산품인 소토야마형, 스미토모형, 도바타형 등 여러 종류가 사용되었다.

분기기류 : 열차 또는 차량을 A선에서 B선으로 이동시키기 위해서 필요한 분기장치로, 조립 시에는 표준 정규도에 의해 제작되었다.

분기기에는 보통 분기기와 특수 분기기의 두 종류가 있으며, 보통 분기기는 8번과 10번, 12번이 있는데 8번 분기기는 각도가 크고 급곡선이어서 주로 측선에, 또한 10번과 12번은 본선에 사용되었다. 단선 통과역에서는 양개(兩開)형으로 부설되었다.

특수 분기기는 주요 역에서 주로 배선상 부지가 좁고 교체가 빈번한 구내에 부설되었다. 종류는 다음 그림에 나타낸 바와 같이 네 종류이며, 그 조립은 정규도에 따랐다.

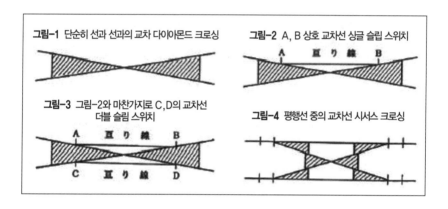

그림-1 단순히 선과 선과의 교차 다이아몬드 크로싱

그림-2 A, B 상호 교차선 싱글 슬립 스위치

그림-3 그림-2와 마찬가지로 C,D의 교차선 더블 슬립 스위치

그림-4 평행선 중의 교차선 시서스 크로싱

침목

침목의 사양 치수 및 배치 수 : 침목의 사양 치수는 광궤용이 23cm×16cm×250cm, 협궤용이 18cm×14cm×150cm이다. 분기부 침목 및 교침목에 대해서는 각각 별도의 사양 치수가 있었다.

침목의 배치 개수 및 배치 간격은 열차 하중에 따라 선로에 발생하는 응력, 레일에서 침목에 전달되는 하중의 크기와 밀접한 관계가 있다. 따라서 열차의 하중과 속도 및 선로의 곡선반경, 경사 등에 따라서 배치 간격이 다르지만 이들 조건을 고려, 1942년 2월의 건설규정 개정에 근거하여 선로 등급별 선로 연장 10m당의 표준 부설 개수가 다음의 표와 같이 제정되었다.

선로 등급	본선 직선부	본선 곡선 구배부
2급선	15개	16개 이상
3급선	14개	15개
4급선	13개	14개

1945년 3월 주요 본선 레일 조사에서의 침목 부설 실시상황은 다음 〈표 4-14〉와 같다.

〈표 4-14〉 주요 본선 레일 조사에서의 침목 부설 실시상황

선별	레일 중량 (kg)	침목 배치 수(개수)			
		곡선반경			
		300m 이상 500m 미만	500m 이상 1,000m 미만	1,000m 이상 2,000m 미만	2,000m 이상 주로 직선
경부선	37	16~19	16~18	16~18	16~17
	50				
경의선	37	17~19	16~18	16~17	16~17
	50				
경원선	37	16~19	15~18	15~17	15~17
함경선	37	15~19	15~18	15~17	15~17
	50				
호남선	30	15~18	15~17	15~16	15~16
	37				
경전남부선	30	16~18	15~17	16~17	15~17
	37				
만포선	37	17~18	15~17	15~17	15
평원선	37	16~19	15~18	15~18	15~17
경경선	37	17~19	16~19	16~17	16~17
동해남부선	37	15~17	15~17	14~15	15
혜산선	37	15~18	15~18	15~16	15~16

협궤선의 경우 백무선처럼 급곡선, 급구배이며, 게다가 침목의 길이가 1.5m이므로 장출 등을 고려하여 10m에 대해서 16~19개가 배치되었다.

침목의 재질 및 내구연수 : 침목은 주로 조선의 낙엽송에 크레오소트를 주입한 것이 많이 사용되었다. 밤나무나 졸참나무 같은 단단한 재질의 침목은 주로 일본에서 들여왔는데 고가이기 때문에 그 사용률은 낮았다. 분기부용의 장척물 및 교침목 등은 주로 아키타, 아오모리 방면에서 노송나무를 들여왔다.

낙엽송의 재질은 일본산보다 조선산이 단단하고 내구력도 비교적 우수하였다.

크레오소트를 주입, 처리한 낙엽송 침목의 내구연수는 대체적으로 평균 7년 전후였다. 또한 침목 교체의 원인으로는 침목 부식이 가장 많았으며 못구멍 불량, 꺾임 등이 그 다음을 차지했다. 또한 침목의 수명은 도상 자갈의 균등 상태, 자갈의 굵기와도 깊은 관계가 있었다.

침목 내구 시험 : 1928년경부터 침목 내구연한의 조직적인 연구에 착수하여 경부와 경의, 경원, 함경, 호남 각 선내에서 여섯 선로반을 선정하고 조사 지정 선로반을 설정해서 시험 조사를 실시하였다.

담당 보선보조역에게는 침목의 수종과 주입 여부, 부설장소, 내구연한, 교체 이유 및 수량 등을 상세하게 조사케 하고, 매년 정시에 그 결과 보고를 집계하도록 하였다. 그 결과에 의하면 내구연한은 앞에서 설명한 바와 같이 평균 7년 전후였으나, 증기관차 사용과 열차 하중 증대, 열차 속도 향상 등에 의해서 내구연한이 점차 단축되는 경향이 나타났다.

침목 교체 상황 : 잔존하는 통계에 의해서 침목 교체 상황을 기록하면 〈표 4-15〉와 같다. 즉, 궤도 10m당 1.4∼1.7개로 매해 교체 수가 증가되는 경향을 나타냈다.

철근 콘크리트 침목(RC침목) 시험 : 1929년부터 경부선 원동선로반에 RC침목을 시험적으로 부설하고 시험구로서 그 성적을 조사했는데, 1937년 12월까지 전부 파손 철거되어 그 성적은 매우 불량하였다. 그러나 이와 동시에 용산과 대전역 구내의 측선에 일부 시험 설치한 RC침목은 10년이 경과한 후

〈표 4-15〉 잔존하는 통계에 의한 침목 교체 상황

연도	궤도 연장(km)		교체 수량(개)		궤도 연장 1km당(개)	
	광궤	협궤	광궤	협궤	광궤	협궤
1925년	2,771.5	—	385,243	—	139.24	—
1930년	3,453.9	236.8	471,778	43,532	136.59	183.83
1935년	4,183.7	266.8	715,406	42,067	172.82	158.33
1938년	4,923.4	240.6	854,182	7,600	172.16	37.55
1939년	미상		847,409	3,196	155.85	13.04

비고) 1938년 이후의 협궤선에서는 이외에 건설 개량비를 지불한 것도 있다.

에도 약간 갈라진 정도로 사용이 가능한 상태였다. 이 결과를 바탕으로 측
선과 같이 열차 속도와 열차 운행 횟수가 모두 낮은 선로에 이용하는 것은
침목 가격이 폭등하고 있는 당시로서는 좋은 대응책이라는 결론을 내렸다.
1940년 이후에는 시험 결과를 더욱 연구하여 침목과 레일 간에 목재와 철판
으로 구성된 탄성체를 삽입하거나 RC침목의 철근량을 늘리는 등의 방식으
로, 동상(凍上)의 영향이 없는 경성 이남의 측선 일부와 지선에 부설하기로
하였다.

타이플레이트 : 레일과 침목 사이에 삽입하는 철판인 타이플레이트는 국산
품이 적었다. 대부분 미국에서 수입하여 사용하였는데, 점차로 일본제 소토
야마 및 스미토모공장에서 들여오기 시작하였다. 종류는 50kg용과 37kg용
의 2종류이며, 구멍은 4개이다.

도상 자갈 : 도상은 열차 하중의 분포, 충격 진동 완화, 침목 고정, 배수에
의한 노반 보호, 어긋난 궤도의 교정을 용이하게 하는 등의 역할을 수행하
며, 도상의 종류, 품질 및 규격 등에 대해서는 선로 정비요령에 제시되어 있
다. 도상 자갈은 조선 내 각 하천에 모래와 자갈이 풍부하였기 때문에 주로
강의 자갈을 사용하였으며, 쇄석을 사용하는 경우는 비교적 드물었다. 도
상 두께는 침목 밑면부터 1. 2급선에서는 27cm, 3급선은 22cm, 4급선은
17cm, 협궤선에서는 11cm를 확보하도록 되어 있었다.

도상에는 깨진 자갈과 석탄 찌꺼기, 강자갈, 모래 등으로 다지기를 실시하는데, 도상 자갈에는 파쇄 찌꺼기가 혼입되는 경우가 있었다. 그로 인해서 배수가 불량해지며 노반이 약해지고, 도상의 강도가 저하되어 궤도 보수상 각종 어려움이 많았다. 결국 운전에도 지장을 초래하게 되므로 적당한 시기에 도상 체가름작업을 시행하였다.

자갈 보충은 도상 체가름, 궤도 높이기, 열차 하중에 의한 도상과 노반 침하 등에 의해서 자갈이 부족해지므로 도상 자갈을 보충하여 정해진 궤도 형태로 정비하도록 노력했다.

한랭지의 선로 보수

조선에서의 한랭지 보선 중 가장 고민되고 많이 발생한 것이 선로의 동상과 터널 내 누수에 의한 빙결이었는데, 이런 현상은 대체적으로 경성 이북의 혹한지대 특유의 현상으로, 그 중에서도 조선, 만주 국경과 접한 만포, 혜산, 백무, 도문선 등에서 장기간에 걸쳐서 이 현상 때문에 많은 어려움을 겪었다. 매년 5~8월 사이에는 이 동상 및 쇄빙과 싸우면서 궤도 정비와 협목(동상 패킹) 철거작업에 분주하였다.

선로 동상(凍上, 추위로 레일이 얼어서 위로 떠오르는 현상)

(1) 선로 동상 교정 : 선로 동상은 노반 또는 도상 내에 함유된 수분이 추위에 의해서 응결 팽창함으로써 발생하며, 궤도를 들어 올려서 궤도의 안정을 무너뜨리고 레일면에 현저한 형상 변화를 초래해 열차 운전에 지장을 준다. 따라서 이 동상 구간의 교정작업에서는 동상하지 않은 전후의 레일 밑면에 나무를 삽입하여 동상한 레일면에 설치하는 작업을 한다.

삽입 나무의 치수는 대략 다음 〈표 4-16〉과 같다.

또한 동상은 좌우 레일면이 동일하게 동상하지 않으므로 삽입 목으로 레일면을 교정해야 하는데, 여기에는 많은 노력과 기술이 필요하였다. 가장 주의를 요한 것은 개못(레일의 침목을 지지하는 못)의 지지력으로, 삽입목이 두

꺼워질수록 다리가 긴 개못을 이용하였다. 동상의 상태에 따라서는 관통목이 필요하고, 동상이 심한 곳에는 침목과 침목 사이에 새 침목을 삽입해서 해결했다.

〈표 4-16〉 삽입 나무의 치수

재료 촌법		광궤			협궤		
		널빤지(cm)	널빤지 또는 제재목(cm)	제재목(cm)	널빤지(cm)	널빤지 또는 제재목(cm)	제재목(cm)
폭		18.0	22.0	22.0	13.0	15.0	15.0
두께		0.7	4.0	10.0	0.7	3.6	8.0
		0.9	4.4	12.0	0.9	4.0	9.0
		1.1	5.0		1.1	4.4	10.0
		1.2	6.0		1.2	5.0	
		1.4	7.0		1.4	6.0	
		1.8	8.0		1.8	7.0	
		2.0	9.0		2.0		
		2.4			2.4		
		3.0			3.0		
		3.6					
길이	관통목	180	200	200	100	120	120
	가로삽입목	30 이상	45 이상	60 이상	25 이상	40 이상	60 이상
	세로삽입목	침목 폭 이상 (폭, 레일 바닥)			침목 폭 이상 (폭, 레일 바닥)		

비고) 세로삽입목과 같은 얇은 것은 가능한 한 오래된 침목 등으로 제작한다.

이런 구간에는 궤간 확대의 우려가 있으므로 게이지타이를 설치했다. 또한 개못의 지지력 부족으로 인해서 예측치 못한 열차 사고를 야기하기도 하였다. 따라서 동상이 심한 구간에서는 대부분의 경우 열차를 서행 운전하고, 선로반에서는 이 기간 동안 전원이 동상 구간의 순회를 게을리 하지 않았다. 아침저녁으로 동상의 변화를 조사하여 협목 교체시기가 늦어지지 않도록 노력했다.

그런데 다시 해빙기가 되면 급격한 기온 변화에 의한 지반 이완으로 인해서 궤도가 저하되어 협목 교체에 분주하였는데, 레일면의 좌우 저하량이 다른 경우가 있으므로 그런 장소는 특히 엄격한 경계는 물론 협목에 의한 레일면 교정이 필요하였다.

협목작업 선로 수는 방한모와 방한외투, 방한화에 가죽장갑을 갖춘 뒤 협목을 짊어지고, 손도끼와 도끼, 스파이크 해머, 개못 등의 작업용구를 각자 휴대하고 작업에 임했다. 영하 40도 전후의 혹한에도 불구하고 이러한 제일선의 선로 보수 노력으로 열차의 안전운전을 기대할 수 있었다.

(2) 동상 방지를 위한 일반적인 대책

① 절취법면을 완만하게 하고 측구를 넓혀 배수 홈을 완전하게 한다.

② 도상에는 밤자갈, 자갈, 석탄 찌꺼기를 충진(구멍을 메꾸다)해서 침투 수분을 완전히 처리한다.

③ 도상 자갈의 체가름

④ 햇볕이 잘 들지 않는 곳의 수목 벌채 및 장애물 제거

터널 내 결빙 : 터널 내 결빙현상은 갱내 천장 및 측벽의 누수가 혹한기에 들어오면서 결빙하여 매달린 고드름을 타고 내려와 레일면에 떨어져 마치 석순과 같이 점차로 올라온다. 그리고 레일의 두부를 껴안듯이 동결시켜 열차의 운행에 지장을 초래한다. 이를 방지하기 위해서는 밤낮으로 천장의 고드름을 제거하는 한편, 레일면의 얼음을 제거하는 작업을 속행하는 것 이외에는 방법이 없었다.

터널 내 누수 방지대책으로는 터널 상부로부터의 누수를 측벽으로 유도해서 하수구로 배수하도록 하는 방법과 터널 배면의 시멘트 그라우팅, 또는 터널 상부에 말뚝을 박아서 누수 장소에 방수공사를 실시하는 방법 외의 전면적인 처리는 어려웠다.

선로 보안장치

연동장치 : 선로 분기부와 신호기와의 연동장치는 1930년 3월 '달 120호'

에 의해서 제1종 및 제2종으로 구별된다. 제1종 연동장치란 신호기와 전철기 등 상호 연쇄하기 위해서 레버를 집중한 연동기에 의한 것이며, 제2종 연동장치란 위의 레버와 동일한 장소에 있지 않은 연동기에 의한 것이었다.

1931년 3월 전라선 광궤 개축과 함께 이리역 구내에 최초로 제1종 연동장치를 신설했다. 그 후에는 경성, 용산 기타 주요 역에 설치되었으며, 그 사이 다른 역에서도 배선 모양을 교체할 때 장비를 순차적으로 개량했다.

1940년부터 경부·경의선에 자동신호설비가 착수되었으며, 보안장치도 전기에 의한 연동장치가 사용되었다.

건널목설비 : 건널목에는 1종, 2종, 3종의 구분이 있는데, 1종, 2종의 보안설비는 경보기와 차단기를 설치한 것이고, 3종은 그 밖의 건널목에서 장소에 따라 경보기를 설치하였으나, 그 외에는 방호책만 설치하였다. 1종은 대체적으로 간선도로 중 특별히 교통량이 많은 곳인데 건널목 경비원을 두고 24시간 2교대로 근무하였다. 2종은 간선의 주요 도로 중 교통량이 많은 곳에 설치되며, 건널목 경비원은 주간에만 두었다. 3종은 비교적 교통량이 적은 도로로 통행인이나 자동차가 안전하게 통행할 수 있는 건널목장치를 설치하고, 특별히 경비원은 배치하지 않았다.

제2절 선로수선비

선로 보수에 필요한 비용은 큰 재해 복구에 수반하는 경우를 제외하고 통상적으로 철도 작업비 중의 보전비로 지급하였다(보충비로 지불하는 경우도 가끔 있었다).

보존비의 구성은 철도 창업 이래 종종 변동하였지만 1934년 개정에 의해서 업무집행비, 선로수선비, 전선로수선비, 건물수선비 및 부대비의 5종류로 분류하고, 종래에 업무집행비로 지급하였던 현장 종사원 급료를 각 수선비에서 지급하게 되었다.

선로수선비는 항상 보존비의 대부분을 차지하며, 그 비율 및 평균 영업 킬로미터 1km당 비용을 남아있는 통계연보에서 광궤 및 협궤를 합계해 요점을 기록해 보면 〈표 4-17〉과 같다.

〈표 4-17〉 남아있는 통계연보에서 광궤 및 협궤를 합한 요점

연도	평균 영업 km	보존비		선로수선비		
		금액(엔)	1km당(엔)	금액(엔)	보존비에 대한 비율(%)	1km당(엔)
1928	2,485.0	6,041,788	2,428	3,761,495	62.2	1,512
1930	2,771.4	5,629,802	2,031	3,702,346	65.8	1,512
1933	3,036.1	6,235,864	2,054	4,019,416	64.5	1,324
1938	3,761.8	12,708,049	3,378	6,775,249	53.3	1,801
1940	4,293.3	19,243,194	4,482			
1943	4,567.5	30,139,652	6,599			

비고) 1933년 이전의 선로수선비에는 고용 급료가 포함되어 있지 않다.
　　　1938년 이후의 보존비는 전선로수선비의 증가 및 임금 물가 앙등에 따른 것으로 생각된다.

선로수선비 중 주요 항목을 예시해 보면, 1938년의 궤도비는 3,061,963엔으로 45%를 차지하였으며, 궤도비 중 재료비는 2,480,735엔으로 81%, 재료비 중 침목비는 1,923,606엔으로 76%를 차지하였다.

참고로 선로 보수작업의 선로 1km당 연인원은 〈표 4-18〉과 같다.

〈표 4-18〉 선로 보수작업 선로 1km당 연인원표(1938년 전선 평균)

작업 종별	광궤		협궤	
	본선(인)	측선(인)	본선(인)	측선(인)
레일	6.8	0.8	2.3	—
이음매	17.7	1.7	5.5	0
궤간	16.0	5.0	9.2	0.3
침목	44.7	8.9	17.4	—
도상	170.1	26.8	81.5	7.1

작업 종별	광궤		협궤	
	본선(인)	측선(인)	본선(인)	측선(인)
노반	33.5	3.5	20.8	1.0
분기부	6.8	3.9	3.4	2.6
보안	4.1	0.7	1.4	—
제설	11.0	1.6	28.4	1.4
협목	18.5	1.6	29.3	1.8
시설물	7.1	1.5	10.3	0.5
기타	62.3	10.5	44.5	0.8
※공사	116.1	22.6	74.5	—
계	514.8	89.2	328.6	15.4

비고) ※공사는 건설, 개량비에 의한 잔여 공사를 포함한다.

제3절 재해 복구공사

자연 재해

조선의 국유철도는 기후 및 지세 관계상 거의 매년 크고 작은 피해를 입었는데 지금까지 입은 피해 중 중요한 것을 들어보면 다음과 같다. 이들 복구공사비는 재해비, 보충비 등에서 지급되었다.

〈1906년〉

경부선 : 8월 중순부터 하순에 걸쳐서 대홍수가 발생하여 8월 31일에 전의역 부근을 중심으로 남쪽은 금오산 부근, 북쪽은 수원에 이르는 구간에서 제방 붕괴, 흙깎기 붕괴, 교량 파손, 교각 유실 등 일일이 열거할 수 없을 정도로 큰 피해를 입었으며, 일시적으로 호우는 멈추었지만 9월 12일의 호우로 인해 다시 수해를 입어 남북의 연락이 완전히 두절되었다. 피해가 가장 컸던 것은 부강~조치원 간의 백천교량·양인동교량·중소피일교(피일교 ; 홍수를 소통시켜 선로의 축제를 방호할 목적으로 만든 다리), 기타 조치원~전의 구간의 제1오산천교량 등의 유실 파괴 등이 60곳에 이르렀다. 9월 22

일에 이르러 겨우 응급복구를 끝내고 열차가 통과하게 되었다. 그리고 복구
개축공사는 다음해인 1907년에 걸쳐서 시행되었다.

〈1908년〉

경부선 : 7월 중순부터 8월 초에 걸쳐서 여러 번 폭풍우가 있었으며, 각 선
에서 제방, 흙깎기초면, 교량 등이 심하게 파손되었으며, 서정리~오산 간의
진위천 피일교는 교대와 교각이 모두 붕괴되고 다리 상판을 지지하는 거더
가 낙하하였다.

경의선 : 문산~장단 간의 임진강 임시교량이 일부 유실되어 공사 중인 본
교량 기초공사에 피해를 주어 22일간 선로가 불통되었다.

토성~한포 간의 개량공사 미완료 구간에서도 임시교량 및 임시구교(溝橋)
등이 대부분 파괴되었으며, 일산~금촌 간의 금성리천도 큰 피해를 입었다.

마산선 : 진영~낙동강 구간의 제방이 유실되어 열차가 한때 불통되었으나,
즉시 응급복구공사에 착수하여 연내에 준공되었다.

〈1909년〉

경의선 : 7월 10일부터 8월 13일에 사이에 경의선 방면에서 여러 차례 폭풍

용산지구 수해상황 약도

한강철교(홍수시)

우가 있었는데, 그 중에서도 7월 27일부터 8월 3일에 걸친 대홍수로 역포~
평양 간의 제1대동강교량과 임시교량의 약 3분의 2가 유실되고, 60피트의
강재 수평재 5련이 추락했다. 또한 신안주~영미 간의 원연천교량과 맹중리
교량은 전부 붕괴되고 앞뒤의 제방도 파괴, 유실되었다. 이 때문에 양 교량
모두 위치를 변경하여 개·증축을 시행하고 기타 복구 개축공사를 실시한
곳이 수십 곳에 이른다.

〈1911년〉

경부선 : 이 해의 피해는 상당히 컸다. 7월 초순부터 중순에 걸친 여러 차례
의 호우에 의해서 각 하천의 수량이 급격히 증가하여 대구~신동 간의 이
언천교량은 교대 기초가 쓸려가 교각과 함께 기울어지고, 옥천~대전 간의
대동천교량 및 대전~신탄진 간의 오정천교량·법동천 아치교 등은 모두 그
기초가 쓸려가 교대와 교각이 붕괴되었으며, 강재 수평재도 추락하였다. 또
한 부강~조치원 간은 수 km에 걸친 제방이 유수(流水)에 침식되었고, 성환
~평택 간 제방의 약 100m 구간이 유실되어 복구하였는데 20피트의 교량을
새로 건설해서 고인 물이 흘러가도록 하였다.

마산선 : 진영~낙동강 간의 현장 침수는 가장 심하여 레일이면(裏面) 위로
약 2m가 침수되었다. 복구공사에는 기초면 상승공사와 경간 20피트 4련의
교량을 신설했다.

호남선 : 대전~연산 구간은 7월 영업 개시 당시에 매우 큰 피해를 입었기

피일교와 양끝 교대 뒤쪽

때문에 부득이하게 열차 운전을 중지하게 되었다. 원래 이 구간은 선로가 산간의 하류(河流)를 따라 부설되어 우회 굴곡된 부분이 많으며, 유속이 심한 곳에서는 제방은 물론 제방의 하부부터 파괴, 유실되어 궤도는 하천으로 굴러 떨어지고, 레일 침목은 대부분 지리멸렬한 상태가 되었다. 그밖에 8곳의 교량이 파괴되었으나 그 중 제3, 제4가수원천 및 성남천교량은 즉시 복구에 착수하여 응급처리해서 8월 하순에 겨우 열차를 운행할 수 있게 되었다.

경의선 : 신안주~영미 간의 청천강과 대령강이 범람하였기 때문에 제방의 유실이 심하고, 원연천교량은 교각 1곳이 전복되었다. 기타 축조, 흙깎기초면, 건물 등 전선에 걸쳐서 피해를 입었다. 이들 복구는 연내에 대부분 준공되었지만 피해 상황을 감안하여 침촌~황주 간과 순안~어파 간의 선로기초면 상승공사와 신안주~영미 간 제1청천강피일교 및 대령강피일교는 여러 개의 경간을 증설해야 했기 때문에 같은 해 말에서 다음해인 1912년까지 공사를 실시하였다.

〈1912년〉

경부선, 경원선 : 7월 초부터 연일 비가 내려 모든 하천의 수량이 증가하여 각 선에서 피해를 입었는데, 특히 한강의 급격한 수량 증가에 의해서 경인선 분기점 부근 일대의 저지대에 흙탕물이 범람해서 열차가 불통되었으며, 탁류가 경원선의 선로를 넘어서 용산정거장 구내를 침범, 구내 대부분이 침수되었다.

호남선 : 제2가수원천 임시교량의 전후 제방이 파괴되고 교각 2곳이 유실되었기 때문에 강재 수평재 3련이 하천 바닥에 추락하여 매몰되어서 선로가 불통되었다. 복구를 위해서 일단 하류 측으로 우회하는 임시선로를 부설해서 열차를 통과시켰다. 논산정거장 부근은 하천 범람으로 인해서 일부가 저수지가 되었으며, 논산~강경 간은 금강이 역류 범람하여 레일이면 위 1m까지 침수되고 그밖에 경의선에서는 토성~한포 간 제방에 약 1만 2천㎥의 토사 붕괴가 발생했다.

〈1914년〉

경의선 : 6월부터 9월까지 4개월에 걸친 강우로 인해서 차연관~비현 구간의 제방 및 도상이 1km 정도 유실, 붕괴되고, 토성~여현 구간 용산 기점 88km 부근의 흙깎기초면이 붕괴하여 궤도가 3m 정도 매몰되는 등 각 선에 걸쳐서 막대한 피해를 입어 선로가 불통인 곳이 여러 곳 발생하였으나 모두 응급 복구공사에 착수해서 연내에 준공시켰다.

〈1925년〉

경부선 : 7월 중순부터 계속 내린 호우는 각 하천의 증수를 초래하여 전선 각 곳에서 피해가 속출하였다. 그 중에서도 한강유역은 60년 만의 대홍수로 그 참상은 매우 비참하였다. 용산역 구내의 당시 상황을 살펴보면 7월 초부터 내린 호우는 한때 멎어 주춤하였으나, 14일부터 다시 호우가 내리기 시작하여 17일 저녁에 마침내 한강의 수위가 12.3m까지 올라갔다. 그로 인해서 구 용산 쪽 제방의 일부가 무너지고 탁류로 순식간에 철도국, 공장, 용산역,

기관차고, 창고, 양성소 및 당시 800호에 이르는 철도관사, 기타 각종 건물이 모두 침수되어 매우 위급한 상황이었기 때문에 비상기적(非常汽笛)과 경종(警鐘)을 울려서 피난을 촉구했다.

18일 새벽에 한강 수위는 13.3m에 이르고 탁류가 불어 방수제방과 경원선을 덮쳐서 관사는 겨우 지붕만 물 위에 떠있는 상황이 되고, 구 용산~영등포 방면의 일부가 물바다가 되었다. 한강 본류와 피일교 간의 제방은 전부 유실되어서 형태를 알아볼 수 없게 되어 그 상황은 실로 참담했으며, 용산과 영등포, 노량진의 각 역 구내를 비롯하여 당국의 피해는 물론 개인의 피해도 막심했다. 그 중에서 국원 및 가족 중에 수 명의 희생자가 발생하였다.

이 대수해에 의한 피해에 대해서는 즉시 응급시설을 설치해서 당장 열차 운전에 지장이 없도록 노력하였으나, 이번 수해를 감안하여 근본적인 수복을 요하는 장소에는 경비 390만 엔으로 1925년부터 3개년에 걸친 연속사업으로 공사를 실시하게 되었다. 그 중 가장 피해가 심했던 한강교량은 종래 제방이었던 부분도 전부 피일교로 하고, 또한 다리 상판지지 거더를 90cm 상

18일 오후 본국 앞, 용산역전광장

승시키고, 이에 따라서 전후 선로의 기초면이 상승하게 되어 노량진역사 및 용산 관사의 이전 개축을 시행하였다. 그밖에 동시에 피해를 입은 경원선의 한탄강교량의 증·개축 및 마산선의 낙동강 강변 개축 외에 각 선의 호안, 밑다짐, 선로기초면 상승공사를 실시하였다.

〈1934년〉

경부선 : 7월 23일 남한지방 일대 호우로 인해서 낙동강이 범람하여 구포 ~물금 간의 선로 약 1km간 제방이 유실되고 8일간 열차가 불통되었다. 응급 복구 결과 8월 1일 겨우 개통은 되었으나 그 사이 발이 묶인 여객을 위해서 일본 철도성으로부터 신라환(新羅丸, 철도성의 연락선)을 빌려서 부산~여수항 간 1왕복, 부산~목포 간 2왕복을 임시로 운항하였다.

〈1936년〉

경부선 : 6월 하순부터 9월 하순에 걸쳐서 집중적으로 호우가 내렸으며, 그동안 맑은 날이 거의 없이 좋지 않은 날씨가 이어졌다. 8월 27, 28 양일 남한을 횡단한 태풍은 맹렬한 폭풍우를 수반하여 낙동강과 한강의 범람을 초래하였다. 낙동강의 홍수는 기존의 기록을 깼으며, 경부선의 낙동강은 수평재 아래 40cm, 마산선의 낙동강은 수평재 아래 16cm까지 수위가 상승하고, 삼랑진~밀양 간은 레일면 위로 50cm, 대구~지천 간은 60cm까지 침수되고 풍랑도 심하였기 때문에 제방 및 도상 유실, 궤도도 이동 또는 전도되어서 복구작업을 위해서 수일간

7월 26일 평상시로 복귀한 광경(용산역 부근)

운전이 정지되었다.

동해북부선 : 경의선, 경전남부선, 송려선, 경원선에도 피해가 발생하였으나 특히 동해북부선에서는 여러 곳에 선로 침수, 제방 및 도상 유실, 교대 및 익벽 침하, 붕괴, 궤도 유실, 이동, 전도, 매몰 등 그 피해가 극심하여 전 열차의 운전이 중지되고 그 참상은 말로 다 표현할 수 없었다. 9월 26일 다시 집중호우가 내려 제방과 공작물에 피해를 입히고 7일간 열차 운전이 중지되었다.

그밖에도 각 선의 곳곳에 흙깎기초면, 제방 붕괴, 도괴, 토사 퇴적, 자갈선 유실, 역사 및 각종 건물 침수에 의한 도괴, 파손 등 그 피해가 매우 컸으며, 이의 복구를 위해서 필요한 종사원을 급파하여 다수의 노무자가 응급복구 공사를 위해 애썼다. 이 복구 및 개량공사의 예산은 1936년과 1937년으로 나누어서 요구하였는데 시행 시기 관계상 1936년에는 주로 복구공사를 시행하고, 개량공사는 1937년에 실시하였다.

〈1937년〉

경의선 : 7월 27일부터 30일까지 4일간 조선의 서쪽 지방에 호우가 내려 8월 1일에 비현~백마 간의 삼교천교량 18.3m×19련이 피해를 입어 제17호 교각의 기초가 세굴(洗掘)되고, 교각이 상류 쪽으로 기울고 파손되어 경의선이 불통되었다. 공교롭게도 중일전쟁 발발 후 군용열차 수송 중이어서 각 역에는 열차가 오도 가도 못하여 당국도 당황하였다. 보선구는 이를 위한 응급복구에 총력을 기울여 다수의 노무자들이 밤낮을 가리지 않고 작업에 임하여 세굴된 기초 밑면에 자갈과 밤자갈을 충진하고, 주위를 말뚝 박기 토양공사로 감싸서 임시교각을 축조하여 8월 4일 마침내 개통되었다. 이 삼교천교량의 수해는 중대 시국 하에 경의선에서 발생한 피해 사고였기 때문에 즉시 개축 계획이 실시되었다. 즉, 재래교의 상류 20m 지점으로 기초면을 50cm 올리고, 교량 경간 18.3m를 2련 늘려서 총 21련(교각의 사각구조물)의 교량으로 하였다. 백마역 구내와 역의 전후 연장 3km 구간에 대해서 70cm 기초면 상승공사를 실시하기로 하고, 다음해 우기까지 준공하기로 하였다.

〈1938년〉

함경선 : 8월 중순 북선 일대를 강타한 호우는 각 곳에 전례 없는 홍수를 일으켜 철도의 피해도 매우 컸다. 함경도 부평~정평 구간은 선로 레일면 위 1.3m까지 침수되고, 부근 일대가 침수되어 제방 유실, 궤도의 이동 함몰, 교량·구교(溝橋)의 교각, 교대의 도괴 피해가 심하였으며, 그 중에서도 신상역의 전후에서는 제방 지축 유실 3,500㎥, 궤도 유실 700m, 기타 신호기 붕괴, 역 건물 및 관사 침수 피해가 있었다. 또한 생기령~경성 간 경성천교량 부근의 제방 12,000㎥와 궤도 100m가 유실되고, 전거리~창평 간 제7무산 터널에서 산사태가 발생하여 갱내 상단까지 토사가 매몰되었으며, 그 수량은 실로 30,000㎥에 달했다.

회령탄광선 : 총연장의 약 30%가 침수되고 교량 400m가 유실되었다. 피해 복구를 위해서 철야로 노력하였으나 부득이하게 함경선과 함께 1주일간 운전을 중지할 수밖에 없었다.

혜산선 : 혜산선 또한 남대천 유역을 따라서 부설되었기 때문에 피해가 막대하여 선로 매몰, 호안 옹벽 붕괴, 교대와 교각 경사, 노반 침하 등이 심하였다. 제방 유실은 10,000㎥에서 30,000㎥에 이르는 곳이 수십 곳에 이르고, 합수역 부근에서는 지축 20,000㎥가 유실되었다. 본선의 피해 장소는 모두 난공사인 곳이 많아 응급공사에 최대한 노력하였으나 11월 1일까지 열차가 불통되었다.

백무선 : 백무선은 서두수 하천을 따라서 부설되어 있으므로 홍수 시에는 수류가 갑자기 바뀌어 영림서의 원목, 통나무, 잡목 등이 서로 엉켜서 흘러내리며 부딪쳐서 제1서두수교량 외에 13곳, 연장 약 560m의 목교가 유실되고, 흙깎기초면 붕괴, 암석 추락 등의 피해가 심하였다. 증수 후 유심이 이동하면서 선로 중심을 변경해야 하는 곳이 많았으며, 특히 이 구간은 산간벽지여서 교통이 불편하였기 때문에 복구가 용이하지 않았다. 그러나 응급공사를 위해 노력한 결과 공사가 순조롭게 진행되어 11월 15일 개통하기에 이르렀다.

도문선 : 도문선 또한 두만강 수계가 범람하여 대부분의 노선에 걸쳐서 제방이 유실되고, 교대와 교각, 익벽(翼壁)이 붕괴하여 부득이하게 20일간 운전을 정지하게 되었다. 그밖에 각 선 구간에서 상당한 피해가 있었으나 복구공사를 실시하여 열차 운행에 지장이 없도록 노력했다.

이상 각 연도의 수해에 대한 복구 경비는 철도 작업비, 보존비 또는 보충비로 지급되어 이루어졌는데, 특히 수해복구비 및 재해비로 지급된 것은 1906년의 29만 4천엔을 비롯하여 수해를 입은 각 연도에 의회의 협의를 얻어서 지급되었다.

1925년 이후의 각 연도의 재해비 상황은 〈표 4-19〉와 같다.

〈표 4-19〉 연도별 재해비 지출표

연도별	재해비(엔)	연도별	재해비(엔)
1925년	1,400,000	1935년	—
1926년	2,000,000	1936년	1,106,479
1927년	1,000,000	1937년	734,251
1928년	1,199,840	1938년	1,682,064
1929년	—	1939년	3,801,053
1930년	161,193	1940년	2,014,702
1931년	—	1941년	166,438
1932년	—	1942년	330,689
1933년	83,308	1943년	—
1934년	276,854		

전쟁의 재해

미군기는 1944년 7월경 이후 조선 내 각지에 침입해서 총격을 퍼부었다. 또한 1945년 4월부터는 공습도 심해지고 수송 차단을 노려 지상 교통시설과 열차 등을 폭파하였으며, 그 피해는 산발적이지만 전체적으로 증가하였다. 그리고 8월 9일 미군기의 나가사키 원폭 투하에 맞서 소련은 일본에 대

7월 8일 오후, 구 용산 문평산 정상에서

관사(7월 18일, 양성소 지붕위에서의 조망)

7월 21일, 감수 후의 경성공장 일부

상동 7월 22일, 감수 후의 전경

천정을 부수고 지붕위로 피난해 구조를 기다리는 거주자

감수 후의 동일 장소

7등 관사

〈한탄강 수해〉

용산우체국 앞 부근

한탄강교량 7월 18일 대홍수로 경원선 한탄강
(한강지류)교량의 상판지지 거더 6련이 유실, 교
각 3기가 붕괴되어 응급공사로 도보 도선 연락
용으로 만들어진 임시교(8월 30일의 또 한 번의
홍수로 인해 유실)

한탄강 임시철교의 제1회 응급작업

〈낙동강 범람〉

경부선 구포역 앞 침수 1923년 7월 13일, 낙동강물이 8m 정도 증수되어서 경부선 구포역 부근 일대가
침수해 고립무원이 되었다.

진영역 부근 침수 7월 13일, 마산선은 낙동강 증수로 인해 선로 불통

정주기관차고 원경 8월 12일, 범람으로 경의선 정주역사 20cm 가량 침수

1934년 9월 8일의 수해. 경부선 삼랑진 부근

1935년 8월의 수해. 경부선 구포~물금 간 선로

1936년 8월의 수해. 동해북부선 외금강~고성 간 삼일포 부근

해서 일방적인 선전 포고를 하였으며, 북선 여러 항구에 공격을 가하고 청진에 상륙하여 북선지역은 처참한 피해를 입고 8월 15일 종전되었다.

미군기에 의한 피해 : 각 선의 열차 공습 피해 상황

(1) 1945년 7월 14일, 조선 중남부에 대형 15기 3군으로 침입하여 초 저공으로 교통시설에 총격.

경부선 : 김천지구 공습. 김천역 구내와 주변에 총격을 가하여 구내 급수탑 파괴, 그밖에 구내시설에 피해가 발생하였다. 김천~대신 구간에서는 주행 중인 열차에 총격을 가하여 열차 운행이 중지되었으며, 이 구간의 개령천교량도 피해를 입어 선로가 불통되었다. 대신~아포 구간에도 열차 총격에 의해서 운행이 불가능해졌으며, 경북선 아천역에도 폭탄 투하에 의해서 피해가 발생하였다.

경의선 : 개성지구 공습. 개성역 구내 총격에 의해서 과선교, 플랫폼의 지붕, 화물 플랫폼 등이 피해를 입고 이 역에 정차 중인 열차에 폭탄이 투하되어 열차가 화염에 휩싸였다.

장단역에 정차 중인 열차에 총격이 가해져 견인 기관차가 피해를 입어서 열차 운행이 중지되고, 기관조사 1명, 역원과 여객 각 2명이 즉사했다.

문산~장단 간의 임진강교량에 폭탄이 투하되어 한때 하행선 운행이 중지되었다.

경원선 : 철원 및 복계지구 공습. 철원역 구내에 폭탄이 투하되어 역사가 폭파되고 여객 4, 5명이 부상을 입고 정차 중인 열차도 피해를 입었다. 평강역에 정차 중인 열차도 총격을 받고 기관사 및 역원 2명이 부상을 당하였다. 열차도 폭탄 피해로 운전이 불가능하였다. 복계~이목 간에서도 운전 중인 열차에 폭탄이 투하되어 선로가 40m 정도 파괴되고 300m³의 토사가 비산하였다(적재중인 화약류에 유폭된 듯하였다). 복계역에 정차 중인 열차가 총격을 받아 여객 7명 즉사, 역원 2명과 여객 10명이 부상을 당했다. 구내의 보선구 창고에도 폭탄이 명중해서 건물 1동 전파와 1동이 반파되었으며, 보

선구원 2명이 부상을 당했다. 역 구내의 고압선과 저압선은 단선되고 변압소도 총격에 의해서 사용 불능 상태가 되었다. 삼방역도 총격에 의해서 피해를 입었다.

전라선 : 여수항 지구 공습. 여수 부두 구내에 폭탄이 투하되었으나 방파제가 약간 파괴되었으며, 부두 사무실도 파손되었다.

(2) 청천강교량의 폭격 피해 및 복구 상황

1945년 7월 31일. 미군의 P-38 전투폭격기 2, 3개 단이 경의선 신안주~맹중리 간의 청천강교량 하행선을 폭격하였으나, 그 중 1탄(250kg 폭탄이라고 생각된다)은 교각(평양 쪽 62.0m 단경간과 62.0m 3경간 연속 수평재 가설점)의 바로 위에 명중했다. 이 폭격으로 인해서 62.0m 단경간(주탑과 주탑 사이의 거리) 수평재(자체 무게 약 600톤)가 비스듬하게 낙하하였다. 그러나 3경간 연속 수평재에는 이상이 없었으며, 또한 추락한 단경간 트러스 거더 부재에도 직접적인 변형과 파손은 찾아볼 수 없었다. 이들 상판지지 거더는 복선공사로 1940년 8월 새로 가설한 내폭 구조의 상판지지 거더였다.

이 피해에 대해서 즉각적으로 복구공사 대책을 협의한 결과, 낙하 거더의 추락 쪽 상현 좌우부에 2쌍의 5중 활차를 각각 매달고 직경 35mm의 와이어를 엔드리스 방식으로 연결하여 이를 '미카3형 기관차' 4대 연결 견인으로 매달아 올리는 방법을 채용하기로 결정했다(〈그림 4-4〉 복구작업 약도 참조).

이 방법에 필요한 각종 재료와 기기류 등을 준비하여 현장 준비가 완료된 8월 13일에 작업을 시작할 수 있었다. 보선구 및 기관구 등의 협력을 얻어서 작업에 착수해서 당초에는 낙하한 트러스 거더의 부재가 교각에 접촉하기 때문에 견인 기관차를 아주 느리게 운전하여 좌우 경사가 발생하지 않도록 1m 들어 올릴 때마다 검사하면서 매우 신중하게 작업하였다. 이렇게 해서 매달기작업은 당일 중에 완료할 수 있었다.

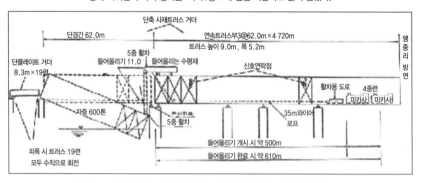

(청천강(하행선) 18.3m×19+62.0m+4×3@62.0=1,198m)
강에 낙하한 추락 수평재를 '미카3형' 4대 연결 기관차로 들어 올렸다.

〈그림 4-4〉 경의선 청천강교량 피폭 복구 들어올리기작업 약도

이 피해로 인한 경의선 열차 불통에 대처하기 위해 공사 중인 청천강 우회
선의 가설 교량을 급히 강행해 준공시켜 8월 9일부터 열차 운전을 실시하
였다.

소련군에 의한 피해

(1) 소형 폭격기에 의한 항만 공격

1945년 8월 9일 소련의 소형 폭격기가 나진과 청진 양 항에 공격을 가해
청진항 안벽 4곳이 대파되고 화물장치장이 불탔다. 교통국원은 각각의 직장
을 사수하고 피해 확대 방지를 위해 노력하였으나, 불행히도 처음으로 수 명
의 희생자가 발생하였다.

(2) 소련군의 청진 상륙

8월 13일 정오가 지난 무렵, 청진항 먼 바다에 구축함으로 구성된 선단이
나타나 치열한 함포 사격의 엄호 하에 상륙용 주정이 연막을 피우면서 청진
항에 상륙했다. 청진 부두국장을 비롯해 교통국 직원은 직장을 사수할 각오
를 다졌으나 일본군의 후퇴로 인해 청진지역 일대는 극도의 혼란에 빠졌다.
이 사이 철도 피해는 극심하였으며, 특히 청진~나남 간의 철도 선로가 파괴

되어 열차가 불통되었으며, 수많은 교통국 직원이 적탄에 쓰러졌다. 또한 병사 수송을 위한 임시열차가 충돌하는 사고가 발생하여 다수의 사상자가 발생하였다.

제4장
시행 및 관계규정 등

제1절 공사의 시행

철도 건설 및 개량 관계의 토목·건축, 교량 상판지지 거더 제작 및 가설 등의 공사는 대부분 지정 공사로 취급하여 모두 하청제로 시행하였으며, 레일 부설공사는 직영으로 진행했다.

지정 공사 시행
공사 하청업자 선정 : 철도국이 지정한 공사 하청업자는 3등급으로 구분되는데, 자본금과 국세액, 종업원 수, 공사용 보유 기자재 및 공사 경력 등을 조사해서 이를 종합적으로 평가하여 A, B, C의 3등급으로 구분했다. A, B 등급은 당국 지정 공사로서의 노반공사 또는 다리 상판지지용 거더 가공 등 일명 공구공사를 각각 단독으로 하청계약이 가능한 유자격자로 하고, C등 급은 주로 보선구의 공사 등 비교적 경미한 소규모 공사 시행자로 하였다.

공구공사의 하청업자는 공사 실시 시에 공구 현장마다 기술주임 1명과 기술자 수 명의 상근종사자를 필수로 하며, 국유철도 건설규정 등의 관계규정과 공사 시방서 및 부속 도면 토공규정도, 건조물 표준도 등에 근거하여 공사용 현장 측량, 설계, 설계 변경 절차 및 공사 준공도 작성에 이르기까지 일체를 책임 시행하도록 하였다.

지명경쟁 입찰제 : 하청 공사는 지명경쟁 입찰을 원칙으로 하고 공사 1건마다 지명업자 2, 3명을 선정해서 견적서를 제출케 해 철도 당국 예산 내에서 최저액을 제시한 업자를 낙찰자로 하였다. 재입찰, 재재입찰에서도 예산을 초과하는 경우에는 최저 견적 업자와의 협의에 의해서 수의계약으로 하기도 하였다.

하청업자에 대한 지명권은 당초에는 철도국장에게 있었으나, 1925년경에 조선 토목 사업계의 담합 형사사건에 대한 판결 후에는 총독부로 이관되었다. 업자 지명 수는 5명 이내로 규정되었으나, 철도국에서는 여전히 2, 3명으로 하였다.

공사대금 지급 : 공사대금은 준공 지급을 원칙으로 하였으나, 장기에 걸친 공사에 대해서는 기성 부분 지급(달성률 90%)을 실시하고 준공 시에 이를 정산했다.

중일전쟁 발발 후에는 전쟁 상황이 심각해짐에 따라 하청업자의 공사용 물자 입수가 점차로 어려워져, 예전같이 대금을 후불제로 하면 그 조달이 더욱 어렵기 때문에 결국 공사 진척에 막대한 지장을 초래하므로 대장성(기획재정부에 해당)에 강력하게 요청, 국회의 승인을 얻어서 군관계의 공사에 한하여 공사 계약금의 일부를 선불제로 지급하였다. 이는 본토 국철에 앞서서 조선의 철도공사에서 처음으로 실현된 것이다.

공사 계약금에 대해서는 만철 위탁경영 당시인 1919년경 물가 변동이 심하여 하청업자의 미래가 불투명하여 공사 수주를 기피하는 경향이 있었다. 따라서 원활한 공사 수행을 위하여 물가 변동률을 적절하게 반영하여 에스컬레이터 식으로 공사 계약 단가를 변동하기로 하는 경우도 있었다. 물가 변동률에 대해서는 조선은행의 조사에 근거한 매월 물가지수 및 임금지수를 기준으로 심사하여 결정했다.

공사재료 지급 : 공사재료 중 시멘트는 철도 당국의 지급품으로 당국 창고에서 각 공사 하청업자에게 지급하였다.

당국의 창고는 공사 현장에서 가장 가까운 역 구내 또는 적당한 곳에 세웠으며, 창고에서 각 공사 현장까지의 운반은 모두 하청업자의 부담으로 하였다.

시멘트 용기는 1925년까지는 50~100kg의 나무통이었으며, 그 후 한동안은 50kg 마대, 1934년 이후에는 50kg의 종이부대로 하였다.

시멘트 소요량의 산출은 공사 종류에 따라 콘크리트 조합 비율에 의해서 조합 재료의 용적비를 기준으로 하였다. 즉, 시멘트 : 모래 : 자갈의 표준 배합비율을 각각 철근 콘크리트용은 1 : 2 : 4, 보통 콘크리트용은 1 : 3 : 6, 잡콘크리트용은 1 : 4 : 8로 하고, 각종 공사의 예정수량에 대한 시멘트 소요량(부대)을 구하여 공구별로 그 총 소요량을 산출했다. 그 산출 기준은 〈표 4-20〉의 '1㎥당 시멘트 사용 표준'(1934년 6월 통제505호)에 근거하였다.

〈표 4-20〉 1㎥당 시멘트 사용 표준(50kg들이 부대)

콘크리트		모르타르	
조합비율	수량(부대)	조합비율	수량(부대)
1:2:4	6.8	1:1	18.8
1:2.5:5	5.5	1:1.5	15.0
1:3:5	5.0	1:2	12.5
1:3:6	4.4	1:3	9.4
1:4:7	3.8	1:4	7.5
1:4:8	3.6	1:5	6.2
1:5:9	3.1	1:6	5.4
		1:7	4.7

지급 시멘트는 공사 하청업자가 도난이나 습기 우려가 없는 창고에 운반 보관하고, 시멘트 사용 시마다 창고에서 꺼낸 뒤 남은 수량을 점검 확인하

여 엄중하게 보관하도록 하였다. 그리고 매월 공사 달성률에 대한 표준 소요 수, 실제 사용 수 및 그 과부족 및 재고 수를 감사하여 시멘트의 적정 사용을 도모하였다.

일반 노무자 활동 추이

1925년 초에는 일반 노무를 희망하는 조선인이 매우 적었기 때문에 대부분 산동지방 출신의 중국인 노무자를 공사에 사역(使役)했다. 중국인 노무자는 체력이 강하여 중노동에 잘 견디기 때문에 기계 없이 오로지 인해전술이 필요했던 당시에는 흙깎기, 성토 등의 토공공사에서는 꼭 필요한 존재였다. 그러나 1929년~1930년경에 남선지방에 발생한 큰 가뭄에 의해서 농촌이 피폐해졌기 때문에 백성 구제 사업의 일환으로 잠시 조선인 노동자의 수를 늘렸고, 중일전쟁 발발 후에는 중국인 노무자가 거의 사라졌다. 이로써 전쟁이 진행되면서 각종 공사량이 증대하여 노무자 모집이 매우 어려웠다.

공사 감독 현장 기관

건설 및 개량공사 등의 소관 사무소 관할 내에는 공구마다 공사구(1933년 4월 이전에는 건설공사계, 그 장을 주임이라고 하였다)를 두고 구장, 조역, 기술 및 사무계 등 기타 필요에 따라서 약간의 요원을 상주시켜 공사 감독을 하게 하였다.

소관 사무소로서는 창업 이래 오직 건설선에만 건설사무소를 두었는데, 1918년 2월에 이것이 폐지되고 신설 공무사무소가 이를 대신하였다. 1933년 5월에는 공무사무소를 폐지하고 본국 건설과 직할 및 일부 철도사무소의 소관이 되었다. 1935년 8월 이후에는 다시 건설사무소를 두고 그 소관으로 하였다. 또한 그 후 복선공사 등 대형 개량공사가 다수 발주되면서 1934년 12월 교통국이 신설됨에 따라 분장 기구도 바뀌어 건설, 개량 및 항만공사 모두 건설사무소의 소관이 되었다.

또한 본국 건설과의 직할 기간 중에는 공사 현장 근처에 건설과 파출소를 두고 주임, 조역 등 필요 요원을 배치하여 소관 사무의 일부를 대행시키고, 공사구를 총괄케 해서 공사를 진행시켰다. 즉, 건설선인 혜산선 합수와 만포선 개천(후에 개고개동으로 이관), 동해남부선 울산에 파출소를 설치했다.

통신기관으로서는 공사구와 소관 사무소와의 연락용 장거리 전철화 및 각 공구 내 구간 전철화 2회선을 가설하고, 또한 교통기관으로서는 공사구에 자전거 2, 3대를 상비하였으나 교통로가 미비된 산악 지대의 건설선 공구 내의 감독 순시는 지형상 도보에 의지할 수밖에 없었다.

공사 현장의 환경 : 공구공사 시행 기간은 대략 1, 2년으로 단기간인 경우가 많았다. 따라서 공사 사무실은 목조 가건물로 하고 땅을 빌려서 건축면적 70~100㎡ 정도로 건축했다. 특히 건설선은 벽지지역이 많아 실내조명은 석유램프였는데, 겨울철 난방은 석탄난로로, 연료는 장작과 석탄 등 매우 간단하였다.

공사 종업원 숙사는 대개 일반 민가(건설선에는 조선인 민가가 많다)를 빌려서 관사로 사용하고 취사장과 화장실, 담 등을 약간 보수하는 정도에 그쳤다. 때로 민가가 적거나 빌리지 못하는 경우에는 임시관사를 짓거나 영업 개시 시기를 감안하여 본 관사를 조기에 건축하기도 하였다.

대체적으로 건설선의 공사 현장은 교통 통신이 불편한 벽지가 많고 생활 필수품의 입수도 여의치 않으며 신문과 우편배달은 3일에 한 번으로 늦는데다, 특히 만철 위탁경영시대 무렵까지는 라디오도 없는 매우 척박한 환경 속에서 생활해야 했다. 그러나 종사원은 이를 잘 참고 공사 진척에 매진했다.

유일한 특이사례로는 1934년경 만포선 구현령 부근의 건설공사 현장을 들 수 있다. 겨우 11호의 조선인 민가가 산재하였던 한촌 마을인 개고개동에는 철도국의 현장시설인 건설과 파출소, 4개 공사구, 화력 발전소 등이 집결하게 되었으며, 종사원은 100여 명(가족 포함)에 이르게 되었다. 따라서 관사와 독신자 기숙사, 집회소, 병원 등 기타 부속시설을 지었으며, 부근에는 하청업자의 집합소와 숙사도 짓게 되었다. 또한 공사가 바빠지면서 노무자의 이동도 심해서 부락에는 각종 상가가 늘어나 소도읍의 모습을 갖추었다. 철도시설 구역과 공사 현장에는 전등이 켜져서 밤하늘을 비추었으며, 불과 2년 정도의 공사기간이었으나 그때까지 전등도 없었던 쓸쓸한 개고개동의 한촌 마을은 전래 없는 위용을 갖추게 되어 다른 공사구에 비해서 많은 혜택을 누렸다.

개고개동의 철도시설은 〈표 4-21〉과 같이 건물은 모두 목조 단층에 아연도금 철판지붕을 한 임시건축물이었으나 공사 종료 후에는 순차적으로 해체되어 신설 공사구로 각각 분산 이축되었다.

〈표 4-21〉 개고개동의 철도시설

명칭	적요	동수	건축 면적(㎡)	기사
사무실			593	
파출소		1	130	
공사구	4개 공사구 1동	1	463	
관사	29호 15동		2,062	
갑호	1세대	1	85	파출소 주임용
을호	2세대(1세대당 57.8㎡)	2	231	공사구장용
병호	2세대(1세대당 50.9㎡)	6	611	조역 및 직원용
정호	2세대(1세대당 34.5㎡)	6	414	기타용
독신자 기숙사	방 23실, 집회장, 오락실, 취사장, 기타	1	721	
화력변전소			571	
본청		1	382	
부속건물	창고, 펌프실, 기름창고, 차고 등	1	189	
시멘트 창고	1동당 216.6㎡	4	866	
의무실	내과, 외과, 치과, 진료실, 방사선실, 병실 등	1	263	촉탁의 주재(3명)
일용품 배급소	파출소 부속건물	1	214	배급소는 이 일부
계			4,569	

의료기관이 없는 지역의 공사구에서는 현지 개업의 중 유자격자를 촉탁의로 상주시키고 국 직원 및 공사 종사원에 대한 일반 진료를 담당시켰다. 건물 또한 빌려서 약간의 보수만 하였기 때문에 매우 조잡하였다.

레일 부설공사 시행

건설 및 개량공사 시의 레일 부설공사는 일반적으로 가장 가까운 보선구에서 직영으로 시행하였다. 궤도 연장이 상당한 장거리에 이르는 경우에는 특별히 궤도공사구를 설치하고 각 보선구에서 파견된 선로공을 동원해서 실시했다.

또한 궤도 재료, 즉 레일, 침목, 기타 부속 재료의 현장으로의 운반 및 자갈선으로부터의 부설용 자갈 운반은 가장 가까운 기관구에서 파견된 종사원이 운전하는 재료수송 건축열차가 담당했다.

영업 개시에 필요한 시설, 즉 역사, 관사 기타 부속건물의 건축, 수도설비, 통신설비 등은 궤도공사와 병행해서 각 담당부서에서 계획하여 실시하였다.

제2절 관계규정 등

조선국유철도 건설규정

이 규정은 1927년 10월 부령 제98호로서 공포된 이래 오랫동안 이를 준수하였으나, 중일전쟁이 진행되면서 대륙철도 일관수송상 선로규정의 통일을 도모하기 위해 조선철도와 만주철도, 화북 및 화중철도의 4자간 대륙철도회의에서 협의한 결과 1942년 1월 부령 제12호로서 개정되어 실시(기설 부분에 대해서는 당분간 구 규정에 따른다)된 것으로 총칙, 선로, 차량의 3장 87조로 구성되었다.

〈건설규정 발췌〉

제1장 총칙(제1조~제7조)

제1조 조선에서의 국유철도 건설은 본령에 규정된 바를 따른다. 단, 다음 각 호의 1에 해당하는 경우에는 본령에 따르지 않을 수 있다.

    1. 특수 설계를 필요로 할 때

    2. 부득이한 사유가 있을 때

제2조 본령의 적용에 관해서 선로 구간을 1급선, 2급선, 3급선 및 4급선의 4종으로 구별하고, 전항의 규정에 따른 선로 구간의 종별은 철도국장이 정한다.

(주)(구 규정에서는 1선로의 기점, 종점 구간을 갑종·을종·병종선이라고 하였으나, 이는 각각 신규의 2급, 3급, 4급선에 상당)

제3조 궤간이란 레일면에서 하방 16mm 이내에서의 레일 두부 내측의 최단거리를 말한다.

제4조 본선이란 열차 운전에 상용하는 선로를 말하며, 측선이란 본선이 아닌 선로를 말한다.

제5조 정거장이란 다음 각 호에 열거한 것을 말한다.

    1. 역 : 열차를 정지시켜서 여객 또는 하물(荷物)을 취급하기 위해서 설치된 장소

    2. 조차장 : 열차 조성 또는 차량 입환을 위해서 설치된 장소

    3. 신호장 : 열차 교행 또는 대피를 위해서 설치된 장소

제6조 신호소란 정거장과 달리 수동 또는 반자동의 상치신호기를 취급하기 위해서 설치한 장소를 말한다.

제7조 고정축거란 2 이상의 차축을 가진 불요성(不橈性) 대차에서 특별히 설치한 횡동(차량의 곡선 통과를 용이하게 하기 위하여 대차프레임 또는 언더 프레임에 대하여 특히 크게 횡 운동할 수 있도록 한 윤축) 유간을 가진 차축 중 최전위에 있는 것과 최후위에 있는 것의 차축 중심 간의 수평거리를 말한다.

제2장 선로(제8조~제62조)

궤간, 곡선, 구배, 건축한계(부록 그림 제1호), 궤도 중심 간격, 시공기초면 및 궤도, 교량(부록 그림 제2호), 가공전차선, 정거장, 분기 및 평면교차, 상치신호기, 보안설비, 선로

제표의 13절로 구성된다.

제3장 차량(제63조~제87조)

차량한계, 차중, 윤축 및 각 부 구조, 연결기, 제동기, 차량장치의 6절로 구성된 이 규정에서 발췌한 선로 구간별 주요 규격 일람은 〈표 4-22〉와 같다.

〈표 4-22〉 선로 구간별 주요 규격 일람표

종별		칭호	선로 종별				적용조건
			1급선	2급선	3급선	4급선	
궤간		m	1,435	1,435	1,435	1,435	제2장 제1절 제8조
곡선 (최소 반경)	정거장 외의 본선	〃	600	400	300	250	〃 제11조
	정거장 내의 본선	〃	600	500	400	400	〃 〃
완화곡선	완화곡선을 삽입해야 하는 곡선반경	〃	2,000	1,800	1,200	800	〃 제13조
	완화곡선의 길이(고도의 배수)	배	1,000	800	600	450	〃 〃
구배 (최급구배)	정거장 외의 본선	‰	(10) 8	(15) 12.5	(25) 15	(35) 25	( )는 완화 한도 〃 제15조
	정거장 내의 본선	〃	3	3	3	3	〃 제16조
	전자 전용 선로	〃	35	35	35	35	〃 제15조
시공기초면 폭	궤도 중심에서 외연까지	m	3.0	3.0	2.7	2.4	〃 제24조
노반의 부담력	표준 활하중 (차량과 여객, 화물 모든 중량의 합계)	T	L-22	L-22	L-18	L-16	〃 제25조 (부록 그림 제2호)
	열차 주행 속도	km/h	130	100	80	70	〃 〃
레일 중량	본선	kg/m	60	50	37	37	〃 제26조
	측선	〃	37	37	37	30	〃 〃
도상	침목 밑면에서 시공기초면까지	cm	27	27	22	17	〃 제27조
교량의 부담력		T	LS-22	LS-22	LS-18	LS-18	제29조 (부록 그림 제2호)
차중	기관차의 축중(정차중)	T	25	22	19	18	제3장 제2절 제66조
	기타 차량의 축중(〃)	〃	22	22	18	15	〃 제67조
	1m당 평균 하중	〃	7	7	6	5	〃 제68조

부속 도면(제2호도~제4호도)은 다음 페이지 이하를 참조할 것.

'제39조 정거장에서의 유효장에 관한 철도국장의 규정'에 의한 각 선별 유효장은 〈표 4-23〉과 같다.

〈표 4-23〉 각 선별 유효장

선명	구간	유효장(m)	선명	구간	유효장(m)
경부 본선	부산~경성	500	전라선	순천~여수	300
경의 본선	경성~안동	500	경전남부선	삼랑진~마산	430
경원선	용산~원산	430	"	마산~진주	220
함경 본선	원산~상삼봉	430	대구선	대구~영천	430
강덕선	남강덕~수성	430	동해남부선	부산진~경주	430
청진선	청진~청진부두	430	경경선	경주~청량리	430
호남선	대전~이리	500	만포선	순천~만포	250
"	이리~목표	300	평원선	서포~고원	250
전라선	이리~순천	270			

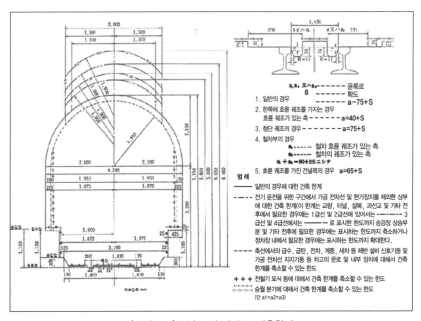

〈그림 4-5〉 부속도면 제1호도 건축한계

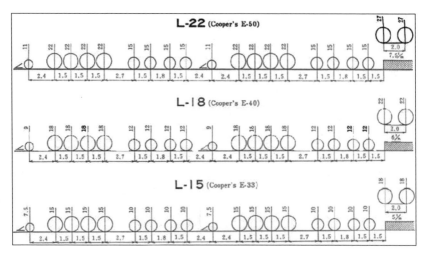

〈그림 4-6〉 제2호도 교량 표준 활하중

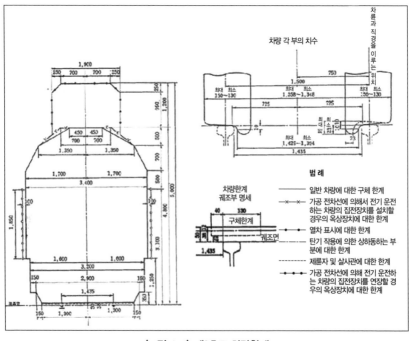

〈그림 4-7〉 제3호도 차량한계

1. L-18과 S-18을 고려해야 할 활하중을 LS-18이라고 하고, 그밖에는 이에 준거한다.

2. L-N 및 S-N에 상당하는 하중은 다음 식에 의해서 산출한다.

　　L-N의 하중 ＝ (L-18의 하중)의 N/18

　　S-N의 하중 ＝ (S-1의 하중)의 N/18 단위 축중 kg

　단위　축중 – 톤

　　　거리 – m

하중(축중)단위 : 톤 길이 단위 m

1917년 10월 조선총독부령 제98호

1927년 10월 조제 공무과

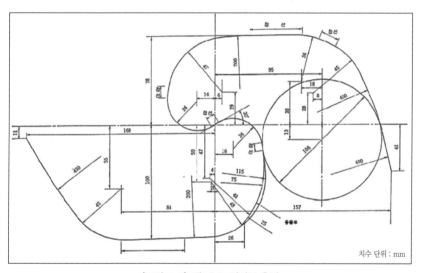

〈그림 4-8〉 제4호도 연결부 윤곽

조선국유철도 협궤건설표준

본 표준은 북선척식협궤철도 백무선 건설과 함께 1934년 6월 '달갑 제525호'에 제정된 것이다.

〈협궤건설표준 발췌〉

제1장 총칙(제1조~제4조)

제1조 조선에서의 국유철도 협궤의 건설은 본 표준에서 정하는 바에 따르는 것 외에는 조선국유철도 건설규정에 의한다.

　주(단서 생략)

제2조 본선이란 열차 운전에 상용하는 선로를 말하며, 측선이란 본선 이외의 선로를 말한다.

제3조 궤간이란 레일면에서 하방 12mm 이내의 레일 두부 내측간의 최단거리를 말한다.

제4조 본 표준은 특별히 지정하는 경우를 제외하고 그밖의 마모 또는 변형하는 경우에 대해서도 적용한다.

제2장 선로(제5조~제36조)

　궤간 건축한계(부록 제1호도), 궤간 중심 간격, 곡선 및 구배, 시공기초면 및 궤도, 궤도 및 교량 부담력, 터널 및 교량, 정거장, 분기 및 평면교차, 상치신호기, 보안설비, 선로제표의 11절로 구성된다.

제3장 차량(제37조~제56조)

　차량한계, 윤축 및 각 부 구조, 차중, 연결기 및 제동기, 차량장치의 5절로 구성된다.

　부속 도면

　제1호도 건축한계

　제2호도 교량 설계 표준 활하중

이 건설표준 중 주요 규격 등을 요약하면 다음과 같다.

(제5조) 궤간	762mm	
(제11조) 곡선반경(본선)	100m 이상	단축 한도 60m
(제15조) 구배(본선)	25/1000	단축 한도 40/1000

(제16조) 구배(정거장 내 본선, 측선)   3/1000   단축 한도 10/1000

(제18조) 시공기초면 폭(본선)   1.60m 이상   궤도 중심에서 바깥 가장자리까지

(제19조) 도상 두께   10m 이상   침목 밑면에서 시공기초면까지

(제20조) 횡침목 길이   1.50m 이상

(제22조) 레일 중량   통상적으로 길이 1m에 대해서 22kg 이상으로 한다.

(제23조) 궤도 부담력   V=30km/h 정차 중인 윤중 9톤 이하

(제24조) 교량 표준 활하중   Ln=10(부속 제2호도)

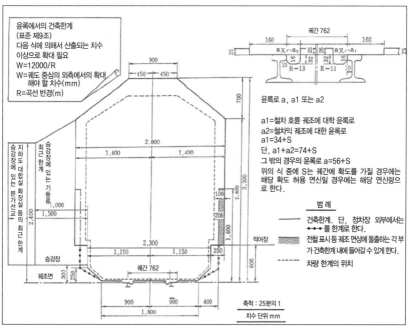

〈그림 4-9〉 제1호도 건축한계

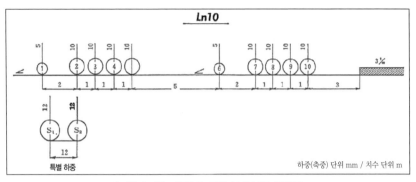

하중(축중) 단위 mm / 치수 단위 m

〈그림 4-10〉 제2호도 교량 설계 표준 활하중

선로 측량 요령 : 1927년 11월 '달 제883호'에 의해서 개정된 것으로, 4장 52조로 구성된다. 총칙, 선로 조사, 선로 실측, 교량 경간 결정, 정거장 설계 및 기타 선로 설계에 관한 주의사항에 대해서 명시했다.

이 요령 중 주요 사항을 요약하면 다음과 같다.

제2장 선로 조사

제9조 선로 조사를 구분해서 지형 조사와 경제 조사로 하고, 지형 조사는 이를 다시 답사 및 예측으로 구별한다. 경제 조사는 따로 정한다.(생략)

제10조 답사에서는 철도를 통과해야 하는 대체적인 노선을 다음과 같이 조사한다.

(1) 5만분의 1 지형도에 근거하여 선로 시종점, 경과지, 거리 및 최급구배, 곡선 최소 반경 등에 대해서 대체적으로 예상한 뒤 실지 조사를 하고, 선로 답사 평면도(축척 1/50,000), 동 종단면도(축척 가로 1/50,000, 세로 1/5,000)를 조정한다. 특별히 필요한 경우 이외에는 지도상의 조사만으로 그친다.

(2) 답사 종료 후 답사도, 예산의 대략 계산 안, 교통 산업 등의 상황을 구비해서 선로 답사 보고서를 작성한다.

제11조 예측은 중심, 수준 및 평면 측량을 실시하고 선로 중심선, 시공기초면, 각종 건 조물, 정거장, 신호소 및 기타 소요시설에 대해서 개략적으로 계획하고 대체적

인 예산을 계상하여 선로의 가치 등을 구체적으로 고찰해서 철도의 부설에 적합한 선로를 선정한다.

제13조 예측은 대략적으로 다음과 같이 측정한다.

(1) 중심 측량 : 중심선은 그 측점간 거리를 일반적으로 50m, 투시 불량 장소는 특별히 25m로 한다. 곡선은 원곡선으로 하고 완화곡선은 삽입하지 않는다.

(2) 고저 측량 : 수준 표고는 임시토지조사국 설정의 표고 0m를 100m로 한다. 수준 측량에서의 오차는 1km에 대해서 평지는 3cm, 산지는 5cm 이내로 한다.

(3) 평면 측량 : 중심선의 좌우 약 600m에서의 지형 및 지상 물건, 높이 약 10m마다 등고선을 실지 조사한다.

(4) 횡단면 측량 : 중심선의 좌우 지반의 경사가 현저하며 중심점 표고를 그 평균 높이로 간주할 수 없는 경우에는 측간법 등에 의해서 측량한다.

(5) 예측 종료 후에는 예측 평면도(축척 1/10,000), 동 종단면도(축척 가로 1/10,000, 세로1/1,000) 및 동 일람표(축척 1/10,000)를 조제하고 대략적인 예산서 및 보고서를 작성한다.

제3장 선로 실측

제16조 예측선에 대해서 중심, 수준, 평면 및 횡단면의 정밀 측량을 실시하고 필요에 따라서 비교선을 측정, 연구하여 철도를 부설해야 할 최량의 선로 및 시공기초면을 결정한다. 또한 여러 건조물, 정거장, 신호소 및 기타 소요시설 일체에 대한 시공 설계를 정한다.

제17조 실측은 대략 다음과 같이 측정한다.

(1) 중심 측량 : 중심선은 그 측점간 거리를 일반적으로 20m로 하고, 각 측점에는 중심말뚝을 박는다. 곡선은 원곡선으로 하고, 작은 곡선에는 선로 종별에 따른 완화곡선을 삽입한다.

(2) 수준 측량 : 수준 표고는 임시토지조사국 설정의 표고 0m를 100m로 한다. 수준 측량에서의 오차는 1km당 평지는 1cm, 산지는 2cm 이내

(3) 평균 측량 : 중심선의 좌우 각 300m 구간의 지형 및 지상물 등에 높이 5m마다 등

고선을 측정한다.

(4) 횡단면 측량 : 중심선에서의 각 측점 및 그 중간에서 지세에 변화가 있는 각 점 및 건조물 축조상 필요한 곳은 중심선의 좌우 각 30m 간의 횡단면 고저를 측정한다.

(5) 예측 종료 후에는 선로 평면도(축척 1/2,500), 동 종단면도(축척 가로 1/2,500, 세로 1/400), 동 횡단면도(축척 1/00)를 조제하고 실행 예산을 계상한다.

제4장 선로 설계에 관한 주의 사항

제20조 일반적으로 건설비를 절감해야 하는 것은 당연하지만, 보선상의 번거로움과 운전상의 위험을 초래하지 않도록 선로의 등급 또는 목적에 따라 신중하게 고려해야 한다.

제30조 시공기초면은 지정 최급구배 이내에서 성립하도록 완만한 상용 구배 및 수평선을 이용해서 성토의 적당한 안배를 고려해야 한다.

제45조 교량, 구교(溝橋) 등의 경간은 최대 홍수에 대비해 통수로를 충분히 확보해야 한다.

제47조 정거장 간의 거리는 물론 선로의 상태에 따라서 결정해야 하지만 대체적으로 보통 약 8km, 급구배 연속 구간에서는 약 6km를 표준으로 한다.

제48조 현지의 상황에 따라서 역간 거리 약 12km를 초과하는 경우에는 그 중간에 장래에 정거장 또는 신호소를 설치할 예정지를 두어야 한다.

제50조 정거장에서의 수평거리는 선로 및 역의 종류에 따라서 아래 표준에 따른다.

선로 ＼ 역	갑종선로(m)	을종선로(m)	병종선로(m)
기관고역	1,200	1,000	900
중간역	900	800	700

제52조 기관고역 및 급수역의 위치는 열차 운전 및 기타 사유에 의해서 일정하지 않을 것으로 예측될 경우에는 대략 아래 표준에 의한다.

기관고역 80km~120km   급수역 25km~40km

공사 수량 계산요령 : 1927년 '달 제440호'로 선로 건조물, 토공 및 건축물 등에 대한 공사 수량의 계산 방법을 명시한 것으로 7장 50조로 이루어진다.

선로 및 건조물 제도요령 : 1928년 11월 '달 제921호'로 선로 및 건조물에 관한 각종 도면의 제작에 대해서 도면 종별 및 축척, 도면 치수 기입 및 기타 사항에 대해서 명시한 것으로 13장 38조로 구성된다.

또한 용지도, 건축도 및 전선로도의 제작에 대해서도 이 요령에 준거하여 각각 제정하였다.

선로 정비요령 : 1931년 11월 '달갑 제115호'로 제정된 이후 수차례의 개정을 거쳐서 1942년 9월 '달갑 제444호'로 개정된 것이다.

14장 227조로 구성되며 궤도와 레일 및 부속품, 호륜 레일, 분기기, 침목, 협목, 도상, 노반 및 법면, 선로 건조물, 정거장설비, 선로제표, 제설 방설 및 모래 방지 등 선로에 부대하는 제반 시설 정비 및 보존에 대해서 상세하게 명시했다.

협궤선 선로 정비요령 : 백무선 및 사철 매수선의 협궤선에 적용하기 위하여 1934년 9월 '달 제963호'로 제정된 것으로 9장 28조로 이루어지며, 궤도와 레일 및 부속품, 침목, 삽입목(동상패킹), 분기기, 호륜 레일, 선로 건조물, 선로제표 등 선로 및 이에 부수하는 제반 시설의 정비 및 보존에 대해서 상세하게 명시했다.

부칙으로 위의 조항 이외에 대해서는 위의 선로 정비요령 조항에 준한다.

선로 경계규정 : 1933년 7월 '달 제571호'로서 제정된 것으로 6장 31조로 성립되며 경계 종별, 경계구, 경계원의 배치 및 응급준비, 경계작업 및 응급처치, 잡칙, 연습에 대해서 폭풍우 또는 출수 및 기타 경우의 선로 및 건조물에 대한 경계작업을 정했다.

귀빈승용열차 경비규정 : 1935년 2월 '달갑 제39호'(생략)

선로 지장 취급절차 : 1930년 2월 '달 제200호'(생략)

정규도 및 표준도 : 국유철도 건설규정(신구 공통) 및 협궤건설표준의 부록도

로와 건축한계, 차량한계 및 교량 설계 활하중 외에 주요한 것은 다음과 같다.

- 토공 및 도상 정규도(선로 종별, 단선, 복선별) / 터널 정규도(선로 종별, 단선, 복선별)
- 터널 시공 표준도(굴삭, 지보공, 복공, 갱문) / 교량 표준도(경간별 기초 · 교대, 교각)
- 함거 덮개 및 함거 표준도(경간별) / 상판 T수평재 표준도(경간별)
- 공(拱) 및 관 · 하수도 표준도(경간별) / 옹벽 표준도
- 정거장 표준도(갑 · 을 · 병종 및 간이역, 유효장별) / 여객 승강장 옹벽 표준도
- 적하장 옹벽 표준도 / 지하도 표준도
- 레일 및 부속품 표준도 / 선로 및 건조물 도면 조제요령에 의한 도감

제3절 공무관계 제표

지정 공사(건설 및 개량의 공구공사) 시행자 일람표는 별책 참조.

〈표 4-24〉 선별 규격 일람표(1945년 3월 말 현재)

선로 명칭		연장	선로 종별	궤도 단-복	설계 하중	최급 구배	최소 반경	본선 유효장	비고
선명	구간								
경부선	본선 상하행 공통	부산 부두~경성	km 450.5	급 2	복	L-20	‰ 10	m 400	m 500	
	대구선	대구~영천	38.4	3	단	L-18	125	301.75	430	
	경북선	김천~경북 안동	118.2	4	"	L-16	25	300		일부 철거 (점촌~경북 안동 간 58.2km)
	경인선	영등포 ~인천부두	31.0	3	"	L-18	10	291.19		
	부산 조차장선	범일신호소 ~사상		2	"	L-20	10	400		

선로 명칭		연장	선로종별	궤도단-복	설계하중	최급구배	최소반경	본선유효장	비고
선명	구간								
조차선	부산조차장~부전		2	〃	L-20	10	400		
경의선 본선 상하행 공통	경성~안동	499.3	2	복	L-20	10	400		
용산선	용산~안동	6.7	4	〃	L-16	12.5	360		
상하행 공통	서강~신촌	1.6	3	〃	L-18	15	200		
수색 조차장선	성산천신호장~능화신호장	4.6	3	〃	L-18	12	400		
	서강~성산천신호장	4.9	3	〃	L-18	12 40			
겸이포선	황해 황주~겸이포	13.1	3	단	L-18	25	201.16		
평양 탄광선	대동강~신성천	91.9	3	〃	L-18	14	300		
평남선	평양~진남포부두	55.2	3	〃	L-18	16.7	402.34		
평양 조차장선	평양~조차장~서포	9.9	2	〃	L-20	10	600		
	보통강~평양조차장	2.9	3	〃	L-18				
박천선	맹중리~박천	9.3	4	〃	L-16	10	301.75		
양시선	남시~양시~남신의주	28.7	2	〃	L-20	8.5	400		
호남선 본선	대전~목포부두	261.1	3	〃	L-18	13.3	301.75	대전~이리 500 이리~목포 300	
군산선	이리~군산부두	24.7	3	〃	L-18	10	200		
경원선 본선	용산~원산	223.7	3	〃	L-18	25	301.75	430	
원산선	원산~원산부두	2.2	4	〃	L-16	L	200		
함경선 본선	원산~상삼봉	666.9	3	〃	L-16	12.5	250	430	
(내)	문천~용담	9.9	3	복	L-16	12.5			

선로 명칭		연장	선로 종별	궤도 단-복	설계 하중	최급 구배	최소 반경	본선 유효장	비고
선명	구간								
	수성 ~고무산(상행)	34.3	2	〃	L-20	10	400		
천내리선	용담~천내리	4.4	4	단	L-16	10	362.10		차입선
북청선	신북청~북청	9.4	3	〃	L-18	125	300		
이원 철산선	나흥~이원 철산	3.0	4	〃	L-16	14	201.17		
차호선	증산~차호	4.9	4	〃	L-16	30	180		
성진선	성진~성진부두	1.6	4	〃	L-16	125	160		
강덕선	남강덕~수성	9.7	남강덕 ~강덕 3 강덕 ~수성 2	〃	L-18	10	320.55	430	
	강덕~청진 서항	2.4	2	〃	L-20				
청진선	청진~청진 부두	2.8	3	〃	L-18	33	126.66	430	
무산선	고무산~무산	57.9	2	〃	L-20	33	300		
회령 탄광천	회령~계림	11.7	3	〃	L-15	165	200		
동해선 동해 남부선	부산진~경주	112.3	3	〃	L-18	14	300	430	
동해 중부선	경주~포항	33.5	3	〃	L-10	167	100		동해 남부선에 편입
동해 북부선	안변~양양	192.6	3	〃	L-18	14	300	250	
울산선	울산~울산 부두	8.0	4	〃	L-16				레일 부설 완료
삼척선	북평~삼척	12.9	3	〃	L-18	10	400		삼척철도에 위탁
경전선 경전 남부선	삼랑진~진주	110.1	삼랑진 ~ 마산3 마산~ 진주4	〃	L-18 L-16	25	255.99	삼랑진 ~ 마산 430 마산~ 진천 220	

| 선로 명칭 | | 연장 | 선로 종별 | 궤도 단-복 | 설계 하중 | 최급 구배 | 최소 반경 | 본선 유효장 | 비고 |
선명	구간								
미전선	미전 신호장~낙동강		3	〃	L-18	0			
진해선	창원~진해	20.6	3	〃	L-18	10	402.34		
경전 서부선	순천~송정리	134.6	4	〃	L-16	25	300		
화순선	화순~복암	11.1	4	〃	L-16	155	300		차입선
광주선	광주~담양	21.5	4	〃	L-16	133	301.75		철거 중
전라선	이리~여수 부두	198.8	2	〃	L-18	25	200	이리~ 순천 270 순천~ 여수 300	
경경선 본선	경주~청량리	382.7	3	〃	L-18	235	400	430	
망우역	망우~연촌	4.9	3	〃	L-18	115			
황해선 본선	사리원~하성	41.7	3	〃	L-18	12	400		
토해선 상행	동해주~해주	2.3	협궤선	복	L-10	16	300		
하행	토성~해주	81.7		단			200		
옹진선	해주~옹진	40.4	〃	〃	L-10	16	300		
장연선	사리원~장연	81.9	〃	〃	L-10	16	161		
사해선	삼강~해주 부두	68.1	〃	〃	L-10	16.7	201		
내토선	화산~내토	2.1	〃	〃	L-10	30.3	121		
하성선	신원~구하성	5.5	〃	〃	L-10	15.2	241		
정도선	동포~정도	2.0	〃	〃	L-10	6	300		
평원선	서포~고원	212.6	3	〃	L-18	20	250	250	
만포선 본선	순천~만포교	303.4	3	〃	L-18	25	300	250	
개천선	신안주~개천	29.5	협궤선	〃	L-10	20	101		
용등선	구장~용등	7.4	4	〃	L-16	30	160		
용문 탄광선	어용~용문 탄광	7.1	4	〃	L-16	25	300		
혜산선	길주~혜산진	141.7	3	〃	L-18	33	250	250	
백무선	백암~무산	191.6	협궤선	〃	L-10	33	110		
청라선	청진~청암	11.1	3	〃	L-18	20	400		임시영업

〈표 4-25〉 터널표(연장 1,000m 이상) 사철 포함

명칭	연장	선명	역 구간	준공 연월일	기사	명칭	연장	선명	역 구간	준공 연월일	기사
죽령	m 4,500	경경선	희방사 ~죽령	1940. 5. 10.		제2 염분진	m 1,275	함경선	회문 ~용현	1924. 3.	
웅라	3,850	웅라선	관곡 ~나진	1935. 10.	사철 (만철)	거차	1,160	평원선	거차 ~천을	1940. 11.	
온수령	3,722	평북선	정주 ~삭주	1939. 9.	〃	기창	1,130	평원선	신성천 ~거흥	1930. 11.	
치악	3,650	경경선	판부 ~신림	1939. 8. 1.	(평북 철도)	성상	1,121	동해 북부선	삼척 ~용화	1943. 6.	미개통
차수령 제1	3,420	무산선	고무산 ~무산	1940. 3.		원평	1,066	함경선	원평 ~호동	1924. 10. 1.	
토령	2,770	평원선	천성 ~관평	1937. 11.	(원사철, 북조선 척식 철도)	예동	1,062	함경선	일신 ~만곡	1921. 11. 20.	
금계	2,730	경경선	이하 ~옹천	1939. 9.		송상	1,060	전라선	괴목 ~학구	1936. 7. 12.	
성현 (상행)	2,480	경부선	남성현 ~삼성	–		증약 (하행)	1,036	경부선	옥천 ~세천	1919. 10. 24.	
삼걸	2,445	만포선	건하 ~만포	1937. 4.		사래	1,020	동해 북부선	삼척 ~용화	1943. 6.	미개통
구현령	2,377	만포선	개고 ~구현	1936. 5. 20.		증약 (상행)	1,015	경부선	옥천 ~세천	1943. 6.	
성현 (하행)	2,323	경부선	남성현 ~삼성	1923. 3. 22.		매포	1,015	경경선	단양 ~제천	1941. 5.	
남설령	2,213	혜산선	백암 ~령하	1934. 9.		밀양	1,000	경부선	밀양 ~유천	1941.	복선 터널
대강	2,000	경경선	죽령 ~단양	1940. 4. 30.							
금대 제2	1,961	경경선	반곡 ~신림	1939. 5. 20.		○건설 또는 개량공사 중인 것					
율상	1,825	동해 북부선	정동진 ~옥계	1941. 12.	미개통						
장복산	1,811	진해선	성주사 ~경화	1924. 9. 4.							
고참	1,609	함경선	온수평 ~고참	1927. 3. 16.		민령	5,000	대삼선	금당 ~오동		건설과

명칭	연장	선명	역 구간	준공연월일	기사	명칭	연장	선명	역 구간	준공연월일	기사
일건	1,572	혜산선	심포리~대오시	1936.3. 24.		청암	4,510	청라선	청암~연진		〃
진석현	1,530	평원선	천을~운곡	1940.		고참	2,977	함경선	온수평~고참		개량선
금암	1,448	충남선	남포~판교	1931. 7.	사철(경남철도)	피자령	2,480	함경선	고참~내포		〃
단발령	1,384	금강산전철선	오량~단발령	1940. 5.	사철(금강산전기철도)	망양	2,400	청라선	청암~연진		건설과
거산	1,360	함경선	신창~거산	1927. 7. 19.		불암	1,400	경전남부선	직전~횡천		〃
팔각령	1,324	평북선	정주~삭주	1927. 7. 19.	사철(평북철도)	이명	1,280	경전남부선	하동~섬거		〃
제7무산	1,324	함경선	창평~전거리	1917. 5.		복호덕령	1,100	청라선	부거~수평		〃

<표 4-26> 교량표(연장 500m 이상)

선명	교량명	연장(m)	단복선형	경간×연수
경의선	청천강	1,198.10	하행선	19(18.3)+(62.0)+4(3@62.0)
〃	〃	1,196.00	상행선	22(18.3)+4(3@62.0)
경부선	한강(신)	1,112.80	복선	4(3@20.0)+(3@26.0)+(62.0)+3(55.0+78.5+55.0)
〃	〃(구)	1,112.80	단선2선	10(61.0)+9(24.4)+12(18.3)……경인선용
경전남부선	마산선 낙동강	996.60	단선	5(3@62.0)+(62.0)……거더 미가설
경의선	압록강(신)	943.36	복선	2(3@62.6)+2(3@94.2)
〃	대령강	943.00	하행선	22(21.3)+(62.0)+2(3@62.0)
〃	〃	943.00	상행선	
〃	압록강(구)	938.80	단선	6(61.0)+6(90.0)……예비(인도용)
경경선	안동 낙동강	787.40	단선	30(24.4)
경의선	임진강	701.84	하행선	10(18.3)+2(62.0)+2(3@62.0)
〃	〃	705.84	상행선	10(18.3)+8(62.0)
함경선	단천 남대천	682.64	단선	28(24.4)
〃	성천강	597.52	단선	28(21.3)

선명	교량명	연장(m)	단복선형	경간×연수
함경선	북청 남대천	597.52	단선	28(21.3)
만포선	만포 압록강	586.74	단선	2(24.4)+3(45.0)+15(24.4)
경선선	북한강	560.84	단선	2(24.4)+10(30.0)+3(62.0)
경부선	밀양강	549.00	하행선	30(18.3)
〃	〃	542.20	상행선	25(18.3)+7(12.1)
함경선	복대천	512.04	단선	28(18.3)
경부선	왜관 낙동강	506.90	하행선	2(15.2)+10(45.0)
〃	〃	506.90	상행선	2(15.2)+5(2@45.0)

주) 1. 연수의 경간×[ ]은 경간 길이, @는 연속 횡목을 나타낸다. 3@62.0…3경간 연속 횡목
2. 교량연장(m)은 공칭 경간과 지간의 관계로 다소의 불확실을 포함한다.
3. 교량표에서 경부, 경의, 만포, 경경, 경전 남부선 이외의 각 선구에서 경간 증설공사 등에 의해서 교량 연장이 변경된 것은 불명

〈표 4-27〉 선별 선로 시공기초면 최고 표고표(임시토지조사국 설정 기준)

선로명	역 구간	최고 표고(m)	기사
백무선	북계수정거장	1,719.99	
혜산선	백암~영하	1,622.32	남설령터널 내
만포선	개고~구현	639.10	구현령터널 내
평원선	거차~천을	626.43	거차터널 동쪽 출구(평남~함남 도계)
경원선	힘불랑~세포	603.02	
경경선	희방사~죽령	486.43	죽령터널 내
함경선	고참~내포	350.44	피자령터널 내
전라선	남관~관촌	253.15	전주~임실 군계
경부선	추풍령정거장	216.58	
청라선	청암정거장	192.79	
호남선	정읍~사가리	139.69	제2초령터널 내
경의선	서흥~흥수	122.64	
경전남부선	중리~산인	118.17	내서~산인 면계(용담터널 부근)
동해남부선	월내~남창	67.02	서생~온양 면계(마근터널 부근)
진해선	경화~성주사	63.83	장복산터널 성주사 방향 갱구
동해북부선	장전~외금강	35.97	(안변~간성 간 중)
경인선	소사~오류동	33.51	

제5편
국유철도의 건축

제1장
건축 양식 및 표준

제1절 건축 양식

건축시설의 개요

원래 철도는 업무 성격상 각종 업종으로 조직되어 있으며 지역에 따라 혹은 잦은 변경에 따라 규모도 크고 작고 다양하다. 또한 전반적으로 대부분 건축을 수반하고, 항구적 가설의 구별도 있어 건축시설의 종별, 구조도 천차만별이며 복잡하고 다양하였다. 철도 부설은 반도 전역에 걸쳐서 광범위하게 이루어지며, 지세상 남북 양 지역의 기후 풍토에 상당한 차이가 있었으나 대체적으로 일반 통념상 건축시설에는 방한이 필요하기 때문에 설계 시공에 있어서는 필연적으로 방한 – 냉해 – 난방 – 틈새바람까지 생각해서 그 점을 중점적으로 고려해야 했다. 그러나 남한의 일부 지역에서는 따뜻한 지방에 적합한 시설이 요구되었으므로, 이후 한·난지에 대한 시설 요구를 지역별로 규정하고 그것을 기준 내규로 하였다.

건축시설의 진행 방법은 각각의 설계에 따르는 것이 통례적이지만, 보통 중간에 위치하는 역사와 관사 등 변혁을 필요로 하지 않는 일반적인 건물은 설계상의 번잡함을 피하기 위해서 미리 준비한 표준 설계를 기준으로 그때의 추세와 지방 상황 등을 감안하여 실시하였다. 이들 시설은 특수한 경우를 제외하고 대부분 목조였으며, 주요 재료는 조선 산을 사용하였다.

또한 선로와 관련된 건축시설에는 건축 정규·차량 정규로서 한계가 규정되어 있었는데, 후년 이와 관련해서 대형 역의 경우 지붕이 높아서 차량과의 틈새에서 눈비가 들어 치고 차 위에서 물이 흘러내린다는 불평이 제기되었다. 이를 해결하기 위해서는 차량의 대부분을 덮어야 했으나 공사비 문제도 있어서 결국 그 대책은 미결로 끝났다.

철도 통일 경영 이전의 시설 : 경인철도시대의 건축시설은 철도 운영에 직접 필요한 경우에만 한정하며, 건축 양식은 인천역의 중심 역사는 벽돌이었으나 대부분 목조 단층의 간소한 것으로, 지붕은 아연 도금의 파형 철판이었다. 외부는 백색 회반죽을 칠하였으나 그 후 대부분 보수 및 개축되었다.

경부철도시대의 건축도 가건물이었으며 사무실 건물의 대부분은 임시임대 건물을 사용하였다. 역사는 10평(33㎡) 내외이며 역원의 숙사가 병설되어 있는 점이 특색이다. 대구·초량 등 주요지의 기관차고는 1동 1선 2량을 수용할 수 있는 시설에 지나지 않았으나, 1902년 6월 준공한 부산철도사무소는 서양식 목조 2층 기와 건평 47평(155㎡) 건축물로 당시로서는 독특한 형태였다.

군용철도 건설 또한 전시의 어수선한 시기에 이루어졌기 때문에 건축시설도 목조 단독으로 일관(一貫)하였으며, 건축반의 감독 하에 제반 재료를 지급하여 하청으로 공사를 맡긴 급조한 가건축이 대부분을 차지하였다. 이들은 군대식 시설 방법을 따랐기 때문에 일정한 규격으로 방한시설도 설치하였다.

철도 통일 경영 이후의 양식 : 철도 통일 이후의 건축시설은 당시의 방침 및 전통에 따라서 대부분은 간단한 목조 가건물 구조를 이용하였다. 남한지방은 대체적으로 일식의 간이 양식이 많았으며, 북선지방은 일부에 벽돌을 이용하여 어느 정도 보온을 위한 구조를 채택하였다. 한편, 구미의 건축 양식을 도입한 신의주와 부산역사의 부흥식(르네상스식), 용산역사의 고딕 양식, 조선 호텔의 북유럽 양식에 조선 취향을 가미한 양식 그리고 서양식 주택 건축의 대표라고 할 수 있는 철도국장 저택 등도 이 시대에 건축되었다.

1917년 이후의 경향 : 만주철도 위탁경영 이후, 즉 다이쇼(1912~1926) 및 쇼와시대(1926~1989)에 들어온 이후에는 서양식 건축 또는 일식 건축을 소화, 흡수하여 조선 풍토에 적응시키는 동시에 조선 재래 건축 양식을 가미한 양식을 창조하였다. 그런데 이들은 건축사적으로 상당한 중요성을 가지는 것으로 일반 건축 사상을 반영한 것이었다.

1925년에 준공된 경성역사는 당당한 근세 부흥식으로 당시 동양 제2라고 하였다. 수원역사는 조선 색채를 잘 나타내었으며, 경주역사는 신라시대의 건축 양식을 충분히 엿볼 수 있었다.

제2절 건축 표준

건축 표준에 관해서는 경부와 군용 양 철도시대에 이미 역사 및 관사에 대해서 실시되었으며, 후에 경원·호남 양 선 건설 시에 이를 정비해서 크기와 구조를 여러 종류로 구분하고, 역사는 갑·을·병 3타입, 관사는 4등 내지 8등으로 통일하였는데, 시간이 지나면서 시대의 영향과 토지 상황, 사용 재료의 변천 등에 따라서 다양하게 변모하였다.

1925년에 조선 전역에 걸쳐서 여러 노선의 건설공사가 실시된 것을 계기로 특히 건설용으로서 한난 지대별 표준을 규정하고, 1937년 전선을 난·한·엄한의 3지대별제로 각각 표준 개정에 착수하였다. 혜산, 백무, 만포, 평원선 중 특히 혹한지방의 우물 및 가건물은 동계의 어려움을 배려하여 벽돌과 콘크리트, 블록 등으로 축조하고, 창 입구도 이중창으로 방한 및 보온을 하였다.

또한 역사의 건축 표준에 대해서는 그 후 경부와 경의 복선공사에 따른 역사 개축과 건설선 및 기타 각 선 역사 개축에 대해서 1938년 4월 관계자의 협의 하에 이를 다시 고쳐 각각 새로운 표준을 정하였다.

건축공사 시방서는 1918년에 제정해서 직접 공사에 사용하고 설계 자료로 삼았으나, 시대의 변천에 따라 개정이 필요하게 되어 1938년 4월에 이르러 수년에 걸쳐서 비로소 완성되었다. 그러나 중일전쟁으로 인한 경비 절약, 자재난 등으로 애써 만든 시방서도 충분한 효과를 거두지 못했다.

또한 다양한 건축물의 공사 종류와 명칭, 수량 및 구조 등의 취급에 대해서는 시방서와는 별개로 공사 종류 기재 예 및 공사 건명 기재 예를 제정해서 수년간에 걸쳐서 실시하였으며, 이로써 종류와 구조 등의 통일은 물론 수고를 던다는 점에서 많은 이점이 있었다.

구조 및 설비는 기존의 것은 목조와 건물 기둥이 드러난 벽이 많았고 기초도 간편하였으나, 그 후 점차 벽돌 구조에서 철근 콘크리트 구조 및 철골 구조로 변화되었다. 그리고 여관이나 병원 기타 특수한 시설에는 각종 신재료를 사용하게 되었다. 또한 공장과 기관차고 등에는 철강제 용구(스틸-섀시)를 사용하고, 지붕창에는 연속 개폐식 오퍼레이터를 채용해서 채광과 환기에 유의하였으며, 증기난방과 온돌 등의 각종 장치를 설비하였고, 전기 조명 등도 점차로 개량되었다.

1936년 이래, 총독부에서 조선 전체 주요 도시에 대한 조선 시가지 계획령이 시행됨에 따라 철도 건축시설도 이에 준하여 설계 시공했으나 1937년 중일전쟁 발발 이후에는 시설에 각종 자재를 제한하는 한편, 방공상의 필요성을 고려하여 설비하였다.

제2장
역사 및 관사 건축

제1절 역사 건축

경인선의 역사

인천역사 : 이 건물은 조선철도 중 가장 오래된 건물로, 경인철도회사시대인 1900년 5월 건축되었다. 구조는 흑색 벽돌 구조 단층으로 아연을 댄 파형 철판지붕이며, 건축 면적은 91평(300㎡)이었다. 대합실은 1, 2등 및 3등으로 구분되었으나, 그 후 1, 2등실은 폐지되었다. 당시 경인구간의 시발역으로서 가끔 귀빈의 왕래가 있었기 때문에 특별히 귀빈실이 설치되었다. 역사 뒤쪽의 역장 관사도 같은 시대에 건축되었다.

중간 역사 : 철도 통일 후 선로 개량과 함께 개축되었으며, 상인천역은 서쪽으로 위치를 옮겨서 신축하고 구 역은 축현으로 개칭하였다.

경부선의 역사

초량~서대문 구간에는 당초 경부철도회사에 의한 각종 건축시설이 있었으며, 초량역을 제외한 중간 역사 중 김천 부근까지는 일식 목조 건물, 그 이북은 대체적으로 같은 양식 목조 건물의 크고 작은 시설이 있었다. 후에 용산역은 군용철도의 시발역으로서 가건물을 개축하였으며, 중간 주요 역인 대구와 대전역의 개축 그리고 영등포역 및 기타 중간 역사도 선로 개량과 함께 순차적으로 새로운 기준형으로 개축하여 경성역사의 대 개축과 함께 역사 건축은 어느 정도 정비되었다. 특히 수원역은 조선 건축 양식을 채용하여 개축, 현지에서 환영받았다.

종점인 서대문역은 경성 이북의 경의선에 직통으로 연결되면서 1919년 3월 말 폐지되고, 구내는 관사 부지로서 남대문 부근에 소재하였던 관사를 이전하였다.

초량역사 : 이 역사는 양식 목조 페인트 도장으로 근처에 기관차고 및 기타 많은 건축시설이 있으며, 사무실은 양식 목조 2층 페인트 도장 건물로 대부분이 계속해서 유용되었다.

부산역사 : 이 역사는 처음에 가건물이었으나 1910년 10월 공사비 약 97만 엔으로서 잔교선, 잔교 지붕과 함께 준공하였다. 이 건물은 벽돌조 2층 천연 슬레이트 기와의 건축면적 약 689평(2,238㎡)으로 지하에는 역, 지상에는 호텔이 건설되었다. 건축 양식은 고전적인 부흥식(르네상스식)으로 다쓰노-가사이건축설계사무소가 설계한 것으로, 당시는 다쓰노식이라고 하였는데 선이 굵고 호탕한 풍격을 지녔다고 하여 구조와 건축방식 모두 당시의 조선철도 역사 중 백미였다.

부산잔교 차량-선박 간 연락설비 : 부산에서의 차량-선박 간 연락시설은 1905년 창설 당시 초량의 소형 선박 및 임시잔교시대부터 점차 발전하여 부산역사 낙성식이 거행된 다음해인 1912년 부산잔교 및 돌제공사가 준공되었으며, 다음해인 1913년 4월 돌제 위에 철골 구조를 건설하고 건물 안에 창고와 대합실, 역장 및 귀빈실을 설치함으로써 해상과 육상 연락설비가 완성되었다. 또한 시모노세키~부산 연락 항로에 신라환(3,000톤)이 취항함으로써 처음으로 주요 열차의 부산 발착을 신 잔교에서 취급하였다.

돌제 위의 건물 면적은 254평(762㎡), 총 공사비는 26만 4천엔 정도였다. 이 설비는 대형 증·개축 없이 그대로 계속 사용하였는데, 1936년 11월 수송량이 격증하고 7,000톤급 대형선인 금강환 및 흥안환이 취항하면서 설비의 일부를 개조하였다. 계선 위치는 제1잔교 북쪽으로 하고, 일본 철도성 소속 창고 위에 승선 공간을 마련하였다. 그리고 그 사이에 폭 4미터의 다리를 가설하고, 중간 플랫폼에 철골 구조의 우산식 승강장을 설치하였다. 누수에 의한 화물의 손상을 방지하기 위해서 제1, 2, 3의 화물 장치장을 증설하고 그밖에 연결상 필요한 설비를 마련하였는데, 총공사비는 18만 2,900엔 정도였다. 그 후 제2돌제의 준공과 더불어 화물 관계의 취급시설이 순차적으로 충실화되었다. 이들 증·개축에 의해서 부산에서의 선박과 차량 간 연락은 어느 정도 완화되고 그 설비가 새롭게 되었다.

대구역사 : 역사 건물은 1915년 4월 준공되었는데, 구조는 목조 일부를 2층으로 만들고, 승강장은 철골조의 작은 건물에 철판 기와지붕이다. 외관은 세부적으로는 부흥 식 기법을 채용하였으나 당시 목조건축물로서 위용을 갖추었다. 건축면적은 약 373평(1,233㎡)으로 2층 66평(220㎡)을 식당 및 조리실로 사용하였으며, 나중에 대합실 확장 등이 필요하여 증축하였다.

대구역(경부 본선)

대전역(경부 본선)

대전역사 : 역사는 1919년 개축하였으나 대략적인 규모는 대구역과 비슷하며, 바깥쪽은 당국으로서는 최초로 가와사키 철망을 친 시멘트벽 인조석으로 마감하였다. 1920년 5월 지하도를 설치하였는데, 조선철도에서는 최초였다.

용산역사 : 1900년 개통 당시는 겨우 3.5평(12㎡)에 지나지 않는 소형 건물이었으나, 군용철도 경의선의 시발역으로서 1906년 11월 목조 2층 건물(일부 3층 건물)로 개축했다. 얼마 후 화재로 인해 대부분 구형 설계에 의해서 재건축되었다. 건축면적 약 480평(1,587㎡)으로 지붕은 슬레이트이며, 건물 각 부에 정밀하게 고딕 수법을 도입한 서양식 건축을 모방한 건물로서 당시로서는 조선철도 역사 중 위용을 갖춘 건물 가운데 하나였다. 1912년 12월 과선교를 설치하였는데 이것이 조선철도에서의 효시였다.

조치원역(경부 본선)

천안역(경부 본선)

수원역(경부 본선)

영등포역(경부 본선)

경성역사의 대 개축

경성부의 현관격인 역사 본관은 당초 남대문역이라고 하였으며(1923년 1월 1일 경성역으로 개칭), 1900년 경부철도회사에 의해서 개설되었다. 그 부지의 지반은 남행 승강장과 같은 높이이며 양식 목조 단층 건물로 귀빈실이 설치되었다. 이 역사는 1910년대에 한 번 개축이 추진되어 양식 벽돌조 2층 건물로 설계되었으나, 개축이 취소되고 그 후 만주철도에 위탁경영되었다. 이와 동시에 설치된 총독 관방 철도부에서 국유철도의 개량과 역사의 개축 계획이 진행되었다. 한편, 만주철도 경성관리국에서도 개축 계획을 검토하였으나 역사의 위치가 협소하였기 때문에 개축 계획 시 상당히 고심하였다. 그 형식도 통과역과 시발역 '두 역'을 겸비할지, 단순히 통과역으로 할 것인지에 대해서 검토되었으나, 결국 통과역 형식을 채택하기로 하였다. 개축된 건물은 1925년 9월 총공사비 약 1,945천엔으로 38개월이 소요되어 준공되었으며, 1921년 10월 14일 조선신궁의 진좌제를 기점으로 사용을 시작해 다음 날인 15일부터 역을 개방하였다. 그러나 개축 설계는 경비 관계상 최초 계획의 약 3분의 1정도로 축소되었다.

건축 양식은 부흥식을 채택하고 벽돌조에 타일을 깔고 곳곳에 화강암을 병용하였다. 좌우 양 날개 및 정면의 둥근 창 등 전체적으로 통일된 형태를 표현한 건물로 정면에서 보면 2층 건물, 선로 측에서 보면 3층 건물의 귀빈 대합실을 부설한 건축으로 상당히 광대하여 당시에는 동양 제2위라고 하였다. 각층의 용도로는 1층은 역무와 식당 관계, 2층은 승무원 사무실과 찻집, 식당 등으로 위생 및 난방, 전기설비가 완비되었다.

각 실의 마감에 대해서 간단하게 설명하면 1층 중앙 로비 바닥은 화강암이 깔려 있으며, 중간부는 석재, 벽은 인조석, 일부는 회반죽으로 칠하였다. 돔에는 유리가 부착되었는데 일부에 스테인드글라스를 이용하고, 그밖에는 돌의 결 모양의 유리를 부착하였다. 반원의 창은 철강제 창틀에 불투명 유리로 되어 있었다. 개찰구 카운터는 대리석을 사용하고, 소화물 취급실은 리그노이드 도장, 카운터는 화강암 갑판을 정교하게 갈아서 완성하였다. 1, 2등 대합실의 바닥은 리그노이드 도장(후에 타일 부착)으로 하고 벽과 바닥의 이음새 부분의 마감재는 대리석, 벽의 아래쪽 부분은 타일, 벽 및 천장은 회반죽으로 칠하였다. 그리고 귀빈실은 바닥을 견목으로 모자이크해 부착하고, 바닥과 벽의 이음새 부분과 벽의 아래 부분은 모두 티크재, 벽의 일부에는 실크를 붙였다. 일부에는 천장과 함께 회반죽 칠을 하였다. 2층 식당 바닥은 리그노이드 도장, 바닥과 벽의 이음새 부분과 벽의 아래 부분은 견목재, 바닥과 천장은 회반죽 칠을 하였다.

정면 입구 좌측면 요석에 삽입한 정초석의 문자는 당시의 사이토 마코토 (斎藤實) 총독이 쓴 것이다.

또한 정면 측 지반을 높인 것은 부지 이용상 역사의 입체화와 역의 전망을 고려한 것이다. 이어진 전방 도로의 이동 확충과 부근 도로의 개수와 더불어 역사는 당당한 위용을 띠었다. 또한 견고한 과선교의 신설과 소화물설비 완비, 철근 콘크리트 승강장 지붕 신축 등의 정비를 통해 기능적으로도 신 기축을 이루게 되었다.

과선교는 여객, 화물 병용과 소화물 전용의 2곳이 있으며, 모두 철골 철근 콘크리트구조이다. 승강기는 소화물 전용으로 2톤용 10대를 설비하였으며, 제1승강장 지붕은 건축면적 6,300㎡로 철근 콘크리트구조, 제2, 제3 승강장 지붕은 건축면적 3,570㎡의 목조이다. 건물 면적은 부속건물과 승강장 지붕, 과선교를 합해 17,269㎡이며, 그 중 이 건물은 지하가 2,747㎡, 1층이 637㎡, 2층이 1,452㎡이다.

경성역사 본관 준공과 동시에 목조 단층 화물 장치장도 준공하였는데, 그 건축면적 중 발착 장치장은 2,145㎡, 도착 장치장이 2,798㎡였다. 그밖에 영업 창고 7동, 화물 취급소, 경찰관 거주소 등을 건축하여 운전 영업상의 설비를 완성시켰다.

참고로 경성역 개량 계획 당시에는 방대한 예산 규모가 문제가 되었으나, 미래의 경성을 생각하면 오히려 너무 작은 것이 아닐까 우려하면서 과감하게 착수하였는데, 이 우려가 적중하여 공사 준공 시에는 규모가 너무 작아서 장래 대책을 고려할 필요성이 제기되었다. 이에 차후의 역사 뒤쪽의 발전을 예상해서 앞뒤로 문을 두었으며, 여객 관계는 승강장 등의 상부에 마련하여 구내의 입체적인 이용을 도모하였다.

경의선의 역사

용산~신의주 구간은 러일전쟁 시에 임시군용철도감부에 의해서 급히 건설된 것으로, 건축시설은 대체로 목조 단층 골함석지붕과 백색 회반죽 벽 마감으로 방한을 고려하였으며, 벽의 바탕에는 수수껍질 같은 것이 많이 사용되었다.

신의주역사 : 종단역으로서 처음에는 임시역사였는데 압록강 가교공사에 따라 현재의 수하물 취급소로 이전하여, 1911년 10월 현재 위치에 공사비 9만 엔(건물만)으로 양식 3층 벽돌 구조, 석면 슬레이트지붕, 연건축면적 387평(1,279㎡)을 신축하였다. 부흥식(르네상스식)을 채택하였는데 구조는 외부 벽돌에 내부 칸막이벽이며, 2, 3층 바닥의 파라페트 등은 모두 목조이다. 1층을 역사로 이용하고, 2층을 서양식 호텔시설을 갖추었는데 설비 면에서는 당시 부산역에 다음 가는 수준이었다. 개통과 함께 예전의 종단역은 수하물 취급소로 이용하고, 기관차고와 기타 관사 등은 옛 위치에 그대로 존속했다.

중간 역사 : 경의선의 초기 개량과 함께 신안주 외에 2, 3역사는 목조 단층 건물 페인트 도장으로 새로 개축되고 기타 중간 역사도 어느 정도 개수되었다. 그러나 대부분은 벽의 박리를 방지하는 정도에 지나지 않았으며, 다른 선에 비하여 지세상 약간 적막함이 느껴졌다. 그 후 1919년 5월에 개성과 사리원역, 1924년 5월에 선천과 신막역 등이 개축되었는데, 이는 모두 서양식 벽돌 건물이었다.

사리원역(경의 본선)

황해 황주역(경의 본선)

마산선의 역사

당초는 임시군용철도감부의 소관으로서 역사는 대부분 일식 목조 단층 건물이었는데, 후에 마산역사만은 목조 단층 페인트 도장의 반영구적인 건물로 개축되었다. 그 밖에는 표준 설계를 따른 건물이 많이 건축되었다.

호남·경원선의 역사

호남과 경원 양 선은 1910년을 전후해서 건설에 착수하였다. 각종 건축시설은 당시의 표준 설계에 준한 것으로 호남선의 목포와 군산 및 경원선의 청량리~원산은 갑형으로, 그 밖의 중간 역은 을 또는 병형 역사인데 이후 역

이리역(호남선, 1936년 7월 개축)

군산역(호남선, 1912년 3월 개통 시)

의 변화에 따라서 점차로 증·개축을 실시하였다. 특히 호남선의 이리역은 군산 지선 및 경전선의 분기역으로서 1937년 7월에 대 개축을 실시하여 건축면적 556㎡, 벽돌 및 철근 콘크리트구조로 하고, 외장은 타일, 대합실의 벽 아래 부분은 테라조를 부착하고 예비실 화단에 목포석(木浦石)을 사용하는 등 근대 양식을 채용했다.

기타 건설·개량선의 역사

각 선 모두 경원선과 마찬가지로 대체적으로 표준 설계에 의해서 건축되었다.

함경선의 함흥과 나남 양 역사는 단층 벽돌 건물이며, 신북청과 명천의 양 역사는 유서 깊은 지점으로서 지방적 색채를 가진 조선 양식을 채택하였는데, 목재의 원산지인 북부 방면에서는 목조 건축이 채용되고, 특히 방한과 동해(추위로 얼어 붙어서 생기는 손해)에 유의했다.

도문선의 웅기역사는 1929년에 준공되었는데, 강풍지대로서 특히 방풍, 방한에 유의하여 철근 콘크리트 및 콘크리트 블록 구조로 하고, 일부는 2층 건물, 지붕은 석면 스트레이트를 이용해서 장중한 분위기를 표현, 북선에 어울리는 건물로 건축하였다.

또한 혜산선 및 만포선 건설과 함께 혜산 및 만포역사는 웅기역사를 모방하여 각각 국경의 역사에 적합한 건물로 하였다.

동해북부선의 외금강역사는 1932년 준공되었는데, 이 역은 관광지로서 조선 유일의 세계적 명승지인 금강산의 동쪽 현관에 해당하므로 이에 적합한 근대식 건축으로 역사로서는 드문 고탑을 건설해서 쇄신의 분위기를 나타내었으며 지하 식당 등을 갖추었다. 탑 및 지하실은 철근 콘크리트구조이며, 외벽면 곳곳에는 현지의 돌을 박아 장식하고, 지붕은 천연 슬레이트로 하였다. 석재는 주로 고저산(庫底産)을 사용하였고 석재공사에는 중국인 석공을 고용했는데, 당시 중국인 활용은 허가제였다. 건축면적 400㎡, 공사비는 약 4만 1천엔이 소요되었다.

함흥역(함경선) 1944년 선로 개량공사에 따른 이설 이전 역사. 신역은 가건축

나남역(함경선)

그 후 선로 개량 및 복선화에 의해서 구 역사를 이설 또는 개축한 역사도 많았다. 그 중에서도 함경선 함흥역은 1944년 함경선 본선의 일부 변경에 따라서 역사도 이설했는데 목조 단층 건물의 가건축 역사였다.

조선 양식의 역사

개요 : 역사는 철도의 현관이라고도 할 수 있으며, 특히 유서 있는 지역을 소개할 때는 조선 정서를 나타낸다는 의미에서 1925년 5월 오무라 다쿠이치(大村卓一) 철도국장 취임 이래 역사적인 배경을 가진 지역의 역사는 조선식 건물의 외관과 색조를 채용해서 신·개축하였다. 그러나 동양 고대의 건축은 구조미의 관점에서 중요한 곳에는 굵은 가공 목재가 드러나게 하고 처마를 넓게 만들었기 때문에 공사비 상승을 초래하였다. 따라서 이 형식의 건축 설계에는 각

혜산진역(혜산선, 1937년 11월 낙성)

만포역(만포선, 1939년 9월 28일 개통식 당시)

외금강역(동해북부선)

종 어려움이 수반되었다.

먼저 경부선의 수원역사를 조선 양식으로 개축한 것을 필두로 경의선의 서평양, 경전북부선의 전주와 남원, 도문선의 남양, 함경선의 신북청과 군선 그리고 명천, 동

남양역(도문선, 후의 북선선)

해 중부선의 경주와 불국사 등의 역사를 신축 또는 개축하였다.

참고로 조선 정서를 나타낸 역사의 사진이 후에 일본 국철인 다이샤역과 나가노역 건축 설계 시에 지역색이 있는 역사 건축의 안내서가 되었다고 한다.

수원역사 : 구 역사는 경부철도회사시대의 시설로 양식 목조 단층 건물이었으나, 1928년 8월 개축되었다. 수원은 예부터 유서 깊은 지역으로 알려져 있으며, 특히 조선 후기 정조의 유적이 많이 남아 있었기 때문에 그 시대의 형식에 따랐다. 벽돌 구조 단층 건물과 조선기와 지붕의 외관은 순수한 조선식을 모방한 건물로, 벽체는 두꺼운 목재 대신에 벽돌조의 기둥형으로 하고, 모르타르를 도장하였다. 부속건물은 둥근 기둥을 세우고, 작은 건물들은 서양식 트러스를 도입해서 굵은 목재를 대신하였다. 내부 대합실 천장은 격자 천장으로 문양을 그리고, 창호는 조선식 문살을 사용했다. 건축면적은 대략 갑형 역사이므로 본건물 570㎡, 부속건물 56㎡로 경부 본선에서 특이한 존재였다.

서평양역사 : 1929년 11월 신축한 벽돌조 건물로 지붕은 천연 슬레이트에 조선식을 다소 근대화한 건물이다.

전주 및 남원역사 : 양 역사 모두 1931년 9월 준공되었다. 전주는 조선의 발상지로서 그 시대의 건축 양식을 도입하였으며, 구조를 간소화하여 벽체는 벽돌조, 지붕은 검은 기와, 평면은 장방형으로 단일화하였다.

남원역사 외관은 대체적으로 수원역사와 유사하지만, 역사의 아래 부분 벽

에 남원 성벽의 돌을 이용해서 역사적으로도 의의가 깊다.

전주역(전라선, 1931년 9월)

남원역(전라선, 1931년 9월)

경주 및 불국사역사 : 양 역 모두 사철 경동선 매수 후 선로 개량에 의해서 1936년 11월에 신축하였다. 이 지역은 신라 천년의 고도로서 유적이 많으며 내방객의 발길도 끊이지 않는다. 따라서 신라의 건축 양식을 표현하고자 기획하였다. 현관 입구와 지붕의 모양, 격자 천장 모양 등에 출토품의 양식과 모양을 참고하여 가능한 한 신라의 수법을 채용했다. 한편, 건축비를 낮추기 위해서 벽체는 벽돌조 인조석을 붙이고, 넓은 처마는 서까래가 밖으로 보이는 형식을 버리고 회반죽 칠로 마감하여 간소화했다. 그러나 기와지붕은 이 형식상 중요한 역할을 하므로 파와(巴瓦)-정문(正吻, 기와지붕의 양식)의 모양 등은 당시의 것을 모방하였으며, 회녕산 유약기와를 사용해서 균형을 유지하도록 노력했다. 이 유약기와의 소성(가열하여 경화석 물질을 만드는 작업)에는 일부러 북선 회녕의 가마를 이용했다.

이렇게 해서 역사 건축은 신시대적인 신라 건축으로서 위용도 당당하였으며, 본관 건물 정면 좌측에는 신라시대의 유적인 석탑, 우물석 등을 함께 배치해서 관광 활성화에 기여하였다.

경주역(경경선)

제2절 관사의 건축

관사의 개요

경인·경부철도시대의 사택 및 군용철도시대의 관사는 모두 목조 단층 건물의 매우 간단한 구조이며, 중간역의 사택은 대부분 역사에 연결되어 설치되었다. 북부지역에서는 보온시설을 다소 추가하였으나 전체적으로는 일본식 가건축이 대부분이었다. 또한 임시군용철도감부에서는 항구적 관사를 계획하여 3등에서 8등까지 등급제를 설정하고 일부에서 실시하였다.

1906년 철도의 통일 경영 후에도 위의 기준을 계승해서 등급제를 실시하여 이미 각 역에 시설되어 있던 사택도 이 기준에 준하여 등급별로 정리하였으며, 또한 군용철도시대에 설치한 백색 벽 숙사는 순차적으로 보수되어 7,

8등 관사로 삼았다. 이 등급제는 총독부 직영 하에서도 계속되었다. 사무소 소재지에는 4등 이하 각 관사, 기타 중간 역에는 6, 7, 8등 정도의 관사를 여러 채 설치하고 거주인원이 많은 곳에는 독신자 거주용으로 합숙소(만주철도 위탁경영 이후에는 익제숙사라고 하였다)를 건축했다.

관사의 건축면적은 4등이 50평(약 165㎡), 5등 10평(약 99㎡), 6등 25평(약 83㎡), 7등 20평(약 60㎡)~15평(약 50㎡), 8등 10평(약 30㎡) 정도였다. 2등 관사는 벽돌조 건물이 기준이었으나, 이는 실현되지 않았다. 또한 6등 이상의 관사에는 각 호마다 욕실을 설치하였다.

기준 관사의 구조는 목조 단층 기와(단, 8등은 아연피복철판기와)와 일식 다다미(3등에는 양실 설치)로 하였다. 또한 추운 지역에서는 방한을 위해서 잡석 또는 옥석을 넣은 점토로 외벽을 두껍게 하고(이를 중국식 벽이라고 하였다), 출입구는 양쪽 여닫이 그리고 창문은 유리 및 창호지를 붙인 이중창으로 하고, 마루의 일부에 고타쓰(일본식 난방기구)를 설치하였다. 이 중국식 벽은 후에 눈과 비, 동해 등으로 인해서 붕괴되었기 때문에 순차적으로 개수되어 판자벽으로 바뀌었다.

이어 1933년 건설과 설치 후에는 각 건설선의 관사 건축시설을 통일하고, 기존의 관사 건축 표준을 지역별로 순차적으로 개정하였는데, 인원이 많은 집단지에 대해서는 공동 목욕탕을 설치하고 그밖에는 각 호에 욕실을 설치했다. 한랭지역에는 조선식 온돌 및 지하실을 설치하는 등 거주자의 편의를 도모하였다. 한랭지역의 각 등급의 관사 구조는 목조 단층 건물로, 지붕은 대부분은 석면 슬레이트를 이용하였으며, 외부는 방한, 방화를 고려하여 철망 피복 시멘트·모르타르로 도장하였다. 또한 벽지에 근무하는 하급 종사원에게는 9등 관사를 마련해주었다.

본국 국장 관사 : 국장 관사는 경성역 앞의 남산 기슭에 있었으며 구관과 신관으로 이루어졌다. 구관은 경부철도회사시대의 중역 사택으로 벽돌조에 일부 지하실이 있으며, 양식 응접실과 일식 다다미방이 있었는데 그 후 일부

를 개조하였다. 신관은 1910년대에 신축한 것으로 안팎이 양식 벽돌조 2층 건물, 골재로서는 벽돌 그리고 목재는 재활용재를 사용하였으며, 표면 마감 재는 대만 붉은 노송 자재를 이용했다. 구관과는 목조 복도로 연결되었다. 난방은 처음에는 가스난로를 사용했으나 후에 온수난방을 설치했다.

집단 관사 : 초량, 용산, 평양 및 기타 사무소 소재지 등의 주요지에는 집 단적으로 관사가 설치되었으며, 그 중에서 용산은 가장 큰 관사군을 이루 었다.

용산 관사 : 1906년부터 3개년 계획으로 용산역 앞 한강거리 남쪽에 3등 ~8등의 6종류의 관사가 건축되고, 그 후 점차적으로 증가하여 1925년에는 774호가 되었다. 같은 해 7월의 한강 대수해로 인해 그 중 200여 호를 구 용산 금정 부지로 이전, 개축하였다. 용산 관사 중 상급의 것은 1채 또는 2 채, 하급의 것은 4채~10채가 연속되게 건축하였다. 구조는 모두 목조 건물 로 외벽은 방한을 고려해서 중국벽의 점토 구조, 표면은 회반죽 또는 시멘트 와 모르타르로 도장하였다. 후에 1940년경부터 각 호 모두 1실을 조선 온돌 로 순차적으로 개조하였다.

금정 관사 : 효창원의 이조 왕실 소유지를 양도받아 수해를 입은 용산 관 사의 일부 약 200호를 이설 개축한 것으로, 1926년부터 1928년에 걸쳐서 6, 7, 8등급 관사를 개축하고, 또한 아파트식 2층 건물 2동(4호 1동, 8호 1동) 을 신축했다. 개축 건물은 모두 목조 스터코 도장(소석회에 대리석 가루와 찰흙을 섞은 마감 벽 재료)과 1호 또는 2호 건물로 하고, 지붕은 시멘트 기 와 또는 석면 슬레이트로 하였다. 그리고 겨울철 보온을 위해서 조선식 온돌 1실을 설치한 것을 특징으로 하며, 외관도 밝고 경쾌하여 집회소와 공동 목 욕탕 및 물품 배급소와 함께 하나의 문화촌을 형성하였다.

1928년에는 용산역전 북측 부근에 사무소장 관사(4등) 2동(1동의 건축면적 220㎡)의 목조 건물을 신축하였는데, 외부는 스터코 도장 마감, 지붕 기와는 특제 이탈리아 형식을 이용하여 전체적인 분위기를 스페인식으로 하였다.

용산소장 관사

용산역 과장 관사

용산 철도 관사 조망

합숙소(익제숙사) : 사무소 소재지 및 다수의 젊은 종업원이 종사하는 기관구의 소재지에는 독신자 주거지로 합숙소를 설치하였는데, 방은 3~4평에 2~3명이 거주하는 것을 표준으로 하였다. 수용 인원이 많은 대표적인 것은 용산 익제숙사이다(익제숙사라는 명칭은 만주철도시대에 명명되었다).

용산 익제숙사 : 용산 익제숙사의 제1, 2, 3동은 임시군용철도감부에서 인천의 월미도에 설치된 목조 건물의 합동 합숙소를 그대로 이전한 것으로 방은 3평~4평의 다다미방이고 난방설비는 고타쓰(일본식 난방기구)를 사용했으며, 이후 오랫동안 내부를 수리하면서 존속되었다. 그런데 시대가 변하면서 미흡한 점이 노출되어 개축 분위기가 형성되었으나 실현되지는 못하였다.

금정 2세대 건물 관사

금정 아파트식 4세대 건물 관사

금정 아파트식 8세대 건물 관사

신막 제2 익제숙사

한편, 난방설비도 극한 지역인 혜산진과 강계, 만포진 등에는 증기난방을 설비했다.

1939년 이후 종업원이 급증하면서 각지에 합숙소를 신설하였으나, 시설 표준은 대체적으로 기존 기준과 동일하였다.

제3장
기관차고 및 공장 건축

제1절 기관차고 건축

형식·구조의 추이

개요 : 기관차고는 1899년 가장 먼저 인천에 설치된 후 신설 부설과 함께 각지에 세워졌는데, 열차의 운행과 설치 장소 등에 따라서 그 규모도 다양하였다. 그러나 선로 부설 당시에는 대체적으로 임시 목조 장방형(직사각형) 차고였으며, 후에 점차로 항구적인 자재인 벽돌로 개축되는 경우가 많았다. 경부철도회사 시설이었던 남대문(후에 경성)과 대전, 대구 등의 차고도 장방형(직사각형) 벽돌조였다. 그 후 화기 예방을 겸한 철골 장방형 벽돌조가 표

경북 안동역(경경선)

준 설계로 설정되고, 점차로 3~5선로를 수용하는 신막과 용산 등에 대형 장방형(직사각형) 차고가 신·개축되었다. 또한 차량의 출입구에는 셔터를 설치하였으나, 고장이 많았다. 감아올리는 데 상당한 시간을 요하였기 때문에 1937년에 건축된 혜산진 차고 이후부터는 4장으로 접는 방식으로 개량되었으며, 또한 창고 내에 불가결한 난방설비는 기존에는 석탄난로를 이용하였으나 점차로 증기 또는 전기난방으로 개선되었다.

장방형 차고는 기존에는 편리하다고 여겨져 건축되었으나, 시세의 변천과 배연 등의 사정에 의해서 항구성을 요구하는 차고에 대해서는 부채꼴 차고가 유리하다고 하여 1933년 대전 및 원산의 양 기관차고를 부채꼴로 개선하였다. 그 후 1936년에 부채꼴 차고에 갑형 및 을형의 건물 기준이 설정되어 갑형을 경부선의 대구와 경의선의 신막, 경경선의 청량리차고에 각각 신·개축하고, 을형은 일반형으로서 경의선의 정주와 경경선의 경북 안동 및 경주, 만포선의 만포진에 신축하였다.

또한 경경선 및 경원선의 일부 전철화에 의해서 전자는 제천에, 후자는 복계에 각각 장방형 전기 기관차고를 신축하고 모두 철근 콘크리트조, 증기 또는 전기 난방을 설치하였다.

태평양전쟁이 전개되면서 적기에 의한 차고와 전차대의 폭발 파괴를 고려해서 기관차를 창고 밖에 대피시키기 위한 방호시설을 설치하게 되었다. 또한 차고에 부수되는 사무실 및 기타 시설은 일반적으로 목조 건축이 많았다.

〈표 5-1〉 부채꼴 기관차고의 건물 기준

종별	전면 면적	후면 면적	폭	높이	지붕 구배
	m	m	m	m	
수용선 1선	4.60	7.40	28.00	8.50	3/100
갑형 검수선 2선	11.90	21.05	61.00	10.50	3/100
을형 검수선 1선	7.30	10.35	61.00	10.50	3/100
부속건물	8.00	8.00	61.00	10.50	3/100

부채꼴 기관차고의 건물 기준 : 갑형은 수용선이 많은 차고로 검수선 2선을 설치하였으며, 을형은 일반 보통 차고로서 검수선을 1선으로 하고 부속 건물을 함께 건설했다. 건물 기준은 〈표 5-1〉과 같다.

용산기관차고(장방형) : 용산기관차고는 1919년 8월 남대문에서 용산으로 이전할 때였는데, 당시로서는 최초로 철골 및 철근 콘크리트 구조로 건설되었으며 5선로에서 텐더형 30량을 수용하였다. 당시의 오카무라(岡村) 공무과장의 강력한 요청에 의해서 5선로로 1스팬(보의 사이 102척(30.6m), 건축면적 1,100평(363㎡))의 초대형 장방형 차고를 신축했다. 기초는 철근 콘크리트 말뚝을 타설하고, 측벽은 철근 콘크리트조, 지붕은 반원형으로 하였다. 당시에는 그 유례를 찾아볼 수 없는 보 사이의 광대한 규모의 건축물이었다. 이 건축에 사용한 철근은 이형철근이며, 차량 출입구에는 스틸 셔터를 설치하고, 바닥은 콘크리트 그리고 차고에는 증기난방시설을 설치하였다. 그런데 기관차고에 난방을 설치한 것은 이것이 최초였다.

대구기관차고(부채꼴) : 기존의 벽돌 및 목조 장방형 차고는 그 후 수송력 증가에 따른 구내 확장에 따라 1941년 2월 철근 콘크리트 및 벽돌조의 갑형 부채꼴 기관차고(수용선 17선 및 검수선 2선, 건축면적 4,350㎡) 신축에 착공하였으나, 시멘트와 강재 등의 할당 지연으로 인해서 공기가 지연되다가 1943년 9월에 드디어 준공되었다. 검수설비로서 단축의 회갱(차에 남은 석탄을 처리하기 위한 재 구덩이)과 전축의 회갱, 천장 주행 기중기, 모노레일 등을 설치하고 매연으로 인한 강재의 부식을 막기 위해서 아스팔트계의 형광 도료를 사용하였으며, 또한 차내 조명을 위한 내벽의 색채 및 청소 시의 위험 방지 등에도 유의하였다.

또한 전쟁이 격화됨에 따라 기계실에 폭발 방지공사, 옥상에는 위장도색을 하여 긴급 시 대비에 만전을 기했다.

제2절 공장 건축

공장 건축의 개요

창업시대에는 1899년 9월 인천에 처음으로 철도공장이 신설된 이래 초량과 용산, 영등포, 겸이포 등에 신설되었으나, 당시에는 주로 목조 건축으로 소규모의 임시시설이 많았다. 철도 통일 후에는 대부분 철거 또는 다른 곳으로 이전, 개축되고 철도가 연장되면서 각 주요 지역에 크고 작은 규모의 공장이 신설되었다.

공장의 시설 계획은 공장 사무실을 비롯하여 각 공장은 물론 부대설비와 복지시설에 이르기까지 모든 기획은 본국 소관과(공작과)에서 수립하고, 그 기획에 따라 각 건축에 대해서 구체적인 설계와 시공을 진행하는 것이 통례였다. 즉, 각종 공장은 중량물을 취급하기 때문에 대부분 철골 구조였으며, 특히 기관차 조립 및 수리공장은 철골 구조로 이루어졌다. 그런데 그 내부에는 100여 톤을 매달고 이동하는 크레인이 있었으며, 이를 지지하는 철주의 부담 하중은 상당한 것으로 이를 위한 기초공사는 설계·시공상 가장 고심하는 부분이어서 준공 후 가동의 안전성을 확인할 때까지는 한시도 안심하지 못했다.

경성을 중심으로 부산과 평양, 원산, 청진 등에는 대규모 공장시설이 상당히 많았는데 그 중에서도 원산은 1942년 2월 최신예 시설로서 업무를 시작하였고, 1945년 7월 대전과 해주의 양 공장이 개설되었다.

경성공장 : 1905년 6월 임시군용철도감부가 소규모 용산공장반을 신설하였으나 순차적으로 설비를 증대하여 1923년 6월 경성공장으로 명칭을 바꾼 조선 유수의 공장이다. 각종 공장 구조의 주체는 철골조이며, 지붕은 철근 콘크리트 또는 석면 슬레이트였다. 그러나 그 중 기관차공장이 가장 오래되었는데 1912년 6월 준공되고, 1915년 증축되었다.

공장 건축용 철재는 당시에는 전부 미국 제품을 사용하고, 조립은 주로 이

공장에서 실시하였다. 기초는 철근 콘크리트 말뚝을 사용하였는데, 이는 천장에 이동 크레인을 설치하기 위해서 하중은 크지만 부지가 매립지로서 지반이 약하였기 때문이다. 건구(건물의 개구부에 채광, 환기, 출입을 위해 설치하는 각종 창이나 문)는 모두 강제를 이용하였으며, 창은 미국의 트러스콘 회사의 스틸 섀시를 이용하고, 차량 출입구에는 스틸 셔터를 사용하였다. 조선철도 건축에 철근 콘크리트 말뚝 및 강제 건구를 사용한 것은 이것이 효시였다. 말뚝 박기에는 상당히 고심하였다. 그 후 시설 확충에 의해서 부지는 28만㎡가 되었다.

부산공장 : 1904년 2월 경부철도회사가 초량공장을 초량역 구내에 설치하고, 1923년 6월 부산공장으로 개칭하였다. 업무 확충에 의해서 1930년 10월 부산진에 용지 면적 약 18만㎡의 토지를 구입하여 이전하였다. 공장 건물의 구조는 철골 중심으로 측벽에는 철판을 부착하였으며, 지붕은 석면 슬레이트(동력소·용품고 및 목공공장은 철골 콘크리트조)로 하고, 크레인 철주용 수평재 및 주요 철관 담당계에서 강재를 구입해서 자체 공장에서 제작, 공사 하청업자에게 지급하였다. 자재 공장 등 기타 시설은 순차적으로 신설되었다.

철근 콘크리트조의 화차공장은 건축면적 3,360㎡로 1941년에 착공하였으며, 철골류는 경성공장에서 가공하였으나 시멘트 등의 공사 재료 입수가 지연되어 1944년에 준공되었다. 48m×70m의 대형 건물이었기 때문에 옥상을 통해서 채광이 이루어지는 신공법이 채택되었다.

철골 콘크리트 및 벽돌조의 주물공장은 건축면적 1,400㎡로 1943년에 착공하여 1945년 3월 준공되었다. 대형 주물로 2기를 설치하였다. 벽돌조 2층 건물의 부속의 목형 창고는 건축면적 900㎡로 2층보는 강재 입수가 어려웠기 때문에 목재를 끼워 맞추는 구조를 채용하였다.

공장 사무실은 철근 콘크리트 및 벽돌조 2층이며, 일부 지하의 건축면적은 약 1,500㎡로 1943년 개축하였으나 자재 입수가 어려워서 보 사이가 9m인

2층 보는 못 박기 공법으로 하여 1944년 10월 준공되었다.

평양공장 : 1911년 11월 겸이포공장을 이전해서 평양공장으로서 개설하였으나 1914년 4월 용산공장의 자(子)공장이 되었다가 1940년 12월 평양공장으로서 독립한 후 업무 확충에 따라서 서평양조차장 옆에 용지 면적 28만㎡를 구해서 이전, 확충하였다. 철골조 건물로서 공사를 진행하였으나 건설 순서가 원산공장 다음이었기 때문에 자재 부족을 초래하여 화차공장의 기둥은 부득이하게 철근 콘크리트조로 하였다. 건설공사 중인 1944년 11월 일부 조업을 시작했기 때문에 공사와 조업을 병행하는 중에 전쟁이 끝났다.

청진공장 : 1930년 8월 경성공장의 자공장으로서 개설하였는데, 1933년 10월 청진공장으로 개칭하였다. 철관 철근 콘크리트조로, 지붕은 콘크리트조로 하고, 큰 창에는 연속 개폐식 오퍼레이터를 사용한 현대적인 건물이었다. 그러나 부속건물 및 사무소 건물은 목조로 하였다. 그 후 공장 근처에 청진역이 설치되었기 때문에 지역이 협소하여 이전 확장을 계획하고 약간 떨어진 지역에 35만 ㎡의 토지를 구해서 토공공사에 착수하였으나 자재 부족으로 완성되지는 못하였다.

원산공장 : 공장 용지 면적은 36만 ㎡로 공장 중 가장 넓다. 원산만 연안에 있어서 지반이 연약하고, 특히 기관차공장이 위치한 곳에서는 13m의 깊이에서 연질 바위에 닿았다. 따라서 기초 말뚝에는 길이 13m의 콘크리트 파일을 이용하고 그 선단을 구근 모양으로 하여 지지력을 증대시켰다. 건물은 철관 철근 콘크리트조로 하고, 철관류는 자재를 구입해서 경성공장에서 제작하였다. 천장 채광창은 건물에 직각 방향으로 45도 경사진 삼각형 형태로 배치해서 강설의 위험을 제거하였다. 건물 높이 23m, 폭 27m. 기중기는 상하 2단으로 하여 하단은 70톤×2대, 상단은 10톤×1대로 서로 연결하면 혼자서 동시에 운전할 수 있었다. 또한 주조공장과 단조공장의 통풍창은 독일의 예를 참조해서 배치했다. 건물의 내부는 주벽의 하부 2m를 진한 녹색, 그 위는 전부 노란색으로 도장했다. 신설 공장 중 최신 설비로서 1942년 2월에

기관차 수선 조업을 개시하였으며, 1943년에는 화차공장도 준공되었다.

대전·해주공장 : 양 공장은 모두 1945년 7월 개설되었다. 대전공장은 대전기관차고 근처에 위치하며 목조 건물 2동과 블록조의 대형 건물 1동이 차례로 완성되는 정도였다. 또한 해주공장은 1944년 4월 매수한 황해선의 해주 기관차의 일부를 수리하는 공장으로서 조업을 개시했다.

제4장
청사 및 기타 시설의 개축

제1절 청사 건축

창업 초기의 청사

경부철도회사의 본점은 도쿄에 있으며, 경성지점 사무실은 1900년 3월 경성 이현(충무로 부근, 종전 시의 혼마치)의 나카무라(中村再造) 저택에 설치되었다. 그리고 그 후 두세 곳을 전전하다 1902년 5월 남대문 부근에 가건물을 세웠다. 그러나 위치가 좋지 않아 1904년 5월 남대문 밖 도동 제1호지에 다시 건설하였으나 이 또한 목조 가건물이었다. 부산출장소는 1901년 8월 입강정(남포동 근처, 용두산과 용미산 사이에 있던 지역의 일제강점기 지명)에 있던 명택상회의 가옥을 빌려서 사용했으며, 건설사무소 또한 이 임대 건물로 충당했다. 다음해 1902년에 양식 목조 2층 기와 47평을 초량에 신축하였는데, 당시로서는 이색적인 건물이었다.

다음에 임시군용철도감부는 인천 전동(종전 시의 산근정) 전환국 자리에 벽돌조로 청사를 건축했는데, 이는 후에 인천고등여학교 교사가 되었다.

통감부 철도관리국 청사는 철도 통일 후 경성 남대문 밖의 구 경부철도 경성지점 내에 있었는데, 1908년 용산역 앞 광장의 남쪽에 있었던 임시군용철도의 건축반 건물에 신막 및 마산 건축반의 건물 등을 부설해서 같은 해 11월 11일에 이곳으로 옮기면서 처음으로 중앙기관으로서 청사가 출현하고, 이후 총독부 철도청사 낙성까지 이어졌다.

본국(本局) 청사 : 메이지(1868~1912) 말에 건축에 착수하여 1912년 9월 용산역 앞 광장 남쪽에 공사비 약 15만여 엔으로 낙성하였다. 본관 건축면적 3,619㎡, 연면적 6,425㎡의 양식 목조 2층 페인트도장으로 국장실 및 제1회의실은 벽지를 부착하고 격자 천장인데 내부는 모두 페인트로 도장하고, 바닥은 널빤지 부착과 함께 리놀륨을 깔았다. 정면 거실에는 기둥을 세워서 위용을 갖추고 각 실은 부흥식 수법을 채용해서 관내 주요 지점에 벽돌조의 방화벽과 강판제 셔터 및 일부에 방화용 지하수조 설치와 고압식 증기난방을 설비하였다. 그리고 외부에 콘크리트조의 수위실을 부설(후에 철거)했다. 이는 당시 용산의 웅장한 건축물 중 하나였으며, 목조 건축물로서는 비교적 정비된 시설이었다. 증기난방이 설치된 청사는 당시로서는 드물었다. 이 청사의 건축에 의해서 지금까지 산재하였던 철도국의 기구(용산역 북쪽의 가건물에 건설공무사무실, 그밖에 국장 관사 부지 내 및 남대문역 구내)가 모두 여기에 통합되었다.

그 후 1925년의 한강 대수해를 거울삼아 남쪽에 도로를 사이에 두고 2층의 중요 서류 창고를 세우고 철골조의 복도로 연결하였으며, 후에 사업 팽창에 따른 증원에 의해서 점차 증축되었다.

제1회의 증축은 1933년 11월로, 공사비 약 6만 9천엔으로 기존 청사 뒤 서쪽에 연면적 2,577㎡를, 제2회는 1937년 공사비 약 4만 엔으로 청사 뒤 동쪽에 연면적 1,987㎡를, 그리고 제3회는 같은 해 12월 공사비 약 2만 9천엔으로 청사 앞 북쪽에 연면적 582㎡를 각각 증축하였다. 1939년에는 철도 종업원양성소 구내에 공사비 약 14만 3천엔으로 연면적 2,571㎡의 2층 벽돌조의 청사 분관을 신축했다.

평양철도사무소(1945년 8월부터 평양지방운수국 청사가 됨)

경성철도사무소

순천철도사무소(1945년 8월부터 순천지방운수국 청사가 됨)

지방 청사 : 호남선 건설 시인 1910년 대전에 목조 단층의 건설사무소를 신축하고 같은 해 용산에 경원선의 건설사무소를 설치하였는데, 이 건물은 경부철도회사 시절의 사무소를 초량에서 일부 이축한 것이었다. 1911년 건축한 원산 및 목포건설사무소와 1914년 함경선 북부 건설을 위해서 건축한 청진건설사무소는 모두 임시청사이며, 1927년 1월에 준공한 경성운수와 경성공무사무소는 목조 2층으로 1층을 운수사무소, 2층을 공무사무소에 할당했다.

1933년 철도사무소 설치에 있어서 부산은 역 건물 2층을 재정비해서 청사로 충당하고, 대전은 구 건물을 증축하였다. 경성은 1937년 및 1938년에 각각 증축하고, 평양과 원산, 성진은 모두 기존 건물을 충당하였다. 그러나 순천과 원산은 1936년 각각 5만 1천엔으로 목조 2층 스트레이트 기와 건물을 신축하고, 대전과 성진도 1937년과 1938년에 각각 증축 또는 재건축을 실시하였다. 강계철도사무소는 1940년 4월 개설되었으며, 그 건물은 목조 2층 스트레이트 기와의 이중창으로, 특히 난방에 유의해서 신축했다.

그 후 1944년 4월 1일 조선철도회사 소속의 황해선을 매수하면서 해주철도사무소가 개설되었는데, 그 청사는 같은 회사의 해주영업사무소 건물을 그대로 계승하여 청사로서 사용했다.

또한 1940년 12월 기구 개정과 함께 부산과 경성, 함흥에 지방 철도국이 설치되었다.

부산지방국은 부산부 범일동에 목조 2층 시멘트 기와지붕을 본관으로 하고, 복도로 연결되는 목조 단층 시멘트 기와지붕 4동과 함께 건축면적 약 5,200㎡을 신축했다.

경성지방국은 기설의 본국 자(子) 청사(1939년 철도 종업원양성소 구내에 신축)의 일부를 이용했다.

함흥지방국은 함흥부회상정(咸興府會上町)에 부산지방국과 완전히 동일하게 신축했다.

1935년 이후 각지에 건설사무실이 설치되었는데, 청사로서 평양은 목조 슬레이트지붕을 신축하고, 성진은 구 초등학교 교사를 빌려서 사용하였다. 경성은 1936년 청량리역 부근에 임시건물을, 경북 안동은 목조 슬레이트지붕을 신축했다. 강릉은 1937년 임시창고로서 충당하였는데, 1939년 목조 2층 슬레이트지붕으로 신축했다. 또한 청진은 1942년 8월 개설되었으며, 한때는 강덕의 용품창고 1동을 충당하였으나 다음해 같은 지역 부근에 목조 2층 슬레이트지붕을 신축했다. 또한 1943년 9월에 개설된 진주건설사무소는 민가(목조 총 2층 건물 기와지붕)를 빌려서 청사로 하였다. 경성건설사무소의 임시건물은 그 후 다소의 개수 및 증축을 실시하면서 종전 시까지 건설사무소로서 이용되었다.

1937년 이후 개량공사를 시행하면서 각지에 개량사무소를 설치하였는데, 경성은 1940년 3월 경성철도사무소 청사와 연결해서 공사비 약 5만 9천엔으로 목조 2층의 연면적 1,236㎡, 지붕은 철판 부족으로 인해서 석면 슬레이트 건물로 신축했다. 부산은 초량역 북측 전찻길에 면하는 관사를 다른 곳으로 이전하고, 그 자리에 목조 2층 석면 슬레이트지붕에 연면적 1,171㎡, 부속건물과 함께 공사비 약 6만 5천엔으로 1938년 1월에 준공하였다. 평양은 부산과 동일한 것을 1937년 10월 평양역 구내에 건축하고 1939년 12월 증축하였는데, 공사비는 총 약 12만 3천여 엔이 소요되었다. 또한 함흥은 1942년 8월 개설해 목조 단층 파형 슬레이트지붕을 신축하고, 벽은 강재 부족으로 인해서 대나무 라스 모르타르로 도장했다.

1943년 12월 기구 개정에 의해서 철도국이 폐지되고 교통국이 되었으며, 소관 업무도 철도 관계 외에 해사와 항공, 항만, 세관 등 다양한 부문에 걸친 업무를 소관하게 되었다. 이에 따른 현장 기관의 각 건물도 모두 그대로 이관되었다. 특히 부산과 청진에서는 세관과 철도사무소가 병합, 편성되어서 부두국이 되고, 철도사무소는 폐지되었다. 부산에서는 구 세관건물(유명한 건축가 와타나베 세츠(渡部節)가 설계한 것)이 부산부두국 본관이 되고, 구 부산철도사무소가 있었던 부산역사 2층은 부산지방교통국 분실이 되었다. 또한 점차 전쟁이 심화되면서 1945년 8월 1일 평양과 순천에 지방 운수국이 개설되었으나 철도사무소가 폐지되면서 이를 대체한 것으로, 건물만 수리했을 뿐 특기할 만한 사항은 없었다.

제2절 기타 시설 건축

중앙(철도)종사원양성소

1919년 4월 만주철도 위탁경영 당시 경성철도학교로서 용산 관사의 동쪽 끝에 설치한 벽돌조 2층의 아름다운 건물로 강당은 목조로 이루어졌다. 본관 외에 목조 2층의 기숙사와 무도장, 병기고 등이 있었으며, 연면적 6,278 ㎡이었다. 후에 종업원양성소로 바뀌고, 그 일부는 철도박물관으로서 이용하였다. 구내에는 도서관도 설치하였다.

1943년 8월 1일 중앙종사원양성소로 개칭되었다.

철도학교

구 양성소 야간부

종사원양성소

교통(철도)병원 및 진료소

경성교통병원 : 처음에는 용산철도병원이라고 하였으며, 이어서 경성철도병원이 되고, 그 후 1943년 12월 경성교통병원으로 개칭되었다.

임시군용철도감부는 1904년 4월 철도 촉탁의 제도를 마련해서 건설선의 주요 지역에 의사를 파견하여 진료를 보게 하였는데, 조선철도 통일 후인 1907년 12월 경성에 설치된 동인병원을 철도의 촉탁으로 하여 먼저 용산 철도관사의 5등 관사 2동 4호를 연결해서 의무실로 사용하고, 실내의 일부를 수리해서 그 중 2호를 치료소 및 병실로, 나머지 2호를 촉탁의의 주택 및 의료 종사원의 숙박실, 식당 및 기타 용도로 사용해서 진료에 임하도록 한 것이 병원으로서는 시작이었다. 그 후 1911년 용산 관사지역 내에 새로 진료소를 설치해서 동인회에 위촉하였으나, 진료소 건물은 평양의 창고와 계정역사를 이전 개축한 것으로 목조 단층 건물에 기와지붕으로 매우 조잡하였다. 그후 1913년에 목조 2층, 온수난방이 가능한 본관을 신축하고 동인병원으로서 진료에 임하였다. 그러나 같은 해 9월 용산철도병원으로 개칭하였다. 이어서 1918년 본관은 화재로 인해서 소실되었기 때문에 다음해인 1919년 벽돌조 2층, 건축면적 697㎡, 공사비 약 8,200엔으로 같은 곳에 본관을 재건축하여 이전의 본관과 동일한 규모로 복구되었다. 1926년 4월 이를 철도국 직영으로 변경하였는데 종업원 수 증가로 인하여 의료설비 확충이 필요해졌으므로 1928년 부근에 새로 벽돌조 2층의 신 본관을 건축하고, 구관은 내부를 수리하여 병실 및 수술실의 일부에 충당하였다.

1917년경의 용산철도병원 1918년에 화재로 인해서 소실되었으나 다음해인 1919년에 재건축

경성교통병원

신 본관은 연건축면적 1,147㎡, 양식은 간편한 근대식으로 하고, 현관에는 스테인드글라스를 이용하였다. 내부 각 실의 벽은 회반죽 칠, 지붕은 철근 콘크리트로 하였다. 지하는 약국과 사무실, 내과, 외과, 산부인과, 피부과 등 각 실로 구분하고, 지상은 소아과, 치과, 이비인후과, 안과 등 기타 각 실로 그리고 수술실과 시험실, X-ray실을 마련하였다. 공사비 총액은 약 10만 4천엔이었다.

그 후 1937년 6월 본관 뒤쪽에 3층 건물의 병실을 증축하였는데, 철근 콘크리트조였으며, 벽체는 벽돌, 외부 마감은 컬러크리트로 하였다. 이는 연면적 724㎡, 병실 수는 1층 및 2층 각 7실, 3층에 10실이 있으며 그밖에 일광욕실, 분만실을 두었다. 또한 부대시설로는 난방과 가스, 수도, 전기 승강기 및 방독설비 등을 구비하였으며, 공사비 및 부대설비를 합쳐서 약 23만 4천엔이 소요되었다.

마산보양소 등 : 장기 요양을 필요로 하는 결핵환자를 수용하기 위해서 기후가 온난하고 바다에 면하여 일조와 경치가 뛰어난 경상남도 마산 산등성이의 경사지를 이용해서 종업원공제조합 자금으로 세워진 국영요양소로 본관 1동(진료동)과 일광욕실이 있는 2동(병동)으로 이루어졌으며, 1941년 5월 준공해서 같은 해 11월 보건소로서 개설하였다. 건물은 모두 목조 단층 건물로 병동은 일조를 고려하여 남쪽을 개방하고 크림색으로 마감하였다. 특히 본관보다 남쪽으로 낮게 하여 계단형 복도로 각 동을 연결했다.

각 사무소 소재지 및 기타 주요 지역에는 각 과를 설치한 상당한 규모의 국영 또는 민영에 위촉한 진료소를 두었다. 그 중에서 부산 및 평양의 민영 위촉 진료소를 매수해서 1944년 4월 국영의 교통병원으로 하였다. 이는 모두 목조 건물로 부산은 2층 건물, 평양은 단층 건물이었다. 또한 1943년 2월 함흥지방국 부근에 국영의 함흥교통병원을 개설하였다. 건물은 목조 일부 2층 건물의 시멘트지붕이었다.

교통(철도)회관

　용산철도관사 지역 내에 있었기 때문에 '철도클럽'이라고 부른 용산국원집
회소는 1909년 경부철도회사시대에 쓸모가 없었던 사무소를 이축한 것이었
다. 본국 청사 동쪽과 도로를 사이에 두고 1913년경 사용하지 않던 건물을
이전하여 충당한 낡은 바라크 건물의 본국 식당과 함께 개축하자는 의견이
제기되어 재단법인 철도교양조성회(1925년 6월 설립)가 식당 자리에 23만

1913년경의 철도청년회관

1917년경의 용산철도클럽

엔으로 1935년 8월 기공하여 다음해인 1936년 7월 준공된 건물을 국원집회소로서 기부한 것이 이 철도회관(당초 국우회관이라고 하였다)이다.

시설의 개요는 재해에 대비해서 불연 구조인 벽돌 및 철근 콘크리트조, 일부 목조 2층 일부 지하실, 지붕은 흑색 석면 슬레이트지붕으로 연면적 2,795㎡, 건축 양식은 밝은 서양 근대식이며, 지상에는 내빈 접대실과 대집회실, 중식당, 국원 숙박실을 갖추었다. 대집회실은 특히 음향을 고려해서 방음장치를 설치하고 고정석 등을 합쳐서 약 1,000명을 수용할 수 있는 시설이었다. 또한 지하는 320명을 일시에 수용할 수 있는 대식당과 당구실, 바둑실, 이발실, 욕실, 조리실, 휴게실, 사진실 등이 있었으며, 지하실은 기계실로서 기타 부대시설인 위생과 급수, 급탕, 증기난방, 냉동장치 등 전기설비를 갖추고 있었다. 또한 정원 주위를 정돈하여 이 건물 신축에 의해서 부근 일대가 일신된 모습이었다.

연선의 사무소 소재지 및 주요 역 소재지에는 소규모이지만 국원집회소가 설치되었는데, 이는 모두 상당한 인원수가 사용할 수 있는 거실 및 장기 기타 소집회용으로서 1~2실과 당구실(1~2대) 등을 구비하고, 또한 간단한 무대 및 영사시설도 있었으나 건물은 대체적으로 목조 단층 건물이었다.

호텔 및 산장

조선호텔 : 최초의 철도호텔 건설계획으로 실시된 것으로, 당시 구미 제국의 호텔 건축을 참고하고 조선과 일본의 관습과 풍속 등도 고려하여 외관 및 관내의 설비 장식도 경박한 분위기로 흐르는 것을 피하여 장엄하고 견실함을 중심으로 설계하였다. 양식은 북구 근대식을 따르고 여기에 동양 고유의 취향을 배려한 것으로 조선 양식 건축 중 가장 특징적인 것 중 하나이다. 원 설계는 독일인인 데라란데가 하였는데 운영상의 필요성에 의해서 일부 개조되었으며, 특히 식당과 콘서트 등은 원안을 완전히 고쳤다. 부대설비의 대부분은 철도 당국의 설계에 따랐는데 가구와 집기류에는 외국제가 많이 사

용되었다.

호텔 부지는 경성 장곡천의 전 남별궁터 6,750평(약 22,300㎡)에 본관을 건축하고, 그 후 정원에 구 원구단의 팔각탑(1900년의 건축으로 천신지기와 태조대왕 제사를 지낸 곳)을 남기고 석고단의 석고를 이설 보존함으로써 조선 고건축의 육각당과 균형을 이루었다. 이 호텔이 실현됨으로써 완벽한 설비와 뛰어난 환경으로 격조 높은 호텔로서 유명하였다.

본관은 지하화 1층에서 5층으로 구성되었는데 건축 면적 1,927㎡, 연면적 7,018㎡의 벽돌조로, 벽 아래 부분과 중요한 곳에는 돌을 이용하고 그 밖에는 흑갈색 유약을 사용한 화장 타일을 활용, 안정적인 분위기를 연출하였다. 주요 설비로서 정면 로비 중앙에 회전문을 설치하였으며, 현관 뒤쪽의 넓은 홀에는 일반객의 휴게실 또는 대합실로 실내 분수와 디자인에 신경을 쓴 벽난로와 조선의 저명한 화가의 풍경을 그린 벽화가 주위에 걸려 있었다. 식당은 약 300명을 충분히 수용할 수 있으며, 그 밖에 독서실과 당구장, 술집 및 음악실이 있었는데, 음악실은 전부 동양적인 분위기로 장식하고 무대설비도 갖추어져 있었다.

2층 이상은 몇 개의 방을 제외하면 모두 침실 및 그 부속실로 총 111실이었는데, 그 중 귀빈 응접실과 급사실 등이 있었기 때문에 침실은 결국 59실이었다. 지하실은 사무실과 조리실, 제빙실(얼음을 만드는 곳), 세탁실 등이 배치되었다. 세탁기는 미국제, 제빙 기계는 영국제로 탄산가스를 이용해서 1일에 3,000파운드의 제빙 능력이 있었다. 승강기는 오티스사 제품의 표준형으로 여객 및 화물용 각 1조를 장치했다.

건축공사는 1913년 3월 기존 건조물을 부수고 4월에 기공해서 다지기와 율석 다지기 및 콘크리트작업을 끝내고 벽돌 및 돌 쌓기, 각층 철근 보 가설, 목재공사 등을 착착 진행하여 같은 해 11월 25일 상량식을 거행하고 지붕과 피뢰침 설치, 동판 부착 등의 작업을 계속하였다. 겨울철 결빙 기간에도 임시 난방장치를 활용하여 바닥 콘크리트 타설과 벽 도장, 계단석 설치, 전등 배선 등 순차적으로 공사를 진행하였다. 다음해 해빙기를 기다려 3월 20일부터 외부화장 벽돌 부착공사를 개시하고, 7월 12일부터 각 부 마감 및 장식공사로 이행하였다. 그리고 1914년 9월 30일에 부속공사도 전부 준공하였다. 이 건축에 소요된 공사비 총액은 약 84만 2천엔이었다. 그리고 10월 10일 경성조선호텔이라고 명명해서 개장하였으나, 후년 1939년 4월 1일 조선호텔로 개칭하였다.

1926년 8월 호텔 구내의 서남쪽에 순조선식 건물 3동(1동 약 48㎡)을 신축하고 실내를 온돌식으로 하여 조선 정서를 표현하였는데, 그 후 건물이 상당히 노후화되었기 때문에 1940년경부터 사용을 중지했다.

그 밖의 호텔 및 산장은 다음과 같다.

부산철도호텔 : 부산역 본관의 2층 이상을 개장해서 1912년 7월 부산스테이션호텔로 개업했다. 호텔의 출입은 본관 내 광장을 통해 출입하도록 되어 있었는데, 그 후 역사와 연결, 벽돌조 2층 건물을 신설하여 출입구를 밝게 하고 침구 등을 갖추었다. 그러나 직통열차의 운행으로 이용자가 격감하였기 때문에 운영방식을 변경하였다. 1934년 4월부터 명칭도 부산철도회관으로 바뀌었으며, 1938년 4월 이후에는 철도호텔이라고 개칭하였다.

신의주철도호텔 : 신의주의 신 역사 신축과 함께 그 2, 3층에 설치된 양식 호텔, 1912년 8월 신의주 스테이션호텔로 개업했다. 규모는 그다지 크지 않았지만 설비는 완벽하였다. 후에 명칭을 철도회관으로 변경하고, 1941년 4월 철도호텔이라고 개칭하였다.

평양철도호텔 : 평양 내의 야나기야 여관을 1922년 10월 매수하여, 그 앞쪽으로 연결해서 벽돌조 양관 2층 건물의 연면적 490㎡ 본관을 신축하고, 2층 이상을 객실, 지하를 식당과 대합실로 하고 매수한 일식 방과 함께 양식과 일식이 조화를 이룬 야나기야 여관으로 운영하였다. 그러나 1925년 4월 철도국의 직영이 되었으며, 같은 해 8월 평양철도호텔로 개칭되었다.

외금강산장 : 금강산의 경치가 국내외에 선전되면서 외국인 방문객수가 점

차로 증가하였다. 관광객의 숙박 편의를 위해 성수기 중에만 개방하는 호텔로서, 금강산의 동쪽 기슭 온정리에 1915년 8월 온정리금강산호텔이라는 명칭으로 서양식으로 개업하였다. 본관은 목조 2층 건물, 지붕은 아연피복 철판의 임시구조로 목재가 그대로 드러나게 하였다. 건축면적 255㎡로, 지상은 204㎡로 객실을 배치하였으며, 지하에는 사무실과 식당, 오락실 등을 배치하였다. 당시에는 원산 이남에는 아직 철도가 없었으며 육상 교통이 정비되지 않았기 때문에 자재는 모두 원산항을 경유하여 배로 장전항에 상륙한 후 사람과 말의 등에 싣고 운반되었는데, 주재료인 목재는 대부분 부근 산림의 나무로 조달하였다. 당초 이 지방에는 곰 등의 맹수가 출몰하여 관계자를 불안하게 하였으나, 점차로 이용객도 증가하여 1934년 4월에는 외금강산장이라고 개칭하였다.

내금강산장 : 금강산 전철의 종점인 내금강역과 유명 사찰인 장안사의 중간 지점에 간소한 목조 건물의 본관을 세우고, 1918년 7월 양식의 장안호텔로 개업하였다. 성수기에만 영업하며 1920년에 방갈로 86㎡의 3동과 욕실을 증축하고 또한 1924년 529㎡의 목조 건물로 석면 슬레이트지붕의 신관을 세웠다. 그 후 1928년 7월 통나무 코티지풍의 53㎡ 크기의 임대용 5동을 신축해서 등산객에게 제공하고, 1934년 4월에 내금강산장이라고 개칭하였다.

방위 목적의 건물

태평양전쟁이 점점 치열해지면서 철도 운영 및 방위를 위해서 교량사무실과 지방교통국에 방위사령실 및 전철화 교환소 분실용의 청사 지소를 신설하였다.

압록강교량 부속건물 : 압록강의 복선형 교량건설에 수반되는 것으로, 기존 교량의 부속건물은 강 아래쪽은 안동에, 강 위쪽은 신의주에 있었으나 새로운 교량이 기존 교량보다 50m 강 위에 건설되었기 때문에 안동 쪽의 강 위에 철근 콘크리트 및 벽돌조 4층 건물, 연면적 160㎡의 건물을 신축했다.

건물의 평면은 타원형으로 1층은 창고, 2층은 취사 및 가면실, 3층은 탄약고, 4층은 전투소로 하고, 네 모퉁이와 사방, 즉 8곳에 기관총용의 총 구멍을 설치하고 그 사이에 입사용(서서 쏘는) 총구와 슬사용(무릎 꿇고 쏘는) 총구가 교대로 설치되었다. 벽은 흡음재로 마감하고, 탑은 감시소로 3층과 4층 사이에 전성관이 있었다. 그리고 각층의 연결은 철 사다리를 이용하였다. 옥상에는 고사 기관총좌 2기가 있었으며, 주위의 벽은 슬사가 가능하도록 시공되었다.

건물 출입구의 철문에도 입사와 슬사를 위한 총 구멍이 각각 1곳 설치되었으며, 총구멍의 개구부는 세로 10cm, 가로 20cm로 중기관총을 사용하는 경우에는 확대 가능하였다. 총 구멍 및 철문 모두 경성공장에서 제작하였다.

2층의 바닥면은 압록강의 최대 홍수면보다 여유를 주고, 3층 바닥면은 경의 본선의 기반면을 기준으로 하였다. 이 건물은 1층과 2층은 큰 타원형, 3층과 4층은 작은 타원형과 같은 평면이며, 3층 주위에는 감시용으로써 손잡이가 장착된 복도가 설치되었다.

이 건물은 원래 관동군이 사용할 예정이었는데, 만주철도의 구 시설에 비하여 손색이 없도록 하라는 요청에 의해서 열하성(熱河省)의 새로운 부속건물을 견학하여 설계한 것이었다.

만포교량 부속건물 : 압록강교량 부속건물과 동일한 것이 만포진 측에, 상부만 동일한 2층 건물이 집안 측에 각각 만포교량에 신설되었다.

부산지방교통국 청사 지사 : 철근 콘크리트조 2층 건물로 일부 단층의 평평한 지붕에 연면적 약 250m²이다. 지붕 및 지붕차양은 방공법에 의한 내탄 구조(바닥판 두께 50cm, 직경 25mm인 주 철근을 15cm 간격으로 종횡 및 상부와 하부에 배치하고, 연결 철근의 직경 12mm로 하여 주 철근, 연결철근의 모든 접점을 용접해서 대형 보에 조립)로 출입구 및 창에는 법규에 의한 방호 철문을 설치하고, 지하 방탄층도 시공하였다. 지방국 부지 내에 1944년 1월에 착공해서 다음해 1945년 2월에 준공하였다.

경성과 함흥의 양 지방국에서도 부산과 동일한 것이 시공되었다.

제5장
건물의 시공 및 보수

제1절 시공 및 보수

각종 건물의 신·개축공사는 모두 하청공사로 시행하고, 기존 각종 건물 보수에 따른 수리 등의 영선공사는 대체적으로 직할 또는 하청공사로 시행하였다.

신선 건설 및 개량공사에 따른 건물(청사와 병원 등의 일부를 포함)의 신·개축공사는 각각 당해 건물비 또는 개량비로 지불하고, 특히 풍수해 등의 재해에 의해서 상당한 규모의 이전 신·개축을 요하는 경우에는 임시재해비로서 의회의 승인을 얻어서 시행하였다. 1925년의 한강 대수해에 의한 용산 관사 일부의 금정 이전, 신·개축공사는 그 한 예이다.

기존 건물의 소규모 수리와 관사의 다다미 교체, 창호지 교체 등의 영선공사는 경상부(철도 작업비) 보존비의 건물 수선비로 지불하였다.

보존비에 대한 건물 수선비의 비율은 대체적으로 10% 내외(보존비의 대부분은 선로 수선비가 차지)이며, 건물 수선비 내역의 개요는 〈표 5-2〉와 같다. 소규모 공사에 대해서는 경상부 보충비에서 지불하여 시행하였다.

연도	보존비	건물수선비		내역 및 비율					
		금액	비율	정거장 건물		관사		기타건물	
				금액	비율	금액	비율	금액	비율
	엔	엔	%	엔	%	엔	%	엔	%
1928년	6,041,788	700,247	11.6	113,235	16.2	311,700	44.5	111,777	16
1930년	5,629,802	497,525	8.8	106,241	21.4	154,013	37.0	40,051	8.1
1933년	6,235,864	535,513	8.6	112,727	21.1	158,984	29.7	120,096	22.4
1938년	12,708,049	1,099,877	8.6	325,281	29.6	220,001	20.5	517,702	47.1
1940년	19,243,194	통계연보 소멸로 인하여 불분명							
1941년	30,199,652								

비고) 기타 건물은 사무실, 창고, 잡건물 등 내역 중 기계장, 여관, 기기, 운송, 고용인 임금 및 비율은 생략

제2절 관리기구

건설사무소 및 개량사무소에는 건축과를 두고, 필요에 따라서 건축 현장에 건축구 또는 건축공사계를 두어 현장감독을 시켰다.

기설 건물의 보수는 각 철도사무소 소관으로 하여 철도사무소에는 건축과를 두고, 소관 사무소의 소재지에는 건축구를 설치하여 보수 관리를 담당하도록 하였다.

건축구에는 현업 종사원으로서 구장과 조역, 서무계, 기술계, 목수장, 목공수, 기공수, 도공수, 창고수, 고용원을 배치하였다.

1945년 3월 현재의 건축구는,

부산지방교통국 관내　　　　　4구(부산-대전-경북-안동-순천)

경성지방교통국 관내　　　　　4구(경성-평양-강계-해주)

함흥지방교통국 관내　　　　　5구(원산-함흥-성진-청진-원산공장)

경성건설사무소 소속　수색조차장 건축구

부산건설사무소 소속　부산조차장 건축구

평양건설사무소 소속 평양공장 건축구
등이었다.

〈건축 관계의 제반 규정〉
(설명 생략, 제4편 제4장 참조)
조선국유철도 건설규정
건축도 조정 요령
공사 수량 계산 요령
역사, 관사, 독신자 기숙사의 표준도
부채꼴 및 장방형 기관차고 표준도
방폭, 방공설비 표준도

제6편
국유철도의
차량, 공장

제1장
철도 차량

조선철도 차량의 개요

조선철도는 1825년 영국에서 세계 최초의 영업용 증기기관차가 스톡턴과 달링턴 간에 운전된 지 47년 후, 또한 일본에서 신바시~요코하마 구간에 1872년에 개통된 지 27년 만에 경인철도 인천~노량진 구간에 모갈형 증기 기관차가 최초로 기적소리를 울리며 달렸다. 1899년 9월 18일의 일이다. 전 세계 철도 창시 47번째에 해당하며, 역사는 비교적 짧다.

차량은 한국 철도 규칙에 준하여 표준 궤간 1,435mm가 채용되고, 미국으로부터 기관차와 객차, 화차가 수입되었다. 그 후 차량 기술의 진보와 광공업의 발달과 함께 차량의 자체 제조방침을 수립하고, 1907년에는 화차를, 1912년에는 객차를, 1927년에는 기관차를 자체 설계, 제조하였다. 이 사이 철도 차량공장의 정비와 설계기술진의 강화 육성 등에 끊임없는 노력을 기울여 독창적인 조선철도 차량을 만들었다. 기관차에는 급구배용 차륜 배열 채용, 조선산 석탄의 활용을 위한 화상면적 증대, 연소실 신설, 지방선의 쾌속 열차 등 지리적 상황에 적합한 조선철도형 기관차를 완성하고 수송 요청에 응했다.

객차의 경우는 다른 철도에 앞서서 1923년 전망 1등 침대차와 3등 침대차를 경성공장에서 준공하여 대륙 간 장거리 여행객에게 좋은 평판을 받았다. 또한 1920년대 중반에 들어와 경량 객차를 완성하고, 반유선형 특급열차 '아카쓰키'가 탄생했다. 전체가 철강제로 된 객차의 경량 표준형으로서 하9형의 규격 사양을 작성했다. 식당차 냉방장치에 얼음식 냉방을 하고, 뒤이어 직접 기계식 냉방장치를 새롭게 개발하였다.

　화차의 경우 1917년 무개차의 대틀은 철강재로 어복형(물고기 배 모양)이고, 1935년 자체 중량 경감을 위해서 대틀 중앙부의 세로 빔은 골형 강재를 사용했다. 유개차는 반강제, 30톤 보기차를 표준 차종으로 하였다.

　또한 북선지방의 지하자원 운반을 위해서 바닥이 열리는 석탄차, 장척용(길이가 긴) 무개차 등 조선의 실정에 맞는 독특한 특수 화차도 여러 종류 설계되었다.

　조선철도 차량은 각각 '조선철도형'이라고 하고, 새로운 기술진에 의해서 독자적인 설계와 공작을 실시하여 차량 기술 발전에 기여했다.

특급 아카쓰키 객차 대차(쇼크 앱소버 부착 대차)

특급 아카쓰키 열차(1936년 12월)

특급 아카쓰키 1등 전망차

식당차 내부

제1절 창업시대의 차량 현황

1899년 경인철도가 미국에서 모갈 탱크 기관차를 비롯하여 객차와 화차를 수입하고, 이어서 경부철도는 1905년 프레리 탱크 기관차와 텐폴형 등, 또한 임시군용철도감부도 미국으로부터 기관차와 객차, 화차를 수입하고, 각각 겸 이포와 인천, 용산, 초량공장에서 조립하였다. 당시 일본은 아직 차량 기술이 유치하였으며, 이들 철도가 군용철도로 발주가 시급했기 때문에 수입에 의존할 수밖에 없었다.

1906년 7월 통감부에 철도관리국이 설치되면서 경부·경인선을 소관으로 하고, 1906년 9월 군용철도 경의·마산선을 이관하여 한국 철도 통일 경영을 시작하였다.

기관차 : 〈표 6-1〉 참고

〈표 6-1〉 인계 기관차 일람표

차륜 배치	종별	경부철도	군용철도	계
2-6-0	모갈·탱크	4량	–	4량
2-6-2	프레리·탱크	18량	52량	70량
2-8-0	컨설리데이션·텐더	6량	–	6량
4-6-0	텐홀·텐더	6량	–	6량
4-6-0	텐홀 복식·텐더	6량	–	6량
0-4-0	포어홀·텐더	–	2량	2량
계		40량	54량	94량

주) 경인철도는 1905년 경부철도와 합병

객차 : 객차의 대부분은 미국제로 보기 중앙 관통식이다. 한국 황제용으로 도쿄 히라오카공장에 특별 주문한 귀빈차 1량은 제왕차라고 불리며, 당시 일본 차량 수출의 효시를 이룬 것으로 현재 용산 철도박물관에 보존되어 있다. 여러 차례에 걸친 개조에 의해서 차종이 변경되어 일부만 잔존한다.

러시아에서 노획한 차는 철골 목재 철판이 부착되었는데 1937년 폐차되었다.

〈표 6-2〉 인계 객차 일람표

명칭	량 수	명칭	량 수	명칭	량 수	명칭	량 수
귀빈차	1	주방 딸린 소형 1등차	1	3등차	79	우편 완급차	6
침대차 있는 1, 2등차	4	소형 2등차	2	주방 딸린 3등차	4	국용차	1
1, 2등차	3	주방 딸린 1, 2등차	6	3등실 우편차	9	국원실 딸린 3등차	1
2등차	2	2, 3등차	18	수화물 완급차	12	소형 3등차	6
						계	155량

화차 : 경인철도시대는 약 23톤, 적재 28량으로 영업하였으나, 경부철도에 이르러 약 27톤을 적재하도록 정비하였다. 당초에는 양측 완충기를 이용하였으나 중앙완충기로 개량하였다.

기타 러시아에서 노획한 소형 무개차와 수조차는 34톤, 9량에 이르렀으나 모두 사륜차로 자갈 운반 등에 사용하였으며, 1936년 폐차하였다.

〈표 6-3〉 인계 화차 일람표

명칭	차량 수
유개차	123
화물 완급차	8
두 장짜리 가로 측판 무개차	318
세 장짜리 가로 측판 무개차	17
두 장짜리 가로 측판 소형 무개차	55
측면 판이 없는 차	67
석탄차	48
계	636량

〈표 6-4〉 기관차 증설 일람표

연도	종류	차량 수	제작소
1907	텐홀 텐더	11량	(미)볼드윈사
1908	상동	4량	상동
1910	상동	6량	(미)브룩사
1911	상동	3량	(미)아메리칸 로코모티브
〃	아메리칸 텐더	6량	상동
〃	프레리 탱크	9량	(독)포르지히
1912	프레리 탱크	5량	상동
1913	텐홀 텐더	12량	(미)볼드윈
〃	바르틱 탱크	4량	상동

통감부 인계 후의 차량 증설 : 군용시대의 차량 정리에 노력하는 한편, 신규 차량을 수입하여 수송력의 충실을 도모하였다.

객차는 1911년부터 1914년 사이에 180량을 증설했다. 제작은 국영 용산공장과 초량공장, 만철 사하구공장 및 가와사키조선소 등에서 우등차를 제외하고는 일본산을 위주로 하였다.

연결기는 재래의 '굴드'식 자동 연결기를 '푸흡 스리스템'으로 점차로 교체하여 개량하였다. 우등차에는 겨울철의 온수장치 외에 2중 유리창으로 개조하고 설비를 개선하였다. 49량의 차종을 변경하여 각각 운용에 이용하였다.

화차는 1907년 이후 107량을 필요에 따라서 적절한 차종으로 변경, 개량하였다.

화차 연결기는 종류도 다양하며 불완전한 것이 많기 때문에 '타워 커플러'로 통일하도록 하였다. 또한 소형 무개차도 자동 연결기 설치를 개량하였다. 1906년부터 1914년까지 신규로 증설한 화차의 종류에는 무개차, 유개차, 수조차 등이 있으며, 대차에는 2축차를 사용하지 않고 모두 4륜 보기를 채용해서 통일한 것은 다른 철도보다 앞서서 탈선 방지를 도모한 면에서도 획기적인 결단이었다.

한국의 황제차

경인철도는 1900년 개통 시 한국 황제가 이용하도록 하기 위해서 도쿄 긴시죠에 소재한 히라오카공장에서 제작하고 인천공장에서 조립하여 완성시켰다. 이 차량은 일본의 차량 수출의 효시를 이룬 것으로, 구조는 목조차이지만 외판에 티크재를 이용하고 내부 장식과 집기류에서 화려함을 추구하였다. 채산성을 고려하지 않아 제작비는 총 경비 1만 5천엔이 들어갔다. 그 후 귀빈차로 사용되었으나 1936년 폐차되었고, 현재 철도박물관에 진열, 보존되어 있다.

주요 치수와 재료, 내부 장식은 다음과 같다.

궤간 ┈┈┈┈┈ 1,435mm   목재부-바닥판 ┈┈┈┈ 아메리카 소나무

차체 길이 ······· 15,240mm	지붕판 ······················ 노송나무
차체 폭 ·········· 2,959mm	기타 각부 ················· 티크-노송나무
차륜 직경 ······· 838mm	차륜-차축 ·············· 존 베이커사 제품
중량 ················ 14,000kg	

　제왕실과 대기실 등 2개의 시종실로, 총 4실로 구성된 제왕실 내의 각 창 사이에는 거울을 걸고, 테이블과 난로를 설치하였으며, 대기실에는 화장대와 화장실 및 사이드보드를 설치하였다. 의자와 장의자, 의자의 팔걸이 및 커튼은 실크를 사용하고 벽과 천장도 실크로 장식되어 있다. 바닥에는 오일클로스나 융단을 깔고, 외장재에는 티크와 노송나무를 교대로 부착하고, 나뭇결을 살리도록 도료를 칠했다. 조명에는 스톤식 전등을 이용하고 양초등도 준비하였다.

제2절 만철 위탁경영시대의 차량 발전

차량 발전 개황

　1919년경 조선과 만주 직통의 장거리용 기관차가 필요하게 되어 미카도형, 퍼시픽형의 2형식을 미국에서 수입하였으나, 일본에서도 기관차의 국산화가 촉진되고 조선철도에도 이것이 반영되어 파시와 파샤를 일부 개량하여 파시-파샤가 제작되었는데 조선철도 국산화의 제1호이다. 조선철도의 기관차 국산화 방침은 1922년에 수립되었으며 미카도형과 퍼시픽형, 텐홀형의 설계기술이 현저한 발전을 이루어 조선철도의 독자적인 설계 제작 기반이 되었다.

　객차도 차량계 최초로 3등 침대차, 전망 1등 침대차 등의 신규 모델이 개발되어 장거리 여객용으로 호평을 받았다.

　화차도 장거리 운반용으로서 통풍차와 보온차 등이 새로 제작되었고, 유개차도 30톤을 표준차로 목재에서 강재로 전환하였다.

이 시대의 차량 설계기술 향상은 장래의 차량 발전의 기반이 되었다.

증기기관차의 자체 설계와 국내 발주

창업시대부터 기관차는 주로 미국의 볼드윈과 아메리칸 로코모티브 양사로부터의 수입에 의존하였으나, 1917년 만철 위탁경영과 함께 만철 사하구공장에 테호로형 기관차 제조를 의뢰했다. 만주철도의 자체 제작 방침으로 1922년에는 미국의 볼드윈사의 파시이형의 설계를 변경하여 일본 2개 업체에 각각 6량씩 발주했다. 이 파시-이, 파시-샤가 조선철도 최초의 일본제 기관차로서 그 우수성을 인정받았으며, 이후 수입 기관차는 맥이 끊어지게 되었다. 이는 일본제 증기기관차의 기초가 확립된 기념할 만한 기관차이다. 이 기기는 운전 정비 중량 150톤, 대틀은 주강제, 선대차는 하트링크식, 종 대차는 스프링식을 채용하였다. 부속장치로서 나잔식 R10형 인젝터와 프랭클린식 8형 자동 화로구로, 프랭클린식 A형 자동화격자 진동장치, 라고넷식 동력 역전기, 골드식 난방 감압 밸브, 디트로이트식 6형 급유기, 웨

〈표 6-5〉 퍼시픽형 제원 비교

항목	파시-이	파시-시	파시-코	
제조연도	1923	1927	1939	
원설계/설계 변경	볼드-조선철도	조선철도	조선철도	
제조	기차회사	가와사키중공	경성공장, 일본업체	
보일러	원형	원추형	원추형	하행 구배에서는 보일러 내 수량의 이동이 적다.
연소실	무	유	유	저칼로리 석탄 사용에 적합
굴뚝길이 mm	5,505	4,971	5,500	
전열면적 ㎡	225	176	280	
전열면적/화상면적	52	37	45	H/R
실린더 직경 mm	610	580	580	

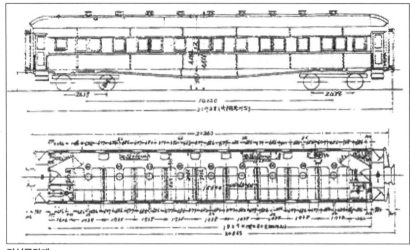
경성공장제

스팅하우스식 6ET 자동 공기 차단장치, 샤론식 자동 연결기 등을 구비하고 크랭크핀만 글리즈 급유였다.

퍼시픽형은 파시-이에서 파시-코까지 수차례에 걸쳐서 개량되고, 조선철도의 여객 급행열차의 대표적인 기관차로서 선로 상황, 조선 내 석탄 사용에 적합한 우수한 성능을 인정받았으며, 승무원으로부터도 사랑을 받았다.

전망 1등 침대차의 창설 : 조선~만주 직통 급행열차의 장거리 운전이 실시되면서 여객 서비스 향상을 위해서 1923년 경성공장제의 전망 1등 침대차가 출현했다. 전망실은 유리로 된 창 폭을 1,295mm로 넓게 하여 전망이 좋은 개방식으로 하고, 내부는 유럽풍으로 장식하여 호평을 얻었다. 후부는 출입구를 겸한 발코니로 하여 이용을 편리하게 하였으며, 실내는 티크재로 통일하고 금구류는 유황으로 마감하여 차분한 색조를 연출하였다. 대차는 6륜 보기차를 채용하고 차체 진동 방지에도 배려하였다. 조선철도의 이 전망 1등 침대차는 차량 공업계의 제1호로, 이 종류의 차량 설계의 지침이 되었다.

〈표 6-6〉 조선철도 1등 침대차 일람

차량칭호	전장 (mm)	자중 (t)	정원(인)			대차	비고
			전망	1등	침대		
텐이네1	21,458	44.7	(10)	34	18	4륜 보기	( )안은 소파 수
텐이네2	21,762	48.0	(8)	44	22	6륜 보기	
텐이네3	25,000	55.9	(10)	24	16	상동	
텐이네4	23,500	55.9	(10)		10	상동	
라텐이	21,000	35.0	(10)	15 특별실 3		4륜 보기	아카쓰키용

3등 침대차의 창설 : 1917년 조선~만주 직통 장거리 열차가 운행되면서 승객의 대다수를 차지하는 3등 여객에 대해서 야간열차 사용 시 편리를 도모하기 위해서 계획되었다. 3등 침대차는 1923년 경성공장에서 만들어졌으며, 일본 철도계의 효시로서 그 효용성은 후일 여객 운용의 모델이 되었다. 설계 시 고심한 부분은 침대 정원과 좌석 정원의 차이를 근소화하는 것과 잠자기 쉽고 통풍을 좋게 하는 것 외에 차체의 경량화에도 힘썼다. 그 후 개량을 거듭하여 처음에 철망이 달려 있다고 해서 붙은 '닭장'이라는 악명도 떨쳐버리고 인기를 얻었다. 3등 침대의 저렴한 운임도 호평의 한 원인이었다. 주간의 등받이는 침대 사용 시에는 중간 단이 되며, 위층은 가반식(움직이는 것이 가능한) 사다리를 이용했다. 1922년에 설계를 시작하여 1923년 2월 11일 당시의 기원절(일본 개천절)에 아마 세계에서도 드문 3등 침대차가 부산~경성 간의 야간 급행열차에 연결되어서 최초로 영업을 개시하였다. 용산철도공장에서 완성된 하네1은 8구획실마다 상·중·하 3단 6개, 총 48개로 통로 측에 2단 14개, 총 62개의 침대를 설치했다. 주

3등 침대차 내부와 형식도(1939년)

간에는 1구획 8인용으로 하여 총 72개의 좌석으로 사용할 수 있도록 설계되었다. 하네1의 3량에서 시작해서 하네5의 12량까지 총 52량을 보유했다.

〈표 6-7〉 조선철도 3등 침대차의 변천

명칭	기호	정원(명)		차실 (㎡)	자중 (t)	제작연도	차량 수	제작공장
		침대	좌석					
3등 침대 차	하네1	62	78	39	37.0	1923	3	경성공장
〃	하네2	62	78	41	37.6	1926	2	〃
〃	하네3	62	78	41	43.2	1928	8	〃
〃	하네4	54	80	44	44.1	1930	5	〃
〃	〃	54	80	44	44.0	1935	2	부산공장
〃	〃	54	80	44	44.0	1936	2	〃
〃	〃	54	80	44	44.0	1937	4	경성공장
〃	〃	54	81	44	44.0	1938	3	〃
〃	〃	54	81	44	44.0	1937	1	〃
〃	하네5	54	81	44	39.4	1939	12	일본 차량
2, 3등 침 대차	로하네1	2등 12 3등 38	24 48	16 24	46.4	1933	2	경성공장
〃	로하네2	2등 12 3등 38	24 49	16 24	46.4	1937	2	〃
3등 침대 3등차	하네하1	38	49 32	24 17	44.2	1931	3	〃
〃	하네하2	30	44 32	27 17	43.1	1936	2	〃

동차의 채용

증기 동차 : 열차의 운행 효율을 향상시키고 단거리 구간의 왕복 운행에 용이하게 편성하기 위해서 1923년 7월 5일 경인선에 증기 동차가 처음으로 운행을 시작하였다. 이 증기 동차는 동륜 1축의 기관차 후부에 3등 객차를 매달고 후방에 객차 2량을 연결한 소단위 열차로 동차라기보다는 소형 기관차로 열차를 견인하는 형태였다. 실제로 운전해보면 객차의 진동이

시구이형 기관차(1923년 3등 기동차를 기관차와 객차하2로 분리한 것)

커서 불평이 많았기 때문에 1924년 기관부를 분리하고 싱글 드라이버형(시구이) 기관차로 전환하였다.

이어서 1925년 영국에서 센티넬 캐멜레이어드사로부터 증기 동차를 수입했다. 전방부의 기관실에 스탠드형 보일러를 설치하고 21kg/㎠의 과열 증기를 발생시켜서 대틀에 매단 횡형 6기통, 출력 30HP의 엔진을 구동했다. 이 센티넬 증기 동차는 후에 탄생한 내연 동차의 설계에 시사하는 바가 컸다. 또한 차체가 경량이며 충분한 강도를 줄 수 있기 때문에 대틀과 차체를 일체화하여 강도를 분담시킨 설계로 후일 조선철도가 자랑하는 경량 객차 출현의 발단이 되었다.

경유 동차 : 1920년대 무렵부터 승합자동차가 보급되어 지방 및 도시 간 철도의 승객과 화물 수송을 위협하게 되어 당시 이미 여러 외국에서 실용화된 내연 동차가 채용되었다. 조선철도에서도 1928년 협궤인 동해중부선(대구~경주 간)에서 처음으로 채용되었다. 도시 근교에서 신속한 서비스가 필요할 때 경비와 운전비용이 적어 최적이었다. 정원 30명의 소형으로 기관에는 포드형 33HP를 이용했다.

1930년 경성공장에서 광궤 3등 경유 동차가 제작되었는데, 속도 70km/h, 정원 100명, 자중 25톤의 강제차로 반유선형의 경쾌한 차체와 함께 내부 좌석도 최신 전환식으로 호평을 받았다. 기관의 사양은 다음과 같다.

형식	워케셔형(W-6-R.B)
기통 수	6
회전 수	1,500r.p.m
마력 수	107HP
연료	가솔린
클러치	압력판식
변속기	기어식 코터 F.A형

동력은 변속기축에 십자형 자유 이음매를 통해서 프로펠라 샤프트를 거쳐 다시 자유 이음매에 의해서 역전기축으로 전달되었다. 역전기는 동축에 설치 되며 부축을 가진 우산 모양 톱니바퀴식으로 압축 공기에 의해서 운전실에 서 전진과 후진이 전환되는 구조를 이루고 있다. 실내 난방은 굴뚝 내에 장 치한 일종의 수관식 보일러에 의해서 온수난방을 실시하였다.

그 후 일본 차량 업체의 기술은 급속하게 진보하였으며, 1938년 일본 차량 회사제 광궤 경유 동차는 기관으로 가와사키중공회사 제품의 KP-170HP 를 이용하여 구배선용으로서 활약했다.

중유 동차 : 가솔린 동차에 이어서 1931년 조선철도국에서 연료비 절감 등 을 고려해서 중유 동차를 계획하고, 디젤기관을 채용한 것은 공작 설계진의 선견지명에 의한 것이었다.

중유 동차는 1933년 경성공장에서 제작 완성되었다. 그 구조 및 내부 설비 는 경유 동차와 동일하였으나 차체 전후를 유선형으로 하고, 기관은 독일제 MWM 벤츠 SS17S형을 설비하였다. 출력은 1300r.p.m에서 110HP였다.

시국이 급박해지면서 동차용 연료인 경유와 중유가 물자 통제를 받게 되어 대용 연료에 대한 연구도 행해지고 한때 사용되기도 했으나, 시국이 급박해 지면서 대용 연료의 배급조차 곤란해졌다. 지방선의 꽃이었던 동차도 선로 를 달리지 못하고 1944년에 폐차되는 운명을 맞이하였다.

<표 6-8> 동차의 이력

연대	차량	칭호	제작소	주요 사양	비고
1923년	증기 동차	제하1	기차회사		시구이로 개조 (1923)
1925년	상동	제하2	(영)센티널	21kg/㎠ 과열증기 30HP 74인승	2량
1928년	협궤 3등 경유동차	나케하1	일본 차량	포드형 33HP 36인승 수동 제동기	대구~경주 (2피트 6인치)
1930년	상동	나케하2	경성공장	워케샤형 62HP 45인 공기 제동기, 온수난방	
1930 ~1933년	3등 경유 동차	케하1	경성공장 일본 차량	워케샤형 107HP 100인	온수난방장치
1933년	3등 중유 동차	지하	경성공장	M.W.M벤츠형 110HP	유선형
1938년	3등 경유 동차	케하5	경성공장 일본 차량	KP170B 160HP	기관은 가와사키 차량제 구배선용
1936년	직원용 경유 동차		경성공장	107HP	

1. 제하1 및 케하1 이외의 차량은 모두 4륜 보기차
2. 배기 및 온수난방장치가 설비되었다.
3. 수동 및 공기 제동기를 설치했다.

<표 6-9> 동차 형식 연도별 차량 수

(단위 : 대)

연도	광궤				협궤 경유 동차	합계(량)	비고
	증기 동차	경유 동차	중유 동차	계			
1923	4	–	–	4	–	4	
1924	3	–	–	3	–	3	
1925	3			3		3	
1926	3			3		3	
1927	2			2	–	2	
1928	2			2	5	7	
1929	4	–		4	7	11	
1930	4	6		10	11	21	
1931	4	21		25	13	38	
1932	4	27	–	31	13	44	
1933	4	27	2	33	13	46	
1934	4	28	2	34	13	47	
1938	4	34	2	40	13	53	직원용 경유 동차 경성공장제

테호로형 텐더 기관차(1927~1940년) 국산 대형 기관차의 기본형식으로서 여객·화물용으로 널리 이용

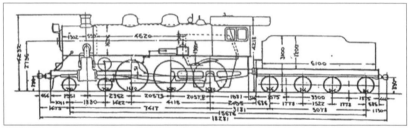

위 형식도

테호로형 기관차의 탄생

창업 시 미국 수입 차량에 의존하였던 조선철도 기술진도 1925년경에는 자체 설계 단계로까지 발전하였으며, 제작은 일본 차량업체에 발주하였으나 1927년 7월 경성공장에 처음으로 테호로형 기관차가 탄생하였다. 조선의 지리적 사정에 따른 선로용량과 수송량 관계상 지방 간선에서 빼놓을 수 없는 형식이었기 때문에 기존의 테호형을 근대화하여 테호로를 새로 설계, 시작품을 완성하였다. 이는 시작품 차량을 국영 공장에서 제조하고 실제 운전 시험성적에 따라 검토한 후 외주를 준다는 외주 기본 방침에 따른 제1호기이다. 테호로 설계 시 중점을 둔 점은 전체 전열 면적의 확대와 동력 역전기의 장비, 제동기의 개량, 자동화실도어 채용, 탄수차의 근대화, 연기 제거판 장착 등이었다. 구배 구간이 많은 만포·평원선용의 주요 형식으로서 여객·화물열차를 견인했다. 테호로는 조선철도의 기본방식을 채택하고 국산 기관차의 방향이 결정되었다는 점에서 주목할 가치가 있으며 1945년까지 계속 발주되었다.

연대	형식	철도명	제조소	비고
1906	테호이	경부철도	(미)Baldwin	2기통 복식 1929년 단식 과열식으로 개조한 후, 경부선 여객용으로 사용
1905 1907 1908	테호니	상동	(미)Baldwin	고정 축거 : 최대 치수는 그 후 테호형의 기본이 되었다. 객화차용 중형 기관차로서 본선 구간 열차 및 지방선에 사용
1911	테호사	조선철도	(미)Alco.	개조 후 만포선에 배치 중장거리의 혼합 - 화물열차에 사용
1913	테호시	상동	(미)Baldwin	포화식으로서 남아 있으며 탄수차가 낮은 박스형으로 Baldwin의 오래된 형태를 간직하고 있다. 바루이형식 설계의 기초가 되었다. 화물열차로서 구간에 이용되었다.
1917 1928 ~ 1933	테호코	상동	(만철)사하구공장 (미)Alco.	호테시에 비하여 발전되었으며, 다수 발주되었다. 급행열차용의 대표적인 존재로 자동화실도어, 급수 온수기, 주수기 등 시험장치가 있으며 그 후의 대형 기관차 설계에 도움이 되었다. 경부·경의를 비롯하여 각 선에 사용되었다.
1927 ~ 1945	테호로	상동	경성공장 히타치카사도공장 가와사키 차량	국산 대형 기관차에 조선철도 기본방식을 채택하고, 부품 형태는 파시시, 미카사와 깊은 관련을 가지며, 국산 기관차의 방향을 결정한 주목할 만한 기종. 화실의 확대, 동력 역전기, 단복 공압기, 자동화실도어 채용

삼등 객차의 변천

하1형에서 하9형까지 시대의 변천과 기술 진보에 의해서 개량되고, 최종적으로는 견인 중량을 증가시키기 위한 경량화와 승차감 향상을 위한 대차 개량이 특징적이다.

창업시대 : 하1형은 러시아로부터 노획한 차를 개조했다. 하2형은 3등 증기 동차의 객차부를 기관차부에서 분리하여 3등차로 하였다. 하3형은 이 시대의 표준차로 미국 카앤드펜드리사(Car and Foundry 社) 제품의 목조차이며, 의자는 널빤지에 펠트와 천을 붙인 것이고, 등받이는 목제였다. 조선~만주 직통차로서 사용되었다.

제1차 직영시대 : 수입과 병행해서 국산화를 추진하여 철도국 직영 공장 제작과 더불어 만철 사하구공장에 3등 수화차의 외주를 처음으로 의뢰하였다. 하4형은 용산공장 제품으로 대틀은 강제 어복형이며, 차체는 전체 목제 차로 자중은 33톤. 1939년에 개발된 경량 강제 하9형의 차체에 의자 등을 하3형으로 한 3등차를 하4형으로 하고, 지방 열차용으로서 사용하였다. 정원은 104명이었다.

만철 위탁경영시대 : 차량 기술이 비약적으로 발전하여 수입에서 국산화에로의 기초를 구축했다. 하5형은 조선~만주 직통차로서 의자에는 스프링을 넣고, 등받이에는 펠트를 넣어 2단으로 하였다. 화장실과 세면실을 두고 정원 80명, 자중은 33톤이었다. 하6형의 지붕은 이중형에서 둥근 지붕으로 하고, 차내의 높이를 높게 하여 개방된 느낌을 주었다.

제2차 직영시대 : 차량 기술의 진보와 더불어 조선철도의 독자적인 설계에 의한 창의적인 방법에 의해서 차량의 경량화를 도모하고 속도에 맞게 안전성과 쾌적성을 만족시켰다. 하7형의 차체는 철골 목제로 안정성을 부여하였다. 창문도 두 개가 이어진 창과 하나로 된 창을 교대로 사용하여 차내를 밝게 한 1926년대의 대표적인 3등차였다. 자중 40톤이다. 하8형은 철골 목제

하9형 표준 객차(1938~1945년)

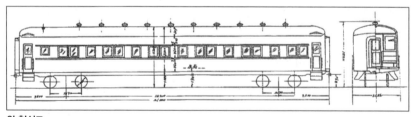

위 형식도

에서 반강제 3등차로서 처음으로 제작되었다. 대틀은 기존의 어복형을 중지하고 중심들보에 ㄷ자형 강재를 사용한 중후한 차체로 경성공장제의 베어링을 채용했다. 하9형은 경량화를 위해서 프레스 기술과 용접 기술을 도입하여 설계를 실시하였으며, 자중이 하8형의 45톤에 비해서 37톤으로 경감되어 각 방면에서 좋은 평가를 얻었다. 이것이 마지막 표준차로서 각종 차량의 기본 규격이 되었다. 라하1형은 경인선 급행용으로서 경량 객차의 효시를 이룬 것으로 창도 이중으로 하지 않고 차체의 색을 밝게 하여 일반인에게 친숙하다. 중량도 26톤으로, 이 경량 객차의 채용은 일본 차량계를 앞선 조선철도의 자랑이기도하다. 라하2형은 특급 '아카쓰키'용으로서 설계되었으며, 속도 향상에 따른 진동 방지를 위해서 대차 침목 스프링에 바퀴 스프링을 채용하고 완충 업소버를 병용한 것은 일본 차량 대차 중 제1호이다. 내부 설비도 모두 신 재료, 신 설계로 특급 객차용에 어울리는 반유선형이며 조선철도가 자랑하는 차량이었다(3등차의 변천에 대해서는 〈표 6-11〉 참조).

〈표 6-11〉 삼등차의 변천

형식 명칭	정원 명	면적 m²	제동기 수동 및 공기제동기 삼동 밸브	제동 통경	발전기 및 축전지	자중 t	연결기 및 완충기	차축 종류	난방 장치	제조 연도
하2	88	45	P-2	305	자차	23.9 29.8	브호프 스리스템	A B	스토브	1905
하3	104	48 ~46	P-2	305 356	L₄ 13×24 13×24	29.6 30.4	브호프 스리스템	B	스토브	1906 1914 1918
하4	104	46	P-2	356	A₂ 11×24	30	브호프 스리스템	B	증기 난방	1918
	100	52	L-2	358	L₄ 9×24	34.8	시바타식 스미토모식 30t 바퀴스프링	B	〃	1927

형식명칭	정원	면적	제동기		발전기 및 축전지	자중	연결기 및 완충기	차축	난방장치	제조연도
	명	㎡	수동 및 공기제동기			t		종류		
			삼동밸브	제동통경						
하5	80	43	P-2	356	L_4 17×24	32.3	상동	B	증기난방	1919 1924
하6	80	43	P-2	356	L_4 17×24	33.5 35.5	상동	B	〃	1923 1927
하7	80	43	P-2	356	L_4 17×24	40 38	상동	B	〃	1927 1929
하8	88	47	P-2	356 406	L_4 17×24	43.6~44.5	상동	C	〃	1930 1938
하9	80 88	43 47	L-2	356	L_4 9×24	36.2~35.5	상동	B	〃	1938 1945
라하1	112 116	54	P-2	356	L_4 9×24	26.5~27.6	시바타식 스미토모식 30t	B	〃	1932
라하2	72	43	P-2	356	L_4 9×24	32.1	상동	B	〃	1936

형식명칭	제작소(조립공장)	구조 대틀	대차	설비	의자	
하2	기차회사 (초량공장)	목조		화장실(1)		3등 동차에서 개조
하3	미국 (겸이포)(인천) 만철 사하구공장 용산공장	목조	4륜 보기	화장실(1) 배전반	널빤지 부착 펠트	
하4	용산공장	목조 강제 어복형	4륜 보기	화장실(1)	널빤지 부착 펠트	
하5	다나카 차량 히타치 제작 우메바치 차량	반강판 구형강	4륜 보기		스프링 장착 천 부착	차체는 하9형 의자는 하3형 지방선용으로 사용되었다.
하6	용산공장 초량공장 (부산)	목조 강제 어복형	4륜 보기	화장실(2) 세면실(1)	스프링 장착	

하7	경성공장 부산공장	목조	4륜 보기	둥근 지붕	스프링 장착	
하8	경성공장 부산공장 다나카 차량 용산공작	철골 목제 어복형	4륜 보기	이련창 화장실(2) 세면실(1) 차창(1)	스프링 장착	
하9	경성공장 외주	반강제 어복형 중심들보에 ㄷ자 형 강제	4륜 보기 베어링 (경성공장제)	화장실(1) 세면실(1)	등받이 개량 스프링 삽입	1931년 가와우치 식 벤치 레터, 스 틸다이어프램 채 용
라하1	경성공장 외주	반강제 어복형 중심들보에 ㄷ자 형 강제	4륜 보기	화장실(1) 세면실(1)	등받이 개량 스프링 삽입	경량 강제차
라하2	경성공장 외주	상동	4륜 보기 (회전 베어링)	화장실(1) 세면실(1)	전환식	경인선용
	경성공장 외주	상동	4륜 보기 (완충업소버)	화장실(1) 세면실(1)	회전식	특급 아카쓰키용

경량 객차의 출현

1925년경 인천지방의 공업 개발과 관광 개발에 의해서 경성~인천 간의 수송력 증강이 필요해졌다. 경인선은 교량의 강도 때문에 강력한 기관차의 수용이 곤란하여 견인차량 수를 늘리게 되어 객차의 자중 경감을 위한 설계에 중점을 두었다. 차량 전체의 구조 계산의 허용 한도를 최대한 줄여서 용접공법을 채용해 강재의 절약과 경감을 도모하고 주행 저항을 감소시키기 위해서 롤러 축을 사용하였으며, 침목 스프링도 판 스프링을 코일 스프링으로 변경했다. 차내설비도 경인선은 기후적으로 온난하며 운전 시간이 짧기 때문에 기존의 2중창을 일반 창으로 하고, 의자도 간단한 회전식을 채용하고, 금구류도 주물을 대신해서 프레스 가공하거나 경합금을 채용하여 중량 경감을 위해서 최대한 노력했다. 그 결과 기존의 강제 3등차, 자중 40톤에 비하여 26톤으로 크게 경감되었다. 1930년 경성공장에서 라하1호가 완성되어 경인선 전용의 스마트한 경량 여객열차로서 호평을 받았다. 일반적으로 객차가 목제에서 강제로 이행하면 안전성은 향상되지만, 반대로 중량이 증가해서 견

경인선 경여객열차

위 형식도 경량형 객차(37t)로 활약

인차량 수가 저감되어 수송력에 영향을 미치기 때문에 조선철도국에서는 경
인선용의 경량 객차를 비롯하여 설계의 합리화를 위해서 노력하여 구조재의
경감, 용접공법, 프레스공법 등 독자적인 제작 기술을 개발하고 강제차의 경
량화에 박차를 가했다. 또한 차량 설계 규격을 설정하였으며, 세부 사항에
이르기까지 설계상 재료의 절약을 도모하여 일본 차량계에 적지 않은 반향
을 불러일으키고 조선철도 차량 기술진의 자랑이 되었다.

열차 전등

기관차 : 기관차에는 처음에 유등(油燈)을 사용하였으나 1911년 미국에서
구입한 테호형 기관차에 최초로 파일내셔널회사 제품 C형 터빈 발전기를 장

착해서 전등 전원으로 사용했다. 1914년 이후에 제작된 기관차에는 동사 제품 K2형 32V 500W의 터빈 발전기를 사용하였으며, 1927년 이후에는 가와사키조선소 제품 T9형 발전기를 채용했다. 또한 전조등에는 백열전구 외에 아크등도 사용하였으나 1921년 이후에는 250W전구로 바꾸었다.

객차 : 객차에는 처음에는 유등과 촛불등을 사용하였으나 1912년에 처음으로 발전기와 축전지 및 전기 선풍기를 영국에서 수입하여 90량의 객차에 설치하고 차내 전기 조명을 설치하였다. 형식은 스톤식이며, 발전기는 차축에 설치한 벨트로 구동되는 차량 발전방식을 채용했다. 발전기는 스톤식 AZ형으로 32V 750W, 전등 전압은 24V, 축전지는 240AP일 때 토남형으로 하였다. 그리고 한 쌍 12개 직렬의 2쌍을 병렬로 연결하고, 한 쌍은 충전 측에, 다른 한 쌍은 조정 측으로서 교대로 전환하여 양쪽의 평형을 유지하였다. 성적은 양호하여 신형 우등차에서 점차로 3등차, 수하물차, 우편차에 이르기까지 실시하였다. 그 후 발전기는 1.2kw의 CZ형 및 2.4kw의 DZ형을 사용했다. 1917년에는 클러치 코일을 가진 릴리프트식 발전기를 채용하고, 또한 1930년 브러시 이동식 전극장치로 개조한 용량 1^2-kw 및 3kw의 릴리프트 발전기 L4 및 L5를 채용했다. 축전지는 1914년부터 국산품을 사용하였으며, 1932년 경인선 경량 객차에는 용량 120AP일 때의 에보나이트 클래드형 축전지를 채용했다. 그러나 일부에는 발전기 L4형과 한 쌍의 축전지를 조합한 단전지를 사용했다. 천장의 등은 일반차에는 등을 2개 달거나 등이 4개인 샹들리에를 달았으며, 3등 침대차에는 글로브형을 사용하였다. 1929년 이후 신제차부터는 전부 글로브형으로 바꾸고 조도 향상을 위해서 와트 수를 올렸다. 신제 우등차에는 1930년부터 전등과 선풍기를 병용한 판데리에(선철이 개발)를 채용했다. 1936년 12월에 신설된 특별 급행열차 '아카쓰키'에는 일반 전등 외에 전등 일제 점멸장치를 설치했다. '아카쓰키'에는 차내 방송장치를 설치하고 안내 방송과 음악 방송으로 장도의 여행객에게 좋은 평판을 들었다.

동차 : 동차용 전등은 1928년에 구입한 협궤 3등 경유 동차에 전압 6V,

1930년에는 전압 12V의 발전기 및 축전지를 사용하였다. 그러나 그 후 일반 객차와 마찬가지로 24V를 표준으로 하였다. 1929년 구입한 기동차에는 전압 24V 900W의 릴리프트 L₃형 차축 발전기와 토남형 축전지를 채용했다.

화차 : 화차는 1935년에 처음으로 차장차에 전등설비를 설치하고 축전지 전원으로 전압 24V를 사용하였으나 충전작업이 곤란해서 1936년 이후의 신제차에는 히타치 제품 6V 15W의 자동차용 발전기와 120AP(Ampere Peak : 최대 전류치)의 축전지 3개를 설치했다. 1937년에는 오다전기 제품 6V 150W의 발전기를 채용하였으나, 전극장치는 브러시 이동식이었다.

프레리 탱크 기관차의 역사

1905년 경부철도회사가 경부선의 급구배 및 급곡선용으로서 미국 볼드원사로부터 16량 수입한 것이 최초이다. 프레이부터 프레나까지 7형식이 있는데 동륜 직경 1,370mm, 허용 속도 75km/h는 일부 개량부를 제외하고 동일하다. 특히 프레시는 조선 국산의 칼로리가 낮은 갈탄을 사용하기 때문에 기관을 올려서 화격자 면적을 확대하고 굴뚝 용적을 증가시켜야 해서 기관의 중심이 높아지는 등 과감한 개량으로 다른 곳에서 예를 볼 수 없는 타원 모양의 굴뚝 등을 한 조선철도 특유의 기관차이다. 프레나는 조선철도 독자적인 설계인 2-6-2형의 대표적인 과열식 탱크 기관차인데, 사철에도 주력 기관차로서 다수 채용되었다.

경인선 경량 객차 열차 견인용으로서 새로 설계된 프레하는 1,520mm 동륜을 가진 주행부 등 조선철도의 독자적인 기구를 가지며 경쾌한 가속과 운전 성능으로 유명하였다. 그 후 경인선의 수송량이 증가하고 편성량 수도 13량이 되었기 때문에 테호, 파시형으로 바뀌어 지방 도시의 지방선 및 입환용으로 많이 이용되었다.

〈표 6-12〉 프레리 탱크(2-6-2) 기관차의 변천

연대	호칭형식	제작소(조립공장)	비고
1905	프레이 (프레시로 개조)	(미) 볼드윈 (초량 · 인천공장)	경부철도는 임시선과 구배선이 많았기 때문에 미국으로부터 16(23)량 수입하고 인천 및 초량공장에서 조립했다.
1906	프레이	(미) 볼드윈 (겸이포 · 인천공장)	겸이포공장에서 52량 조립
1905	프레니	(영) 브룩스 (겸이포 · 인천공장)	9량, 포화식
1912	프레사	(독) 포르지히 (초량공장)	조선철도 최초의 바르샤트식 밸브장치, 14량(1)
1903	프레시	(미) 볼드윈 (초량 · 인천공장)	1925년, 저칼로리 갈탄을 사용하기 때문에 프레이를 개조하여 화상 면적을 60% 증대하는 기관을 타원형으로 한다.
		경성공장 개조 (1925년)	노선 주변의 화재 방지를 위해서 불똥 방지장치를 설치하고 화격자의 틈새를 크게 했다.
1969	프레코	(미) 볼드윈 경성공장 개조	사철로부터 매수 1930. 1~2호
	프레로	(독) 코펠 (부산공장)	사철로부터 매수 1~2호

연대	형식	제작소	기번	비고
1930	프레나	히타치공장 (경성공장) 가와사키 차량	1~4 5~8	사철 매수(1936)
1931	프레나	경성공장	9~14	조선철도 설계(과열식)
1932	프레하 〃	경성공장 〃	1~6 7~12	경인선 쾌속용
1935	프레니	일본 차량	6	
1938	프레나 〃	일본 차량(경성공장) 경성공장	15~18 19~32	조선철도 설계
1938~ 1941	프레나	가와사키 차량(부산공장) 히타치(부산공장)	85~92 93	경춘 철도 〃

연대	형식	제작소	기번	비고
1939	프레하 〃	일본 차량 기차회사(부산공장)	23~29 30~38	조선철도 설계

프레시형 탱크 기관차(1925년, 프레이를 개조한 경성공장에서)

제3절 제2차 직영시대 이후 차량의 경과

차량 발달의 경과

만철 위탁에 의해서 다시 철도국 직영시대가 되었다. 대륙으로의 교통량 증가와 철도 12년 계획 실시, 조선 내 산업 발달 및 군수 수송을 위하여 차량에도 속도 향상과 견인력 증가 등이 요청되었다. 기관차에서는 주요 간선 수송 증가용으로서 미카도형, 파시형, 마테형이 신규 제작되고, 또한 구배선용으로서 산타페형 외에 동양 최초로 직류, 3,000V 형식의 전기 기관차가 신규로 채용되었다. 지방선 급행용으로서 프레시를 대대적으로 개조하는 등 조선철도 자체 설계에 의한 프레나, 미카사, 파시시, 파시코, 마테이, 마테니

미카사형 텐더 기관차(1927~1945년) 화물용 대표 기관차

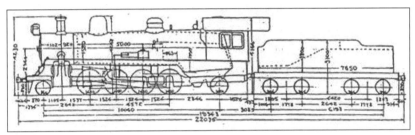

위 형식도

파시시형 텐더 기관차(1927~1940년) 여객 급행열차용

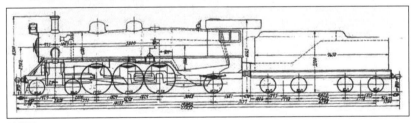

위 형식도

등의 조선철도형 기관차의 비약적인 시대로, 이 기간에 약 600량 정도가 제작되었다. 객차의 경우 특급 '아카쓰키' 용으로 설계된 경량 객차는 조선철도

가 자랑하는 차량으로 후에 표준 객차가 된 하9형과 함께 그 우수성은 차량
공업계의 주목을 받았다. 화차 설계에서는 중공업의 발달과 함께 화물이 대
형화되면서 40톤, 45톤 등의 대형 화차가 완성되었다. 또한 자재 절약 면에
서 각종 차량의 공통 부재와 부품 활용을 도모하였다. 1941년 이후 차량의
자재 조달은 더욱 어려워져 조선과 만주 내에서의 자급자족 체제를 계획했
으나 시국이 급박해져 상황이 더욱 곤란해졌다.

따라서 차량 운용 및 적재 효율 등의 향상에 더욱 노력하는 한편, 자재 절
약과 대체재 연구로 타개책을 강구했다.

1942년 이후 신규 제작은 기관차 및 화차에 중점을 두었으며, 객차는 보유 자
재에 의한 약간의 차량 증설에 그치고, 수송 정세에 맞추어 차량 제작을 발주했
다. 일본 기업에 발주한 기관차의 감독 검사에는 소수정예주의로 감독관을 상주
시켜 만전을 기했다. 정세가 긴급해지면서 일본으로부터의 해상 수송도 용이하
지 않아 그 중 몇 량을 잃었으며, 부산공장에서의 조립작업이 더욱 가혹해졌다.

마티니형 텐더 기관차(1943~1945년) 구배선용 고속여객용 기관차

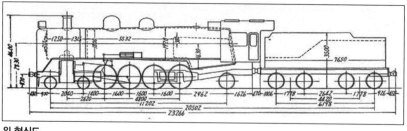

위 형식도

파시코형 텐더 기관차(1937~1944년) 강대 여객특급용

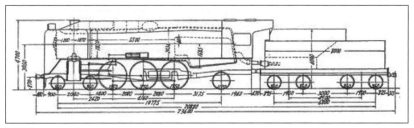

위 형식도

특급 '아카쓰키' 출현

일본~대륙 간의 수송량 증대와 함께 속도 향상이 요구되고 관부연락선의 대형화와 더불어 부산~경성 간 6시간 운전이라는 지상 명령이 내려진 것은 1933년경이었다. 관계 기술자 사이에서 검토한 결과 선로와 교량의 강도, 기관차 축중 한계점을 감안해 객차의 경량화가 가장 먼저 거론되었다. 경인선의 라하형에서 이미 경량화 실적을 올렸던 차량 설계진은 경량화와 함께 고속열차에 적합한 형태로 개조하기 위해서 차체의 높이를 낮추고 중심을 내려서 안정도를 향상시키고, 각 차량의 끝에는 지붕을 달고 차체의 외형을 따라서 둥근 덮개를 설치하고, 밀폐식으로 1열차의 반유선화를 시도하였다. 그런데 이것은 차량 공업계의 획기적인 설계였다. 대차와 차체 구조도 한계 설계치를 채택하여 재료 절약과 자중 경감을 도모하였다. 차내 금구도 당시로서 진귀한 알루미늄제로 하고 차체의 용접방식 등을 채용함으로써 재래형인 43톤에 비하여 35톤으로 크게 경감되었다는 것은 특이할 만하다. 또한 고속진동 방지책으로서 대차는 축 스프링식으로 하고, 세컨더리 스프링은 삼중 바

퀴 스프링으로 하였다. 그리고 당시로서는 최초로 대차에 유압식 완충 업소버를 설치하여 상하-종횡-전후의 진동을 흡수 감쇠하도록 하였다. 의자도 특별히 설계하여 쾌적한 승차감을 주도록 하였다. 특급 '아카쓰키'는 1, 2, 3등차, 식당차(기계식 냉방차), 전망 1등차의 반유선형으로 편성하였으며, 당초 파시시가 견인하였으나 선로 개량에 의해서 대형 여객열차용으로서 파시코가 사용되었다. 동륜 직경 1,850mm, 최고 속도 110km/h, 중량 196톤이라는 조선철도가 자랑하는 강대 기관차였다.

그러나 전쟁이 치열해지면서 중요 물자의 수송에 모든 능력을 집중한 결과 특급 아카쓰키도 마침내 1944년에는 모습을 영원히 감추었다.

조선철도의 우등차 변천

1906년의 창업시대, 미국 카앤드펀드리 회사로부터 주방이 있는 1, 2등차를 4량 수입한 것을 시작으로 1920년 미국 부르만형 침대차(구분실식) 1등객차 및 2등 침대차를 여러 대 수입하였다. 1910년에는 주방을 식당으로 개조하는 등 자체 제조기술이 향상되었으며, 1923년에는 조선철도 최초로 전망 1등 침대차가 경성공장에서 완성돼 조선~만주 직통열차에 연결됨으로써

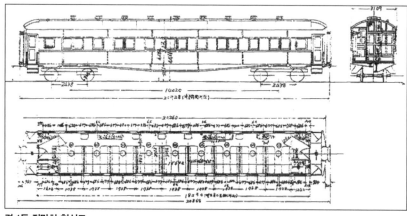

경 1등 전망차 형식도

성공을 거두었다. 이후 우등차의 수입에 종지부를 찍었다. 1936년 상경 중인 요시다 국장으로부터 사키야마공작 과장에게 식당차 제작 명령이 전달되었다. 사키야마 과장은 극비리에 엔지니어 2명과 함께 설계를 추진하였으나 정세의 변경으로 특별차로서 1939년 경성공장에서 완성되었는데 차량기술의 진수가 집약된 우수한 차량이었다. 1937년 특급 '아카쓰키'용으로 설계된 경 1등 전망차는 차체의 경량화와 함께 내부 설비에도 경량 재료를 이용하였으며 진동 방지를 위해서 차량 대차 설계에 신공법을 채용했다.

전망 1등 침대차(텐이네)

전망 1등 침대차는 운전 시간이 24~27시간에 이르는 조선~만주 직통 급행열차인 '히카리', '노조미'에 연결되어서 장거리 여객에게 호평을 받고 애용되었다.

조선철도는 창업 당초부터 1,435mm의 표준 궤간을 채용하였기 때문에 전망차 내의 폭도 2,960mm로 넓고 창의 폭도 1,295mm가 되는 등 후부의 유리 칸막이와 함께 전망이 좋은 개방식이며, 가장 뒤쪽에는 출입구를 겸한 발코니를 만들어 편리하게 이용하였다. 창 측에는 안락의자와 소파를 배치하고 바닥에는 융단을 깔고 사이드 테이블을 배치하여 담화실로도 사용할 수 있도록 하였다. 또한 칸막이 벽 측에는 서가와 책상을 두어 여객의 편의를 도모하고, 서

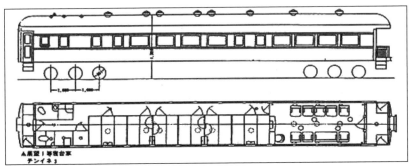

텐이네형 전망 1등 침대차 형식도

가에는 여행지도나 가이드북을 비치해 두었다.

재료는 소파에 양모 비로드를 깔고 바닥에는 털 길이 10mm의 카펫을 깔았으며, 벽면에는 모양이 새겨진 천을 붙이고, 천장에는 실크를 붙여 차내 전체의 색조를 배려하여 화려함을 강조했다. 서가와 책상

1등 전망차 내부

의 목재부분은 티크재를 이용하여 부조로 마감하고 유럽풍 가구를 배치하였다. 벽면의 아래 부분과 문틀의 목재부분은 티크재로 통일하여 차분한 분위기를 연출했다. 핸들, 래칫 등의 금구는 'Car Builder's Cyclopedia'를 참고로 하여 독자적으로 설계하고, 포금 합금의 그슬린 느낌으로 마감하여 중후함을 표현하였다. 전체적인 조명은 중앙부에 글로브식 환풍기를 달고 쌍갈래의 벽면 브래킷등으로 국부 조명을 삼았다. 또한 대차는 객차의 자중이 55톤이므로 축중을 고려해 6륜 보기차를 채용하고 속도가 향상됨에 따라서 세컨더리 스프링의 스팬을 길게 해서 스프링 진동 주기와 속도의 조화를 유지하여 차체 진동 방지에 노력했다.

전망차는 열차의 끝 부분에 연결하므로 곡선부와 구배, 분기점에서의 갤럽, 스네일링을 감소시키기 위해서 대차 중심들보에 사하중(교량 자체의 중량에 의한 하중)을 부담시켰다. 전망실에는 전용 급사 또는 보이를 배치하여 긴 여행의 피로를 풀기 위한 음료 등의 서비스를 제공하였다.

특별차(토크)

1939년에 경성공장에서 제조되었으며, 당시의 차량 설계기술의 진수가 집

약된 호화스러운 열차이다. 실내의 금구는 도어와 핸들에 이르기까지 모두 조각을 하고 은도금을 하였다. 벽은 옻칠 바탕에 조선 공예의 자개로 표현한 산호나 사슴 모양의 상감(표면에 여러 무늬를 넣는 공법)이 연출되었다. 그리고 전망실의 내부 장식은 매우 호화로워서 소파와 둥근 의자, 책상 등의 디자인과 재료도 조선 색조를 띤 격조 높은 예술품이었다. 창의 구조는 강제 창틀의 카운터가 달린 롤업식의 이

특별차 전망실 내부

중창이며, 창유리는 외부 13mm, 내부 6mm 두께의 방탄유리를 사용하였다. 또한 상판, 외판, 지붕판의 전면에 두께 8분의 1인치의 특수 강판을 설치한 문자 그대로 특별차였다. 이 특별차는 당시 동양 제일을 자랑하였던 수풍수력발전소댐(압록강변) 시찰을 위해서 만주국 황제가 사용했다.

경 1등 전망차(라테인1)

경 1등 전망차(라테인1)는 경성~부산 간의 특급 '아카쓰키'용으로 특별히 설계되었다. 1934년에 설계가 시작되었으나 고속열차에 적합한 형태로의 방침에 따라서 각 차량 모두 차단부는 삼각지붕의 형태로 만들어 속도감을 냈다. 따라서 최후미부의 전망실도 종래의 개방식을 채택하지 않고, 전망대의 후미부도 유리가 들어간 삼각지붕으로 하였다. 내부 장식은 경량 객차에 어울리는 부드러우면서도 속도감 있는 느낌을 주게 만들었다. 색조도 밝은 파스텔조가 많았다. 금구는 강도에 지장이 없는 한 대부분 경량의 알루미늄 합금을 채용하고, 의자의 천은 녹색과 크림색의 천으로 하였으며, 전망실의 소파와 책장도 개성 있고 참신하게 설계했다. 소파의 스프링 등에도 대차에 새로 채용된 대차 세컨드 스프링의 3중 코일 스프링과의 공진에 주의를 기울이는 등 세심하게 배려하였다. 당시 일본의 철도에서는 최초로 대차에 완충

업소버를 설치해서 진동 개선을 위해서 노력했다. 또한 경량 객차로 하기 위해서 구조와 재료 모두 경량화를 위해서 노력해 자중도 35톤으로 크게 경감되었기 때문에 당시의 우등객차로서는 드물게 4륜 보기 대차를 이용하였다.

<표 6-13> 전망대의 제원

| 차량번호 | 전장(mm) | 자중(t) | 정원(인) | | | 대차 |
			전망실	1등	침대	
텐이네1	21,458	44.7	(10)	34	18	4륜 보기
텐이네2	21,762	45.5 48.0	(8)	44	22	6륜 보기
텐이네3	25,000	55.9	(10)	24	16	〃
텐이네4	23,500	55.9	(10)		10	〃
라텐이1	21,000	35.0 34~35.2	(10)	15 특별실 3	–	4륜 보기

주) ( )안은 의자 수를 말한다.

산악 지대용 기관차 마테형(4-8-2)의 탄생

북선지방의 지하자원 개발과 함께 수송량이 증대하면서 급구배와 곡선이 많은 산악용의 강력한 견인력을 가진 기관차가 요청되었다. 이 요청에 따라서 설계한 화물용 기관차를 미카도형(2-8-2)으로 하지 않고 마운틴형(4-8-2)으로 한 것은 복원력이 큰 4륜 보기 대차를 가져서 선도력이 좋고 제1 동륜의 플랜지 마모를 적게 하여 여객과 화물 양 용으로 사용하기 위해서였다. 마테이형은 주로 장거리 화물용으로, 마테니형은 장거리 화물용 및 구배용 여객용으로 선로용량(쿠퍼 하중 E50)이 허용하는 최대의 고속 중량 기관차로서 수송 증강에 앞선 조선철도가 자랑하는 전시 설계형 기관차이다.

1940년부터 매년 수량씩 증설하여 마테이형 50량, 마테니형 33량을 보유하기에 이르렀다. 최대 축량은 미카

미카사(129호) 기관차 명판

사형이 18톤인데 반하여 22톤으로 하고, 실린더 인장력도 미카사형 18,250kg에 대해서 22,450kg으로 강력해졌다. 또한 조선철도에서의 새로운 장치로서 자동 급탄기, 급수 온도 미터기를 설치하여 보일러의 효율성 향상을 도모하였다. 화물의 대량수송뿐만 아니라 중량 여객열차의 견인용으로서 큰 역할을 완수하였으며, 조선철도 차량 설계진이 자랑하는 마지막 기관차가 되었다. 이로써 조선철도 기관차는 수많은 변천 발달의 막을 내렸다.

〈표 6-14〉 마테형 제작 상황

연대	번호	제작소	기수	비고
1939	마테이	경성공장	1호	고속화물용 동륜 직경 1,450mm
1940	마테이	〃	2호	
1942	마테이	기차회사	3~7호	
1942	마테이	〃	8~12호	
1943	마테이	〃	13~34호	
1944 ~1945	마테이	〃	35~50호	
1943	마테니	가와사키중공	1~6, 7~10, 11~14	전시 설계형 구배선용 고속여객용 동륜 직경 1,520m/m
1944	마테니	〃	15~26	
1945	마테니	〃	27~33	

구배선용 기관차 산타페형(2-10-2)

북선의 마그네사이트와 목재를 운반하기 위해서 길주~백암~혜산진 간의 33‰ 급구배 노선인 혜산선에 사용하기 위해서 설계되었다. 구배선으로 터널이 많기 때문에 후진 운전이 가능하며, 견인력이 강력해야 한다는 것이 설계 조건이었다. 운전실이 밀폐식이 아니었기 때문에 혹한에 노출되는 북선지역에서는 운전에 대한 불만이 많아 따뜻한 남한의 구배선으로 바꾸어 배치하였으며, 1939년 24대를 마지막으로 제작을 중지했다.

이 기기의 장점으로는 ① 동륜이 많기 때문에 축중이 가볍다(최대 축중 16톤), ② 제1, 5 동축은 횡동식으로 급구배에 적합하다, ③ 탱크차이므로 후진 운전이 가능하다는 점 등에서 조선 최대의 탱크 기관차였다.

연대	형식	제작소	조립공장	번호	
1934	사타이	경성공장	경성공장	1~4	
1935	〃	일본 차량	경성공장	5~8	
1936	〃	경성공장	경성공장	9~10	
1937	〃	일본 차량	부산공장	11~19	
1939	〃	일본 차량	부산공장	20~24	총 24량

화물용 대표 기관차(미카도형)

화물용 기관차로서 1919년에 볼드윈사로부터 미카이형 12량을, 아메리칸 로코모티브사로부터 미카니형 12량을 수입했다. 그러나 선로 연장, 수송력 증대를 위한 차량 공업계 발전의 분위기와 함께 조선철도의 독자 설계의 기관차를 일본 국산화하기로 결정했다. 1926년 미카이형·미카니형의 개량 설계에 착수해 조선산의 저칼로리 갈탄을 사용하기 위해서 화상 면적을 넓게 하여 최대 연소율을 향상시키고 연소실을 두어서 보일러 효율을 향상시키는 등 획기적인 설계에 성공했다. 이 미카사형은 1926년 기차회사에 최초로 발주되어 화물 전용의 대표 기관차로 친숙해져 충분히 그 역할을 수행, 총 313량을 보유하기에 이르렀다.

〈표 6-15〉 미카도형(2-8-2) 기관차의 발달 변이

연도	형식	제조소	비고
1919년	미카이	(미)Baldwin	화물용 실린더 행정 711mm 견인력 17,000kg, 주로 경의선에 사용
1919년	미카니	(미)Alco.	견인력 21,700kg 미카니 11-12에 자동 급탄기가 시험 이용되었다. 경의선과 경원, 함경선에 사용
1927년~ 1945년	미카사	경성공장 기차회사 외	조선철도 설계, 화물용으로 차륜 배열 이외는 부품 교환을 고려해 파시시와 거의 동일한 구조로 된 표준 기관차로서 주력을 차지했다.

차량 냉방·냉동장치

철도 차량의 냉방장치 중 오래된 것으로는 인도에서 사용한 지붕에 두꺼운 면을 덮고 물을 뿌려서 증발열에 의해서 차내의 온도를 내리는 원시적인 방법이 그 시작이었다.

조선철도국에서도 1918년경부터 연구를 시작해서 1924년 오다카식 냉풍장치가 고안되어 시험을 실시하였다. 차체 벽 아래쪽에 구멍을 뚫어 차량이 주행할 때 공기가 들어가도록 해서 얼음기둥으로 냉풍을 일으키는 방식인데, 실용화되지는 못했다. 1926년에는 빙식 냉방장치를 식당차에 설치했으나, 그 후 냉방장치의 기술이 진보하면서 본격적인 공기 청정과 냉방을 겸한 쿨링 샤워식 빙식을 완성하고 1937년 여름 경성~부산 간에서 시운전을 하여 좋은 성적을 얻은 뒤 식당차 전차에 설치해서 호평을 얻었다. 단, 짧은 정차시간 중에 얼음을 보급하기 어렵다는 결점이 있었다. 한편, 만철에서 특급 '아시아'호의 전 차량에 증기 분사식 공기 정화장치를 완성하자, 조선철도에서도 1939년에 직접 기계식 냉방장치를 채용했다. 이 방식은 메틸 크로라이드를 냉매로 하며, 압축기의 구동은 차량이 주행할 때 차축에서 빗살형 V벨트, 기어장치 및 KM 전자 이음매를 거쳐서 구동된다. 차축의 회전은 열차 속도에 따라서 변화하므로 KM 전자 이음매에 의해서 회전이 일정하게 조정되도록 되어 있다. 차내에 설치된 서모스탯(온도 조절기)이 이 이음매에 연동해서 냉동기의 회전을 자동으로 조정한다. 또한 정차 중에는 운전이 정지하므로 장시간 정차하는 역에서는 차내의 온도 상승을 방지하기 위해서, 차량 아래에 보조 전동기를 매달아 수은 정류기를 거쳐서 외선 전력에 의해 장치를 운전할 수 있도록 설계되어 있다. 결국 시국이 긴박해지면서 식당차 냉방장치는 폐지될 운명에 처했다.

종래 생선과 야채의 수송에는 수냉식 냉장고를 사용하였으나 군수품 수송 목적을 위해 직접 기계식 냉동장치를 설계하고 완성하였다. 냉동장치는 가와사키중공업의 KM-N형으로 냉매에 암모니아가스를 사용하고 차축에

서 빗살형 V벨트, 기어, 전자 이음매에 의해서 압축기를 구동하는 구조로
되어 있다. 냉동방식은 직접 팽창식으로 천장 한 면에 증발관을 장치하고
차량 아래에 압축기를 매달았다. 냉동 능력은 기준 상태에서 약 12냉동톤의
경우 차내 온도를 영하 15℃로 유지하도록 설계되어 있다. 이 냉동화차도
정세에 의해서 운전 개시를 보지 못하였다.

조선철도 기계식 공기조화장치

화차의 변천

경인·경부철도시대에 미국으로부터 수입한 화차는 23톤 및 27톤의 목
조차인데 대차는 4륜 보기차를 사용하고, 유개차와 무개차, 무측차의 3종
류가 있었다. 1912년에 이르러 적재 하중도 30톤을 표준으로 하고 철골
목조로 하였으나, 1925년에 들어와 속도 향상과 견인차량의 증가와 함께
대차도 1935년에는 자중 경감을 위해서 강제 어복형에서 중심들보 ㄷ자형
강제로 설계를 변경했다.

1937년경에는 30톤 적재 유개차(바시브)와 무개차(토시브)가 철도국 내
의 공장 및 조선 내의 차량 회사에 다수 발주되고, 새로운 수송 증강을 위
해서 강제 40톤 유개차 및 반강제 45톤 무개차가 제작되었다. 이들은 조선
과 만주, 중국 설계 기준에 따른 전시(戰時)형 공동 설계였다. 특수 화차로
서 1929년 이후 냉장차와 가축차, 수조차, 보온차, 통풍차, 유조차 등이 각
각의 목적에 따라서 제작되었다. 특히 북방 자원 운반용으로서 광석차와 석

탄차가 설계되었는데 화물용
으로서 밑면 오픈, 측면 오픈
장치가 개발되었다. 무산광산
에서 청진제철소까지 습식 부
유 선광법에 의한 분광용 광
석차에는 동결 방지용으로 증
기 난방장치의 특수 설계를 하
였다.

후이부형 통풍차(1937년) 경성공장제

무측차는 1927년에 50톤 6
륜 보기차를 1량 제작하였는

타코부형 석탄차(1932년) 경성공장제

데, 1933년에 장척물 운반용으로서 50톤, 길이 20m의 6륜 보기차를 제작하
여 목재 반출용으로서 활약했다. 그밖에 압록강 수풍댐 수차 운반을 위한 특
수 운반용으로서 중앙부에 저부(낮은 부분)를 설치한 65톤 저상차(치로브) 1
량을 설계했다.

또한 유개차는 군인용으로 선반을 설치하고, 그 위에 짚을 깔아 침대 대용

치로부형 저상차(1937년) 경성공장제

케하형 3등 경유 동차(1931년) 경성공장제

으로 사용하였다.

〈표 6-16〉 화차의 하중과 대차

자중t	적재하중t	구조	대차	차축
	10	목제	4륜차	A종
	23~27	목제	4륜차	A종
13	30	철골목조	4륜 보기차	B종
16	30, 40, 45	강제	4륜 보기차	C종
	50, 65	강제	6륜 보기차	C종

국영(局營) 자동차

조선철도는 지방 보조 운수로서 여객 및 화물을 취급하는 자동차 영업 선로를 2곳 보유하고 있었다. 광주~여수 간 143km를 본선으로 하는 광려선과 회령~웅기 간 94km의 회웅선의 두 선로이다. 관영이지만 민간 지도도 겸하여 새로운 업무에 대응시켰다. 전쟁이 진행되면서 가솔린 대용 연료 문제가 발생하였으나, 조선철도에서는 일찍이 1930년에 목탄 자동차 시험에 착수하고 가스 발생기를 구입해서 주행시험을 하였다. 1939년에 가솔린 부족에 대처하기 위해서 다시 목탄 가스와 장작 자동차가 등장하여 일반적으로 보급되었으나, 새로 아세틸렌가스 자동차가 개발되어 1943

국영화물자동차

국영여객자동차 1936년 3월. 광려선(광주~여수 간) 국영 자동차 운수사업 개시

년 겨울 회령~웅기 간에서 대체연료 자동차의 내한 운행시험을 실시해 영하 29℃의 극한에도 견딜 수 있다는 것을 증명하였다.

조선에서는 사철 자동차 선로가 건설되고 활약하였으나, 1936년에 광주자동차구가 설치되고 민간 지도의 입장을 취했던 철도국영자동차도 1944년 이후 여객 및 화물 자동차의 통합을 도모하여 민간에 양도되고 막을 내렸다.

〈표 6-17〉 조선 국유철도 경영 자동차 노선 명칭

1936. 2. 고시 제82호.
개정 1937년 고시 896호.

명칭	구간	
광려선	광려 본선	(여수~무교~광주 간)
	곡순선	(순천읍~광천리~곡천 간)
	동복선	(귀암교~동복 간)
	화순선	(화순읍~화순 간)
	수문선	(보성~수문포 간)
	장흥선	(보성~전남 장흥 간)(배산~장평 간)
	복내선	(보성~복내 간)
회웅선 94km	(회령~웅기읍 간) 1937년 12월부터 1940년 6월까지	만철 위탁, 1940년 7월 직영으로 환원

나키하(2-8-2), 협궤(762mm) 기관차

1934년 북방 삼림 개발 노선으로서 건설된 백무선에 전용으로 사용하기 위해서 미카도형 탱크 기관차가 설계되고, 차륜 배열은 미카사와 마찬가지로 2-8-2로 주행 성능도 좋고 수송력도 증대하였다. 백무선은 분기 곡선 반경 40m, 구배 33‰의 악조건인 산악선이라 선륜의 진동도 등에 주의를 기울였다.

1944년 철도국 선으로서 매수된 황해선을 달리던 나키하 762mm 텐더 협궤 기관차(기차회사 제품)의 성능은 세계 최고급으로 해외에까지 소개되었다.

이 기기는 발열량 4,500kcal의 저질탄을 사용할 수 있도록 화격자 면적을 2.1㎡로 넓게 취하기 때문에 화실 설치에 특별히 배려하였다. 최고 속도 70km/h(동륜 회전 수 340r.p.m)로 하기 위해서 동륜 지름을 900mm에서 1,100mm로 확대하였다.

전기 기관차 계획

1937년 7월 중일전쟁의 발발로 인해 경부·경의선의 복선 계획과 더불어 경원·함경선의 수송 증강이 요청되어 가장 좁고 험하며 25‰의 연속 구배를 가진 복계~고산 간 53.9km 구간에 조선철도 최초로 간선 철도의 전철화가 계획되었다. 이에 앞서서 1936년에 공작과에 전력계를 두고 전기 기관차 설계를 담당시켰으며, 1937년에는 전기과가 신설되어서 전철화설비의 본격적인 작업에 들어갔다. 효율성과 보안성 유지면에서 검토한 결과 전철화방식에 있어서 동양 최초의 직류 3,000V방식이 채용된 것은 특기할 만하다.

전기 기관차 설계에는 각 전기 기기의 내구, 내전 성능 등 첫 경험인 만큼 제작측도 신중하게 시작시험을 거듭한 결과 제1호기가 완성된 것은 1943년 6월이었다. 복계~고산 구간에서의 전철화 운전은 성적이 좋았으며, 수송력이 증대되고 매연과 증기 압력 미상승의 문제도 해소되어 획기적인 직류 3,000V의 기관차가 탄생했다. 운전의 보안도 향상을 위해서 공기 제동 및 수제동 외에 전력 회생 제동을 채용하였다. 이것은 전력의 절약과 제륜자의 소모를 억제하는 일석이조의 방법으로 기관차와 전차선, 변전소의 3자가 삼위일체로 협동 작동하는 설계이며, 회생 제동과 공기 제동의 상호 작용을 통해 보안상 운전 속도를 감속하지 않고도 운전을 유지할 수 있는 장치가 되도록 하였다. 전차선의 최고 전압은 3,600V, 최저 전압은 1,800V로 정하여 완전한 운전을 확보해 두었다.

이 전기 기관차에 설비한 보조장치 중 주요한 것은,

가. 정전압 전동 발전기   점등 및 제어 회로용

나. 전동 송풍기   주전동기 냉각용

다. 공기 압축기   단위 스위치 및 제동용

라. 자기(磁氣)화용 전동 발전기 회생 전동기 자기화용

등이다.

전동기는 모두 복(複)정류자 구조이다. 직류 3,000V의 주 회선을 개폐하고 전기 기관차의 속도를 제어하는 단위 스위치에는 전자 공기식을 채용하고, 개방 시에 발생하는 전호(電孤, Arc)를 완전히 차단하기 위해서 강력한 전호 취소 작용을 가진 특수한 아크 슈트가 이용되었다.

전기 기관차의 주요 제원은 〈표 6-18〉과 같다.

〈표 6-18〉 조선철도 전기 기관차 주요 제원표

기관차 형식		데로이	데로니	데로사
제조자		도쿄 시바우라전기	히타치제작소	미쓰비시전기
운전 정비 중량	톤	135	135	138.5
동륜상 중량	톤	108	108	–
공차 중량	톤	134	134	–
전장	mm	19,060	19,060	19,060
최대 폭	〃	3,100	3,100	3,100
최대 높이	〃	4,300	4,750	4,600
궤간	〃	1,435	1,435	1,435
축거	〃	4,480	4,480	4,480
전축거	〃	15,760	15,760	15,760
동륜경	〃	1,370	1,370	1,370
선륜경	〃	860	860	860
차체형식		1CC1	1CC1	1CC1
전기방식		직류 3,000V	직류 3,000V	직류 3,000V
출력	KW	2,310	2,100	2,100
속도	(1시간 정격) km/h	42.5	44	43

기관차 형식		데로이	데로니	데로사
제조자		도쿄 시바우라전기	히타치제작소	미쓰비시전기
견인력	kg	20,000	17,520	17,400
최고 속도	km/h	75	75	75
주 전동기		MT$_1$	MT$_2$	MB-279-AFV
개수		6	6	6
출력	KW	385	350	350
전압	V	1,500/3,000	1,500/3,000	1,500/3,000
회전 수	rpm	680	700	700
기어비		19:78=1:4.11 1단 기어 감속식 nose-suspension drive	19:78=1:4.11 1단 기어 감속식 nose-suspension drive	19:78=1:4.11 1단 기어 감속식 nose-suspension drive
제어방식		중련 직병렬 3단	중련 직병렬 3단	
제어장치		전자공기단위 스위치식	전자공기단위 스위치식	전자공기단위 스위치식
제어회로 전압	V	100	100	100
집전장치		판타그래프	판타그래프	판타그래프
차단기		EL14AR 공기차단기 전력회생차단기 손차단기	EL14AR 공기차단기 전력회생차단기 손차단기	EL14AR 공기차단기 전력회생차단기 손차단기
전동 발전기		MG$_1$ 1대 6KW/4KW 3,000V/100V	MG$_2$ 1대 41KW/35KW 3,000V/100V	- 1대 - -
전동 자기화기		ME$_1$ 1대 60KW/48KW 3,000V/84V	ME$_2$ 1대 46KW/40KW 3,000V/74V	- 1대 - -
전동 송풍기		MB$_1$ 2대 10KW 3,000V 230㎥/min	MB$_2$ 2대 6KW 90V 150㎥/min	MF-11-A 2대 7.5KW 3,000V 180㎥/min
전동 공기 압축기		MC$_1$ 2대 3,000V 1,700ℓ/min	MC$_2$ 2대 95V 1,700ℓ/min	MC$_1$ 2대 3,000V 1,700ℓ/min

조선철도국(선철)의 기관차 발달 개요

1899년 경인철도에 미국으로부터 모가형 포화식 기관차를 제1호기로서 수입한 이래 시대의 변천과 함께 산악이 많은 지형과 선로 상황에 좌우되어서 독자적인 변천 발전을 이루었다.

창업 당초부터 American Archtype를 답습하여 기관차를 국산화한 후 복잡한 지리적 조건에 따른 급구배·소곡선이 많은 궤도상에서 요구된 수송 목적의 시대적 변천에 따라서 설계된 기관차는 광궤 철도로서 다른 국가에서는 예를 찾아볼 수 없는 특수한 발달의 역사를 거쳤다. 경부철도와 임시군용철도시대에는 프레리형(2-6-2) 탱크 기관차, 테호형(4-6-0) 텐더 기관차를 미국에서 다수 수입해서 사용했다. 1906년 통감부 철도관리국으로 통합되어 관영에 의한 신선 부설이 활발해져서 경원·함경·호남선 등의 지방 간선을 연장한 결과 다수의 기관차가 필요하게 되어 특수한 4-4-0형 텐더를 포함한 설비 증설이 1914년까지 계속되었다. 1912년에 제작된 아메이부터 바르샤트식 밸브장치(Walschearts Valvegear)를 채용하고, 테호코의 기관을 과열식으로 한 것 등 개량에 진보적인 모습이 엿보였다. 프레형은 비교적 큰 견인력과 속도감이 있고 전후진이 편

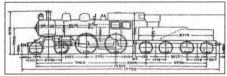

아메이형 기관차(1911년 수입 초량공장 조립) 왼쪽 형식도

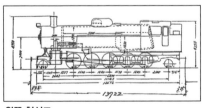

사타이형 탱크 대형 기관차(1934~1939년) 산악 왼쪽 형식도
구배선용

리했기 때문에 단구간의 객화 모두에 적당하였다. 테호형은 넓은 화실을 비교적 동륜이 큰 대차의 아래에 두기 때문에 강력한 기관차로서 간선 객화 열차의 견인에 적합한 형식이었다.

1912년 무렵에는 간선의 연장과 함께 비교적 고속으로 길게 편성된 열차 운행이 요청되어 테호코형이 탄생하여 근대 기관차의 기초가 되었다.

1919년 간선 장거리용 기관차의 필요성에 의해서 미카이-미카니(2-8-2) 및 파시이-파시니(4-6-2)의 4형식을 미국에 발주했다. 이 무렵 일본에서는 기관차의 국산화 분위기가 고조되고 조선철도에서도 파시이-파시니의 설계를 기준으로 일본 기업에 최초로 발주했다. 즉, 국산

프레하형 탱크 기관차(1932~1939년) 경인선 괘속용

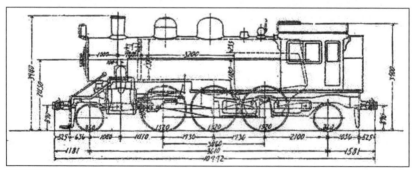

위 형식도

파시이 및 파시사는 미국제인 모계와 거의 동일한 구조와 형태를 가진 채 1925년에 본격적으로 국산 기관차 파시시-미카사에 이용되었는데 그 후의 국산 기관차의 형태가 미국의 형태, 특히 Baldwin제와 Alco. 제 기관차의 절충적인 요소를 다분히 포함하게 된 커다란 원인이라고 볼 수 있다.

조선철도 기관차의 본격적인 국산화는 1920년 무렵부터 시작되었으며, 1927년에 제작된 조선철도 설계의 국산 기관차는 파시이-미카사 테호로의 3형식이었다. 조선철도 공작계의 기술 수준이 상당히 높아 테호로-미카사는 경성공장에서 제작하였으며, 특히 파시시 미카사형에 대형 기관차에 걸맞는 능률적인 연소실을 설치하는 등 참신한 설계가 국산화의 초기에 이루어진 것은 주목할 만하다. 그 후 세계적인 불황으로 인해서 기관차의 신규 제작은 크게 발전하지 못했다.

1931년 포화식 프레형을 과열식으로 개량한 프레나 및 도시 간 소단위 고속용으로 경성공장에서 제작한 프레하 기관차가 경인선 쾌속 열차에 등장했다.

또한 1934년 북선 동부산악지대의 33‰ 급구배의 혜산선에 사타이형(2-10-2) 기관차가 조선철도 공작진의 설계에 의해서 경성공장에서 제작되었다. 이 형식은 독일에서는 많이 볼 수 있지만 국산으로서는 진귀한 신형 기관차였다.

만주사변으로 인한 전세의 영향으로 대륙 연락 수송의 필요성이 증가하였으며, 이 시기를 기점으로 조선철도에서의 기관차의 발달이 달라짐에 따라 대형 기관차의 신속한 제조가 요구되었다. 그 결과 조선철도의 표준적인 기관차인 테호로-파시시-미카사가 일본 차량 업체에 다수 발주되었다. 특히 미카사는 경부·경의 양 차선의 중량 열차에 중용되었을 뿐만 아니라 지방 간선에도 진출하였으며, 테호로는 지방 간선의 중견으로서 각 선에 널리 이용되었다.

〈표 6-19〉 기관차 일본 업체 외주표(1923~1945년간)

업체 연대	일본 차량		기차회사		가와사키중공		히타치카사도		미쓰비시중공		계
1923			파시이	6	파시사	6					12
1924			코로이	3							3
1925							나키로	5			5
1927			미카사	8	테호로 파시이	6 4					18
1928	미카사	3	미카사	3	미카사	5	미카사	3			14
1929							테호로	4	테호로	4	8
1934					파시시	6	나키하	4			10
1935	프레나 사타이	14 4	미카사	4			나키하 미카사	3 4			29
1936	프레나	5	미카사	7	파시시	4	나키하	3			19
1937	프레나 사타이	5 9	미카사	14	미카사 테호로 파시시	5 9 6	나키하 테호로	3 9			60
1938	프레나	4	미카사	18							22
1939	미카사 사타이 프레하	5 5 7	미카사	12	미카사 파시시	5 26	미카사 테호로 나키하	4 15 2			81
1940	미카사 파시시	30 8	미카사	27	피시코 파시시	10 18	미카사 테호로 나키하	23 10 2			128
1941	프레나	15	미카사	12	테호로 파시코	3 10	미카사 테호로	2 14			56
1942	미카사 프레나	6 7	데로이 마티이 미카사	※ 3 10 8	파시코	13	미카사 테호로	5 15			67
1943	미카사	16	미카사 마테이	6 20	마테니 파시코	14 5	미사카 테로니	24 2			87
1944	미카사	14	데로이 마테이	※ 1 16	마테니 파시코	13 2	미카사	18			64
1945			마테이	2	미카사 마네니	4 5	미카사	1			12
계		157	※ 대차	180		179		175		4	695 량

〈표 6-20〉 연도별 차량 보유량 수 조사표

연도 \ 차량	기관차 광궤	기관차 협궤	객차 광궤	객차 협궤	화차 광궤	화차 협궤	동차	비고
1899	4		16		28			경인철도
1901 ~1905	36		71		245			경부철도
1904 ~1906	54		68		320			임시군용
1906	94		155		593			통감부
1907	104		158		955			
1908	109		159		1,034			
1909	109		159		1,036			
1910	115		159		1,186			철도국
1911	133		191		1,335			
1912	138		209		1,445			
1913	154		268		1,538			
1914	165		335		1,602			
1915	169		337		1,604			
1916	175		360		1,774			
1917	175		407		1,874			
1918	191		420		2,047			만철 위탁
1919	220		423		2,252			
1920	220		430		2,472			

연도 \ 차량	기관차 광궤	기관차 협궤	객차 광궤	객차 협궤	화차 광궤	화차 협궤	동차 광궤	동차 협궤	비고
1921	232		471		2,514				
1922	233		494		2,596				
1923	243		536		2,656		4		
1924	247		561		2,754		3		
1925	247		592		2,766		3		
1926	247		618		2,738		3		철도국
1927	272	6	651	18	2,857	53	2		
1928	285 △1	22	684	65	3,011	222	2	5	
1929	296 △1	34	742	75	3,173	349	4	7	

차량 연도	기관차 광궤	협궤	객차 광궤	협궤	화차 광궤	협궤	동차 광궤	협궤	비고
1930	302 △1	31	733	75	3,313	319	10	11	
1931	315 △1	31	754	75	3,444	319	25	13	
1932	319 △1	31	758	75	3,464	310	31	13	1932. 9. 말

주) 1933~1945년간은 차량 수 미발표로 인해 자료 불분명

〈표 6-21〉 1945년 8월의 차량 보유량 수

국유철도	1,019	111	1,882	145	14,209	1,038	
계	1,130		2,027		15,247		기관차 40량 만철에서 대여
사철철도	144		246		1,454		
합계	1,274		2,273		16,701		

주) 동차는 객차에 포함

〈표 6-22〉 1,435mm 궤간 덴터 기관차 요목 일람표

형식		아메이	테호이	테호니	테호사	테호시	테호코	테호로	파시이
차륜 배열		4-4-0	4-6-0	4-6-0	4-6-0	4-6-0	4-6-0	4-6-0	4-6-2
실린더 직경 ×행정	mm	450 ×660	381 ×660 635	510 ×660	510 ×660	510 ×660	530 ×660	530 ×660	600 ×660
사용 압력	kg /cm²	12.6	14.0	12.6	12.6	12.6	12.6	12.6	13.0
화격자 면적	m²	2.34	4.36	4.36	4.39	3.72	3.73	4.36	4.33
전전열 면적	m²	–	185.90	217.10	217.70	174.80	214.10	217.10	287.10
과열 면적	m²	–	39.60	46.30	46.90	–	38.60	46.30	61.20
전열 면적	m²	130.80	146.30	170.80	170.80	174.80	175.50	170.80	225.90
굴뚝	m²	118.80	130.90	158.80	158.80	156.50	161.90	157.20	208.90
화실	m²	12.00	11.20	12.00	12.00	12.00	12.00	12.00	17.00
연소실	m²	–	4.20	–	–	4.40	–	–	–
통 직경 (제1통 외경)	mm	1,422	1,626	1,626	1,626	1,626	1,626	1,626	1,676
소 굴뚝(직경×수)	mm	51×214	57×233	51×310	51×310	51×264	51×167	51×150	51×168

형식		아메이	테호이	테호니	테호사	테호시	테호코	테호로	파시이
대 굴뚝(직경×수)	mm	–	137×24	137×24	137×24	–	137×20	137×24	137×26
굴뚝 길이	mm	3,480	4,002	4,588	4,588	3,709	4,591	4,588	5,505
수조 용량	㎡	14.5	15.1	15.1	15.1	15.1	15.1	17.5~20.0	20.8
연료 적재량	t	7.2	4.5	4.5	6.0	6.0	6.0	7.6~9.5	8.0
연결면 간 거리	mm	17,793	18,808	17,765	17,642	18,625	17,972	18,424	21,900
최대 폭	mm	3,023	2,972	2,972	2,921	2,972	2,997	3,050	3,200
최대 높이	mm	4,228	4,232	4,232	4,232	4,232	4,232	4,232	4,552
동륜 직경	mm	1,830	1,680	1,680	1,680	1,680	1,680	1,680	1,750
기관차 중량 (운전 정비)	t	53.84	78.10	67.16	67.60	68.40	72.52	75.1~77.2	94.40
탄수차 중량 (〃)	t	44.58	41.52	41.52	43.46	43.03	43.45	48.5~54	56.70
동륜상 중량 (〃)	t	32.82	57.50	50.80	53.10	52.95	55.19	56.6~58	57.90
중심 높이	mm	1,408	1,691	1,691	1,691	1,691	1,691	1,691	1,682
밸브장치		Wal	Steph	Steph	Steph	Wal	Wal	Wal	Wal
최대 실린더 견인력		8,060	12,100	11,300	11,300	11,300	12,200	12,200	14,400
최대 점착 견인력		7,290	12,800	11,290	11,800	11,770	12,260	12,580	12,870
허용 최고 속도		95	95	95	95	95	95	95	95
제작 초년		1912	1906	1905	1911	1913	1914	1927	1921-1923
제작소		Alco	Bald	Bald	Alco	Bald	사하구 Alco	사하구 가와사키 차량 Alco	기차회사 Bald
적요			개조 전의 요항 표시. 단식과열 식으로 개조	개조 전의 요항 표시. 과열 식으로 개조	개조 전의 요항 표시. 과열 식으로 개조		테호코 1~15, 28~36	동력 반전기 16호~36	파시이 1~12 13~18호

주) 1. 밸브장치 Wal : Walschaert, Steph : stephenson.
  2. 제작소 Bald : Baldwin, Alco:American Locomotive, 국경공 : 조선총독부 철도국 경성공장, 사하구 : 만철 사하구공장

파시니	파시사	사시시	파시코	소리이	미카이	미카니	미카사	마테이	마테니
4-6-2	4-6-2	4-6-2	4-6-2	2-8-0	2-8-2	2-8-2	2-8-2	4-8-2	4-8-2
610×660	610×660	580×660	580×710	508×660	559×711	620×711	580×710	600×710	600×710
13.0	13.0	13.0	15.0	12.6	13.0	13.0	13.0	15.0	14.0
4.36	4.36	4.75	6.20	4.05	4.37	4.45	4.75	6.20	5.24
287.10	279.40	237.60	393.70	–	303.20	308.80	236.60	393.70	339.77
61.20	75.30	61.50	113.70	–	64.00	69.00	61.50	113.70	98.50
225.90	204.10	176.10	280.00	182.20	239.20	239.80	175.10	280.00	241.27
208.90	187.10	155.00	252.60	167.30	221.50	222.30	153.40	252.60	217.00
17.00	17.00	} 21.10	} 27.40	14.90	17.70	17.50	} 21.70	} 27.40	} 24.27
–	–			–	–	–			
1,676	1,681	1,580	1,850	1,524	1,676	1,727	1,580	1,850	1,800
51×168	51×127	51×120	51×75	51×248	51×168	51×164	51×118	51×75	51×63
137×26	137×32	137×28	90×120	–	137×26	137×28	137×28	90×120	90×104
5,505	5,505	4,971	5,500	4,225	5,839	5,835	4,971	5,500	5,532
22.7	22.7	28.0	35.0	15.1	22.7	22.7	22.7	35.0	28.0
9.4	9.4	12.0	14.0	7.3	9.4	9.4	12.0	14.0	12.0
22,060	22,060	22,054	23,756	17,991	22,032	22,094	22,035	23,837	23,266
3,054	3,054	3,054	3,170	2,960	3,023	3,023	3,078	3,200	
4,228	4,228	*4,505	4,700	4,570	4,383	4,254	4,507	4,700	4,600
1,750	1,750	1,750	1,850	1,370	1,450	1,450	1,450	1,450	1,520
90.40	89.60	92.40	112.00	66.60	89.75	93.40	90.65	116.00	112.82
57.50	57.50	67.40	84.00	44.46	57.50	57.50	65.80	85.80	65.80
54.30	53.65	54.40	66.00	60.20	69.80	72.50	69.45	83.00	78.57
1,635	1,635	1,635		1,644	1,607	1,637	1,636		
Wal	Wal	Wal	Wal	Steph	Wal	Wal	Wal	Wal	Wal
14,000	14,000	14,000	16,500	13,300	17,000	20,800	18,250	22,500	20,010
12,070	11,900	12,100	14,670	13,380	15,500	16,110	15,430	18,450	17,460
95	95	95	110	70	70	70	70	80	90

파시니	파시사	사시시	파시코	소리이	미카이	미카니	미카사	마테이	마테니
1923 Alco	1924 가와사키 차량	1927 가와사키 차량	1939 가와사키 차량 경성공장	1894 Bald	1919 Bald	1919 Alco	1927 기차, 닛샤, 히타치, 가와사키, 철도국 경성공장	1939 기차	1943 가와사키 차량
		파시시 5 · 10, 15~64의 수치를 나타낸다. 파시시 11~14는 유선형			12량 동력 반전기	12량 동력 반전기			

〈표 6-23〉 1,435mm 궤간 탱크 기관차 요목 일람표

형식		시구이	코로이	모가이	프레이	프레니	프레사
차륜 배열		2-2-0	2-4-2	2-6-0	2-6-2	2-6-2	2-6-2
실린더 직경×행정	mm	250×406	300×457	350×560	410×610	410×610	410×610
사용 압력	kg/cm²	13.0	13.0	10.0	11.5	11.5	11.5
화격자 면적	m²	0.91	1.12	1.21	1.69	1.66	1.69
전전열 면적	m²	44.4	69.2	59.2	98.7	98.0	99.1
과열 면적	m²	–	16.2	–	–	–	–
전열 면적	굴뚝 m²	39.2	47.4	52.6	89.2	88.5	89.6
	화실 m²	5.2	5.6	6.6	9.5	9.5	9.5
통 직경 (제1통 외경)	mm	1,298	2,738	1,162	1,320	1,320	1,320
소 굴뚝 (직경×수)	mm	38×258	51×68	51×122	51×176	51×175	51×177
대 굴뚝 (직경×수)	mm		137×15	–	–	–	–
굴뚝 길이	mm	1,245	2,744	2,705	3,175	3,175	3,176
수조 용량	m²	3.64	4.50	3.63	5.50	5.50	5.90
연료 적재량	t	0.83	1.27	1.36	1.80	1.70	1.25
연결면 간 거리	mm	6,936	9,292	9,132	10,205	10,496	10,338
최대 폭	mm	2,796		2,642	2,800	2,730	3,000

형식		시구이	코로이	모가이	프레이	프레니	프레사
최대 높이	mm	4,281	4,250	3,405	3,860	3,695	3,860
동륜 직경	mm	1,370	1,370	1,070	1,370	1,370	1,370
기관차 중량 (운전정비)	t	28.50	43.85	34.30	52.00	52.00	52.00
동륜차 중량 (〃)	t	16.90	28.00	29.45	37.00	37.00	37.00
기관차 중량 (빈차)	t	22.70	35.80	28.35	41.80	41.80	41.80
중심 높이	mm	1,006	1,178	748	901	1,004	900
밸브장치		Wal	Wal	Steph	Steph	Steph	Wal
최대 실린더 견인력	kg	2,050	3,300	5,450	7,350	7,350	7,350
최대 점착 견인력	kg	3,755		6,545	8,200	8,220	8,220
허용 최고 속도	km/h	3,755		6,545	8,200	8,220	8,220
제작 초년		1923	1924	1899	1901	1905	1912
제작소		기차	기차	Brooks	Bald	Brooks	Borsig
적요		시구이1을 표시. 원래 시하1 개조연대 1924년. 개조소 : 철도국 경성공장	후호이 개조 조선총독부 철도국 경성공장	조선철도 1호			조선철도 최초의 Wal. 밸브장치 14량

주) 1. 실린더 수… 총 2, 통 형식… 전부 원통, 역전기… 사타이만 동력 그밖에는 수동, 대차… 지구이만 널빤지, 그밖에는 전부 봉, 프레로 불명
　　2. 항목 중 횡선은 관계없는 것, 공란은 불명
　　3. 점착 견인력 계산식에서 점착 계수는 1/4.5m로 했다.
　　4. *는 연소실 포함. ★는 대략적인 값 표시
　　5. 밸브장치 Wal : Walschaert, Steph : Stephenson.
　　6. 제작소 Bald : Baldwin Locomotive, Works, Brooks : Brooks Works, Koppel : Orenstein&Koppel, Borsing : Borsing Lokomativ-Werke.

프레시	프레코	프레로	편입프레나	국프레나	프레하	파루이	사타이
2-6-2	2-6-2	2-6-2	2-6-2	2-6-2	2-6-2	4-6-4	2-10-2
410×610	410×560	450×550	430×610	430×610	410×610	450×660	560×710
11.5	11.5	12.0	13.0	13.0	14.0	12.6	14.0

프레시	프레코	프레로	편입프레나	국프레나	프레하	파루이	사타이
2.74	2.5	1.8	2.60	3.60	2.40	2.78	4.75
101.6	97.9	74.4	116.9	118.3	104.3	130.8	290.1
–	–	19.0	38.8	26.0	24.5	–	70.3
91.76	97.9	74.4	73.1	82.8	69.6	116.1	204.8
9.84	–	7.6	11.6	9.5	10.2	*14.7	15.0
1,320	1,320	1,235	1,428	1,472	1,382	1,473	1,800
51×173	51×166	45×81	45×106	51×104	51×89	51×196	51×170
–	–	137×12	137×26	137×21	137×18	–	137×32
3,171	3,324	4,009	3,260	3,168	3,168	3,708	5,000
6.80	6.50	5.6	7.00	7.00	5.00	11.30	8.50
2.70	2.70	1.6	2.50	3.00	2.00	4.00	4.00
10,222	10,480	10,846	10,314	10,773	10,800	13,552	13,878
2,946	3,100	2,900	3,250	3,200	3,010	3,048	3,260
4,470	4,328	3,900	4,268	4,230	3,940	4,456	4,750
1,370	1,370	1,370	1,370	1,370	1,520	1,520	1,450
54.00	58.91	51.45	65.50	67.70	65.00	87.55	110.00
38.50	41.05	34.70	42.00	44.90	43.80	52.42	82.00
42.60	46.53	41.00	52.00	53.40	51.10	69.00	89.50
1,532	1,530	1,230		1,428	1,383	1,473	1,800
Steph	Wal	Wal	Wal	Wal	Wal	Wal	Wal
7,350	6,700	7,300	8,700	9,100	8,050	9,700	18,250
8,555			9,330		9,130	11,650	18,220
75	75	75	75	75	90	75	70
1903 Bald	Bald	Koppel	1930 가와사키 히타치	1931 조선총독부 철도국 경성공장	1932 조선총독부 철도국 경성공장, 기차, 일차	1914 Bald 사하구공장	1934 조선총독부 철도국 경성공장, 일차
본래 프레이 개조 초년 1925년 개조소 철도국 경성 공장	구 소속 조선철도	구 소속 조선철도	구 소속 남조선 철도임을 표시		경인선 쾌속용		산악용 등산선

<표 6-24> 조선철도 차량 공장 변천표

시대	주관과	경영체	기관차	객차
1899		1899. 5. 경인철도 합자회사	1899. 6. 경인선 운전 모갈 탱크 (2-6-0)	1899. 8. (미)에서 수입, 제왕차, 일본에서 수입
		1901. 6. 경부철도 주식회사	1901. 프레리 탱크(2-6-2) 컨설리테이션 텐더(2-8-0)	1등차 미국에서 수입 침대차(브루만)
창시시대			텐호르 텐더(4-6-0) (미)에서 수입	
1906. 7.		1904. 2. 임시군용 철도감부	1904. 프레리 탱크(2-6-2) 포어호 텐더(0-4-0) (미)에서 수입	하3 목조차 (미)에서 수입
창업시대	공작과	1906. 7. 통감부 철도관리국 1909. 6. 통감부 철도청		
	요코이지츠로 (橫井実郞)	1909. 12. 철도원 한국철도관리국		
1910. 9.		1909. 12. 철도원 한국철도관리국		1910. 우등차 세면대 온수장치
1910. 10.	공작과	1910. 10. 조선총독부 철도국	1911. 아메형 (미)에서 수입 1912. 프레사, 독일 보르시히에서 수입 (초량공장 조립)	1910. 우등 차창을 이중창으로 개조
1차 직영시대	기차과 사토사부로 (佐藤三朗)	1912. 4. 〃	1914. 포화 증기식을 과열 증기식으로 통일 1917. 테코코 만철 사하구공장 준공	1911. 하3 (미)에서 수입 1912. ★수입 객차 중지 3등수 하차, 만철 사하구공장
1917. 7.			(국산 외주 제1호)	하4 대틀 어복형
만철 위탁 시대 1925. 3.	기차과 사토사부로 (佐藤三朗)	1917. 8. 남만주 철도주식회사 경성관리국	1919. 미카도형 (매)에서 수입 1922. ★수입기관차 중지. 국산화 통일 1922. 퍼시이-파시사국 설계, 일본 업체에 첫 외주 1920. 과열식 테호형 36량 미국에서 수입 1923. 시그 개조(3등 기동차) 1924. 갈탄 사용을 위해서 보일러 개조 1925. 프레이를 프레시로 개조	1919. 하5 스프링 장착 의자 1923. 하네 3등 침대차 준공 1923. 텐이네 전망 1등 침대차 준공 1923. 증기 난방장치 1924. 하6 원형 지붕 (부산공장)

시대	주관과	경영체	기관차	객차
1925. 4. 2차 직영 (1기) 1935.	기계과 이와사키마사오 (岩崎真雄) 오자와지사부로 (大沢次三朗) 공작과 후쿠미사다하루 (福見貞治) 사키야마산이치로 (崎山参一郎) 아오키조 (青木三) 아이하라호키치 (相原方吉)	1925. 4. 조선총독부 철도국	1913. 테호로형 경성공장에서 첫 준공 1913. 미카도형, 테호형, 파시형 신설계 1914. 30t 레킹, 크레인 (미) 브로 닝사 1917. 프레하 경인선(경성공장) 1920. 사타이형, 혜산성 구배용 (경성공장)	1919. 16 하7 철골 목제차 창은 이련과 단창 사용 1914. 대기압식 난방장치 1914. 하8 반강제 중심들보는 어복형 → ㄷ자형 강제 1915. 하8 일본 업체에 첫 외주 1916. 라하1 경량 객차 (경인선)
2차 직영 (2기) 1945.	공작과 아이하라호키치 (相原方吉)	1943. 12 조선총독부 교통국	1939. 파시코 특급 아카쓰키용 1939. 마테이(4-8-2) 고속 화물용 1943. 마테니(4-8-2) 전시 설계형(구배 고속 여객용) 1943. 75t 레킹 크레인 1942.~ 데로이 DC3000V 1944. 데로니 전기기관차 1944. 4. 테로 복계~고산의 전철화 첫 운전 1945. 3. 마테이 50호, 최종 기 관차가 됨.	1936. 라하2 '아카쓰키'용 라텐이, 특급 반유선형 열차 1938. 기계식 냉방 식당차 1938. 하9 경량표준 객차 1938. 로네형 횡형식(경성 공장) 1939. 특별차(경성공장)

화차	동차	공장	비고
(미)에서 수입		1899. 9. 인천공장 모가형 조립 1904. 초량공장	1897. 조선에서 한국으로 국명 변경 1872. 9. 일본, 철도 개통
(미)에서 수입		1904. 겸이포공장반 1905. 용산공장반	
1906. ★수입 화차 중지		1906. 용산공장	

화차	동차	공장	비고
1907. 9. 유개화차 초량 공장에서 준공 1907. 8. 수조차 조립		1906. 7. 초량공장 1906. 9. 겸이포공장 1908. 4. 인천공장을 용산공장에 합병 1909. 12. 용산공장 화력발전소	1906. 1. 남만주철도주식회사 설립 1910. 10. 조선총독부 철도국
1912. 30t 무개차 (초량공장) 1917. 대차에 강제 어복형		1911. 11. 겸이포공장을 평양공장으로 이설 1913. 객차전등의 충전장치(초량) 1914. 4. 평양분공장 1914. 4. 초량분공장	1913. 철도성, 국산 기관차로 이행 1916. 철도성, 요코하마선 하라마치다에서 광궤궤간 변경 실험
1920. 유개차 용산공작 (주) 외주 1921. 30t 유개차 (평양분공장) 1921. 가축차(경성공장) 1923. 통풍차(경성공장) 1923. 보온차(경성공장) 1925. 차장차(초량, 평양)	1923. 3등 기동차 경인선 제하	1923. 용산공장을 경성공장으로 개칭 1923. 초량공장을 부산공장으로 개칭	
1927. 냉식 냉장차 (경성공장) 1932. 저개식 석탄차 (경성공장) 1933. 50t 무축차 (부산공장)	1925. 영국 센티넬 증기동차 1928. 협궤 경유 동차 1930. 광궤 경유 동차 (경성공장) 1933. 중유 동차 (경성공장)	1930. 부산공장, 부산진으로 이전 1930. 청진분공장 1933. 청진공장 독립	1934. 11. 만철 파시나 '아시아호'
1937. 65t 저상차 (경성공장) 1938. 기계식 냉동화차	1938. 케하5 1939. 국영자동차 목탄, 아세틸렌	1940. 12. 평양공장 독립 1942. 2. 원산공장 개설 1944. 평양공장 이전 개시 1944. 7. 대전공장 개설 1944. 7. 해주공장 개설	1936. 12. 1. '아카쓰키'특급운전 1939. 조선, 만주, 중국철도기술회의 1940. 철도성 가솔린 동차 에서 디젤로 이행

형식		나키니	나키사	나키시	나키로	나키하	조630계	조660	조700	조810	조900
차륜 배열		0-4-0	0-6-0	0-6-0	2-6-2	2-8-2	2-6-2	2-6-2	0-8-0	2-8-0	2-8-2
실린더 직경 ×행정	mm	229 ×356	221 ~229 ×356	256 ×406	279 ×381	380 ×420	300 ×380	340 ×400	330 ×406	370 ~380 ×420	380 ×450
사용 압력	kg /cm²	11.9	11.3	11.3	12.6	13.0	13	14.0	12.7	13	14
화격자 면적	m²	0.68	0.52	0.62	1.03	1.80	1.32	1.24	1.22	1.81	2.10
전전열 면적	m²	26.2	16.1	27.9	42.0	69.4	43.6	52.1	46.75	65.8	97.7
과열 면적	m²	–	–	–	–	12.8	–	14.3	–	13.0	27.1
전열 면적	m²	26.2	16.1	27.9	42.0	56.6	43.6	37.8	46.75	52.8	70.6
굴뚝	m²	22.5	13.9	24.7	37.0	50.0	38.1	32.6	41.4	45.8	61.5
화실	m²	3.7	2.2	3.2	5.0	6.6	5.5	5.2	5.35	7.0	9.1
통 직경 (제통 외경)	mm		711		898	1,156	934	98.2		1,200	1,200
소 굴뚝 (직경×수)	mm	45*67	38*56	45*80	51*84	45 *2,900 *86	45*98	45 *3,600 *43	45*101	45*91	45*70
대 굴뚝 (직경×수)	mm	–	–	–	–	121 *2,900 *12	–	127 *3,600 *10	–	127*12	130*16
굴뚝 길이	mm	2,400	2,073	2,208	2,759		2,750		2,900	2,900	4,300
수조 용량	m²	1.8	1.2 ~2.3	2.5	3.2		3.1	5.0	3.76	6.55	7.3
연료 적재량	t	0.35	0.5	0.6	1.1	1.5	1.27	2.0		3.04	2.2
연결면 간 거리	mm	5,810	5,980	6,508	8,146	9,630	8,634	13,342	8,937	12,688*	14,529
최대 폭	mm	1,880	1,981	1,981	2,127	3,200	2,134	2,300	2,120	2,150	2,280
최대 높이	mm	2,743	2,795	3,392	3,200	2,400	3,150	3,000	3,190	3,200	3,200
동륜 직경	mm		765		803	800	940	1,100	800	810	900

형식		나키니	나키사	나키시	나키로	나키하	조630계	조660	조700	조810	조900
기관차 중량 (운전정비)	t	12.6	12.34 ~13.49	18.23	25.36	41.70	28.5	28.0	28.2	37.0	40.0
탄수차 중량 (〃)	t	–	–	–	–	–	–	12.0	–	14.5	14.9
동륜차 중량 (〃)	t	12.6	12.34 ~13.49	18.23	19.00	31.50	21.5	20.0	28.2	32.0	30.60
밸브장치		Steph.	Steph.	Wal.	Wal.		Wal.		Wal.	Wal.	Wal.
최대 실린더 견인력	kg		2,160		3,970	8,380	4,020	5,000	5,960	8,300	8,600
최대 점착 견인력	kg	1,940	1,900 ~2,150	2,800	2,920	4,620	3,310	3,080	4,340	47.10	4,920
허용 최고 속도	km/h				39		40~60	70	28	40	45
제작 초년			1904	1920	1926	1934	1930	1937	1927	1936	1937
제작소			Porter	Bald	아메미야	히타치	히타치 일차	기차 일차	기차 일차	히타치	기차	기차 일차

그 후 지리적 사정과 1급 선로에 증대한 대륙 연락 수송에 중점이 놓였기 때문에 조선반도 종단의 두 간선인 경부·경의선에서의 고속·중량의 열차 운행을 위해서 복선화 선로가 강화되었다. 동시에 초대형 기관차 설계가 진행되어 파시시형을 근본적으로 개량해서 고속·중량 여객용 파시코형 2량을 시험 제작하여 특급 '아카쓰키'에 그 모습을 드러내었다. 1939년에 파시코의 주요 설계를 기본으로 기존의 미카사형의 차륜 배열을 (4-8-2)로 변경한 고속·중량 화물용으로 마테이형이 새롭게 제작되었다. 파시코는 급행 여객용, 마테이는 급행 화물열차를 견인하여 경부선을 달리는 기관차로 모습이 새로워졌다. 이 두 형식은 선로상태에서 허용되는 한계로 여겨져, 경부·경의 양 선의 선로가 강화된 뒤에 종단선의 주요 열차의 대부분을 견인하게 되었다.

따라서 기존의 미카사–파시시는 경원·함경선 및 기타 지방 간선에 배속되어 조선철도의 수송력은 크게 강화되었다.

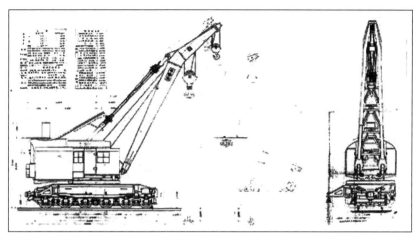

70t 렉킹 크레인(1943년) 히타치제작소, 조선철도설계, 사고복구차

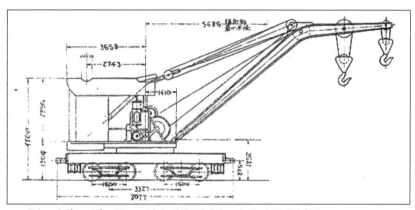

30t 렉킹 크레인(1928년) 미국 브로닝사, 경성공장에서 조립. 사고복구에서 활약

　수송량의 증대와 더불어 사고도 많아졌기 때문에 복구용으로 1943년 75톤의 레킹 크레인을 구입하여 기존의 30톤을 포함 총 2대가 되었다.

　한편, 조선에서는 풍부한 전력을 이용해 구배선구의 수송력 증강을 도모하기 위해서 동양 최초로 직류 3,000V에 의한 전기 기관차 데로이-데로니가 경원선에 계획되었다.

　또한 지방 간선 경원·함경선에는 선로 상황상 테호형이 최적이며, 화물용에는 미카사를 점차로 증가시키는 정도였으나 정세가 어려워지면서 동해안의 대륙 연락선으로서의 중요성이 더해져 열차 편성의 장대화를 위해 여객용에 파시시, 화물용에 미카사를 배치하게 되었다. 또한 수송량 급증에 대비해서 파시시-미카사-마테이의 중간적 성능을 가진 마테니형(4-8-1)을 설계했다. 이 기기는 동륜 직경이 1,520mm이며, 급행 여객용으로서 경부선에 배치되었다. 조선철도 최초의 전시 설계형인데 조선철도 기관차의 마지막 형식으로써 막을 내렸다.

데로이 전기 기관차(1942년) 동양 최초로 직류 3,000V 사용

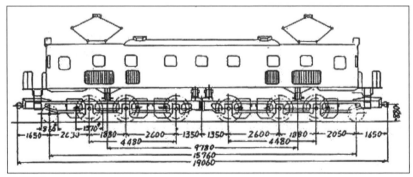

위 형식도

기관차 견인정수 중량 등 측정 계산법

제1 기관차

기관차의 '텐더 기관차'란 특별히 명기하는 경우 이외에는 탄수차를 포함한다.

제2 기관

(1) 통의 동체는 연실의 차위 부분을 제1동체로 하고, 차례로 화실로 향하여 제2, 제3동체라 한다.

(2) 기관의 직경은 특별히 명기하는 경우 이외에는 제1기통의 외경으로 한다.

(3) 화실의 길이란 화실 내의 길이와 폭의 수평 거리로 한다.

(4) 화상 면적은 화실의 길이와 폭의 상승 합으로 한다.

(5) 굴뚝 및 대 굴뚝의 길이는 양 관판 사이의 내측 거리로 한다. 굴뚝 직경은 굴뚝 중앙부의 외경으로 한다.

(6) 전열 면적은 내화실, 화실 저틀 상면 이상의 부분 및 굴뚝, 수관 내의 물과 접하는 면적으로 한다. 이 경우 예비는 없는 것으로 간주하고, 대소 굴뚝 및 분구공의 면적은 제외한다.

(7) 과열 면적은 과열관이 대 굴뚝 내에 삽입된 부분의 외측 면적으로 한다.

(8) 길이는 mm, 면적은 m²로 표시하고, 전열 면적 및 과열 면적에서 소수점 둘째 자리 이하는 사사오입하고, 화상 면적에서는 소수점 셋째 자리 이하를 사사오입한다.

제3 중량

(1) 기관차 및 탄수차 중량과 한 쌍의 차륜의 레일이면 압력은 수평선상에서 운전 정비 시와 공차 시에 측정하여 표시하고, 소수점 셋째 자리 이하는 사사오입한다. 단, 공차 시 측정에서의 스프링장치는 운전 정비 시에 조정한 상태로 두고 측정하지 않는다.

(2) 형식도에 기입하는 중량은 실지 측정한 결과에 따라서 차량 담당이 이

를 사정한다.

(3) 운전 정비 시에는 운전에 필요한 제 조건을 구비하고, 중량 배치를 적당히 조정한 경우에 다음 각 항에 적합해야 한다.

(가) 보일러 내의 수위는 항상 최고 기압에서의 내화실 최고부에서 광궤는 190mm, 협궤는 130mm로 한다.

(나) 화상에서의 연료, 중량 및 재를 받는 용기에서의 재의 중량은 화상 1㎡에 대해서 195kg으로 한다.

(다) 모래 상자에는 모래를 가득 채운다. 모래의 중량은 1㎥당 1,600kg 으로 한다.

(라) 수조에는 물을 가득 채우고 연료차에는 지정한 연료를 적재한다.

(마) 승무원의 중량은 150kg으로 한다.

(바) 도구류는 운전에 필요한 것을 적재한다.

(사) 외륜 및 기타 마모 부분은 설계와 동일한 상태로 유지한다.

(4) 공차 시란 운전 정비 시부터 보일러관 내의 물, 수조 수, 연료, 재, 도구류, 모래 및 승무원을 제외한 경우를 말한다.

제4 차륜 및 차축

(1) 차륜의 직경은 외륜이 새 것인 경우 바퀴 한 쌍의 중심선에서 750mm 거리에서의 답면의 직경으로 한다.

(2) 연결봉으로 연결할 차륜 차축을 동륜 직경이라 하며, 앞쪽에 있는 것부터 순서대로 제1동륜, 제2동륜 등이라고 한다. 직접 주연봉에서 운전하는 차륜 차축을 주동륜 주동축이라 한다.

(3) 축경의 길이는 축상과 축수 금구의 길이에 동륜에서는 3mm, 그밖에는 6mm를 더한 길이로 한다.

(4) 윤좌 치수란 차축의 보스 내에 끼우는 부분의 직경 및 길이로 한다.

(5) 축상의 위치는 모든 차축을 통해서 최 전부 우측에서 좌측으로 순차적으로 제1위, 제2위로 한다.

제5 수조, 연료고의 용적 및 최대 치수 외

(1) 수조, 연료고의 용적은 m³로 표시하고 소수점 둘째 자리 이하는 사사오입한다.

(2) 연결기의 높이는 운전 정비 시 레일 면에서 연결기 중심까지의 높이로 한다.

(3) 최대 길이는 연결 상태에서 연결기두 외면간의 거리로 한다.

(4) 최대 높이는 외륜이 새 것인 경우 운전 정비 시 최고부의 레일면으로 부터의 높이로 한다.

(5) 최대 폭은 측부에서의 가장 돌출된 부분과 기관차 중심선과의 거리의 2배로 한다.

(6) 이 형식도에 기입하는 치수는 특기한 것을 제외하고 공작 도면에 기재된 바에 따른다.

제6 견인력 및 견인 중량

(1) 최대 기통 견인력 계산은 다음 식에 의한다.

$$T = \frac{0.85Pd2S}{D} \quad 2기통\ 단식$$

T=최대 기통 견인력(kg)

P=상용 최고 기압(kg/㎠)

D=동륜 직경(cm)

d=기통 직경(cm)

s=행정(cm)

3기통 단식, 4기통 복식의 경우에는 각각 적합한 계산식을 이용할 것.

(2) 견인 중량은 상당 길이의 100의 1 상행 구배를 아래의 속도로 주행하는 경우로 한다.

　(가) 여객열차 – 35km/h

　(나) 혼합열차 – 25km/h

　(다) 화물열차 – 15kmh/h

(3) 객차 및 화차 1량의 중량은 43.6톤으로 하고, 주행 저항은 다음 식에 의한다(일리노이대학 슈미트 씨의 식에서 환산).

$$객차 ----- R=2.53+0.008V+0.00016V2$$
$$화차 ----- R=1.83+0.0085V+0.00027V2$$
$$R=저항kg/t \quad V=속도km/h$$

(4) 기관차 저항은 다음에 의한다.

　(가) 내부 저항 12.5kg/톤(동륜상 중량)

　(나) 주행 저항 속도 25km/h 이상은 객차, 15km/h는 화차 저항과 동일하게 한다(대차 및 탄수차 중량).

　(다) 공기 저항 $R=0.042V2$　$R=저항 kg/톤$　$V=속도 km/h$(기관차 단면적은 11.2㎡로 한다)

(5) 견인력이 점착 중량의 제한을 받는 경우의 점착 계수는 4.5로 한다.

제7 협궤 기관차의 견인력 및 견인 중량

(1) 최대 기통 견인력은 제6의 (1)에 의한다.

(2) 견인력이 점착 중량의 제한을 받는 경우의 점착계수는 6.5로 한다.

(3) 견인 중량은 상당 길이의 100분의 1 상행 구배를 1시간 15km의 속도로 주행하는 경우에 따른다.

(4) 저항은 다음 식에 의한다(HUTTE : HAND BOOK).

(가) 기관차 $R=2.8\sqrt{a+0.001V^2}$

(나) 객차 화차 $R=2.7+0.0002V^2$

　　여기에서 R=저항 kg/톤

　　　　　　 V=속도 km/h

　　　　　　 a=3

제2장
철도공장

제1절 철도공장의 연혁

조선에서의 철도공장은 1899년부터 1905년에 걸쳐 경인·경부철도 및 임시군용철도감부가 각각 수입 차량의 조립 및 재료 양륙에 편리한 항구 근처에 부지를 선정하고, 먼저 공장반을 설치하여 공작기계설비를 충실히 함과 동시에 공장을 완성시켰다.

연월일	공장명	철도명	작업
1899. 9. 18.	인천공장	경인철도	차량의 조립 상판지지 거더 제작
1904. 2. 11.	초량공장	경부철도	상동
1904. 10. 29.	겸이포공장	임시군용철도	상동
1905. 6. 24.	용산공장	상동	상동

이들 3개의 철도가 1906년 통감부 철도관리국에 통합되었으며, 인천공장은 용산공장에 합병되고, 1911년 총독부 철도국 관할 아래에 겸이포공장은 평양으로 이전하여 평양공장이 되었는데 설비 증설도 없이 1914년 4월 1일

용산공장(1914년)

용산공장의 평양분공장이 되었다.

1910년경 차량의 개수, 수선 건수의 증가와 함께 화물차와 객차의 자체 제조의 분위기가 점차로 고조되어 공장의 직장별 신축 및 제작 기계·동력설비가 증비되고, 철도공장의 모습이 충실하게 갖춰지면서 1923년에는 3등 침대차, 전망 1등 침대차가 경성공장에서 처음으로 준공되었다.

1927년에는 경성공장에서 조선 설계의 테호로형 증기기관차가 처음으로 제작되고, 조선철도의 독자적인 차량 설계와 자가 공장 제작시대의 막이 올랐다. 경인선용 경량 객차 및 미카사-파시코-마테이 등 조선철도가 자랑하는 기관차를 차례로 제조하였는데, 이들은 공장의 제작 기술의 향상, 전용 제작 기계설비 개발의 많은 도움을 받았다. 1930년의 함경선 전선 개통에 따라 청진분공장을 신설하고 북선 방면 차량의 수선에 대응하게 하였다.

그 후 수송력 증강에 따라 차량 수도 증가했기 때문에 기설공장의 정비를 위하여 1930년 부산공장을 부산진으로 이전 확충하였으며, 1940년에는 평양공장을 독립시키고 1942년에 원산공장을 개설하여 차량 수선을 주요 작업으로 하였다. 전시 상황이 진행되면서 1944년 7월 1일 해주와 대전에 공장을 설치하여 차량 수선 능력 확보를 도모하였지만 실제로 가동되지는 못하였다.

공장의 주요 업무는 차량의 제작 및 수선이지만 그밖에 교량 상판 지지용 거더 용품, 전철기, 기계기구의 제작 조립 및 수리도 실시하는 한편, 국외(局外)로부터의 위탁 주문도 받았다. 이들 경리는 모두 조선철도 용품 자금 회계에서 처리하였다. 1912년 이후 1931년까지의 주요 제작 및 수선물 건표는 〈표 6-26〉과 같다.

〈표 6-26〉철도차량 수선공장

소재지	공장명	종업원 수 (명)	계획 수선 능력(연간)			비고
			기관차(량)	객차(량)	화차(량)	
경성용산	경성공장	2,638	600	1,100	2,000	
부산진	부산공장	1,527	250	900	2,000	
평양	평양공장	793	250	600	3,000	
원산	원산공장	978	300	900	2,000	1942년 4월 개업 설비는 부산공장 정도
청진	청진공장	360	100	200	1,000	
대전	대전공장	70	–	–	–	기관차 국부 수선을 위해 대전기관구 내에 설치하였지만, 실시에는 이르지 못하였다.
해주	해주공장	154	73	–	–	협궤차량 수선을 위해서 동해주기관구 내에 설치하였지만 실시에는 이르지 못하였다.

주) 이밖에 복계 기관구 내에 전기기관차 수선을 계획하였지만 작업에는 미치지 못하였다.

공장에서의 제작, 수리에 필요한 재료물품은 다양하며 차량 부품을 필두로 지금과 목재, 도료류, 못류, 전기용품 등이 있는데, 특히 차륜과 차축 등 특수 강철 제품은 야하타제철, 스미토모금속, 고베제강 등에 의존하였다. 전시 상황이 진전됨에 따라 만주~조선 대륙 내에서의 자급자족 방침으로 전환되어 인천에 주강공장 등을 신설하였지만 공기 제동기 부품만은 일본 기업에 의존할 수밖에 없었다. 특히 경성공장은 조선 내에 있어서 일반 기계공장으로서도 손색이 없는 우수한 기계공장으로서 차량 제작의 개발 촉진에 커다란 공헌을 하였다.

조선에서의 공장은 앞에서 기술한 것과 같이 수차례의 변천을 거쳐 차량 제작과 수리 및 철도 용품 제작 등을 시행하였다. 그러나 전시 상황의 악화, 새로운 선로 개통 등에 의해 담당구역 재편을 위한 계획을 실시하여 1944년 7월 만주공장과 대전공장을 개설하였지만 실제 가동에는 미치지 못하고 종전을 맞이하였다.

1945년 8월의 공장 계획 수선 능력은 〈표 6-27〉과 같다.

〈표 6-27〉 주요 제작 및 수선물건표

종별	주요 제작물건							주요 수선물건							비고
	기관차	동차	객차	화차	전철기전차	상판지지거더	기계	기관차	동차	객차	화차	전철기전차	상판지지거더	기계	
연도	량	량	량	량	조	련	조	량	량	량	량	조	련	조	
1912	–	–	12	116	197 ○8	2	3	165	–	369	1,045	20	4	284 ○9	
1913	–	–	57	93	356	45	30	143	–	489	1,147	–	15	184	
1914	–	–	37	64	306	257	11	142	–	616	1,220	–	91	119	평양분공장
1915	–	–	3	1	274	141	–	167	–	660	1,470	36	8	145	
1916	–	–	23	170	222	212	5	159	–	661	1,874	31	3	272	
1917	○2	–	47	100 ○8	341	94	2	216	–	811	2,499	7	–	211	○는 국외(局外) 주문
1918	–	–	13 ○14	173	446 ○43	23	1 ○6	179 ○5	–	730	2,246	8	5	174 ○19	
1919	–	–	3 ○25	205	444 ○20	28	–	200 ○20	–	1,026	2,500	28	1	152 ○12	
1920	–	–	17	210 ○10	105 ○6	8	4 ○6	255 ○4	–	1,135	2,483	4	1	165 ○6	
1921	–	–	41	142	155 ○35	15	2 ○10	255 ○12	–	1,317	2,541	–	–	89 ○6	
1922	–	–	23 ○7	40 ○36	104	92	18	269 ○6	–	1,448	3,541	○5	–	74 ○5	
1923	–	–	46	78	–	233	21	264 ○8	–	1,296 ○5	4,222	–	–	36 ○4	
1924	–	–	24 ○23	98 ○26	60	217	–	242 ○7	–	681 ○6	1,967 ○8	–	–	19	
1925	–	–	31	12	55	59	–	205 ○10	–	577 ○3	2,031 ○1	–	18	22 ○5	

종별 연도	주요 제작물건							주요 수선물건							비고
	기관차	동차	객차	화차	전철기전차	상판지지거더	기계	기관차	동차	객차	화차	전철기전차	상판지지거더	기계	
	량	량	량	량	조	련	조	량	량	량	량	조	련	조	
1926	–	–	33 ○5	25	82	84	8	280 ○28	–	596 ○11	2,090 ○20	–	10	24 ○3	
1927	2	–	26 ○2	82 ○7	51 ○26	28 ○36	–	201 ○23	–	710 ○10	2,366 ○1	–	246	35 ○3	테호로 경성 공장 첫 준공
1928	1	–	33	63	26	–	5	253 ○23	–	832 ○34	2,274 ○8	–	17	3	
1929	4	–	37	87	11	1	2	271 ○22	–	873 ○33	1,553	–	10	1	
1930	6	4 x4	13	101	60	2	14 ○1	264 ○17	4 ○4	811 ○21	1,445 ○26	2	10	11 ○4	×는 협궤 차량, 부산 공장 이전 나케하2 경성 공장 첫 준공
1931	6	13 x2	8 ○2	47	64	19 ○7	14	263 ○18	34	785 ○1	1,544	–	1	8 ○1	

해주공장은 해주기관구의 수선설비와 종업원을 이어받아 사철로부터 매수한 황해선(협궤) 기관차 보수를 목적으로 1945년 7월 1일 발족하였으며, 경성공장으로부터의 전입자 포함, 공장장 이하 154명이었다.

대전공장은 대전기관구 내의 수선설비에다 일부 경성공장으로부터 이설해 70명의 종업원으로 1945년 7월 1일 발족하였지만 실행되지 못하고 부득이하게 폐쇄하게 되었다.

제2절 공장설비

철도공장설비 계획

철도공장에서의 공장설비 계획은 작업 내용, 입지 조건에 좌우된다. 공장설비의 질은 작업 능력에 커다란 영향을 미치므로 장래를 예측하여 계획을 수립하지만 작업 내용의 진전이나 기계 기술의 진보에 의해 크게 변화하는 경우가 많다. 공장의 배치 계획이나 차량의 출입노선, 물품 보관 및 옥외 이동설비 등을 고려해야 한다.

용산공장 내부(조립공장, 1914년)

용산공장 발전소(1909~1925년)

공장설비는 크게 제작 기계 제조설비와 전력시설로 구분되는데, 전자는 차량 전용 제작 기계, 후자는 자가 발전을 할 것인지 전기를 구입할 것인지에 따라서 배치 계획이 영향을 받는 경우가 많다.

경성공장(구 용산공장) : 이 공장은 경부철도시대의 용산공장에 1908년 4월 인천공장으로부터 기계 35조를 이설하여 기계류가 충실화되도록 노력하였다. 1909년에는 객차 수선공장 낙성식을 하고, 자가용 화력발전소를 신설하여 이 공장의 동력원으로 삼아 기계류의 증비를 도모하였다.

수입된 차량의 수선과 개조의 작업량이 점차 증대되는 한편, 화물차와 객차의 자체 제작 능력을 확보하기 위하여 1910년대에 들어 각 공장을 증설 및 신설하고, 1923년 6월 경성공장으로 개칭하였다. 1925년 조립공장에서는 내화실판에는 가스 용접, 연관에는 전기 용접을 사용하였지만, 그때까지 대부분의 이음매로서는 못을 사용하는 시대였다.

연도별	각 공장
1915년	조립공장, 선반공장 증축 단야공장, 제관공장 신설
1917년	칠공장 신설
1919년	동합금 주물 및 전기공장 신설 선반, 조립, 단야, 제관, 주물 각 공장 및 반완성품 창고의 증축
1921년	동륜 선반의 신설 유나프로(360HP)의 기관시설
1922년	완성 공장의 신축
1925년	변전시설–변전소공사

1926년 무렵부터 기계공작 기술이 진보됨에 따라 공장설비 기계의 종류도 증가하고 못을 박는 작업에서 용접작업으로 변환되어 공장설비는 최신 기술의 것이 되었다. 부산공장 및 그 밖의 공장을 확장 신설하는 동안 경성공장을 최대한 가동하여 차량의 보수를 맡아야 했다. 기관차 수선량의 수도 매월 25량인 능력을 넘어서 약 2배인 50량을 작업하게 되었다.

1939년에는 주강설비를 민간공장에 앞서 준공시켜서 주강품은 일본 의존에

연도별	설비 내용
1928	강판공장의 신축 완성공장의 증축
1929	주물공장의 신축, 천장 주행 크레인 20t 단야공장 기관실의 개축
1932	공장 내 운반 도로의 신설 객차 천차대의 표면식 개량
1933	기관차 제동기 부품 시험실 완성
1934	강판–단야공장 개축 강판–원심실의 이축, 화차천차대의 증비 강력압착기계–천장주행기동기(25t)의 신설
1936	외륜 천공기 등의 증비
1937	주물공장의 증축, 자동차 수리공장 신축
1939	엘식 전기로에 의해 주강작업 개시

경성공장의 규모

연도	부지면적 m²	건물면적 m²	기계 대수	HP	기술공 수(인)		
					일본인	조선인	계
1920	155,760	22,770	315	1,350	250	1,200	1,450
1925	155,839	24,341	452	2,149	321	1,059	1,380
1927	155,839	24,403	482	2,021	313	966	1,279
1930	164,800	29,300	537	2,815	319	910	1,229
1933	239,900	24,500	570	3,114	282	872	1,154
1939	261,000	44,900	854	-	595	1,105	1,700

서 벗어날 수 있었다. 또한 강철제 객차의 축중의 문제로 평축을 대신해 축수에 롤러베어링의 사용이 결정되고, 경성공장 기술의 정수를 모아 팀켄타이프-테파 롤러 베어링의 제작에 성공한 것은 특기할 만한 가치가 있다. 그밖에 무연탄의 소형 용선로를 성공시킨 것도 경성공장의 기술 수준의 우수함을 말해준다. 기관차·객화차의 신규 제작 및 수선공사와 상판지지 거더 등의 수선공사의 작업량에 따라 매해 각 공장의 확장과 설비 등을 정비했다.

화력 발전소의 건설 : 1908년 용산공장 내에 자가용 화력발전소를 설비할계획을 세우고, 1909년 11월 11일에 완성하였다. 기계 사양은 다음과 같다.

발전기 용량	280 KVA
전압	2,200V
회전 수	150r.p.m
주파수	50
제조소	독일 지멘스사, 슈케르트사
원동기기	
횡치복식(橫置複式, 응축기 부착) 렌츠기	2
도시(圖示)마력	400HP
제조소	독일 게르리우츠철공장
기관	직경 7피트×전장 28피트
화상면적	36평방피트
절탄기	3인치 관×길이 9피트, 108개

이상의 발전시설에 의해서 공장 동력 외에 역사와 관사 등의 전등조명을 실시하고 1939년 8월까지 장기간에 걸쳐 역할을 다하였지만, 대수해로 인한 피해를 입어 금강산 전철회사(후에 경성전기회사)로부터 전력을 공급받았다.

부산공장 : 이 공장은 1906년 통감부 관리 철도국의 초량공장으로서 기관차의 수리와 조립 및 객화차의 신규 제작, 수리와 철도 용품의 제작 수리를 주 업무로 하였다. 1913년에 객차 전등의 충전장치를 완성하고, 종단역의 검차 업무를 실시하였다. 기계의 증설과 관련해 1915년 선박용 원형 보일러 40HP를 증설하고, 증기 기계에 증기를 공급하였다. 그 후 1923년 부산공장이라 개칭하였다. 1930년 10월 초량에서 부산진으로 신축, 이전하여 비약적인 발전을 이루었다. 객화차와 도장, 목공제작공장을 보유하며, 특징으로서 재료에 중점을 두어 자재의 반출·입에 편리한 공장 배치를 하였다. 전시 상황이 긴박해 짐에 따라 일본의 발주 기관차를 수용하는 공장으로서 조립 등으로 매우 바빴다. 공장의 규모와 설비 개요는 〈표 6-28〉과 같다.

〈표 6-28〉 부산공장의 규모

연도	부지면적 m²	건물면적 m²	기계 대수	HP	기술공 수(인)			
					일본인	조선인	계	
1920	33,330	5,280	134	205	121	262	383	초량
1925	34,716	5,230	118	254	136	183	319	
1927	34,716	5,230	117	253	123	180	302	
1930	154,800	7,600	147	524	142	166	308	
1933	154,800	9,400	159	674	279	121	400	부산진
1939	154,800	9,400	274	-	200	200	400	

연도	공장 - 기계
1934	차체 - 대차공장 신축 직상 선반 증비
1935	가로형 만능 포탑 선반 증비, 절단용 선반 증비
1937	선반 - 조립 - 제관공장 신설 기관차 - 객화차 - 목공공장 신설

전력은 당초에는 원동력 기기에 의한 것이었지만, 1922년 조선가스전기회사로부터 공급을 받았다. 1930년 부산진으로 이전을 계기로 전동기의 증비와 전호 용접 등의 전력 공급이 증가하였기 때문에 공장 내 전력실에 남한합동전기회사로부터 전기를 공급받아 지하 고압 케이블에 의해 각 공장에 배전하였다.

평양공장 : 1911년 11월 겸이포공장을 이전하여 개설하였다. 이설한 기계 300대 외에 새로운 선반공장에 5대, 목공공장에 1대를 증비하고, 또한 원동기로서 보일러(지름 4피트, 길이 10피트)-증기기관(150HP) 1조를 설비하였다. 공장의 규모, 기계, 기술공 수는 공사량에 따라 각각 증비되며, 전력 공급은 서선합동전기회사로부터 받아 변전소를 거쳐 각 전동기에 사용하였다. 공장의 규모와 설비 개요는 〈표 6-29〉와 같다.

〈표 6-29〉 평양공장의 규모

연도	부지면적 ㎡	건물면적 ㎡	기계 대수	HP	기술자 수(인)		
					일본인	조선인	계
1920	58,080	4,290	45	150	46	86	132
1925	58,047	4,544	62	124	60	93	153
1927	58,047	4,120	62	126	54	92	146
1930	58,047	4,122	76	351	37	103	140
1933	58,047	4,100	78	357	33	93	126
1939	58,047	4,100			50	120	170
1942	280,000	이전 조업 중에 중지					

1935년 직상(直床)선반을 증비하였다.

1942년에 새로 28만㎡의 부지를 구입하여 1944년에 건설공사 도중 일부 이전, 조업을 개시하였지만, 완성에는 미치지 못하였다. 공장장 다카하시 겐조는 이 땅에서 죽어 종말을 맞이하였다.

청진공장 : 1929년 함경선의 전선 개통에 따른 조선 방면으로의 차량 수

증가에 따라 1930년 청진분공장을 신설하였다. 신설 공장은 조립과 선반, 객차, 목공의 각 공장 및 동력소로 이루어지며, 청진기관구 내 수선고에 있던 공장 기계류를 이전하였다.

주로 기관차의 간단한 수선 및 객화차의 수선공사를 담당하였다. 특히 산악용 사타형 기관차의 타이어 다듬기 수선에는 고심하였다.

1933년 북선선의 만주철도 이관에 즈음하여 청진공장으로 개칭되었다. 공장의 규모와 설비 개요는 〈표 6-30〉과 같다.

<표 6-30> 청진공장 규모

연도	부지면적 m²	건물면적 m²	기계 대수	HP	기술공 수(인)		
					일본인	조선인	계
1930	156,800	6,500	80	625	48	35	83
1933	80,800	6,600	83	626	45	36	81
1939	80,800	6,600	119		78	52	130
1945	350,000	미완성					

전력은 조선전기회사로부터 공급을 받았지만 그 후 북선합동전기회사로부터 전력 공급을 받아 변전소를 거쳐 전동기류에 사용하였다.

원산공장 : 1942년 2월 개장한 이 공장은 부지 36만m²로 북선 방면의 기관차 제작, 수선을 주 업무로 하여 신설되었다. 기관차 부문의 천장 채광창은 적설을 고려해 용마루에 직각 방향으로 45도 경사의 삼각형을 배치한 것이나 주조와 단조공장의 통풍창은 독일식을 사용하고, 내부는 주벽의 하부 약 2m를 짙은 녹색, 상부는 노란색으로 하는 등 근대 공장 건축 형식에 최신의 기계설비를 계획했다. 기관차 부문의 천장 주행 기중기는 2단으로 하여 상단은 10톤 그리고 하단은 70톤 2대로 하였으며, 연결해서 동시에 운전이 가능하도록 한 신개념의 기계였다.

1943년경에 이르러 모든 자재의 조달이 어려워져서 전기 용접봉은 자체 제작하는 등 많은 고생을 하였다. 한편, 운전용 석탄으로 저품질의 분탄 사용이 증가하게 되어 보일러의 소연관이 매연과 미연소분탄에 의해 막히는 경우가 많았기 때문에 수선 시에 내·외 화실관판을 개조하여 일부 소연관을 한쪽이 막힌 관으로 만들어 밖으로 나오게 하였다. 운전 결과 지장이 없었기 때문에 전시형 설계로 공인된 이후에는 이 수선 방법을 사용하였다.

제3절 공장작업

수선작업의 개요

조선철도 철도공장의 작업 내용은 크게 구별하여 ① 철도 차량의 제작 및 수선 개조, ② 철도 용품 기기류의 제작 및 수리로 나눌 수 있지만 창시시대의 수입차량의 조립 및 교량용 거더, 전철기 등 철도 용품의 제작은 기계공업이 미숙한 시대의 조선에서는 많은 곤란을 수반하는 작업이었다.

통감부시대에 들어 각 철도가 통합되고 각 차량의 부품, 예를 들면 자동연결기의 통일, 중앙공기제동기의 채용 등 이미 제작된 차량의 개조 수선작업이 계속되었다. 1912년 무렵이 되어서 수입 기관차의 개조가 큰 폭으로 시행되고, 객차 및 화물차의 자체 제작이 시작되었다. 영업 킬로의 증가와 함께 차량의 종류와 량 수도 해마다 증가하고, 공장에서는 수선 및 개조작업도 증가하였기 때문에 수선일수를 단축하는 것이 큰 목표가 되었다. 평균 수선일수의 단축 요소는 수선기술의 향상 외에 공장관리의 뛰어난 운용과 기계기구의 개선에 있지만 구체적으로는 다음의 항목이 실시되었다.

(1) 차량 이력카드의 채용 – 작업번호제도를 사용하여 입장 전에 예비품을 준비하고 각 공정마다 기관차는 1919년, 객차는 1933년부터 사용하였다.

(2) 수선 공정의 확립과 분업제도의 진보 – 작업진행에 따라 해체 검사 부품의 제작, 조립, 검사 등의 일정을 마스터카드에 기입하고, 예정대로

완성시키는 방법으로 루칭 시스템이라 칭하였다.

(3) 수선기술의 진보 – 압축 공기와 가스 및 전기용접방식을 채용하여 수선 작업, 특히 기관차 기관 수선작업을 현저하게 단축시켰다. 전기용접은 1919년부터 연구하여 다른 철도에 앞서서 1925년에는 본격적으로 사용하였다.

(4) 차량 부품의 규격화

(5) 수선 한도와 수선 기준 및 작업 기준 제정

(6) 공작기계의 개량

(7) 적정 임금제 실시

(8) 기능 양성과 교육

(9) 운전 관계구에 있어서의 차량 보수 능력 향상

(10) 공장과 운전 관계구와의 협력

공장명	연도	기관차	객차	화물차	공장명	연도	기관차	객차	화물차
평균	1908	68.0	18.0	24.0	용산	1914	45.5	19.4	15.3
겸이포	1910	54.0	16.7	31.4	평양	1914	43.5	31.2	21.4
평균	1912	64.5	18.8	46.8	평균	1916	42.1	9.5	5.2
초량	1914	56.0	11.9	24.7	평균	1921	12.3	9.8	4.0

주) 평균은 그 연도의 각 공장 평균을 나타낸다.
　　단위는 일

수선일수 : 이상과 같이 수선일수는 수리기술의 진보와 제작 기기류의 개발에 의해 현저하게 단축되었지만, 더욱이 1926년 무렵에 들어서는 수선 관리의 능률적인 운용에 의해 다음 표와 같이 경이적인 수선일수의 단축을 이루었다.

기관차의 공장수선 : 기관차검사규정에 의해 수선은 공장수선과 기관구수선으로 구분되어 있다. 공장수선은 일반수선(반수)과 국부수선(국수)의 2종류로 나뉘어 있다.

일반수선 : 기관차를 해체하여 각 부분을 검사하고 수선을 행하는 것으로, 일반수선은 약 2~3년마다 행하여졌다. 일반수선에서 다음 일반수선으로 공장에 들어오기까지 주행하는 킬로 수(회귀 킬로미터)는 차량 성능과 상태, 수송상황, 열차 운행계획 등 제반의 조건을 감안하여 기관차 형식별로 표준 회기 km표를 제작하여 일반수선 시기를 결정하고 공장에 보내었다.

〈표 6-31〉 출장차 1량 평균 개조 수선일수 누년 비교표(1935~1939)

(단위 : 일)

차종별		기관차		동차		객차		화물차	
재장 일수 및 시행 일수		재장 일수	시행 일수	재장 일수	시행 일수	재장 일수	시행 일수	재장 일수	시행 일수
공장별	연도별								
부산 공장	1935	12.1	9.4	−	−	7.7	6.4	3.7	3.0
	1936	9.5	8.0	−	−	8.0	6.7	3.0	2.6
	1937	5.7	5.0	−	−	7.9	6.7	1.3	1.3
	1938	8.4	7.2	−	−	6.0	5.1	2.3	2.0
	1939	13.4	11.7	−	−	6.1	5.2	1.9	1.8
경성 공장	1935	10.5	8.9	15.9	13.3	13.8	11.4	3.1	2.6
	1936	8.6	7.3	16.1	13.4	11.3	9.5	3.0	2.5
	1937	5.7	4.9	11.8	10.2	9.5	8.1	2.1	1.9
	1938	5.9	5.1	11.5	10.0	7.9	7.0	2.1	1.9
	1939	5.7	5.0	14.9	13.1	8.0	7.1	2.1	1.9
평양 분공장	1935	−	−	−	−	13.0	10.6	2.7	2.2
	1936	5.0	4.0	−	−	8.4	7.0	2.3	1.8
	1937	−	−	−	−	7.8	6.8	2.0	1.8
	1938	−	−	−	−	8.0	6.9	1.9	1.7
	1939	−	−	−	−	7.0	6.1	2.2	2.0
청진 공장	1935	12.7	11.0	−	−	15.3	9.9	18.9	4.8
	1936	10.9	9.3	−	−	13.3	9.6	15.2	4.6
	1937	6.5	5.7	−	−	14.2	10.4	5.4	3.7
	1938	6.2	5.4	−	−	10.4	8.3	4.0	3.1
	1939	6.2	5.4	−	−	8.3	7.2	2.5	2.2

주) 1940년 이후는 자료 미발표로 인해 불명

(단위 : 량)

차종별	월별 / 연도별	4	5	6	7	8	9	10	11	12	1	2	3	계	한 달 평균
기관차	1935	22	40	28	24	26	26	26	27	32	24	34	40	349	29
	1936	30	37	36	36	35	35	36	38	41	28	36	45	433	36
	1937	35	31	40	38	28	49	41	47	46	35	44	49	483	40
	1938	43	50	50	52	40	46	42	50	54	44	43	49	563	47
	1939	48	47	52	59	59	61	60	62	66	48	53	61	676	56
동차	1935	4	3	2	3	5	2	2	2	5	3	5	5	41	3
	1936	4	2	2	4	4	3	6	4	6	4	7	9	55	5
	1937	3	4	4	3	7	2	4	7	4	3	1	5	47	4
	1938	6	3	3	2	4	3	1	1	1	3	2	2	31	3
	1939	4	3	2	2	3	3	1	4	2	5	2	5	36	3
객차	1935	71	78	73	73	85	72	30	88	87	74	105	94	962	80
	1936	98	97	85	91	94	81	90	97	96	77	95	110	1,111	93
	1937	74	89	109	92	41	81	96	102	98	86	118	108	1,094	91
	1938	94	112	103	95	114	140	111	108	120	91	104	124	1,316	110
	1939	86	110	115	114	128	107	115	115	124	113	146	141	1,414	118
화물차	1935	194	217	209	250	241	256	278	273	259	220	299	352	3,048	254
	1936	283	294	261	337	256	235	222	244	255	194	291	325	3,197	266
	1937	266	251	253	715	1,231	680	569	279	223	214	293	430	5,404	450
	1938	351	343	356	362	435	392	632	314	280	266	347	392	4,470	373
	1939	348	449	298	462	346	564	607	500	359	351	397	503	5,182	432

주) 1940년 이후는 자료 미발표로 인해 불명

국부수선 : 일반수리에 속하지 않는 수선을 국부수선이라 칭하며, 소정의 기간 도중에 고장을 일으키거나 혹은 마모한도에 달하였지만 기간구에서 수선이 불가능하거나 곤란한 경우에 공장에서 시행하는 수선을 말한다. 예를 들면 외륜 마모, 보일러 판의 균열, 대축 파손, 기통 파손 등과 같은 경우의 수선을 말한다.

사용한도 : 외륜의 플렌지나 단면의 형상 혹은 동축 경부의 직경 등이 교정이나 삭정에 의해 일정 길이 이하가 되면 위험한 한도에 도달한다. 이것을 사용한도라고 하며, 제1사용한도와 제2사용한도의 2종류가 있다.

제1사용한도는 공장에서 외륜이나 축경 등을 삭정할 때 그 길이 이하가 되어서는 안 되는 길이를 말한다. 실린더의 내경을 삭정하는 경우는 이 치수보다 커져서는 안 되는 치수를 말한다.

제2사용한도는 이 치수 이하로 사용하면 위험하다는 치수로 주로 기관구에 이용된다.

주요 부분에 대해서는 완전 보호 유지라는 관점에서 기관차 형식별로 제1사용한도, 제2사용한도가 상세하게 제정되었다.

전시 상황이 급변함에 따라 수선용 자재의 입수도 곤란하게 되어 사용한도를 완화하여 전시형 수선 규격을 제정해서 사용수명을 연장시키는 수단을 강구하였다.

〈표 6-33〉 표준회귀 km표

기관차형식	회귀 킬로	기관차형식	회귀 킬로
시구이	75,000	테호이 - 니 - 사	180,000
코로이	90,000	테호시	120,000
모가이	120,000	테호코 - 로	200,000
프레이, 니 - 사 - 시	120,000	파시이 - 니 - 사	220,000
프레코 - 로	150,000	파시시	250,000
프레나 - 하	200,000	파시코	220,000
바루이	120,000	소리이	90,000
사타이	170,000	미카이 - 니 - 사	170,000
나키	95,000	마테이	170,000
아메이	170,000	마테니	200,000

주) 신조 기관차는 20% 증가로 한다.

제4절 제작사업

제조 수선비용 : 제작사업은 차량의 제작과 개조, 수선 및 교량의 상판지지 거더, 그 밖의 철도 용품의 제작 수선 등인데 이들 제작 수선용 공사비는 시대에 따라 다소 감소를 보였지만, 전체적으로 점차 증가하였다.

1912년 이후 제작 수선비용의 대략은 다음과 같다(누년 비교는 〈표 6-35〉 참조).

단위 : 천엔

연도	차량 제작 및 개량	차량 수선	각종 공사 수	합계	연도	차량 제작 및 개량	차량 수선	각종 공사 수	합계
1912	549	670	203	1,422	1930	1,165	2,285	581	4,036
1916	479	744	145	1,368	1935	1,576	4,372	989	6,937
1921	1,870	2,422	419	4,711	1936	2,045	4,722	952	7,719
1925	803	2,235	650	3,688					

공장 종사원 : 공장의 기술공(시대에 따라 직공 혹은 공작방이라 칭한다)의 수도 제작 수선공사의 팽창에 따라 증가하였으며, 통감부 인계 당시의 1일 평균 772명이 1912년에는 1,463명으로, 1939년에는 몇 배인 3,424명에 달하였다.

〈표 6-34〉 1일 평균 기술공의 수

연도	기술공의 수(인)	연도	기술공의 수(인)	연도	기술공의 수(인)
1906	722	1921	1,699	1935	1,964
1912	1,463	1925	1,724	1936	2,257
1916	1,491	1930	1,747	1939	3,424

기술공 양성은 중견종사원 양성 목적으로 1919년 설립한 종사원양성소에 4

년제의 도제과를 설치하고, 1922년 59명의 졸업생을 배출했다. 1921년 도제과를 공작과라 칭하고, 학생을 공작견습생으로 삼아 1925년 이후 매년 30명을 졸업시켰다. 하지만 1932년에 폐지하고 공장의 기술공 견습제도를 설치, 양성해 왔는데 1938년에 부산공장, 1940년에는 다른 공장들도 차례로 견습제도를 실시하였다.

<표 6-35> 공장제작 수선공사 비용 누년 비교표

비용 및 비율		공작비		재료비		공사 직속비		계(엔)
공장별	연도별	비용(엔)	비율(%)	비용(엔)	비율(%)	비용(엔)	비율(%)	
부산 공장	1935	445,386.43	356	775,350.76	620	30,292.02	24	1,251,029.21
	1936	499,937.87	354	873,288.15	618	39,240.32	28	1,412,466.34
	1937	633,932.61	334	1,241,013.49	653	25,700.75	13	1,900,646.85
	1938	725,139.84	331	1,436,952.40	655	31,085.04	14	2,193,199.28
	1939	841,928.54	354	1,497,781.51	629	39,638.91	17	2,379,348.96
경성 공장	1935	1,530,567.46	332	3,040,270.62	661	31,101.40	7	4,601,939.48
	1936	1,639,109.91	320	3,451,473.66	684	28,243.59	6	5,118,827.16
	1937	1,759,846.25	300	4,084,533.45	696	26,738.55	4	5,871,118.25
	1938	1,881,719.33	308	4,196,496.44	686	37,112.92	6	6,115,328.69
	1939	2,184,621.34	265	5,981,744.05	726	69,366.89	9	8,235,732.28
평양 분공장	1935	187,507.49	334	367,991.26	656	5,610.28	10	561,109.03
	1936	202,353.74	319	425,018.73	671	6,422.65	10	633,795.12
	1937	236,941.76	304	535,882.36	686	7,971.61	10	780,795.73
	1938	270,400.00	311	590,935.17	679	9,210.48	10	870,545.65
	1939	304,898.93	301	692,780.20	684	14,828.10	15	1,012,507.23
청진 공장	1935	179,430.08	343	324,158.28	620	19,529.41	37	523,117.77
	1936	198,707.17	359	339,755.81	614	15,194.52	27	553,657.50
	1937	224,143.46	366	378,480.79	618	9,465.37	16	612,089.62
	1938	243,566.00	331	472,831.34	643	18,935.72	26	735,333.06
	1939	262,180.29	291	608,421.62	682	24,143.84	27	892,745.75

임금청부제도의 변천 : 기술공의 임금제도는 상비제도의 시간급을 채용

하였지만, 1919년 제1차 세계대전으로 인한 호황으로 제작 수선공사가 현저하게 증가하였기 때문에 1922년 12일부터 로안의 프리미어시스템에 의한 '공장직공 할증부 작업규격'을 정하여 다음 산식에 의해 할증시간에 대한 급료를 지급하였다.

$$\underline{B \times (A-B)} = 할증시수$$

A : 소정준공시수

B : 실제 노동 준공시수

경성공장에서 1922년 3월까지 실시하였으나 불황기에 접어들면서 중지하고, 상비작업으로 복귀하였다. 그러나 차량의 제작 수선공사의 능률 향상과 공사비의 감소를 꾀하기 위해 다시 청부작업이 유리하다고 여겨 1927년 8월 새로이 '공장 공작방 청부작업규정'을 제정하여 경성공장에서 실시하였다. 이 제도는 능력별 지불제도에 의한 것으로 어떤 작업에 대한 지정공사 인원과 실제 노동 공사 인원의 차익 공사 인원에 대해 가산해 지급하는 것이었다. 그러나 1929년 다시 불황시대를 맞아 차량 수선작업도 축소되었기 때문에 이 제도도 중지하였다. 만주사변 후 다시 호황이 되어 3번째의 청부작업 제도를 채용하고 1936년 3월 하루세이식 제도에 의한 '공장 기술공 청부 작업규정'을 제정하여 경성공장에서 실시하였는데 공장의 제작 수선공사가 계속해서 증가했기 때문에 이것을 전반적으로 실시하기에 이르렀다. 이것은 사끼야마 산이치로 발상의 사끼야마 산정식이라 하여 임금의 반은 연공, 반은 기량에 의하는 획기적인 산출방법이었다.

사끼야마 산정식

$$P1 = P \times \tfrac{1}{2}(1+a/a1)$$

a : 급료에 대한 인공 P

a1 : 급료에 대한 인공 P1

표준급 a의 공작방의 작업에 요하는 소요시간, 즉 표준시간을 정하기 위하여 현장에서는 각종 테스트를 행하여 고심한 끝에 P1의 수치표를 제작하여 운영을 쉽게 하였다.

〈표 6-36〉 공장 기술공 1일 평균 노동 수고품 및 임금

연도	작업자의 하루 작업량(명)	임금(엔)
1912	1.0	0.744
1916	1.0	0.780
1921	1.1	1.767
1926	1.1	2.096
1930	1.0	2.037
1935	1.1	2.137
1936	1.4	2.103

제7편
국유철도의
전기, 통신

제1장
공무과시대의 전기

조선국유철도에 있어서 전기관계설비의 신설이나 보수관리 등에 대해서는 창업 이래 오랜 기간에 걸쳐 공무과 소관이었다. 그 후 1937년 6월에 전기과가 신설됨에 따라 이들 업무는 전기과로 이관되고, 이 조직으로 종전을 맞이하게 되었다. 따라서 여기에 창업부터 1937년 12월까지의 기간에 있어서의 전기설비 상황에 대하여 기술하기로 한다.

제1절 전등조명설비

철도영업에서는 다수의 승객을 혼란 없이 원활하게 이동시키기 위해 창업 당시부터 역사 내 및 관내의 전등에 대한 조명 개선의 필요성이 요구되었다. 이 때문에 1900년 경성 남대문역을 설치할 즈음에 당시의 민간 전기회사였던 한미전기회사(후의 경성전기회사)의 마포발전소로부터 전기를 받아 역사 및 구내에 점등한 것이 최초의 전등조명이었다.

당시의 전등조명 점등방식으로는 옥외용등으로는 전부 탄소아크등을 사용하고, 옥내조명용으로는 탄소필라멘트전구를 사용했기 때문에 막대한 소요 전력에 비해 밝기는 극히 불충분한 점이 많았다. 더구나 탄소필라멘트전구는 수명도 짧고 외부로부터의 진동에도 매우 약해서 이들의 유지, 관리에는 많은 비용과 일손을 필요로 하였다. 그러나 등유에 비교해 현저히 밝고 편리했기 때문에 시간이 갈수록 역 구내에 사용되게 되었다.

그 후 1909년 11월에는 용산공장 내에 직영의 발전소가 건설되어 경성·용산지구의 청사, 공장 및 관사 등에 배전하게 되어서 전등 및 전력의 사용량은 상당히 증가하였다. 즉, 이 지구에서의 전등 보급률은 매년 10~20% 증가했다. 그리고 경성지구 이외의 인천, 부산, 평양, 대전, 신의주 및 목포 등의 각 주요 역 구내에서도 각 지역의 민간전기회사로부터 전력을 공급받게 되어 전등화가 급속하게 진행되었다. 그들 각 지역에서의 증가율은 상당히 커서 매년 2배 혹은 3배에 가까운 비율로 증가, 보급되어 갔다.

그러나 이들 주요 역 이외의 지역에서의 역사 조명의 경우에는 조선 내 각 지방의 전기사업의 발달이 늦어져서 각 역 모두 긴 기간에 걸쳐 등유에 의한 조명에 의존하지 않으면 안 되는 상황이었다.

그러나 1920년대 후반에 들어 일반 전기사업도 점차 보급되었기 때문에 각 역의 조명도 점차 등유보다 전등으로 개선되고 해가 갈수록 그 설비 수도 증가하였다.

종래 영업선 각 역의 전등설비는 예산 및 보수인원 관계상 일부에 대해 전력공급회사에 구내 일대의 청사와 역사 및 관사의 전등설비를 시행토록 했는데, 그 수는 1935년 현재 전등 설치 320개 역 중 약 4할에 해당하는 128개 역에 달하였다. 이들 회사 시설에 대해서는 보수 및 기타 사항에서 불편을 통감하여 전부터 이들의 매수계획을 진행했지만, 예산 등의 상황으로 인해 실현되지는 못하였다.

그러나 전등시설의 직영화는 역의 보전을 위해 이대로 방치할 수 없기 때문에 1937년 예산 약 12만 엔을 계상해서 부산 관내 13개 역, 대전 관내 17개

역, 경성 관내 25개 역, 평양 관내 13개 역, 순천 관내 3개 역, 원산 관내 23개 역, 성진 관내 24개 역 등 합계 118개 역의 전등 6,039개의 매수를 완료하여, 당시 개량계획 중이던 6개 역 및 타 회사로부터 사용전력의 무상공급을 받는 2개 역 등 모두 8개 역을 남기고 역의 전등설비 전부를 철도국의 소관으로 하였다.

그리고 청사와 관사 그 외의 건조물 내의 전등조명에 대해서도 종래에 시설기준이라고 할 만한 특별한 규정이 없었기 때문에 설계자의 임의대로 설치하였으며, 그 조명도 각기 다른 상태였다. 이들 시설기준은 전기과 신설 후 제정되었으며, 조선철도 내의 전기시설에 대한 조도의 통일이 이루어졌다.

제2절 기계식 신호 보안설비

조선반도의 주요 간선인 경부 · 경의 양 선에 이은 전선 개통은 1905년과 1906년의 일이었다.

양 노선의 열차 운전의 안전을 확보하기 위한 보안설비를 개관해 보면 그 역할의 중요성에도 불구하고 당시 조선 공장의 일반수준과 마찬가지로 매우 유치한 것이었다. 즉, 역 구내 진입의 가부를 지시하는 신호현시방식은 개업 당시부터 단선 및 복선구간 모두 완목식 신호였다. 이 방식의 조작방법으로는 역 중앙에서 장내 신호기 설치 장소까지의 약 500미터 정도의 원거리가 1개의 와이어로 조작되고 있었다. 하절기와 동절기 중에는 기온 변화에 따른 와이어의 신축 때문에 보수를 위한 일손이 필요한데다가, 신호 자체도 불확실한 경우가 종종 발생했다. 이러한 현시방식은 1941년 간선이 자동 신호화되기까지 모든 간선구간에서 사용되었다.

또한 역 구내의 진입선로상의 전철기는 현장에 설치된 제2종 기계식 연동 신호장치와 함께 쇄정(신호기의 잠금장치)되도록 되어 있어 일단 진로상의 안전은 확보되었다.

초기부터 오랜 기간에 걸쳐 장내 및 출발용 신호기만으로 충분했지만, 열차속도의 향상에 따라 원방신호기를 병치해야 했다. 이에 간선구간에서는 지형상 전망이 안 좋은 곳의 모든 장내신호기 바깥쪽에 원방신호기를 설치하여 수송력과 보안도 향상에 기여했다.

폐색기 및 폐색 회선

경부철도에 있어서는 1905년 10월 영업 개시 당시부터 1구간 1열차 주의를 채용하고, 명령권과 전철화 통신을 병용하여 열차 운전의 안전을 꾀하고 있었다.

한편, 임시군용철도로서 건설된 경의선은 경부선과 거의 같은 시기를 전후로 하여 개업하였음에도 불구하고 경부철도와는 다른 보안방식을 채용해 초기에는 표권식으로 운전이 이루어졌다. 그러나 개업 후 얼마 되지 않아 경의선의 문산~신의주 구간에 고교식(高橋式) 폐색기 40대가 설비되어 경의선 구내에서의 안전은 일단 확보되게 되었다.

상기와 같이 양 간선철도의 소속이 달랐기 때문에 각 역에 설치된 폐색장치의 취급 방법이 각각 달라서 양 구간을 직통 운전하는 열차는 운전취급상의 불편뿐 아니라 열차 운행 횟수가 증가함에 따라 보안상으로도 중대한 문제가 발생하였다.

그래서 1906년 7월에 통감부 철도관리국이 설치되자 바로 근본적인 대책으로 양 간선구간에서의 폐색기의 정리, 통일이 이루어졌다. 즉, 1906년과 1907년 2개년 계획으로 긴급하게 타이어 씨의 타블렛식 폐색기가 전선에 설비되게 되고, 1907년 8월에 먼저 경부선 청도~신동 구간을 시작으로 1908년 1월에는 경인선의 전 구간에 그리고 같은 해 4월에는 경부선 전체 구간에 설치를 완료하였다(당시의 일본 철도성에서는 1902년 9월부터 이미 주요 선구에 있어서 이 폐색기가 설치, 완료되었다).

한편, 경의선의 경우에도 1년 후인 1909년 8월에는 전구간의 설치를 완료하였기 때문에 양 간선을 직통하는 열차에 대해서는 그 취급과 운전 보안 양면 모두 획기적으로 개선되었다.

또한 이 양 간선 이외의 평남, 경원 및 호남선 등과 같은 건설공사 중인 노선의 경우에는 그 부분 개업구간에서 일시적으로 표권식으로 열차를 운행시키다 점차 타이어 씨의 타블렛식 폐색기로 변경하였으며 전 구간 개통과 함께 이 방식의 폐색기에 의한 열차 운행이 이루어졌다. 그 후에는 건설된 각 선에 대해서는 건설 시작 때부터 대부분 타이어 씨의 타블렛식 폐색기가 설비되게 되었다.

각 지구에서의 이상과 같은 경과를 거쳐 단선구간에서의 폐색기의 설비 대수는 당초 1906년 말까지 불과 40대에 지나지 않았던 것이 해를 거듭할수록 각 노선에 급속하게 증설된 결과 1926년에는 380대가 되고, 1939년 말에는 836대로 증가하여 열차 운전의 안전 확보에 큰 역할을 다하였다.

이어서 복선구간에서의 폐색장치로서는 1905년 10월에 처음으로 영등포~서대문 구간에 쓰보이(坪井)식 쌍신폐색기(철도성형)가 각 역에 설치되었다. 그리고 상호 역 사이 전용의 공중에 걸친 폐색 회선으로 접속함으로써 열차 운전의 안전을 꾀하였다. 그러나 이 폐색방법은 상대역 상호간에 응답 확인을 위한 전류를 주고받지 못한 채 단지 신호 교환으로만 열차 운행을 하기 때문에 보안상 중대한 문제가 있는 것이 그 후 판명되었다. 이 때문에 조선철도 전기수선장 직원의 고안으로 조선철도형 특수 쌍신폐색기 4대를 용산~영등포 구간에 1932년 이래 시범 운용하였는데 그 성적이 양호하여 그 후 경부와 경의 양 본선의 부분 복선구간에 이 형의 쌍신폐색기가 다수 설치되게 되었다.

이어서 열차의 폐색을 행하기 위한 양 역간에서의 폐색 회선에 대해서는 지전류 및 여러 잡음의 영향을 적게 받는 지역(대부분의 지방선 구간)에서는 경제성을 고려하여 주로 단선식이 사용되었다. 그러나 대도시 주변의 여러 원인에 의한 지전류 및 잡음의 영향을 받기 쉬운 지역이나 케이블 매설이 불가능한 장소에 대해서는 복선식을 채용하여 외부로부터의 전기적인 영향을 줄임으로써 폐색 회선의 품질 향상을 도모하였다. 이들 회선방식은 자동 신호설비화 구간 이외의 지역에서는 종전 시까지 사용되었다.

제3절 전기식 신호 보안설비

개업 초기부터 1935년경에 이르는 오랜 기간 조선에서의 전기식 신호 보안설비는 극히 소수만 설치되었다. 즉, 주된 것으로서는 당시 유명했던 압록강 개폐교에 설비된 전기식 보안설비가 전부였다. 이것은 1911년에 압록강철교가 준공됨에 따라 조선~만주 구간의 직통열차가 운행되게 되었기 때문에 신의주와 안동의 양 역간에 처음으로 폐색선이 신설되게 되었다. 이 회선은 개폐교와 연동하여 개폐되는데 개교의 경우에는 신호의 동작과 함께 회선도 자동적으로 끊어지며, 폐교하여 열차의 운전에 전혀 지장이 없어진 경우에 한하여 전기적으로 개폐 회선을 구성하도록 한 장치이다. 그리고 별도로 육상 및 교상선(다리 위의 선로)에 의해 신의주와 압록강 남안대기소 간에는 반응신호기를 신설하고, 개폐교의 개폐와 연동하여 자동적으로 표시하는 장치로 만들었으며, 교량 남안 입구에는 원판 자동 정보 표시기가 설비되었다. 그리고 안동역과 압록강 북안 간에도 이것과 같은 설비가 부착되었는데, 이들 설비는 1934년 3월 31일에 압록강교량의 개폐가 정지될 때까지 사용되었다.

이 보안설비 이외의 주요한 것으로는 1920년에 경성 및 용산역 구내에 조사 쇄정이 처음으로 설비되어 대형 역 구내의 남북 양 레버 취급소간의 보안도 향상에 상당히 유효한 것이 판명되었기 때문에 그 후로도 대형 역 구내의 취급소에 차례로 설비되었다.

또한 전기식 신호기는 1926년에 처음으로 설비된 후 1935년까지 단 6기,

건널목 경보기는 1928년에 처음으로 설비된 후 불과 5기에 지나지 않았으며, 접근 벨은 한 곳에 불과했다. 이상이 1935년경까지의 전기식 신호 보안 설비에 대한 개황인데, 품질 및 양 모두 극히 빈약한 설비로도 보안이 가능했던 것은 그 시기까지는 아직 열차의 수송밀도가 별로 높지 않았기 때문이었다.

제4절 통신설비

통신선로

조선철도 각 노선 주변의 통신선로 건설공사는 교통이 편리한 곳에서는 상상도 할 수 없었던 난공사의 연속이었다. 즉, 당시의 통신선로용 자재는 전주용으로 임시사용한 조선 소나무 이외에는 거의 조선 내에서 입수 불가능한 것이었기 때문에 전선을 비롯해 완목, 애자(碍子), 달구에 이르기까지 모두 일본 국내에서 수입하지 않으면 안 되었다. 그리고 이들 자재의 수송은 불완전한 도로와 선박 운송에 의존하지 않으면 안 되었다. 특히 철령산맥을 통과하는 통신선로용 자재의 수송에는 선로 주변에 인가가 거의 없는데다가 도로도 극히 험했기 때문에 사람이 직접 운반하거나, 소나 말을 이용하는 방법에 의존할 수밖에 없었다. 그리고 청천강과 대령강의 강을 가로지르는 가선공사 시에는 유빙 및 수차례의 대홍수 피해를 입는 등 작업은 이루 말할 수 없는 곤란을 겪었다.

각 선에 대해서 알아보면 다음과 같다.

경인선 : 경인철도합자회사가 인천~노량진 구간의 철도를 운영함에 있어서 1900년 7월 철도노선 주변에 조선 소나무를 전주로 세워 여기에 400파운드 철선 2줄을 가설하고 복선식 전철화 회선 1회선을 신설하였다가 이것을 경성까지 연장하여 사용한 것이 조선철도 최초의 통신선로였다.

경부선 : 이 노선 주변에서의 통신선로공사는 1904년 말에 준공하였다. 공사시행에서 가장 곤란했던 것은 자재의 공급이었다.

주요 자재인 전주의 경우는 처음에는 일본산 삼나무를 구입하여 충당하였다. 철도를 긴급 건설해야 했던 시기에는 입수가 제때 이루어지지 않아서 어쩔 수 없이 노선 주변의 조선 소나무나 통나무를 이어서 사용하였지만, 그래도 제때 맞추지 못하는 장소에서는 선로 주변에 자라는 나무를 일시적으로 그대로 이용하여 공사의 조기 준공에 노력하였다.

그리고 전선이나 애자 등의 수송에도 육로나 선박 등의 모든 운송수단이 사용되었지만, 공사의 진척에 맞추기에는 많은 노고가 있었다. 특히 1904년과 1905년경 전시 중의 수송에는 자재를 탑재한 기선이 격침되는 등의 불운을 만났기 때문에 어쩔 수 없이 맥주병을 일시적으로 애자로 대용하는 등 응급조치를 강구하여 여기에 400파운드 철선 2줄을 가설해서 간신히 영업 개시에 맞출 수가 있었다.

경의선 : 이 노선 주변에서의 통신선로공사는 1905년 봄 용산~신의주 구간이 전선 준공되었다. 경의선은 원래 군용철도로서 건설되었기 때문에 이미 용산~잠성 구간의 통신선로는 군에 의해 건설되어 이용되고 있었다. 이 때문에 잠성~신의주 구간의 통신선로 건설공사에는 임시군용철도감부 담당을 명령받은 직원 및 작업원의 손에 의해 상당한 고초를 겪으며 준공되었다. 수송 환경이 경부선보다 더욱 열악해서 주요 자재인 전주마저 수송이 생각대로 되지 않아 아주 적은 구간에 통나무를 이은 전주를 사용하였고, 대부분의 전주는 선로 주변의 조선 소나무나 버드나무 등의 잡목을 이용하였기 때문에 전주에서 가지와 잎이 생기는 기이한 현상도 때때로 보였다.

마산선 : 1905년에 준공

호남선 : 1913년에 준공

경원선 : 1913년에 준공

그밖에 이들 각 통신선로는 철도 준공 후 열차가 운전을 개시하는 것을 기다렸다가 임시사용된 조선 소나무나 버드나무 등의 전주를 점차 일본의 삼나무 혹은 낙엽송 등으로 교체하였다. 그리고 완목이나 통신선로도 시간이 지나면서 증설되었으며, 안정된 통신이 가능한 통신설비로 정비되어 갔다.

다음에 사용된 전주는 당시 본선용과 지선용으로 나뉘어 사용되었지만, 그후 통신 회선의 증가에 의해 8선용 완목이 필요했기 때문에 모두 본선용의 전주로 통일되게 되었다. 또한 전주를 오래 사용하기 위해 본주에 방부제를 주입한 것을 사용한 것은 1926년에 부산통신구에서 전주의 상하 각 4m를 크레오소트에 침지(물속에 담아 적심)하여 이것을 추풍령~황간 구간의 개축공사에 사용한 것이 최초이고, 다음해인 1927년부터는 쿠민 침지주를 다수 채용하게 되었다.

이들 방부제 주입주의 방부효과가 현저한 것이 판명되었기 때문에 이후는 전시 중의 약품 부족 상황 하에도 불구하고 자재 절약을 위해 모두 방부제 주입주가 사용되었다.

전주에 부착되어 있던 전주 번호표와 연호표 등은 처음에는 내구성을 고려하여 모두 금속제였지만, 중일전쟁 발생 이후에는 대부분 대용품 혹은 목제품으로 교체되었다.

전주의 경우에는 목주를 사용하는 것이 표준이었지만 특수한 장소, 예를 들면 교량 위 등에는 목주를 사용할 수 없기 때문에 철주가 사용되었다. 그리고 통신 회선 수가 적었던 당초에는 앵글재 3개를 조립한 것을 사용해도 강도상 문제는 발생하지 않았지만, 본선 노선 주변 구간에서는 시간이 갈수록 통신 회선 수가 증가하여 강도 부족의 문제가 생겼다. 이 때문에 1936년에 경의선 일산~금촌 구간의 금성천교량에 처음으로 강도가 보강된 사각형 철주가 가설되었으며, 그 후 교량용 철주는 모두 이 형식이 채용되었다.

통신선로 부속설비

통신용 완목 : 전주에 부착된 완목은 창업 이래 강도 관계상 느티나무 자재

약 6.6cm 크기의 4선용 혹은 8선용이 오랫동안 사용되었지만, 점차 입수가 곤란해져 1916년에 규격을 개정하여 졸참나무 자재의 약 6.6×6.6cm로 하여 이 규격이 끝까지 계속 사용되었다.

각 전주에 부착될 완목의 종류로는 창업 이래 한결같이 4선용의 짧은 것이 표준으로써 사용되었지만, 통신 회선의 증설이 행해지게 된 1920년대 중반 경부터 점차 8선용의 것으로 교체되어 8선용 완목이 표준이 되었다.

중일전쟁 이후 대륙에의 수송량 증가로 인해 통신 회선의 증강도 급피치로 행해진 결과 경부·경의선에서는 8선용 완목이 7단에 걸쳐 부착되게 되었지만 여전히 부족한 상황이었다.

통신용 애자 : 통신용 완목에 부착된 애자는 일반적으로는 핀형 통신용 2중 애자를 사용하고 또 교차지점에서는 앵글 애자를 사용하는 것이 오랜 통례였다. 그 후 일시적으로 만주철도제의 유리애자를 사용한 적도 있었지만, 1928년 이후에는 철도성이 제정한 신형 통신용 2중 애자가 채용되게 되어 마지막까지 계속해서 각 지역에 걸쳐 채용되었다.

통신용 가공선 : 통신용 가공선 중 주요 선 구간 및 장거리 회선용으로는 3.5mm 경동선을 사용했지만, 단거리 회선용 및 일반선 구간용으로는 4mm 철선도 사용되었다. 또한 특수한 곳의 장·경간용 통신선로용으로는 당초에는 동선이나 동을 입힌 강선이 사용되었지만, 1932년 이후부터는 전기적인 특성도 좋고 항장력이 큰 동합금선 만을 사용하였다.

통신용 케이블 : 통신용 케이블 중 가공용의 경우는 1907년에 남대문, 용산, 평양 및 신의주의 전철화교환기를 신설할 때 사용한 것이 최초인데, 그 후 각지의 전철화 교환기 신설 시에 많은 지역에서 사용되게 되었다. 지하용 케이블은 1926년에 용산지역의 수해복구 공사용으로서 노량진~용산 구간에서 사용한 것이 최초이며, 그 후 대부분의 대형 역 구내용, 방습을 위한 터널 내용, 또한 교량에 첨가하기 위한 것으로서 여러 곳에 다수 사용되었다. 그러나 전시 상황이 악화됨에 따라 가공용과 지하용 모두 케이블의 입수가

극도로 곤란해졌기 때문에 통화량의 증가에도 불구하고 전철화 교환기의 신설 혹은 증설은 상당한 제한을 받게 되었다.

통신선로용 지선 : 통신선로용 지선에는 오랜 동안 8번 철선이 사용되었지만, 1939년의 통신선로시설 준수사항의 개정에 의해 4.5mm 아연도금철선과 강연선을 병용하도록 규정화되어 이후 이들 자재를 사용하게 되었다.

통신 회선

전화 회선 : 전화 회선은 1900년 7월 인천~노량진 구간에 400파운드 철선 2줄을 가설하여 각 역 상호간의 통화용으로 제공한 것이 최초였다. 그 후 수년이 지나 경부선은 1904년에 그리고 경의선 및 마산선은 1905년 봄에 연이어 시설이 완료되어 통화용으로 제공되었다.

1906년 통일 이후는 전화 회선의 증강 및 개량에 노력을 기울였다. 그 후 1911년 11월부터 조선~만주 간 직통열차 운전이 개시됨으로써 만주철도와의 사이에 통화량이 급격하게 증가하였기 때문에 다음해인 1912년 1월 신의주~안동 구간에 전화용 중계선을 신설하고 연대 통화의 범위를 만주철도 관내까지 확대하게 되었다.

호남선 및 경원선에 있어서는 건설이나 선로 개량공사용 전화선을 공사 종료와 함께 영업용으로 전환하여 사용하는 것이 통례였다. 그러나 전화 회선만으로는 영업 개시 후 얼마 되지 않아 부족하였기 때문에 선로 개량공사 시에 장거리 교환 전화 회선 및 구간 전화 회선도 동시에 설비하여 영업용으로 제공하였다.

각 역 상호간에 연락하는 전화는 종래에는 운전이나 영업상의 편리를 위하여 일정 구간을 나누어 사용하는 구간 전화였기 때문에 장거리 통화용으로는 극히 불편하였다. 이런 불편을 개선하기 위하여 1919년 5월부터 먼저 경부선 및 경의선의 주요 역 상호간의 직통 전화 회선이 신설되었다. 뒤를 이어 용산과 대전, 초량 및 평양의 각 역은 전화 교환기로 수용하고, 그 외의 역은 역사 내에 전환기를 두어 장거리 전화선 상호간 혹은 구간 전화선과도 접속하여 사용하였는데, 이것이 조선 최초의 전화 중계선이었다.

1919년 12월 경의선의 평양~정주 구간 및 정주~신의주 구간에도 전화 중계선이 신설되어 만주철도와의 사이의 통화 폭주 완화에 큰 공헌을 하게 되었다. 그 후로도 계속해서 각 노선에 전화 중계선의 증설이 진행되었다.

이 실회선의 증설 외에 1923년부터 환영(幻影) 회선의 이용에 따른 전화중신법도 채용하게 되어 전화 회선의 증설이 행하여졌다. 더불어 1931년부터 반송식 전화중신법을 채용함으로써 원거리의 두 지구간에 있는 재래회선을 이용, 최대 3회선의 증설이 가능하게 되어 증가하는 통화량을 처리하는 데 유력한 수단이 되었다.

기타 특수한 통신설비로서는 1923년에 보선관계 업무용으로서 각 보선구를 중심으로 전용 단선식 구간 전화를 신설하여 작업현장에 대한 지시를 수시로 정확하게 맞아 틀리지 않게 행할 수 있게 되었다. 이들의 실적을 참고하여 1925년에는 운전 및 배차사무 정리를 위한 지령전용 전화가 부산과 대전 양 운전사무소와 그 소관 내의 각 역 및 구간과의 사이에 신설되었다. 각 지령은 현장기관에 직접적으로 신속하고 정확하게 전달하도록 되어 원활한 열차 운전이 이루어졌다. 이 방법은 그 후 1934년이 되어 경부선의 남은 구간 전 지역과 경의선의 전 구간에도 새로이 신설되었으며, 1936년에는 경원선 및 함경선의 전 구간에도 각각 신설되었다. 그 후 전시 상황이 악화됨에 따라 수송량의 증가는 점차 지선에도 미치게 되어 이에 대응하기 위하여 지선구간에서의 지령 전화 회선의 신설도 매년 각 지구에서 이루어졌다.

전화 회선 : 열차 운전을 위한 양 역간의 연락방법으로써 전신기는 창업 당시부터 사용되고 있었기 때문에 전신 회선은 이미 1904년 말에는 경부선 전 구간이 그리고 1905년에는 경의선의 전 구간이 설비를 완료하고 직통열차의 운전용으로 제공되고 있었다. 그 외 호남선은 1912년 6월에 그리고 경원선은 1912년 10월에 각각 전신설비를 완료하여 영업 및 운전용으로 제공되었다.

1906년 통감부에 의한 통일 이후에는 통신이 열차 운전의 안전 확보상 극히 중요하다는 점을 감안하여 전화 회선의 설비 확충 및 개량이 전 지역에서 매년 행해진 결과 원거리 상호간의 교신에 있어서도 안정된 통신을 확보할 수 있었다. 또한 통신량이 증가함에 따라 각 지역의 전신 회선은 건설 개량 계획의 실시 및 사설철도선의 매수 등에 의해 매년 연장되었다.

통신용기기

전화 교환기 : 1905년 개업 당시에는 경부철도회사의 인계품으로써 초량에 1대가 설비되어 있었을 뿐이었지만, 1907년에는 용산과 남대문, 평양 및 신의주에 자석식 전화 교환기 각 1대가 연이어 신설되었다. 그 후로도 통화량 증가에 따라 교환기용량 증대 요청에 대응하기 위해 매년 주요 지역에 신설되거나 대용량으로 교체되었다.

1925년 대수해의 복구 시에는 1926년 용산교환소에 종래부터 설비되어 있던 자석식 교환기를 철거하고 처음으로 공전식 교환기를 설치하여 설비의 근대화가 이루어졌다. 이 교환기는 복식 2좌석 교환기 2대와 50회선용의 시외교환기 1대가 설비됨에 따라 처음으로 공중 전화와 철도용 국내 전화가 동일 교환기 내에 수용되게 되었고, 전화 교환작업의 획기적인 능률 향상이 꾀하여지게 되었다. 용산교환소 교환작업의 현저한 효율화 실적으로 그 후 주요 지역의 전화 교환기는 자석식에서 공전식으로 차례차례 교체되었다. 또한 용산교환소에서는 매년 격증(激增)하는 통화량을 처리하기 위해 1939년 새로운 공전식 3좌석 교환기 4대와 시외용으로 2좌석 교환기 5대가 증설되었다.

이상의 경과로 추정할 때 당초 겨우 1대였던 전화 교환기 수는 매년 증설되어 1936년 말에는 77대가 되었고, 1945년 종전 당시에는 약 2배의 대수에 달했을 것으로 추정되고 있다. 다음으로 인력에 의한 교환작업이 필요 없는 자동 교환기의 경우에는 1935년 조선호텔의 교환용으로 처음으로 사용되었는데, 편리하였지만 공전식에 비하여 고장 발생이 많고 설비비가 고가였기 때문에 그 보급은 조금 늦었다.

전화기 : 창업 당시의 경인철도시대에는 미국제 모르스에 의한 것을 사용하였지만, 고장이 잦아 불편이 많았기 때문에 데르빌 및 소릿드백 전화기로 교체되었다. 전화기도 용도에 따라 점차 적당한 형식의 것이 사용되게 되어 구내 상호전용의 것으로는 주로 실내 전화기(폐색기용 전화기와 같은 것)가 사용되었다. 특수한 장소에는 갑호 및 을호 탁상 전화기가 사용되었으며, 열차의 폐색용으로는 인접 역간 전용으로 설비된 폐색기용 전화기가 사용되었다. 그리고 전선로 건설이나 보수용으로는 간편하게 이동할 수 있는 휴대 전화기가 사용되었다. 그 후로도 전화기 자체의 감도 향상에 따른 성능 향상 및 경량화가 이루어졌는데, 특히 1914년 5장짜리 자석식 전화기의 개발로 송신전압 및 전류를 크게 할 수 있게 되어 종래 불가능했던 원거리 상호간의 통화도 가능해져서 철도 업무 전반의 효율적인 수행에 크게 공헌하게 되었다.

1925년에는 열차 운전의 효율화를 꾀함과 동시에 긴급 시 수십 개의 역을 일제히 호출하고 업무내용을 동시에 전달할 수 있는 기능을 가진 지령 전화장치가 간선구간에 처음으로 설치되었으며, 그 후 주요 노선에는 대부분 설치되게 되었다. 휴대 전화기의 경우도 당시는 한정된 현장기관에서만 사용되었지만, 각 업무기관에서 그 편리성과 유용성을 인정하게 되었다. 먼저 1927년 각 역 구내에 있는 보선구의 선로반 대기소에 배부되어 보선작업현장과 인접 역 및 선로반 대기소 상호간에 임시연락도 가능하게 되어 보선현장 업무 처리가 많이 편리해졌다. 그 후 각 열차 구간에도 배부되어 차장이 업무 시마다 휴대하게 됨으로써 열차사고 및 기타 긴급 정보를 역장에게 직접 연락할 수 있었으므로 긴급하게 대책을 마련할 수 있었다.

더욱 편리한 개별 호출 전화기가 개발되어 1931년 10월 초 부산 및 그 주변의 역간에 시범 사용되었는데, 성능이 높고 업무 수행에 매우 유용하다는 평가를 받았다. 그 결과 먼저 주요 역 구내에 차례로 설비되고 이어서 보선용으로도 사용되었다.

일반용 전화기의 경우 장기간에 걸쳐 자석식이 사용되었지만, 1926년 용산 교환소의 전화 교환기가 공전식으로 교체됨에 따라 용산 주변에서 사용되고 있던 다수의 자석식 전화기가 동시에 공전식용의 전화기로 교환되어 종래와 같은 손으로 돌려서 하는 호출은 하지 않게 되었다. 이 교체로 인해 생긴 수백 대의 자석식 전화기를 전용하여 각 지방의 구형 전화기가 일제히 교체되었으며, 그 외의 미설치 지역에도 새롭게 다수 설치되어 각 현업기관의 원활한 업무수행에 크게 공헌하였다. 이 전화기는 이후 종전 시까지 사용되었다. 그리고 1926년은 조선에 있어서 통신설비의 제1차 근대화가 실시된 기록으로 남는 해가 되었다. 그 후 매년 통신설비는 질과 양 양면에서 증강되어 각지의 교환기가 공전식화됨에 따라 급속하게 충실해졌다. 따라서 전화기의 설비 수는 1906년에는 겨우 259대에 지나지 않았지만, 1936년 말에는 5,160대가 되어 약 20배에 달하였다. 그 후 태평양전쟁 수행으로 인해 업무량이 급격하게 늘어남에 따라 통신량도 막대해졌기 때문에 종전 당시는 그 배로 증가한 것으로 추계된다.

자동 시보장치 : 철도의 원활한 수송실황을 위해서는 각 현장기관에서 정확한 시간을 파악할 필요가 있기 때문에 개업 당초인 1907년 당시에는 남대문역이 경성우체국으로부터 전송받은 정오의 시보를 각 역에 중계하여 전송하였다. 그 후 이것을 용산역에서 받아 여기서 각 전신기의 전건(電鍵)을 일제히 눌러 전 노선에 통보하는 방법으로 전달하도록 개선되었지만, 이 방법은 취급상 불편한데다가 오차도 많다는 치명적인 결점이 있었다. 이 때문에 1923년에 용산과 대전, 부산 및 평양 등 4곳에 자동 시보장치 각 1대를 신설하고, 이 장치에 각 역으로 가는 시보 회선을 접속시킴으로써 자동적으로 일제히 통보하는 것이 가능하게 되어 오랜 기간의 현안이 해결되었다. 그 후 이 시보 회선은 각지에 신설되었으며, 주요 현장기관뿐 아니라 사무소와 공장 및 철도국 등으로 서비스 범위가 확대되어 업무상 가장 중요하고 정확한

시각을 알리는 데 큰 역할을 하였다.

여객유도용 확성장치 : 개업 후 약 20년간은 여객 수도 별로 많지 않았기 때문에 역 구내에서의 여객 유도장치 설치의 필요성도 별로 없었다.

그러나 그 후 매년 증가하는 여객을 질서 있게 유도하기 위해 이 장치의 필요성이 점차 높아졌다. 1925년 7월에 조선철도에서는 처음으로 경성역의 대합실 및 여객용 홈에 확성장치를 설비하여 여객의 안내유도용으로 사용한 결과 여객으로부터도 호평을 얻어 양호한 실적을 올렸기 때문에 이후 급속하게 주요 역 구내에 설치되었다. 특히 중일전쟁 이후에는 등화관제 실시 시의 여객 유도와 더불어 관제하의 역 구내 입환작업의 능률 저하 방지라는 새로운 목적을 위해 여객 역 구내뿐 아니라 조차장 구내에서도 각 장소에 설치되었다. 설치를 시작한지 불과 십 수 년 후인 1939년 말에는 설비 수가 53대가 되고 확성기 수도 200대를 넘었다.

전신기 : 전신기는 창업 당시부터 단신음향기와 현자(現字)기가 주로 역 상호간의 연락용으로 사용되었는데, 현자기는 현자지, 먹물 및 조출장치가 필요한데다 수신 시에는 시각에 의존하기 때문에 수신 속도 및 정확성이 청각에 의존하는 음향기식 수신에 비해 매우 떨어졌다. 음향기식이 현자기식과 비교하여 경제적으로도 통신 속도상에서도 훨씬 우수한 수신방식인 것은 잘 알고 있었지만, 전면적으로 음향기식으로 변경하려면 취급자가 취급기술을 대폭적으로 서둘러 습득해야 했기 때문에 취급자의 양과 질의 향상을 꾀하면서 시간에 따라 점차 음향기식을 설치하여 통신 속도를 향상시켜 갔다.

1908년 11월 남대문과 초량 구간에 처음으로 2중 음향기가 설치되었는데 성능이 안정되고, 양호한 실적을 올렸기 때문에 그 후 점차로 이 장치로 개량되었다.

당시의 통신용 전원으로는 일반적으로 다니엘 전지가 사용되었는데, 신의주를 비롯해 혹한지의 동절기 대책으로 빙결을 막기 위해 전지실 전체를 온돌로 개축해야 하는 등 보안상 여러 가지 곤란한 문제가 생기고 취급상 불편한 점도 많았기 때문에 점차 취급이 간편한 건전지로 교체해 갔다.

1926년 4월에는 전신의 감사와 전신담당자의 기술 지도를 위하여 용산에 전신 감독기 1대를 설비하여 업무 능률의 향상과 전신담당자의 기능 향상을 꾀하였다.

만주사변 발발 이후 매년 급증하는 업무량에 따라 통신량이 증가하고, 통신의 속도 향상에 대한 요청도 점점 커졌기 때문에 전신설비의 근대화를 꾀하게 되어 차례로 새로운 고성능의 전신설비가 도입되었다. 1934년에는 타이프라이터에 의한 수신이 처음 개시되어 보다 고속도의 송·수신이 가능하게 되었다. 1937년 7월 용산~부산 구간에 이어 1938년에는 용산~순천 구간 및 용산~청진 구간에 모두 재래 전신선의 전기적 중첩에 의한 반송식 전신장치가 새롭게 설치되었다. 또한 1939년에 부산~용산 구간에 인쇄 전신기가 처음으로 설치되어 주요 간선구간 상호간의 막대한 통신량의 신속한 처리에서 위력을 발휘하였다.

전신기의 설비 수는 개업 당시인 1906년 말에는 99대였지만, 1936년 말에는 200대를 넘었다.

제5절 통신 운용

통신 운용규정의 변천

통신 운용규정은 통신설비의 진보 및 취급 업무의 양과 질의 변화에 따라 철도영업 당시부터 여러 번 제정과 개정을 반복해 왔는데 이들 주요한 것에 대하여 연차를 따라 기술하기로 한다.

1906년 7월에 처음으로 철도전보약호가 제정되고 전보 전달업무의 능률화가 꾀하여졌다. 그리고 같은 해 12월 철도전보취급규정이 제정되고, 취급업무가 통일화됨과 동시에 취급전보의 종류를 특별지급보, 전신불통보(不通

報), 열차 운전보, 지급보, 통상보의 5종류로 분류하여 운용하게 되었다. 나아가 철도 업무 수행상 긴급을 요하는 사안에 대한 통신설비의 정비가 꾀하여짐과 동시에 전보 취급역이 증설되었다. 즉, 1904년부터 이미 취급이 개시되어 있던 경부선 내 전보 취급역 외에 새롭게 경의선 및 마산선에 21곳의 취급역을 늘려 합계 36역으로 하였다.

1907년에는 공중전보조사 절차를 제정하고, 같은 해 9월에는 철도전보선편연계 절차를 제정하였다. 이것은 조선철도 선내 각 장소와 일본의 제국철도청 관내의 각 장소 간 상호의 철도전보에 대해서는 당시 철도 전용 해저케이블이 없었기 때문에 부산~시모노세키 구간의 연락선으로 탁송할 필요가 있어서 제정된 것이었다.

이어서 시보전달 절차를 제정하여 경성우체국에서 전달되어 온 시보를 남대문역에서 중계, 이것을 관내 각 역에 전달하기로 하였다(자동 시보장치 항참조). 이 취급 개시로 인해 각 역에 일제히 정확한 시각을 전달하는 것이 가능하게 되어 열차 운전 취급상에 큰 공헌을 하게 되었다.

1909년 4월에는 만주철도주식회사와 일본의 철도원(鐵道院) 및 조선철도의 3자간에 있어서 각 역 상호간에 왕복하는 철도전보의 취급이 개시됨에 따라 새롭게 전보취급규정이 제정되었다.

1914년 8월에는 철도전보의 취급범위가 확대되고, 국제연락 철도전보취급규정이 제정되었다. 이 취급규정의 제정에 의해 조선과 연락운수를 개시한 외국 철도의 본부나 지부 및 그 연락 역 상호간에 운수사무에 대한 철도전보의 취급이 개시되게 되었다.

1920년 5월 취급 통신량의 증가에 대응하기 위하여 철도전보취급규정의 대개정이 행하여졌다.

1927년 3월에는 매년 각지에서 발생하는 폭풍우에 의한 풍수해에 대처하기 위해 폭풍우 경보 취급 절차를 제정하여 폭풍우에 의한 철도 재해 발생시의 긴급 취급 실시에 의해 재해의 신속한 복구에 공헌하였다.

1934년 7월에는 통신을 보다 신속화하기 위해 타이프라이터에 의한 교신이 개시되고, 타이프라이터 수신 취급 절차가 새롭게 제정되었다.

통신설비의 운용

통신 회선의 운용 : 창업 당시부터 전신 업무량의 증가에 따라 전신 회선설비도 매년 각 방면에서 정비되었다.

전신 회선의 전로방식으로서는 당시 폐전로방식과 개전로방식의 2가지 방법이 병용되었지만, 회선의 증가와 함께 전원용 전지 수 또한 현저하게 증가한데다 이들 전지의 보전관리에 막대한 비용이 필요했기 때문에 개전로식을 폐지하고 폐전로식으로 통일하기로 하고 차례로 같은 방식으로 변경하였다. 또한 통신방식으로서는 당시의 짧은 기간에는 단신법만이 사용되었지만, 그후 1908년 11월에 남대문~초량 구간에 처음으로 2중 전신법이 사용되고, 직통의 2중 음향기에 의한 획기적인 교신법을 실시하여 교신의 원활화에 크게 도움이 되었다. 이로 인해 이후부터는 오랜 시간에 걸쳐 단신법과 이중법을 병용하여 운용하게 되었다.

다음으로 이들의 전신 회선의 운용방법에 대해서는 1910년 11월 처음으로 실시방법을 정하여 전보 취급량과 그 경로 및 전신 회선의 부담 능력을 감안하여 각각의 지역에 분할하여 운용하게 되었다. 즉, 전선을 남과 중, 북 3개의 지역으로 크게 구별하여 남부지역은 초량, 중부지역은 용산, 북부지역은 평양을 그 집중역으로 정하고, 전신 회선도 이들 집중역과 담당구역 내의 각 역간의 직통 회선을 구성하도록 변경하여 운용효율의 향상을 꾀하게 되었다.

이어서 1912년 6월 호남선에 그리고 1912년 10월 경원선에 각각 직통 전선 회선을 신설하여 이들 지역 내에서의 효율적인 운용에 공헌했지만, 한편으로는 각 지방에서 용산으로의 직통 전보 취급 수가 점점 증가하였기 때문에 먼저 제정된 주요 지역 집중주의의 운용방법으로는 오히려 취급상의 불편이 발생해 지연을 일으키는 원인이 되었다. 그래서 개선 대책으로서 1913년 10월에는 용산~신의주 구간 회선(용산, 평양, 정주 및 신의주의 4역 접속)을 그리고 다음해인 1914년 8월에는 용산~목포 구간 회선(용산, 이리 및 목포의 3역 접속)을 각각 신설하고, 주요 역으로부터 용산에 직통으로 통신할 수 있도록 운용을 정하였다.

그 후로도 철도선로의 건설 및 개량 계획의 실시, 사설 철도선의 매수 등에 따른 선로의 연장에 의해 그리고 철도의 전반적인 업무량의 증가에 의해 전보 취급량도 급증하였다. 이 사태에 대응하여 주요 역 상호간 각 역과 철도 사무소 혹은 본국 소재지 역 상호간 및 그 외의 각 구간 상호간의 장거리 전신 회선의 신설이나 개폐가 행하여졌지만, 이들 신설비의 운용에 대해서는 보다 광역간의 효율화에 시점을 둔 운용방침이 취하여졌다.

전보 취급 실적 : 철도전보의 취급 실적 통수는 1906년의 창업 당시 겨우 74만 5천통에 지나지 않았다. 하지만 그 후 해마다 증가하여 1939년에는 1,635만 2천통에 달하였는데, 이것은 창업 당시와 비교하면 약 22배가 되었다. 그 후도 전시 수송의 격증과 함께 취급 통수도 지속적으로 증가하였지만, 종전 시의 통계가 없기 때문에 취급 실적이 불명한 것은 유감스러운 일이다.

전신기능 향상 대책 : 전신계의 기능 향상을 위해서는 창업 이래 종사원양성소의 전신과라는 교육과정에 의해 기초적인 지도를 행하는 것 외에 통신경기대회를 개최하기도 하고, 전신 감독기에 의해 수시로 전신 담당의 지도에 임하는 등 반복하여 실시하였다.

통신경기대회는 1933년 11월 본국에서 제1회 연합통신경기대회가 개최되었는데 그 후로도 매년 속행되었다. 이 때문에 1934년 10월 철도총국 개국 기념을 위해 만주에서 개최된 조선·만주 연합통신경기대회에서 조선철도로부터도 기술이 우수한 대표자 4명을 파견하여 좋은 성적을 얻을 수 있었다.

전화 회선의 운용 : 전화 운용의 효율화에 대해서는 매년 혹은 기회가 있을 때마다 이용자에게 협력을 호소하였지만, 통신 수의 증가가 회선용량의 증

가를 뛰어넘어 업무운용상 지장을 초래하였기 때문에 1923년 7월에는 정기적인 업무연락을 필요로 하는 장소 상호간의 통화를 확보하기 위하여 정시 통화제도를 만들고, 이를 위한 사용지침이 제정되었다.

1925년 5월에는 상시 긴급 연락을 필요로 하는 배차 및 운전 정리 업무용으로 전용 전화 회선이 설비되고, 이러한 운용을 위해 지령용 지침을 제정하여 업무의 원활화에 공헌하였다.

이상의 대책 외에 일반용 장거리 통화의 확보를 위하여 1934년 10월에 철도전화규정 및 철도전화 취급지침을 제정하고, 장거리 상호간의 기록통화 취급업무를 새롭게 개시하여 종전에 이르기까지 장기에 걸쳐 통화자에게 편리를 제공했다.

제2장
전기과 신설 이후

제1절 신설까지의 경위

국유철도에서의 전기관계 설비의 신설, 보수관리 등에 대해서는 1937년까지 통신설비와 신호보수설비 및 전등조명설비 등은 공무과에서 그리고 공장전기설비 및 차량전기설비 등은 공사과에서 오랜 기간에 걸쳐 분산 관리되었다.

그러나 만주사변이 진전됨에 따라 국유철도는 국방상의 이유로 일본~만주 간을 연락하기 위한 대륙 일관철도로서의 중요한 사명을 새롭게 떠맡게 되었다. 즉, 일본에서는 산요(山陽) 본선이 이미 전선 복선화되었고 차례로 자동 신호화되어 수송력이 비약적으로 향상되는 한편, 만주 방면에서도 안봉선의 복선 자동신호화설비가 진척되었기 때문에 양자 간을 연결하는 조선 국유철도로서도 수송력의 비약적인 증강과 함께 그것에 대한 운전 보안설비의 고도화가 가장 중요한 과제 중 하나가 되었다.

이상 내외의 여러 상황 변화에 근거하여 신호 보안설비를 비롯해 전기관계 제반 시설의 확충 강화를 단기간에 꾀하기 위하여 종래 각 과에서 분산 관리되고 있던 전기설비 및 기술을 1과로 통합해서 관리하는 것이 필요하게 되어 1937년 6월 1일 전기과가 신설되게 되었다.

제2절 신설 후의 변천

초대 전기과장에는 철도성으로부터 나가이 켄조(永井硏三)가 초빙되었다. 그리고 담당계로는 서무계와 전력계, 통신계의 3계가 신설되었다.

과의 설치 직후 1937년 7월 7일에 중일전쟁이 발발하여 조선 내에서의 수송력의 비약적인 증강이 요구되어 간선 노선 주변의 역 구내 및 선로의 개량과 증설이 급속하게 실시되었다.

이 때문에 공무관계에서는 이미 경부선(1936년 착공, 1940년 6월 전선 완료)과 경의선(1937년 착공, 1945년 8월 현재 극히 일부를 남겨두고 완료)의 전선 복선화 및 레일의 50kg화, 경원선의 부분 복선화 및 조차장의 신·증설이 계획되어 차례로 완성되었다.

따라서 이들 공사에 부대하는 통신설비나 전등전력설비의 공사량도 급증하여 전기과는 신설 초부터 매우 바빠졌다.

그 후도 시국의 추이에 따라 수송력 증강에 대한 요청이 점점 심해졌다. 그렇기 때문에 상기의 여러 시책 외에 단기간에 수송력의 증대를 꾀하기 위하여 특수 구간(경원선의 산악구간, 복계~고산 구간 약 50km)의 전기운전 전철화 및 경부선과 경의선의 복선화에 따른 자동 신호화가 긴급 시책의 하나로서 추가 채용되어 전기과는 중대한 사명을 지게 되었다.

이 때문에 3개의 계로 발족한 전기과도 해마다 급증하는 긴급 공사를 전문으로 처리하기 위하여 1942년에 이르러 전기과 내에 공사담임관제도가 신설되어 전철화공사 및 자동 신호공사의 계획부터 시행관리까지를 일원적으로 담당하게 되었다.

한편, 이들 계획을 실시하는 현장기관으로서 재래의 보수관리용 현장구 외에 1941년 4월 전철화공사 시행을 위하여 경원선의 복계 및 삼방의 2지구에 그리고 자동 신호공사 시행을 위해 경부선의 대전, 수원 및 용산의 3지구에 각각 공사구가 신설되었다. 거기에 1943년에는 경의선의 자동 신호공사 시행을 위해 신막 및 개성의 2지구에 그리고 전철화공사용으로서 풍기와 단장의 2지구에 각각 공사구가 설치되어 종전까지 각 공사구는 공사의 시행에 전력을 기울였다.

그리고 이들 공사 시행용 현장기관은 전시 하의 공사 단기완료와 원활한 공사 시행을 위해 모두 전기과 직속기관으로 설치되었다.

제3절 전기관계 요원의 증강

1937년에 전기과는 신설되었지만, 공사 계획과 그에 따른 예산 요구 및 공사 시행을 위한 기술요원을 조선 내에서 구하는 것은 질적으로도 양적으로도 거의 불가능한 상황이었다.

그래서 급속하게 요원 증강을 꾀하기 위하여 나가이 과장은 일본 철도성 전기국장에게 다수의 전기관계 기술자의 전출원을 간청하였는데, 철도성 간부의 시국 인식과 상당한 호의에 의해 1937년부터 1941년에 걸친 수년간에 약 140명의 중견 기술자를 조선철도에 받아들일 수 있었다.

이 사람들 중에는 다수의 관리자급의 기술자가 포함됐기 때문에 전기공사 및 자동 신호공사의 계획 및 예산 요구 단계부터 현장의 공사 시행 계획에 이르기까지 신속하고 정확하게 이루어져 각 방면의 공사 추진에 대한 귀중한 원동력이 되었다.

제4절 현장 기술원의 대량 양성 계획

앞서 기술한 바와 같이 중견 기술자의 증강은 철도성의 이해와 협력에 의해 실현되었지만, 계획의 진척에 따른 공사 시행에 즈음하여 젊은 현장 기술원의 부족이 심각한 문제가 되었다. 대책으로서 전기관계의 공사 시행에 필요한 젊은 청년들을 조선 내는 물론 일본 각지로부터 다수 모집하여 현장 기술자로서 양성하기로 하고, 1939년 4월부터 철도종사원양성소에 교육과정 1년의 전기고등과를 개설하였다. 이렇게 해서 매년 50명 전후의 현장용 기술원을 양성하여 일단 각 공사구의 수요에 응할 수 있었다. 그러나 이것으로도 해마다 급증하는 공사량에 대처하는 것이 불가능하여 1941년에 이르러 새롭게 양성기간 2년의 신호보안과를 개설하고, 1943년부터 종전까지 매년 수십 명의 현장기술자를 공급하였다. 졸업 후 그들은 바로 각 공사구에 배속되어 현장 제일선의 기능자로서 신속하게 공사를 시행하여 귀중한 전력이 되었다.

제5절 전기관계 개량비 연도별 예산 및 결산

전기관계의 건설 개량 및 신규 사업에 대한 연도별 예산 및 결산액은 〈표 7-1(a)〉와 같다.

먼저 예산표를 보면 1939년까지는 통신설비 개량비만을 요구했다. 이때까지는 간선구간의 수송 증가에 따른 통신 폭주 대책에 중점을 두어 통신설비의 확충 강화를 꾀했다는 것을 결산표만 봐도 알 수 있다. 그러나 1940년에 들어서 통신설비비 외에 전철화(電化)설비비 및 전기신호 보안설비비의 막대한 예산이 요구되어 의회의 동의를 얻음과 동시에 종전에 이르기까지 전기과는 최전성기를 맞이한 것은 〈표 7-1(b)〉에서 보면 알 수 있다.

〈표 7-1〉 제1표 전기관계 개량비의 연도별 예산 및 결산

(1944년 11월, 조선 교통 상황 제1회로부터 발췌)

(a) 건설 개량 및 신규 사업 예산표

단위 : 천엔

	제23부터 제70의회 까지 동의	1938년도 제73의회 동의	1939년도 제74의회 동의	1940년도 제75의회	1941년도 제76의회	1942년도 제79의회	1943년도 제81의회	1943년도 제84의회
전철화(電化) 설비비				3,478		235	2,899	△6,611
통신설비 개량	2,010	790	318	4,241	696	–	2,265	△10,320
전기신호 보안설비				6,816	–	–	1,395	△8,211

(b) 건설 개량 및 신규 사업 결산표

	1937년도	1938년도	1939년도	1940년도	1941년도	1942년도	1943년도	합계
전철화(電化) 설비비	–	–	–	458	747	3,557	1,793	6,538
통신설비 개량	850	1,082	1,185	332	950	1,214	1,295	6,908
전기신호 보안설비	–	–	–	732	2,414	2,414	2,419	8,007

제3장
전철화(電化) 및 전력설비

제1절 전철화(電化)설비

기본 조사

조선반도에서 근대산업이 아직 요람 안에서 잠자고 있던 1926년 11월 총독부는 조선에서 전력정책 기본 계획을 수립하기 위해 전 철도성 전기국장 요시하라 시게나루(吉原重成)를 철도, 체신 양 국의 촉탁으로 삼아 주요 조사를 담당하게 하였다.

한편, 철도국에서는 공사과원 요네자와(米沢) 기수 이하 수명이 이를 보좌하여 5년 1개월이 걸려 1931년 12월 세 권에 걸친 방대한 조사자료 〈전력정책 기본 계획조서〉를 완성하고 조선에서의 전력의 발생, 분배 및 이용 등 각 방면의 추세를 고려한 원대한 대책을 수립하였다.

그 중에서 제4장 '조선 교통기관의 전력이용' 항의 국유철도 및 사설철도 당시의 현재선 및 계획 선에 대하여 상세한 전기운전·계획을 설정하였지만, 당초이 자료는 단순한 기본 조사에 그쳐 바로 구체화를 향한 진전까지는 이르지 못하였다.

실행 계획

1932년 10월 철도국장 요시다 고(吉田浩)가 취임하여 철도 전철화(電化)의 실행 계획 작성에 착수하였는데, 전철화(電化) 예정구간으로 먼저 언급된 것은 경원선 복계~고산 구간 53.9km였다. 이 구간은 반도 중부에서 척량산맥을 동서로 횡단하기 때문에 지세상 선로구배가 험하고 터널이 많아 증기기관차로는 올라가는 견인력이 부족하고, 하행 구배운전이 불안정하고, 매연에 의한 승무원의 질식사고 등 운전상 상당히 곤란한데다 특수 열차에는 보조기관차를 이용하여 그 기능을 유지하는 상태였다.

그러나 만주사변 및 중일전쟁 발생 후 조선 산업계는 풍부하고 저렴한 수력전기를 유력한 재료로 삼아 각지에 근대공업의 대규모 발전을 재촉하였다. 따라서 여객화물의 움직임이 활발해지고, 조선 내 통과여객화물은 물론 조선 출발 여객화물이 증가하여 전선에 걸쳐 철도수송량을 격증시키게 되었다. 이 구간에서도 1938년 현재 1931년에 비해 철도수송량이 약 3배까지 증가하였으며, 또한 앞으로도 계속 큰 폭으로 수송량이 증가할 것으로 예상되어 경원과 함경 양 간선의 수송력 강화에 대비하기 위한 수단으로서 이 구간의 전철화(電化)가 가장 유력시되었다.

이들 상황에 대처하기 위하여 1935년 12월에 이 구간의 전철화(電化) 계획을 공작과(당시 전기과 미설)에서 입안하는 한편, 철도성 전기국에 대해서도 같은 조사를 의뢰하였다. 당초 철도 전철화(電化)에 관한 전압에 대해서는 관계기술자 일부 사이에서 일본 철도의 표준인 직류 1,500V에 구애받지 말고 이탈리아(1927년 이후 실시, 이하와 같음), 소련(1932년), 미국(1915년), 모로코(1924년), 남아프리카연방(1936년), 그 외 8개국에서 이미 실용화하고 있는 직류 3,000V를 채용해야 한다는 의견도 이미 대두하고 있었다. 하지만 본국 기계제작자 사이에서는 이것에 관한 어떤 연구도 없었고, 또한 철도성에서도 이것을 고려할 정도의 상황이 아니었기 때문에 당국에서도 우선은 일본과 같은 1,500V를 채용하기로 하였다.

신 전압방식의 도입

한편, 경경선의 전철화(電化) 계획에 관한 전기방식은 경원선의 1,500V안을 버리고 3,000V로 하는 등 전력 회생 제동방식을 채용하였다.

이 신 방식의 채용은 관계기술관 사이에서 상당한 고민과 결단을 필요로 하는 것이었다. 여러 외국에서는 이미 직류 3,000V방식이 활발히 사용되고 있었지만 기후가 다른 일본에서, 특히 그 경험이 전혀 없는 전기기기제조업자 사이에서 과감하게 이 방식을 채용한 것이었다.

이 조선철도의 전철화(電化) 계획은 일본 국내 관계기관의 주목을 끌어 철도성과 만주철도는 물론 제조업자간에 끼친 자극은 막대한 것이었다.

또한 경험이 전혀 없었던 전기기기제조업자도 급거 이 연구 및 시험제작에 상당한 노력을 기울여 불과 2년 만에 국내 제품에 의해 완전하게 자급자족이 가능할 거라는 전망이 서게 된 것은 특필할 가치가 있는 성과였다. 게다가 이 방식은 그 후 도쿄~시모노세키 구간 광궤 신간선은 물론 동아시아 세력권 내에 건설된 전기철도의 기준전기방식으로 결정된 경위를 감안하면, 조선철도가 이 방식을 채용한 것은 전기기술계에 있어서 일대 계몽운동이라고도 할 수 있다.

국유철도 전철화의 필요성

경원선의 전철화(電化)는 개량비 지변에 의한 것이었지만, 경경선 일부의 급구배구간은 처음부터 전철화(電化)를 시행하도록 계획되어 신선 건설비 예산 내에서 전기운전설비를 시공할 예정이었다. 그러나 공사 착수 후에 뚜렷한 물가 급등으로 인해 당시의 예산으로는 너무 부족했기 때문에 전기운전설비를 포기하고 건설비 예산의 추가를 요구하게 되었다.

이들은 모두 구배구간의 전철화(電化)공사로 철도변전소는 대체로 산간벽지에 설치되었기 때문에 난공사인 경우가 많았다. 변전소 내의 수은정류기를 이용하여 교류수전전력을 직류로 변경해 전기기관차로 열차를 견인하는 방식이다.

한편, 경성과 평양, 부산 등의 대도시를 중심으로 하는 고속도 전차에 의한 근거리 구간의 여객수송 또한 전철화(電化)를 촉진해야 하는 대상이었고, 특히 일찍부터 그 필요성이 요구되었던 것은 경성~인천 간 교통의 전철화였다. 중일전쟁을 계기로 이 노선 주변에서 각종 근대공업이 상당히 발전하게 되어 여객교통량 처리가 절실한 문제가 되는 한편, 경성 및 인천의 인구 증가에 따른 주택난도 심각한 문제가 되었다. 이 때문에 고속도 전차 운전에 따른 노선 주변 주택 개발의 필요성이 강하게 대두되었다.

예산편성의 경위

이들 전철화(電化) 계획은 1937년 6월 1일 전기과(초대관장 기사 나가이 켄조)를 신설하고부터 점차 종래의 연구적인 입장을 떠나 실리적으로 되어 같은 해 비로소 경원선 복계~고산 구간 및 경인선의 전철화(電化) 계획(직류 1,500V)이 수립되고, 의회 예산 요구서가 조정되었지만 실현까지 이어지지는 못하였다.

1938년에 이르러 경경선 일부의 전철화(電化) 계획 추가예산을 제출하였지만, 이것도 정부의 재정관계상 승인을 얻지 못하였다.

전철화(電化)공사 예산 가결

조선철도 전철화(電化)에 관한 예산은 1940년 3월 제75제국의회에서 경원선 복계~고산 구간 전철화(電化)설비로서 359만 엔이 가결되어 1940년 이후 실행에 옮기게 되며, 1941년 3월 제76제국의회에서 중앙선 제천~풍기 구간의 전철화(電化) 예산도 가결되었다.

경원선 복계~고산 구간 전철화(電化)

경원선 복계~고산 구간 53.9km의 전기 운전설비는 1940년 이후 3개년 계획으로 완성할 예정이며, 전기방식은 직류 3,000V로 결정하였는데, 이것은 조선철도에 있어서 최초의 시도였다. 이 공사는 이 방식에 의한 변전소 및 전차선로 건설을 주요 내용으로 하며 1940년 12월에 착공하였다.

1940년은 전차선로 및 변전소 건설의 기초적인 계획 및 주요 공사재료의 일부 준비를 행하였다. 1940년 12월 복계 제1전기 공사구를 설치하여 전차선로공사를 담당하게 하고, 1941년 7월에는 복계 제2전기 공사구를 설치하여 변전소공사를 담당시켰다.

1941년에는 전차선로 지지주를 세우고 복계 및 삼방변전소 건물의 공사를 시공하였다. 공사는 귀선용 본드의 용접공사 이외는 전부 직영으로 시공하였다.

1942년 6월에는 삼방전기공사구를 설치하고, 삼방변전소의 공사를 담당시켰다. 1942년에는 전차선로의 지지주를 세우고 변전소 건물공사를 완성하였으며, 변전소 주요 기기 및 전차선로 가선 재료 등도 현장에 도착하였다.

1943년은 공사를 속행하였다.

그 결과 복계~삼방 양 변전소 및 공중 가설 전차선로와 전기 운전에 필요한 복계~고산 양 역 구내시설 등이 운전에 지장이 없을 정도로 완성되어 예정보다 1년 늦은 19944년 4월 1일에 운전을 개시하였다.

여기에 필요한 경비는 568만 엔의 거액에 달하였다.

경원선 복계~고산 구간의 전철화(電化)설비 개요

전차선로 : 직류 3,000V 전기방식을 사용하기 때문에 선로전선, 적가선, 전차선의 지지대는 2중 절연으로 하고, 애자는 2개 직렬로 사용하여 1개가 파손되어도 다른 1개로 견딜 수 있도록 되어 있다.

전차선의 분기 지점에서는 경점(硬點)의 발생을 막기 위해 디플렉터의 사용을 중지하고, 정거장 구내와 구 외의 전차선 구분에는 에어섹션방식을 이용하며, 열차속도가 작은 측선이나 기관고선 입구의 구분에는 특수한 애자형 구분장치를 사용한다.

전차선의 레일에서의 높이는 5,400mm가 표준으로 터널 내에 한하여 4,950mm이지만, 이 구간의 터널은 구형으로 협소하기 때문에 특례를 만들어 4,900mm로 하며, 간격이 충분하지 않기 때문에 특수 지지 애자를 이용하였다. 이 구간의 기온은 최저 영하 35도, 최고 35도로 그 차이가 70도에 달하기 때문에 전차선의 이완이 심하여 장력 자동 조정장치를 설치하였다.

귀선용 용접 본드로는 처음에는 가스용접을 채용하였지만, 나중에 고압 배전선으로부터 전력을 공급하여 전차선과 레일을 이용, 간단한 전기용접을 시행하였다.

그리고 배전 선로에는 3상 교류 6,600V를 채용하여 자재의 절약과 전압 변동률의 향상을 꾀하였다.

전차선로 구조의 요점을 열거하면 다음과 같다.

전기방식	직류 3,000V 가공(架空) 단선식
적가방식	심플 카테나리식
궤전선	600mm² 경알루미늄 연선
적가선	85mm² 아연도금 강연선
전차선	110mm² 홈이 있는 경동선
측선의 일부	110mm² 홈이 있는 극난연강선
배전선	70mm² 이호 알루미늄 합금 연선
지지주	크레오소트 주입 삼나무 기둥
귀선용 본드	철단자 부착 150mm² 동연선 U형 용접 본드

변전소 : 변전소는 복계 및 삼방역 구 외에 6,000kw(건물용량 8,000kw) 수은정류기 변전소를 신설하고, 경성전기주식회사의 66,000V 송전선으로부터 각 변전소마다 전기를 받았다.

옥외설비의 지지주에는 전부 중공철선이 들어 있는 콘크리트 기둥을 사용하여 강재의 절약을 꾀하였다.

각 변전소에는 2,000kw의 격자제어식 평복권 특성을 갖는 수은정류기 3대씩을 설비하여 전기기관차가 전력 회생 제동을 사용한 경우에는 인버터로서도 작용해서 제동에 의해 발생한 전력을 직류에서 교류로 변성, 송전선을 통해 발전소로 반환할 수 있도록 되어 있다.

변전소의 전기설비는 복계는 도쿄 시바우라전기주식회사에, 삼방은 후지전기제조주식회사에 지정 주문하여 양 사의 장점을 충분히 발휘시켜서 비교 연구하도록 편의를 제공해 앞으로 진보 발전할 수 있도록 하였다.

수은정류기는 옥내용 철조형으로 그 요점은 다음과 같다.

정격 출력

정류기의 경우	연속 2,000kw
	2시간 3,000kw
	1분간 6,000kw
인버터의 경우	연속 1,000kw
	2시간 1,500kw
	1분간 3,000kw

특성

| 정류기의 경우 | 무부하부터 1,000A까지 3,000V 일정 |
| 인버터의 경우 | 무부하부터 1,000A까지 3,000V 일정 |

전기기관차 : 이 구간에 사용하는 전기기관차는 광궤 간선에서의 사용, 직류 3,000V 전기방식도 우리나라 최초의 것이었기 때문에 제조회사는 큰 고심을 하였다. 전체 중량은 데로이형 139톤, 데로니형 136톤의 2종류이었다.

당국으로서는 경원선과 경경선의 양 선로에 함께 사용하며, 여객열차와 화물열차에도 단기 또는 중련으로서 사용할 수 있도록 하였기 때문에 40분의 1의 급구배선로의 견인력에 중점을 두게 되어 내리막 구배의 속도는 어쩔 수 없이 상당한 제한을 받는다.

전기기관차는 크게 차체와 대차로 이루어지는데 Center Plate에 의해 연결되며, 차체는 상자형으로 전체 용접으로 만들어졌다.

대차는 1축 선대차식으로 동축 6개를 가진 1-C+C-1형을 채용하고, 6동축은 2대의 보기로 분할되어 1,500V, 350kw의 전동기가 조괘식으로 장치되었다.

그리고 운전의 보안도 향상을 위해 공기 제동과 수 제동 외에 전력 회생 제동을 채용하며, 회생 제동에 고장이 발생한 경우에는 바로 자동적으로 공기 제동이 작용하는 동시에 신호장치에 의해 승무원에게 주의를 주도록 되어 있다.

이 전기기관차에 설비하고 있는 보조장치의 주요한 것은 다음과 같으며, 전동기는 모두 정류자 2개를 직렬로 이용한 복정류자식 구조이다.

ㄱ. 정전압 전동발전기　　　　　점등 및 제어회로용

ㄴ. 전동송풍기　　　　　　　　　주 전동기냉각용

ㄷ. 공기압축기　　　　　　　　　단위 스위치 및 제동용

ㄹ. 자기화용 전동발전기　　　　회생 전동기 자기화용

직류 3,000V의 주 회선을 개폐하고, 전기기관차의 속도를 제어하는 단위 스위치에는 전자공기식을 채용하였으며, 개방 시에 발생하는 전호를 완전하게 차단하기 위해 전호를 끄는 강력한 작용을 가진 특수한 아크슈트가 이용되고 있다.

중앙선 제천~풍기 구간 전철화(電化)

중앙선 제천~풍기 구간 50.5km의 전기 운전설비를 1941년 이후 3년에 걸쳐 완성할 예정이었다. 이 구간에는 죽령터널 및 대강루프터널 등이 있어서 수송상 가장 곤란한 지점으로 가장 긴급을 요하는 공사였다. 여기에 채용하는 전기방식은 직류 3,000V로, 같은 방식에 의한 변전소 및 전차선로의 건설을 주 내용으로 1941년 12월에 착공하였다.

1941년에는 설계와 용지 매수 등을 시행하고, 단양변전소 건물을 시공함과 동시에 주요 공사재료의 입수 준비에 착수하였다.

　1942년에는 풍기에 공사구를 설치해서 1943년부터 1944년에 걸쳐 변전소 및 전차선로공사를 시공하여, 단양~풍기 구간은 1945년 10월부터, 남은 구간은 1946년 당시부터 운전을 개시할 예정이었다. 그러나 제반 상황상 공사는 난항에 빠져 꽤 지연되었기 때문에 1945년 8월 종전 시에는 미완성인 채였다.

제2절 전등·전력설비 일반(1938년 이후)

　전등·전력설비는 업무의 진전, 문화의 향상에 따라 각 역 청사 및 관사 등의 전등조명설비 및 배전선로의 신설과 개량을 행하여 1938년에는 전 조선 554개 역 중 전등설비 역 326개 역, 그 설비 등 수는 59,811개였다. 배전선로는 길이 528,514km, 연장 1,618,568km, 전주 12,687개에 달하였다.

　이들 전등조명설비는 특별한 시설기준도 없었고, 조도도 설비장소마다 제각기인 상태여서 사용상으로도 보수관리상으로도 부적합한 것이 많았다. 그래서 1937년에 전기과가 설치되자 바로 전등조명설비 기준이 제정되고, 이후는 사용 장소별로 표준 조도에 따라 설비되었다.

　한편, 당시 세상을 떠들썩하게 한 명전운동에 호응하여 전등기구와 배선, 배광 등을 개량하였으며, 더불어 청사와 관사 등의 전등조명은 밝아졌다. 그리고 청사와 같이 다수의 전등설비가 필요한 장소는 물론 각 관사에 있어서도 종량제를 사용하여 전력의 절약에 노력하였으며, 보안을 위한 분전반과 점멸기 등을 설비하였다.

　역 구내 조명으로서는 1932년에 경성역 구내의 남북으로 30m 철탑 2기를 건설하여 여기에 일광등 각 5등을 설비하고 동시에 용산역 구내에도 같은 철탑 1기를 건설하여 일광등 5등을 시설하였다.

이 일광등에 의한 구내 조명 효과는 대단히 양호하였고, 이후 이것을 차례로 증설하게 되어 1939년에는 부산과 초량, 대전, 경성, 용산, 평양, 진남포, 순천, 원산, 성진 등 합계 30여 개 역에 총수 300기, 총용량 164kw를 설비하였다.

그 후 복선 개량에 따른 각 정거장의 전등설비 개량 및 동해와 중앙 및 평원선 건설공사, 지방철도국 설치에 따른 전등 전력설비의 신설 등에 의해 1941년에는 배전선로 연장이 2,519km가 되고, 전등설비 역은 전역의 57.5%가 되었다. 그러나 이 보급률은 아직도 낮아서 철도 업무의 원활한 수행 및 등화관제상 곤란한 점이 많은데다 등유류를 극도로 절약해야 했던 당시의 정세 하에서는 전역의 전등화는 매우 긴급을 요하는 것이었다.

또한 1941년에는 시국의 중대성을 고려하여 철도 업무 운영상의 치명적인 문제인 전원의 차단 방지를 위해 전원 확보가 가장 필요한 경성 및 부산에 디젤기관 직접 연결발전기에 의한 예비발전소를 설치하여 유사시에 대비하였다.

1942년에는 대전~남시 구간의 자동 신호화에 따라 대전~영등포 구간에 자동 신호용 고압배전선로를 완성하였다.

1944년 역사 조명설비에 대한 전등화는 매수선의 영업 개시에 따라 그 비율이 61%가 되었으며, 배전선로 연장은 3,554km에 달하였다.

등화관제설비

1938년경 중일전쟁이 치열해 짐에 따라 각 역의 완벽한 등화관제를 위해 전등 멸압장치, 배선 변경 및 전등류의 개량에 힘을 쏟아 전력소비량의 절약에도 노력하였다.

1939년 9월에는 등화관제설비 기준에 관한 여러 규정이 제정되고, 각 역에 대하여 기술적으로 완전한 시설을 갖추게 되었다. 이 설비로서 부산, 초량, 부산진, 대구, 대전, 경성, 용산, 평양, 진남포, 신의주, 원산, 함흥, 성진 및 나남 등 각 역의 배선 개량공사가 시공되었다.

1940년에는 등화관제설비로서 부산철도사무소 관내 28개 역, 경성철도사무소 관내 11개 역, 원산철도사무소 관내 45개 역, 성진철도사무소 관내 28개 역에 시설하였다. 그리고 일부 지장이 있는 장소를 제외하고 1941년에 종료하였다.

제4장
신호 보안설비

제1절 자동 신호 보안설비

중국대륙에서의 시국이 급박해 짐에 따라 1935년 이후 해마다 여객화물 수송량의 증가 요청이 커져 열차 운전의 고속화와 운전보안상의 입장에서 보다 고도의 보안설비를 도입할 필요가 있었다. 이 때문에 간선구간의 자동 신호 보안설비의 조급한 설치가 수송력 증강을 위한 유효한 방안의 하나로써 여겨지게 되었다.

마침 1937년 6월 전기과가 신설되어 간선 수송력 증강을 위한 자동 신호화와 전철화(電化)라는 두 가지의 큰 과제실현에 전력을 다해 몰두하게 되었다.

구체적인 내용으로 경부와 경의 양 선의 복선화공사 시행에 따라 이들 각 선의 자동 신호화공사가 계획되었다. 이렇게 해서 1940년(제75의회 협찬)에 총액 682만 엔이 예산 편성되어 경부선 대전에서 경의선 남시 구간에 자동 신호공사가 4개년 계획으로 대전부터 북으로 향하여 착공되었다.

이 때문에 1941년 4월에는 대전에, 같은 해 7월에는 수원에 그리고 1942년 4월에는 용산에 신호공사 시행전문 공사구가 설치되었다. 각 공사구에서는 요원 및 공사용 제반 재료가 부족한 악조건에도 불구하고 관계 종사원의 책임감과 주야를 가리지 않는 노력에 의해 공사는 단기간 안에 차례대로 완성되어 전시 하의 막대한 수송 요청에 응할 수 있었다. 즉, 1943년 3월 말에는 먼저 경부선의 대전~영등포 구간이 완성되고 자동 폐색신호기 259기, 제1종 및 제2종 전기연동장치 18개 역을 동시에 사용 개시하였다. 이 구간의 자동 신호화로 인해 경부선에서 열차 운행 횟수가 가장 많은 구간의 선로용량이 급증, 경부선 전체가 다수의 여객화물을 원활하게 취급할 수 있게 되었다.

더구나 같은 해 9월 말에는 용산역 구내의 제1종 전공계전 연동장치가 완성되었기 때문에 같은 역 구내의 보안도가 향상됨으로써 막대한 구내 교체작업의 효율화가 동시에 달성되어 열차 운전 취급상의 가장 큰 걸림돌이 해소되었다.

한편, 1943년 제81의회에서 실시 계획 예정인 경의선의 자동 신호화공사 예산에 대하여 물가 급등으로 인해 140만 엔이 추가 동의되었다.

경부선보다 약 2년 늦게 착공된 경의선 각 공구에서도 1943년 가을에는 개성~토성 구간, 계정~금교 구간 및 물개~흥수 구간의 3공구 합계 212km가 완성되고, 이들 완성에 의해 자동 폐색신호기 371기와 제2종 전기 연동장치 설치에 따른 28개 역을 사용 개시할 수 있었다.

또한 1944년 3월에는 경부선의 청진~남성현 구간 및 세천~대전 구간의 2공구가 완성되고, 경의선에서는 일산~차연관 구간의 7공구 합계 127km가 이어서 완성되었다. 그 결과 자동 폐색신호기 162기, 제2종 전기 연동장치 설치에 의해 22개 역이 사용을 개시하였다.

공사는 북쪽 공구에서 속행되었지만, 종전을 맞이하여 모두 중지되었다.

1944년 9월 말 현재 공사 계획 중이거나 공사 시행 중인 주된 신호관계 공사건명 및 공사 진척 상황은 다음과 같다.

부산, 대전 구간 자동 신호설비	자재 획득 노력 중
평양, 남시 구간선 증가에 따른 자동 신호설비	자재 획득 노력 중

영등포, 경성 구간선 증가에 따른 자동 신호설비	1945년 말 완성 예정
수색·평양조차장 확장에 따른 자동 신호설비	자재 획득 노력 중
전기 원방 신호기 신설 및 개량	계획의 40% 준공

다음으로 자동 신호공사 구간에서의 역 구내의 연동 종별을 개설하면, 경부선 대전~경성 구간의 24개 역 중 구내가 큰 대전은 제1종 전기 연동장치, 천안 및 수원은 제1종 전기 연동장치, 용산 구내는 제1종 전기공계전 연동장치가 설비되고, 그 외의 작은 구내에는 제2종 전기 연동장치가 설비되었다. 이들 역의 사용 개시에 의해 열차의 취급은 더욱 원활하게 이루어지게 되었다. 그리고 경의선의 각 역 구내에 대해서도 같은 관점에서 시행되어 일부는 사용 개시되었지만, 남은 구간은 종전에 의해 미완성인 채 중지되었다.

이어서 조선철도의 자동 신호설비의 주된 기술적인 특징을 주로 철도성 설비와 대비하면서 기술해 두기로 한다.

상기와 같이 조선철도 내의 신호 보안설비 계획과 설계 및 시행은 대부분 철도성으로부터 전입한 기술자에 의해 행해졌지만, 설비화에 있어서는 조선철도 내의 전력 사정이나 기후 풍토 등을 충분하게 고려하여 설비 기능의 안정화에 각별히 유의하였다.

먼저 신호용 전원 관계의 경우 철도성에서는 3,300V의 신호전용 배전선을 선로에 가설, 여기에서 선조변압기에 의해 100V로 강압하여 신호등용과 신호제어용 및 궤도회로 송착전용 등에 모두 교류전원인 채로 사용되고 있다.

그러나 조선철도의 경우는 조선 내의 전력 사정이 일본의 경우와 비교하여 전압 강하률과 정전률 모두 나쁘다는 점을 미리 고려해 대책을 세울 필요가 있었다. 전시 하의 동(銅) 부족으로 인해 알루미늄선을 사용하며, 전압은 철도성의 2배인 6,600V의 신호전용 배전선이 1회선 신설되었다. 각 선조 변압기의 2차 측에는 자동 폐색신호기용으로는 36Ah의 그리고 궤도회로용에는 12AH의 축전지를 부동식으로 접속해서 배전선이 3일 낮밤 정도 연속 정전되더라도 기능을 잃지 않도록 배려하였다. 즉, 전원 사정이 안정된 일본철도에서는 교류 100V 전원인 채로 사용이 가능하였지만, 조선철도에서는 직류 전원으로 변환한데다가 축전지 전원까지 필요로 하였다. 더구나 조선철도에서는 신호등용으로도 신호제어용으로도 모두 직류 10V의 저전압으로 사용하였기 때문에 제어전류 쪽이 커져서 큰 구내에서는 전원용으로 대용량의 축전지를 필요로 하였다. 그리고 이것 말고도 각 역 구내 현장에 부착된 직류 전기전철기의 구동용 모터에 대전류가 필요하고, 단면적이 큰 전선을 사용해야만 한다는 등의 불리한 점도 있었다. 하지만 이는 신호 보안설비 기능의 안정화를 위해 취해진 고육지책이었다.

신호등의 경우에는 철도성이 교류 다등형의 30V 40W의 신호전용 전구를 사용했던 데에 비해 조선철도는 직류 단등형의 신호기를 채용하고, 직류 10V 5W의 절전형의 신호 전구를 사용했다. 이 직류 단등형 신호등은 직선구간에서는 철도성의 다등형보다 훨씬 먼 거리에서도 확인이 가능하다는 우수한 성능을 갖고 있지만, 곡선구간에서는 극단적으로 인식 거리가 짧아진다는 결점이 있었기 때문에 이러한 구간에 설치되는 신호등에는 커브렌즈를 신호등의 표면에 부착하여 보정 사용하였다.

궤도 회선의 경우도 철도성이 교류전원을 그대로 사용하고 있던 것에 비하여 조선철도에서는 직류로 궤도 회선을 제어하였다. 이 때문에 특별한 궤도 계전기 개발을 필요로 하여 신호기기 전문 업체인 경삼제작소가 새롭게 개발한 것을 구입하였다. 이 계전기는 리텐드·뉴트럴형이라는 유극 접점이 전극할 때 무극 접점이 낙하하지 않는다는 특수한 기능을 가진 직류계전기였다.

이 계전기의 개발에 의해 전방을 달리고 있는 열차에 의한 신호현시의 변화 시에도 비록 극히 단시간이기는 하지만 불필요한 적신호가 현시되는 현상을 완전하게 방지할 수 있어서 후방에서 주행 중인 열차에 불필요한 불안감을 주는 것을 방지할 수 있었다.

이상과 같이 조선철도에 신설된 자동 신호설비는 당시의 철도성 설비를 그대로 복사한 것이 아니라 어디까지나 조선 내의 실정에 따라 계획되고 실시된 설비였던 것을 특기하고자 한다.

제2절 전기 수선장

조선에서는 통표 폐색기를 비롯해 특수한 신호기기나 전철화 교환기, 지령 전철화장치 등 각종 통신기기를 수리하는 민간공장이 없었기 때문에 이들 수리 및 개조를 실시하는 직영공장인 전기 수선장이 설치되었다.

여기에서는 신호기기 관계의 각종 기기의 수리 교체 외에 현저한 개조의 예로서는 통표 폐색기 전반의 성능 향상과 타블렛의 경량화를 구체화하고, 모든 관내의 통표 폐색기를 차례로 개량형으로 교체한 것을 들 수 있다. 즉, 조선철도 관내 전반적으로는 타블렛용 자재로서 오랜 기간에 걸쳐 포금제가 사용되었지만, 1935년에 이것을 백라이트제로 교체하고 폐색기 기구의 일부를 개수하여 경량통표에 적합하도록 고쳤다. 이 장치를 수색~일산 구간에 시험적으로 사용하였는데 성적이 좋았기 때문에 조선 전체에 이것을 보급시켜서 1939년에는 경부와 경의 및 경원선 각 역의 교체를 완료하였다. 경량화와 동시에 성능이 향상된 신형 통표 폐색기 수는 200대 이상에 달하였다. 그리고 경부와 경의선에서 복선구간이 연장됨에 따라 설치된 쌍신 폐색기의 수리 대수도 점차 증가하였다. 그러나 전시 상황 하에서 각종 부품의 조달이 원활하지 않아 계획 수선을 수행하는 데 상당한 고심을 하였지만, 각 방면에 걸쳐 창의성을 발휘함으로써 종전까지 충분하지는 않았지만 나름의 책임을 다하였다.

또한 통신기기의 수리도 오랜 기간에 걸쳐 경성의 한 곳에서만 집중적으로 수리되었다. 그러나 각종 통신용 기기의 증비에 따라 그 수선수도 급속하게 증가하고 수리를 요하는 기기도 고급화되어 이 공장의 수리 능력의 한계를 넘는 상황에 이르렀다.

이 상황을 타개하기 위하여 1942년 부산에 그리고 1944년 함흥에도 전기 수선장이 설치되어 각종 전기설비에 대한 수선 능력의 향상을 꾀하였다.

제5장
통신설비 및 운용

제1절 통신 회선

전화 및 전신 회선

전화 회선의 확충 강화는 수송 요청의 증가에 따라 1920년대 후반 이래 매년 계획적으로 실시되었다. 특히 1937년의 중일전쟁 발발 이후에는 중국대륙으로의 수송량이 급증함에 따라 각 주요 간선구간의 통신설비가 극도로 부족해졌기 때문에 1940년부터 4개년 계획으로 전화용 중계선이 증설되었다. 과거 5년간 통화량의 약 2.5배에 달하는 상황이었기 때문에 이 계획은 긴급히 실현되어야 할 문제였다. 그러나 전시 중의 자재난 때문에 어쩔 수 없이 계획을 변경하게 되어 일부 구간에서는 전선에 의한 가선공사를 연기하고 오직 반송 전화장치에 의한 통신 회선의 증가라는 방법으로만 실시되었다. 이 계획에 의해 증강된 통신설비 중 주요한 것을 열거하면 다음과 같다.

모든 회선 신설은 전시 하의 자재 및 요원의 더할 수 없는 부족함으로 인해 곤란을 겪었지만, 관계직원의 노력과 지혜에 의해 달성되었다.

(1) 중앙선의 전선 영업 개시에 따른 전 구간의 통신설비의 신설

(2) 전화 중계선의 신설

① 반송식 전화선(각 3회선) 신설

용산, 신의주 구간	용산, 부산 구간
용산, 강계 구간	용산, 신경 구간
용산, 길림 구간	용산, 신경 구간
용산, 함흥 구간	청진, 도문 구간

② 실회선 각 1회선 신설

이리, 목포 구간	용산, 복계 구간
대전, 순천 구간	순천, 진주 구간
청진, 나진 구간	외 5구간

(3) 배차지령 전화선 신설

용산, 철원 구간	평양, 원산 구간
대전, 여수 구간	외 4구간

(4) 운전지령 전화선 신설

용산, 토성 구간	평양, 정주 구간
마산, 진주 구간	외 2구간

(5) 전화 교환기 신설 또는 개량

통화용량의 증가와 방공적인 견지에서 주요 장소의 통신설비 증설 및 개량과 전화 교환방식의 자동 교환화가 이루어졌다. 또한 반송 전화의 단국장치의 분산화와 내탄전화교환실의 신설도 주요 역 구내에서 이루어졌다.

신설 : 철원, 안동, 부산, 강계

개량 : 용산, 부산, 대전, 순천 외 4곳

반송장치 분산 : 영등포, 함흥 외 3곳

내탄(耐彈)전화교환실 : 평양, 대전

(6) 무선통신설비 신설 및 증설

신설 : 경성, 순천, 부산, 함흥, 원산, 경북 안동

증설 : 대구

(7) 1940년부터 4개년 계획에 의한 통신 회선의 증강으로 1944년 3월 말 현재의 통신 회선의 총연장길이는 약 13만 5천km가 되었다.

(8) 1944년 9월까지 신설된 전신 회선은 다음과 같다.

① 반송식 전신 회선(각 1회선)

평양, 강계 구간   용산, 봉천 구간

용산, 평양 구간   대전, 경북 안동 구간

② 실회선

원산, 신북청 구간

수해에 의한 통신 장해

조선철도 관내에서 수해에 의해 통신선로가 받은 피해는 철도선로의 피해와 마찬가지로 거의 매년 어딘가에서 발생하였으며, 수송 장애의 큰 원인이 되었다. 이것은 관내의 대부분 하천에 충분한 호안공사가 실시되지 않은데다 원시 하천 상태인 장소가 많아서 적은 강수량에도 하천의 제방이 붕괴하여 범람하였기 때문이었다.

이들 피해 통신선로의 복구는 각 장소에서 발생한 피해 상황의 신속 정확한 파악과 그에 대한 적절한 대책 그리고 연락을 위해 가장 급속하게 시공을 요하는 것이었다. 이 때문에 재해 현장에서는 불면불휴(不眠不休)의 작업을 행하는 것은 물론 때로는 생명의 위험도 무릅쓰고 탁류를 헤엄쳐 임시전선로를 가설하는 등 통신 종업원의 고생과 노력은 대단한 것이었다.

각지에서 발생한 수해에 의한 피해 발생 건수가 매우 많았기 때문에 개별 기술은 생략하고 표준적 방법으로 이루어진 복구공사의 시행 방법에 대해서 다음과 같이 약술한다.

재해복구공사는 크게 나누어 응급복구와 본 복구로 나누어졌다. 먼저 응급복구공사는 재해발생의 보고를 받은 직후 바로 고무선이라고 하는 재해대책용의 2심 절연전선을 다량으로 현장에 가지고 가서 먼저 재해연락용의 통신선 1회선을 개통하는 데 전력을 다하였다. 이 경우 목조건조물 및 임시기둥 등 모든 시설을 이용하여 가선하고, 가능한 한 단시간에 응급 개통시켜 그 후의 복구작업 촉진에 도움이 되도록 하였다. 다음 작업인 주요 중계선이나 보선전용 통신선 등의 임시복구에는 막대한 양의 고무선을 사용하였기 때문에 인접 통신구의 재고품을 사용하는 경우도 가끔 있었다.

이들 응급공사에 의해 통신기능은 일단 회복되고 선로의 개통과 함께 열차 운전은 재개되었지만, 그 후 전기동선이나 전주 등을 입수하여 본 복구공사에 착수하는 데는 수개월이 필요했다. 이 임시복구 기간 중 임시설비를 보수하는 데는 상당히 고생을 하였다. 또한 수해로 피해를 입은 전철화 교환기를 비롯해 전철화기, 통표 폐색기, 전신기 등의 각종 통신기기는 모두 즉시 용산의 전기 수선장으로 보내어져 분해 수리가 이루어졌다.

제2절 전신 및 전화 운용 업무의 전기과로의 이관

철도운수에 불가결한 통신 업무 운용은 영업과 소관으로 그리고 통신설비의 유지 관리는 공무과 소관으로 오랜 기간에 걸쳐 두 과가 분할하여 담당하였다.

그러나 1935년 이후 중일전쟁이 확대됨에 따라 수송량의 급격한 증대로 인해 통신관계 업무도 매해 급격하게 증가하여 통신 운용량의 급격한 증가를 설비면의 확충이 따르지 못하게 되어 철도 업무 전반의 원활한 수행에 지장을 초래할지 모른다는 염려가 있었다.

이 사태에 대한 대책으로 통신설비 기능의 전반적인 향상을 위하여 종래 영업과에 소속되어 있던 통신 운용에 관한 업무가 신설된 전기과로 이관되었다.

전기과로 업무가 이관됨에 따라 통신관계 업무는 설비와 운용이 일원화됨으로써 운용 측의 업무 상황이 예전보다 설비 측에 신속히 전달되게 되어 통신설비 증강에 대한 대응도 원활하게 되었다. 이로 인해 해마다 증가 일로를 걷던 전화 교환 업무의 효율적인 운용에 크게 공헌하게 되었다. 그러나 다른 한편으로는 각 역에 배치되어 있던 전신담당은 역 업무를 겸하는 요원인 경우가 많은데다 이 사람들의 인사권은 영업과에 있었기 때문에 전신기술 기능 면에서는 기능이 다소 저하한다는 마이너스적인 면도 발생하였다.

제3절 통신 운용(1937년 이후)

통신 운용규정은 종전부터 국내(局內) 상호간에 혹은 대외 관계기관 상호간의 업무 능률 향상을 위하여 여러 번에 걸쳐 개정, 실시되었다. 또한 1938년 6월 만주철도와의 전보취급규정의 대개정이 행해져 여러 해 동안의 불편이 일소되었다. 그리고 같은 해 8월 시국을 고려하여 철도방공통신에 관한 규정이 제정되었다.

1939년 6월에는 부산~용산 구간에 새롭게 인쇄 전신기가 신설되어 국내(局內) 상호간의 업무용 전보 송·수신의 능률 향상을 도모하였으며, 이와 관련한 인쇄 전신기용 취급규정이 제정되었다.

같은 해 격증한 조선~일본~만주~중국 간 업무상의 연락 전보를 효율적으로 취급하기 위하여 연락 철도 전보 취급규정이 4자간에서 통일, 제정되어 전보 업무 취급의 신속화에 공헌하였다.

제8편
국유철도의 운전

제1장
운전 업무 관리의 개요

제1절 현업 지도 기관

통감부시대

1906년 7월 1일 통감부 철도관리국의 개국과 함께 부산에 운수부가 설치되고, 그 산하에 있는 운전과와 영업과에 현업 기관인 기관차고 및 역과 소(所)가 각각 소속되었다.

같은 해 9월 1일 임시철도건설부가 인천에 설치되어 운전 부문으로서는 부 내에 기차과와 지방 기관으로서 용산과 평양, 신의주, 마산에 출장소를 두고 기관차와 역을 관리했다. 그런데 다음해인 1907년 3월 31일에 임시철도건설부가 철도관리국으로 통합되고, 운수부가 경성으로 이전하였으며, 지방 기관으로서 경성과 초량에 운수사무소를, 용산과 평양에 출장소를 두었다.

이어서 1908년 2월 1일에 운수부는 영업·조사의 2과가 되었으며, 같은 해 4월 1일에는 기존 사무소를 폐지하여 현업 사무는 용산과 평양, 초량의 세 출장소에서 처리하도록 하고, 출장소장 아래에 운수장과 차량장을 두었다.

운수장은 철도의 운수와 전기 통신 및 신호에 관한 사무를, 차량장은 차량의 운전과 보관 및 보수에 관한 사무를 각각 관리하도록 하였다.

1909년 6월 18일 철도청 설치와 동시에 운전 업무는 운수과에서 처리하도록 되었으며, 지방 기관으로는 기존의 세 출장소 대신 새로 설치된 용산과 평양의 양 영업사무소가 담당하였다. 즉, 운수담당계와 차량담당계 외에 관내의 요충지에 운수와 차량 양 담당계를 근무하게 해 역과 기관차고를 관리하게 하였다.

철도원시대

1909년 12월 16일 철도원 소관이 된 이후 운전 업무는 운전과에서 처리하였으며, 용산에 운수사무소를 설치하여 경부와 경인, 마산선을 그리고 평양에 출장소를 설치하여 경의선을 관장하도록 하였다. 그러나 다음해 2월 1일에는 양 사무소를 모두 폐지하고 운수 업무는 철도국 운전과와 영업과의 직할로 하였다. 초량과 평양 양 과에서 직원을 파견하였으며, 그 후 점차적으로 파견 직원의 근무지를 확대했다. 또한 차량장은 당초 운전과 및 평양에 각각 1명씩을 두었다.

제1차 직영시대

1910년 10월 1일 조선총독부 철도국이 설치되었던 당시의 운전 업무는 운전과에서 처리하였으나, 1912년 4월 1일의 개정으로 운전과와 공작과가 합병하여 기차과가 되고, 기차과는 '열차의 운전과 선박, 차량, 기계, 기타 설계, 제작 및 수리, 전기 동력' 등의 업무를 담당하였다.

지방 기관은 종래대로였으나, 1914년 3월 새로 부산에 차량장을 두고 차량장의 담당 기관차를 다음과 같이 정했다.

부산차량장 : 초량, 마산, 대구, 대전, 목포기관차고 및 이리, 송정리 분고(分庫)
용산차량장 : 남대문, 개성, 인천기관차고 및 복계 분고(分庫)
평양차량장 : 신막, 평양, 정주, 신의주기관차고

그 후 새로운 선의 개통과 함께 담당 구역 및 담당 기관차는 변경되었지만, 차량장 근무지는 그대로 1917년까지 유지되었다.

만주철도 위탁경영시대

1917년 8월 1일 만주철도로 경영이 위탁되면서 만주철도 경성관리국이 설치됨과 동시에 운전 업무는 기차과가 담당하게 되었는데, 같은 해 10월 22일 기차과가 폐지되고 새로 설치된 운수과가 관장하게 되었다.

1922년 5월 20일 분장규정 개정에 의해 지방 현업지도 기관으로서 부산과 대전, 용산, 평양에 영업 및 운전 양 과의 파견 직원을 두었다. 그 후 1923년 6월 5일 만주철도 경성관리국이 경성철도국으로 개칭되고 운전과 내에 열차계와 차량계를 설치하는 동시에 지방 파견 직원을 폐지하고 부산과 대전, 경성, 평양에 운수사무소를 새로 설치했다.

제2차 직영시대

1925년 4월 1일 총독부 직영으로 복귀하였으나, 각 과의 사무 분장은 만주철도 위탁경영 당시를 답습하고 지방에는 부산과 대전, 경성, 평양에 운수사무소를, 청진에는 출장소를 두었다.

1933년 5월 1일 운전과에 서무계를 설치하여 열차계와 차량계를 합쳐서 총 3계가 되었으며, 1935년 11월에 특수 수송계를 추가하여 특수 수송에 관한 업무 진척을 도모하였다. 그 후 1939년 4월 5일 특수 수송계는 조사과로 이전되어 운전과는 다시 서무와 열차, 차량의 3계가 되었다.

지방 기관으로서는 1933년 5월 운수사무소 및 출장소를 폐지하고 새로 부산과 대전, 경성, 평양, 원산, 청진 등 6곳에 철도사무소를 설치하였다. 이어서 같은 해 10월 1일 북선의 만주철도로 이관되면서 청진을 폐지하고 성진에 그리고 1936년 11월 1일 순천에, 1940년 4월 1일 강계에 각각 철도사무소를 개설했다.

1940년 12월 1일 부산과 경성, 함흥에 지방 철도국을 설치하여 수송체제의 강화를 추진하였으나, 1942년 10월에는 육군 비상체제 확립과 함께 대륙 물자의 육상 운송을 담당하게 되었으며, 수송력 증강에 대응하기 위해서 1943년 12월 1일 해륙을 일관한 종합 수송력 강화의 목적으로 교통국이 설치되었다.

이로써 기존의 영업 및 운전 양 과가 통합되어 운수과가 되고, 운전 관계는 서무와 설비, 열차, 차량의 4계로 구분되었다. 이보다 앞서 1941년 3월 운전 설비 증강, 특히 선로용량 증대와 차량기지 확충 도모를 위해서 차량 제2계에서 설비를 담당하였으나, 이번 개정에 의해서 설비계로서 수송 전반에 걸친 설비 확충을 도모하였다.

지방 교통국도 신 체계에 따라서 부와 과의 조정을 꾀하였으나, 운전부는 종래와 같이 서무와 열차, 차량의 3과가 되었다.

동시에 철도사무소의 사무 분장이 변경되어 서무와 수송, 운전, 공무의 4과가 되고, 새로 설치된 부두국 내에 부산과 청진, 원산에도 같은 과가 병치되어 각각 현업 기관의 지도감독에 임하였다.

그 후 1942년 10월 경경선의 전선 개통과 함께 경북 안동에, 1944년 4월 조선철도 황해선 매수와 함께 해주에 각각 철도사무소를 설치하였다. 1945년 8월 1일에는 평양과 순천의 양 철도사무소를 지방 운수국으로 승격하는 등 수송 상황에 따른 현업 지도를 강화하였다.

제2절 현업 기관

기관구

통감부 철도관리국시대의 기관차는 운수부 운전과 직속이며, 그 직명은 기관고장(機関庫長)과 기관고 조수, 기관수, 점화 당번, 물자 담당, 화부, 청소부, 탄수부 등이었다. 1910년 4월 1일 직명이 개정되어 기존의 기관고장(機

關庫長)을 기관고 주임으로, 점화 당번을 기관부로 각각 개칭하고 또한 당시의 복무규정에 '기관고 주임은 차량장의 지휘 하에 기관차고 일체의 사무를 처리하고, 소속 계원을 감독한다.'라고 규정되었다.

1906년 7월 1일 통감부 철도관리국이 국유철도로서 통일경영을 실시하게 된 당시에는 다음의 16곳에 기관고를 설치하였으나, 같은 해 8월에 성환기관고와 영등포임시기관고가 폐쇄되어 14개 기관고가 되었다.

경부선 : 초량, 대구, 대전, 성환, 영등포, 용산, 서대문, 마산, 인천
경의선 : 개성, 신막, 황주, 평양, 신안주, 선천-신의주

1907년 이후의 기관고 소재지의 변천 과정은 다음과 같다.

연월	기관고명	비고
1907. 1.	남대문	개설
	서대문	폐지
	황주	〃
1908. 3.	신안주	〃
1908. 4.	정주	개설
1908. 4.	선천(분)	정주기관고 소속
1908. 8.	용산	폐쇄
1911. 9.	선천(분)	폐지
1912. 3.	이리(분)	개설, 대전기관고 소속
1913. 5.	목포	〃 호남선 부분 개통
1913. 7.	복계(분)	〃 남대문기관고 소속
1913. 8.	원산	〃 경원선 개통
1914. 8.	송정리(분)	〃 목포기관고 소속
	고산(분)	〃 원산기관고 소속
1914. 11.	개성	폐지
1915. 4.	마산(분)	초량기관고 소속
1916. 11.	청진	개설, 함경선 부분 개통
1917. 10.	신의주	폐쇄
1917. 11.	고산(분)	〃
	이리	대전기관고에서 분리
	회녕(분)	개설, 청진기관고 분고

연월	기관고명	비고
1919. 4.	복계	남대문기관고에서 분리
1919. 8.	남대문	폐쇄
	용산	남대문기관고 이전
1919. 12.	함흥	개설
1923.	송정리(분)	폐쇄
1924. 10.	성진	개설

1923년 6월의 직제 개정에 의해서 기관고는 기관구로, 분고는 분구로 개칭되고, 기관고 주임은 기관구장이 되었다. 이 사이에 업무 간소화 및 신선 개통 등을 위해서 기관고의 폐지와 변경, 신설을 실시하였으나 1925년 3월 만주철도 위탁 해제 시에는 다음의 15개 기관구와 2개 분구가 되었다.

기관구 : 초량, 대구, 대전, 용산, 신막, 평양, 정주, 인천, 이리, 목포, 복계, 원산, 함흥, 성진, 청진

분구 : 마산, 회령

그 후의 변천 사항은 다음과 같다.

연월	기관차고명	비고
1928.	광주(분)	개설, 목포기관구 소속
1928. 7.	경주	동해중부선 매수
1929. 11.	웅기	개설, 도문동부선 개통
1933. 10.	청진	만주철도 위탁경영 이관
	웅기	상동
	회녕(분)	상동
1935.	백암	개설, 혜산-백무선 준공
1936.	보성	남한철도 매수
	순천	개설, 전라선 개통
	보성	폐지
1937. 11.	혜산진	개설, 혜산선 전선 개통
1938. 2.	희천(분)	〃 평양기관구 소속
	양덕(분)	〃 상동
	개천(분)	〃 상동

연월	기관차고명	비고
1938. 2.	고성(분)	〃 원산기관구 소속
1939. 2.	만포	〃 만포선 전선 개통
1939. 10.	희천	평양기관구에서 분리
	동경성(분)	개설, 경경북부선 구간 개통
1940.	동경성	경성기관구에서 분리
1941. 7.	제천	개설
1941. 10.	고원	〃
	길주	〃
1942. 8.	서평양	〃

그 후에도 신선 건설과 사철 매수, 차량기지 확충에 의해서 김천과 천안, 수색, 사리원, 신의주, 광주, 신성천, 양덕, 고성, 신북청, 해주, 진화에 차례로 증설되어 종전 시에는 다음과 같이 42개 기관구와 1개 분구에 이르렀다.

지방국	사무소 (부두국)	기관구(분구)
부산	(부산)	부산, 대구, 마산, 경주
	대전	대전, 이리, 김천
	경북 안동	경북 안동, 제천
경성	경성	경성, 천안, 수색, 신막, 인천, 청량리, 복계
함흥	(원산)	원산, 함흥, 고원, 양덕, 고성
	성진	성진, 신북청, 길주, 백암, 혜산진
	(청진)	청진, 회녕, 진화
평양		평양, 서평양, 정주, 신의주, 신성천
	해주	해주, 사리원
	강계	희천, 만포(개천)
순천		순천, 목포, 광주
(만주철도 위탁)		웅기

( )는 부두국 또는 분구 표시

또한 기관구장의 복무는 '소장의 지휘 하에 소속국을 지휘 감독하고, 기관구에 속하는 일체의 업무에 종사한다.'라고 개정되고, 그 직명도 기관구장과 조역, 서무계, 기술계, 검사계, 기관사, 기관 조수, 기관 조수 견습, 신호수, 기공장, 기공수, 난방수, 창고수, 탄수수 등으로 정해졌다.

검차구

객화차의 보수 업무는 기존에 기관구 또는 역에 분속되었으나, 차량의 증가와 차량 구조의 발전과 함께 서비스 향상과 열차 운전의 안전 확보를 위해서 단독 기관에 의한 충실한 정기적인 검수가 요구되어 1923년 4월 검차구가 부산에 설치된 것을 효시로, 같은 해 10월 경성검차구가 탄생하였다.

같은 해 6월의 직제 개정에 의해서 복무규정은 '검차구장은 소장의 지휘를 받아 소속원을 지휘 감독하고, 검차구에 속하는 일체의 업무에 종사한다.'라고 규정되었다.

그 후 1925년 8월에 대전, 같은 해 11월에 평양에 설치되고 또한 1928년 9월 함경선의 전선 개통과 함께 청진에 새로 설치되었다. 1933년 5월의 직제 개정에 의해서 원산에 철도사무소가 설치되는 동시에 원산검차구원 주재소가 경성검차구에서 분리, 독립하였다.

또한 같은 해 10월 북선선이 만주철도로 이관되면서 청진검차구 대신 성진에, 1936년 11월 순천철도사무소 개설과 함께 순천에 각각 설치되었다.

1938년 2월 분구와 주재소 설치규정이 제정되어 대구와 경주, 이리, 용산, 만포, 백암을 검차분구로 하고, 마산 외 19곳에 검차구원 주재소를 두었다.

검차구에서의 직명은 검차구장과 조역, 서무계, 기술계, 검차계, 검차 조수, 차전계, 차전 조수, 청소수, 난방수 등으로 규정되었다.

1940년 4월 강계에 그리고 1942년 10월 경북 안동에 철도사무소가 설치되는 한편, 만포와 경북 안동에 검차구가 새로 설치되었다.

그 후 사철 매수 및 차량 기지 확충 등에 의해서 수색과 신의주, 해주, 진화에 새로 검차구를 설치하여 종전까지 다음과 같이 본구 14곳과 분구 6곳,

그밖에 주재소가 23곳이나 되었다(〈표 8-1 참조〉).

〈표 8-1〉 검차구 배치표(1945년 8월)

국	사무소(부두구)	검차구(분구)
부산	(부산)	부산, (대구), (경주)
	대전	대전, (이리)
경성	경북 안동	경북 안동
함흥	경성	경성, 수색, (용산)
	(원산)	원산, (함흥)
	성진	성진, (백암)
	(청진)	청진, 진화
평양		평양, 신의주
	해주	해주
	강계	만포
순천		순천

( )는 부두국 또는 분구를 표시

제3절 종사원 양성 및 기술 향상 대책

양성과 지도

1904년과 1905년경 열차 운전은 군용철도 속성에 따라서 일본 각 철도에서 전입한 기관차 승무원에 의한 야전 철도식 운전이 이루어졌다. 그 후 점차로 운전 종사원 양성의 필요성이 대두되어 임시군용철도감부는 인천에 철도관리원양성소를 개설하고 운전 기술원을 양성하였다. 당시 설비 등 기타 관계상 실질적인 양성이 적합하지 않은 면이 있었기 때문에 이를 폐지하고, 그 후 종사원 중에서 선발 시험에 의해서 등용하도록 변경되었다. 이것이 기관차 승무원 등용 시험의 시작이었다.

1909년 12월 철도원 소관 당시 최초로 판임기관사 시험을 시행하였으며,

1910년 11월에 설치된 철도국 종사원양성소 운전과는 그 목적이 기관사 양성에 있었기 때문에 화부(정식직원) 중에서 시험에 응시하도록 하여 입소시켰는데, 그 성적은 양호하였다.

1919년 경성철도학교에 설치된 운전과에 자극을 받아 현장에서도 기관사 양성에 주력하여 각 기관차고별로 지도기관사를 지정하고 기관사 교습 내규를 정하여 기관사 양성에 적극적으로 노력하였으며, 1923년 8월에는 경성에 기관사 강습 과정을 약 2개월간 개강했다.

한편, 검차구 종사원의 소질 향상을 위해서 1922년 7월 여름철의 한가한 시기를 이용해서 약 1개월간 검차 강습을 실시하였는데, 이들 강습은 모두 후반의 각종 조직적인 강습에 대한 기초를 확립했다.

기관 조수 양성을 위해서는 각 기관구에 지도원을 배치하고 승무 지도를 실시하는 한편, 투탄 연습장에서 투탄 훈련도 함께 실시하는 등 현장의 양성에 힘을 쏟아 왔으나, 종합적인 훈련의 필요성이 인식되어 제1회 기관 강습을 1926년 5월부터 6개월간 경성철도학교에서 실시하였다. 수료자는 정식 직원으로 승격할 수 있는 길을 열어주었기 때문에 운전종사원의 등용문이라고 불리며 면학을 촉구하였을 뿐만 아니라 기관 조수의 소질 향상에 일익을 담당하였다. 그 후 매년 이 강습을 실시하였다.

1931년 발발한 만주사변으로 인해서 수송이 급증하면서 운전 종사원의 신속한 보충이 필요해졌기 때문에 기존의 등용 자격 연한을 단축하는 한편, 현장에서의 실무 지도를 촉진하는 등의 대책을 강구하였다. 이후 매년 신선이 연장되고 수송량이 증가하였기 때문에 교육을 더욱 강화하였으며, 1936년 9월에는 '승무원 지도규정'을 제정하고 각 기관구에 전임 지도 기관사를 배치하여 실무지도 강화를 도모하였다. 다음해인 1937년 4월에는 '차고 내 수작업 지침'을 조정, 배포하여 승무원으로서의 기초적인 교양 방침을 명확히 하였다.

1937년 7월 중일전쟁 발발로 인하여 수송량이 격증하고 종사원이 부족하였기 때문에 응급 대책으로 기관사 등용 자격 연수를 단축하는 한편, 지도원과 기관 조수의 정원 증가, 교육시설 강화 및 교육 자료의 충실 등 승무원의 긴급 양성 방침 확립을 위하여 애썼다.

동시에 차고 내 기공수 보충 또한 매우 어려웠기 때문에 1937년 4월 이후 2년 연한으로 경성공장에 약 25명의 견습 기공을 위탁 양성하는 한편, 1939년 4월부터 2년간 각 기관구에 70명 정도의 견습 기공을 두고 이를 양성하는 등 사업 증진에 따른 종사원 보충을 위한 모든 대책을 강구하였다.

종래에는 운전 종사원에 대한 적당한 교육 자료가 없어서 교육 시 크게 불편하였는데, 1919년 이후 철도국 내 운전 관계 간부가 통합 정리해서 편찬하고 등사 인쇄한 것 외에 단행본으로 간행된 것은 다음과 같다.

연도	제목
1919년	《운전 기술에 관한 해설 기타 교육 자료》
1927년	《상세 운전 취급 요령》
1932년	《경유동차》
1932년	《상세 조선철도 기관차의 공기 제동기》
1939년	《조선, 만주의 기관차》
1940년	《객화차》

기술 향상 대책

승무원 및 검수종사원의 기술 향상을 도모하기 위하여 1925년부터 1935년경까지 열차 운전 경기와 기관차 점검 경기, 기관차 검수 경기, 모형화실 투탄 경기, 열차 점검 경기, 객화차 수선 경기, 객화차 발취 검사 등 각종 경진 대회를 국 또는 사무소 주최 하에 실시하였다.

열차 운전 경기는 동일 노선, 동일 기관차의 각 담당 노선별 2종류로 나누어서 행해졌는데 기관차에서의 승무원의 집무 상태와 정차 위치, 석탄 소비량을 후부 차량에서 운전 시분과 충동을 측정하고 그 성적을 심사하였다.

기관차 점검 경기는 개인의 점검 기술을 겨루는 것과 기관차구 대항의 기관차 상호 점검 경기로 구분되는데, 후자는 기관차의 보수 향상에 중점을 두었다.

또한 투탄 경기는 노동력과 기술 연마에 중점을 두어 소요시간과 그 결과를 심사하는 것으로 제1회 전선 투탄 경기 대회가 1926년 8월 용산기관구에서 개최되었다.

열차 점검 경기는 소정 편성의 혼합열차에 대해 설정된 불량 장소 발견과 검사상의 처치를 심사하는 것으로, 수선 경기는 당초 베어링 부분의 표면 완성도와 모형 액슬 패트 충진 등을 체크하였다. 그 후 점차 범위를 확대하였고, 이로 인하여 수선 기구 고안에 노력하게 되었다.

또한 객화차 발취 검사는 경기라기보다는 오히려 검차구의 업무를 감사하기 위한 목적에서 시작된 것으로, 여름철 한가한 시기를 이용하였는데 주로 점검 후 1개월 이내의 객화차를 적당히 발취하여 그 완성된 상태를 심사하고 우수구를 표창하였다.

운전사고 방지 대책

1924년 6월 각 기관구를 조사 단위로 하는 사고 성적 우량 기관구에 대한 임시조사규정을 제정하고 우량구를 표창하도록 하였는데, 1929년 7월에 이르러 기관구 운행성적 우량액 수여규정을 개정하여 일정 기간 성적이 우수한 구에 대해서 이를 표창하도록 한 결과 복무에 한층 더 성의를 다 하였으며, 성적 또한 한층 향상되었다. 운전사고도 더욱 다양하고 복잡해졌기 때문에 이를 위한 조사에도 보다 합리적인 방법이 필요해져 1935년 5월 말 규정 외에 일정한 무사고 주행거리를 달성한 경우에도 이를 표창하도록 하였다. 우량 기관구 표창의 기본은 기존 실적을 바탕으로 주행거리를 감안하는 것이 타당하다고 인정, 1937년 7월부터 우량액 수여규정을 폐지하고 기관차 주행 길이에 따르도록 하였다.

제정 당시는 무사고 50만 km 달성도 상당히 어려웠지만, 성적이 점차로 양호해져 1940년까지 150만 km 표창을 받은 구가 13개 구, 200만 km 표창을 받은 곳도 7개 구나 되었다.

한편, 검차구와 관련해서는 1929년 10월에 검차구 운전성적 우량액 수여규정을 제정하고, 전선의 검차구와 주재소를 3계급으로 구분하여 각급마다 운전사고에 의한 책임 점수를 심사해서 점수가 적은 구와 소에 우량액을 수여하였다.

1935년 5월에 3계급제도를 폐지하고 각 검차구를 대상으로 심사 범위를 확대했다.

이렇게 하여 1937년 12월에 표창의 종류를 동패와 은패, 금패의 3종류로 하고, 검차구의 잘못으로 발생한 사고 및 고장이 없는 해당 검차구가 시행한 차량의 검사 환산량 수가 3천량에 이르면 동패, 5천량에 이르면 은패, 1만 량에 이르면 금패를 수여하도록 하였는데 1940년 4월까지 동패 13, 은패 4, 금패 2개를 표창하였다.

석탄 절약 장려

1929년 운전용 석탄 절약 장려 내규를 제정하고 성적이 우량한 기관구에 대해서 상장 및 상금을 수여하도록 하였다.

성적 산정방식은 각 기관구의 담당 구간 열차 및 기관차 종류별로 석탄의 환산율과 견인차수, 기온 등을 참조하여 단위 주행거리당 소비량을 구한 것인데, 이로 인하여 전면적인 기량 향상과 소비 절약에 공헌하는 바가 컸다. 이 장려규정 실시 이래 매년 2% 절약을 목표로 연 3천엔의 절약 장려금을 각 우량 기관구에 수여하였다.

제2장
열차

제1절 열차의 운전

창업시대

개황 : 1906년 7월 1일 경부철도로부터 경부와 경인선을 매수하고, 이어서 같은 해 9월 1일 군용철도인 경의와 마산선을 인계받아서 통감부 철도관리국이 국유철도를 총괄 운영하게 되었다.

당시의 열차 운전은 모두 인계 이전의 상태를 유지하였는데, 경부와 경의선 모두 야간열차는 운행하지 않고 직통열차로서 초량~서대문 간을 11시간 운전하는 급행 여객열차만 1왕복하였다. 그밖에 경부선에는 혼합열차 2왕복과 기타 구간 열차 2왕복만이 운행되었다. 경의선에서는 직통열차가 운행되지 않았으며, 각 열차는 모두 평양을 종점으로 하였다. 즉, 용산~평양 구간 여객열차 1왕복, 혼합열차 1왕복, 용산~개성 구간 혼합열차 1왕복, 평양~신의주 구간 혼합열차 1왕복, 그밖에 부정기 화물열차 1왕복 정도가 운행되었다.

운전 시간도 최단인 남대문~평양 구간 10시간 20분, 평양~신의주 구간

8시간 30분을 필요로 하였으며, 부산~신의주 구간은 도중에 2박을 필요로
하였다.

그 후 1907년 4월 20일 경부~마산선의 열차 운행시각 개정, 1908년 11월
11일 부산~초량 구간의 복선운전 개시를 필두로 수송력 강화와 수송 계통
의 개선, 열차의 배치 교체 등에 의한 운행시각을 개정하여 운수 교통의 편리
증대를 위하여 노력하였는데 각 선의 경과 개요는 다음과 같다.

경부 및 경의선 : 1907년 4월 20일의 운행시각 개정으로 초량~서대문 구
간에 혼합열차 1왕복을 증편하는 동시에 기존 급행열차의 운행시간을 단축
시켰다.

1908년 4월 1일부터 경의~무산선의 일반 운수 영업 개시와 부산역 신설
및 부산~시모노세키 간 연락선의 주간 운항 개시에 따라 새로이 부산~신
의주 구간을 26시간에 운행(평균 시속 37.7km)하는 직통 급행 여객열차
'융희'가 설치되었다. 이로써 경성~부산 간에 최초로 야간열차 운행을 개시
한 이래 2박이 소요되었던 무렵에 비하여 현저한 진보를 보였다. 그 후 채 1
년이 지나지 않은 1909년 2월 1일부터 연락선의 주간편이 격일제로 운행되
고, 부산~신의주 구간 직통 급행 여객열차를 부산~남대문 간 격일제 운행
으로 변경했다.

경인선 : 통일 당시에는 서대문~인천 간에 혼합열차가 7왕복 운전하였으
나, 1907년 4월 20일의 개정으로 급행 여객 1왕복, 혼합 2왕복을 증설하여
총 10왕복으로 하였다.

같은 해 10월 16일에는 황태자의 방한으로 경성~인천 간에 궁정열차를 운
행하였다.

마산선 : 1907년 4월 20일 운행시각 개정으로 기존에 설정된 삼랑진~마
산 구간 혼합열차 2왕복에 초량~마산 구간의 혼합열차 1왕복을 추가하고,
1908년 4월 1일부터 혼합열차 1왕복을 증설하여 총 4왕복으로 하였다.

겸이포선 : 철도감부 인계 당시에는 황해 황주~겸이포 구간 혼합열차 1왕

복만 운전하였으나, 1907년 7월 1일부터 2왕복, 1908년 4월 1일부터 3왕복으로 점차 증설하였다.

평양탄광선 : 1909년 9월 1일 준공 당시에는 한국 정부의 농상공부에 소속되었으나, 열차 운행은 통감부 철도청이 담당하고, 당초에는 평양~사동 구간에 혼합열차 1왕복을 운전하였다.

제1차 직영시대

개황 : 1911년 11월 1일 경의선 개량공사 및 압록강 가교공사, 만철 안봉선 광궤 개축 준공 등에 의해서 조선~만주 간 선로가 연결되고, 차량 직통 실현을 위해서 일본과 중국 양국 간에 중일협약이 조인되어 차량 통과와 수화물 및 화물의 수출입에 관한 검사 및 절차 등이 정해졌다.

이에 따라 각 열차의 발착을 안동역으로 정하고, 동시에 조선~만주 직통 열차 운전을 개시하였다.

이어서 1912년 6월 15일 철도원이 시모노세키~신바시 간 특별 급행 여객 열차를 신설하고 부산~시모노세키 연락선의 운항 시각을 개정하였다. 이를 계기로 조선~만주 직통 급행열차의 운전 구간을 부산까지 연장하고, 1913년 4월 1일부터 부산~신잔교 준공과 함께 주요 열차의 발착을 잔교에서 취급하게 되어 선박과 기차의 연결에 편리를 도모하였다.

1912년 9월 1일부터 한강 제2 다리가 준공되면서 영등포~남대문 구간이 복선운전을 개시하여 경부 본선과 경인선의 중복 구간 운행이 완화되었다.

1908년 4월 1일 이래 사용된 한국 표준시가 1912년 1월 1일부터 일본과 마찬가지로 중앙 표준시로 개정되고, 열차의 운행시각도 이에 준하게 되었다.

국제열차 : 1911년 11월 1일 중일 협약 조인과 함께 남대문~장춘 구간에 주 3회의 조선~만주 간 직통 급행열차 운행을 개시하였는데, 대륙 교통의 요충지로서의 역할을 수행하기 위하여 철도원의 운행시각 개정과 함께 1912년 6월 15일의 열차 운행시각 개정 시에는 운행 구간을 부산~장춘 구간으

로 변경하였다. 이때 열차의 운전 소요시간은 부산~안동 간 19시간 20분 (평균 시속 약 49km), 부산~장춘 간은 33시간 50분이었다.

1914년 11월 1일에 일본과 만주, 러시아 여객 및 수하물을 시베리아를 경유하여 유럽과 연결하는 길이 열려 장춘보다 먼 지역을 연결하는 국제열차로서의 기능을 발휘하게 되었는데, 같은 해 제1차 세계대전 발발과 함께 시베리아철도 및 동청철도 급행열차의 운전이 불확실해진 한편, 아시아와 유럽 여행객도 현저하게 감소하였기 때문에 1916년 6월 15일 이후 주 1회로 운행을 변경하였다.

조선 내 각 선의 열차

경부 및 경의선 : 조선~만주 직통열차 이외의 열차 운행 상황을 살펴보면, 종래에 격일제로 주간에만 운항하던 부산~시모노세키 간 연락선이 1911년 12월 1일부터 매일 주야 2회 발착하면서 경부선 야간열차인 '융희'가 다시 매일 운행으로 변경되고, 1913년 4월 1일 부산~신잔교 완성과 함께 경부선 급행열차가 경의선까지 연장되어 부산~안동 구간에 급행 여객열차 2왕복이 운행되었다. 이로써 경의선에 최초로 야간열차를 운행하였는데, 이때 열차 운행시간은 최단 안동~부산 간이 21시간 20분이었으며, 평균 시속은 약 44.4km였다.

그 후 운수 상황이 변화하면서 수차례 개정되었는데, 1915년 말 현재 급행열차 이외에는 부산~남대문 간 직통 혼합열차 1왕복, 부산~남대문 간 통산 2왕복, 용산~개성 간 2왕복, 개성~정주 구간 통산 3왕복, 정주~안동 간 2왕복의 혼합열차, 부산~대전 간 1왕복의 화물열차가 운행되었다.

경인선 : 1900년대의 경제계 불황의 영향으로 열차 운행 횟수는 종전의 10왕복에서 운행시각 개정 시마다 수차례 감소되었다. 1910년대에 들어와 경제계도 불황의 늪을 약간 빠져나오는 한편, 1912년경 구입한 기관차 '모가이형'보다 강력한 '아메이형' 텐더 기관차가 사용되기 시작하면서 견인력

이 증가하였기 때문에 열차 운행 횟수를 늘리지 않고 1914년 5월 1일의 전선 열차 운전시각 개정 시에 급행 여객열차 3왕복, 여객열차 3왕복, 혼합열차 2왕복의 총 8왕복에 새로 화물열차 1왕복을 추가하여 총 9왕복으로 하였다.

마산선 : 1912년 6월 15일의 개정으로 기존에 운전하였던 혼합열차 4왕복에 1왕복을 증설하여 총 5왕복으로 하였다.

평남선 : 평양~진남포 구간은 1910년 10월 16일부터 운수 영업을 개시하고 당시 2왕복의 혼합열차를 운전하였으나, 그 후에 1왕복을 증설하여 3왕복으로 하였다.

겸이포선 : 평남선 개통 및 겸이포공장의 평양 이전 등에 의해서 교통이 한산해져 1911년 12월 10일부터 1왕복을 줄였으나, 그 후 얼마 되지 않아 1912년 6월 15일에 3왕복으로 하여 과거로 복귀하였다.

평양탄광선 : 총독부 소관으로 이행한 후 평양~사동 구간 1왕복을 늘리고 조석으로 각각 1왕복의 혼합열차를 운전하였다.

호남선 및 군산선 : 1911년 7월 10일 대전~연산 구간의 영업 개시로 시작하여 구간 영업 당시는 각 구간 모두 대체적으로 혼합열차 2왕복으로 객화 수송에 충당하였으며, 군산선도 마찬가지로 3내지 4왕복을 운전하였다.

1914년 1월 11일 호남선 전선 개통 시에는 대전~목포 구간 직통 여객열차 1왕복 외에 대전~정읍 구간 2왕복, 정읍~목포 구간 1왕복의 혼합열차로, 군산선과 마찬가지로 5왕복을 운행하였다.

경원선 및 함경선 : 1911년 10월 15일 경원선 용산~의정부 구간의 영업 개시 이래 1914년 8월 16일 전선이 개통될 때까지 수차례 구간 영업을 실시하였다. 구간 영업 당시는 각 구간 모두 2왕복의 혼합열차를 운전하였으나, 전선이 개통된 후에는 남대문~원산 구간에 직통 여객열차와 혼합열차 각 1왕복을 운전하였다.

함경 본선도 원산~문천 구간은 1915년 8월 1일, 청진~창평 구간이 1916

년 11월 5일에 준공되어서 구간 영업을 개시하였는데 모두 혼합열차 2왕복을 운전하였다.

만주철도 위탁경영시대

개황 "만주철도 위탁 후 운수상의 제반 규정과 각종 제도는 총독부 직영시대를 그대로 답습하였지만, 조선철도와 만주철도 양 철도의 경영이 일체화되었으므로 기존에 신의주와 안동에 양립하였던 운수 기관을 병합하였으며, 또한 경부와 경의 본선의 여객열차는 가능한 한 만주까지 직통시키는 등 원활한 수송과 경비 절감을 위해서 노력했다.

1916년경부터 제1차 세계대전의 영향으로 경제계가 활황을 띠기 시작하였으며, 만주철도에 경영이 위탁된 이후 3년간은 철도 수송이 크게 증가하였다. 그러나 1920년경부터 반동기로 들어가 경기 불황은 즉시 철도 수송에 반영되어 여객과 화물 모두 격감하였기 때문에 부득이하게 정기 화물열차의 운행을 일부 중지하게 되었다.

그 후 재계도 한동안 정리기에 들어가고 열차 운행도 견실하게 리듬을 회복하며, 그 사이에 다음과 같이 개선되었다.

1919년 8월 남대문기관고를 용산으로 이전(용산기관고로 개칭)하고 화물열차 및 부정기 열차는 모두 용산 발착으로 변경하였으며, 1920년 10월 5일 경부 본선 초량~부산진 구간의 복선공사를 준공하고 부산~부산진 구간의 복선 운행을 개시하였다. 이어서 같은 해 12월 21일에는 남대문~수색 구간이 직결되고 화물열차 이외에는 신선을 운전하게 되었다.

1923년 이후에는 단거리를 경쾌하게 운전하는 기동차를 경인선에 배치하여 여객 수송에 충당하였으며, 이후 이를 각 선의 구간 열차로서 운전시켰다.

또한 여객열차의 증기난방장치는 기존 경부 및 경의선에 한정되었는데 1921년부터 호남과 경인, 경원선 및 함경선 남부 및 앞에서 기술한 각 선의 일부 혼합열차에도 사용하기로 하고, 1923년 2월부터 경부선 급행열차에 사용한 3등 침대차를 1924년 5월부터는 부산~봉천 구간의 직통 여객열차에 연장하여 사용했다.

한편, 부산~시모노세키 구간에 경복마루(慶福丸)와 덕수마루(德壽丸), 창경마루(昌慶丸) 등의 새 선박이 1922년 5월부터 1923년 3월에 걸쳐서 취항하였으며, 이를 계기로 조선과 일본, 만주철도의 열차 속도를 향상시키기 위해서 1923년 7월 및 1924년 5월에 열차 운행시각을 변경하였다. 당시 열차 운행시각 개정은 정황에 따른 것으로 1917년 이후 대부분 매년 전선에 걸쳐서 실시되었다.

위탁경영시대 각 선의 열차 운전 상황을 대략 서술하면 다음과 같다.

조선~만주 간 직통열차 : 1917년 11월 1일 전선의 열차 운행시각 개정 시 경부와 경의 본선의 직통 여객열차를 부산~봉천 간 직통 운전으로 하여 향후 연락 운수의 기초를 마련했다.

그 후 제1차 세계대전의 영향으로 아시아~유럽 간 연결을 중단하고, 1916년 6월 15일 이후 매주 1회 운행하던 부산~장춘 간 급행열차가 다음해인 1916년 10월 일시 중단되어 1918년 5월 12일까지 중지되었다.

한편, 부산~시모노세키 간 연락선의 고속 운항 개시와 함께 1923년 7월 조선~만주 간 철도의 운행시각을 개정하였다. 이로써 다년간의 현안이었던 부산~봉천 구간 직통 급행열차 1왕복을 부활시키고, 동시에 열차 속도를 향상시켜 도쿄~봉천 구간에서 약 8시간을 단축시켰다.

또한 1924년에 들어오면서 부산~시모노세키 간 연락선의 야간 이용객이 많아졌기 때문에 이와 연결하여 경성~부산 간을 운행하던 급행열차를 5월 1일부터 봉천까지 연장하고, 그 대신 주간 운행에 연결하였던 급행 여객열차 1왕복을 폐지하였다.

이로써 부산~봉천 구간은 급행 여객열차 1왕복, 직통 여객열차 2왕복이 운행되었다.

조선 내 각 선의 열차

경부 및 경의선 : 위탁경영 당초 일본의 경제계는 미증유(未曾有)의 활황을 띠었으며, 조선 내의 객화 수송량도 급증하였기 때문에 1918년 7월과 1919년 4월 전선에 대한 열차 운행시각 개정 시 경부선에 급행 여객열차 1왕복을 증설하는 한편, 화물열차를 증설하였다. 주간에는 여기에 객차를 연결해서 단거리 여객의 교통 편의를 도모하는 등 수송량 증가에 대응했다.

이 증설에 의해서 경부 본선 화물열차 정기 7왕복, 부정기 2왕복, 경의 본선 화물열차 정기 9왕복, 부정기 2왕복에 이르렀다. 그런데 1920년경부터 재계의 불황에 의해서 객화 수송도 점차 부진해져 7, 8, 10월의 3회에 걸쳐서 정기 화물열차의 운전을 일부 중지했다.

1921년경부터 불황도 회복의 징후를 보이면서 같은 해 6월에는 부산~안동 구간에 중간 차 화물열차 1왕복을 증설하였으며, 그밖에 1924년 5월 1일의 운행시각 개정 시에는 화물열차의 속도를 향상시켜서 경제계의 요청에 응하였다.

경인선 : 1919년 4월 기존의 급행열차를 폐지하고 여객열차 4왕복, 혼합열차 5왕복 등 총 9왕복으로 하는 한편, 이용객이 적은 1등차의 연결을 중지했다. 1920년 7월 다시 급행열차 2왕복을 마련하고 기존의 1시간 20분을 30분 단축해서 50분으로 하였다.

또한 1923년 7월부터 기동차 6왕복을 운전하여 급행 여객열차 2왕복, 여객열차 4왕복, 화물열차 2왕복과 함께 14왕복으로 하고 양 지역 간 교통의 편리를 도모하였다.

호남선 : 당초 대전~목포 구간의 직통 여객열차 및 혼합열차 각 1왕복 외에 대전~이리, 송정리~목포 구간의 혼합열차 각 1왕복을 운행하였으나, 1918년 7월 이리~송정리 구간에 여객취급 화물열차 1왕복을 증설하여 호남 전선에 총 3왕복을 운행하였다. 이 중 직통 여객열차는 기존보다 1시간 단축하여 8시간 30분 소요되었다.

1922년 5월 직통 여객열차 1왕복을 증설하고, 직통 운전시간을 7시간 30분으로 하여 1시간 단축해서 평균 시속을 34.8km까지 향상시켰다.

1924년 5월 일부 열차의 운행시각을 변경하고, 전 구간을 통해서 여객열차 2왕복, 혼합열차 2왕복으로 하여 노선 주변 화물의 반출과 교통의 편리를 증대하였다.

경원선 : 당시 노선 주변 산업은 커다란 발전이 없었다. 운수도 크게 발전하지 못하였으나 조선 중앙부에서 동해안으로 나오는 유일한 경로였다. 또한 노선 주변에 금강산과 석왕사, 원산해수욕장 등이 있어 이들 탐방객과 해수욕객 수송을 위해서 봄, 여름, 가을에는 매년 임시열차를 운행하거나 객화를 증설 연결하였다.

만주철도 위탁경영 후 한동안은 기존대로 운전을 계속하였으나 1919년 11월 이용자가 적은 1등차의 연결을 폐지하고 또한 1921년 6월부터 급구배로 인해서 견인정수가 적은 복계~고산 구간에 화물열차 1왕복을 증설했다. 그 후 경기도 회복되고 객화도 점차 증대하였으므로 1923년 7월 경성~복계 구간에 여객화물열차를 1왕복, 이어서 10월 복계~고간 구간에 화물열차 1왕복을 증설했다.

함경선 : 위탁경영 후 남부는 1924년 10월 양화까지 개통되고, 열차는 경성 발 직통 여객열차 1왕복을 개통할 때마다 북쪽으로 연장 운전하였다. 그밖에 원산 이북에 대략적으로 2왕복의 혼합열차를 운전하였다. 중부는 1924년 10월 길주~단천 구간이 개통되고 성진을 중심으로 혼합열차 2왕복을 운전하였으며, 북부는 1921년 11월까지 봉강~회령 구간이 개통되어 청진 이북은 대략 2왕복, 청진 이남은 3왕복의 혼합열차를 운전했다.

마산선 : 위탁 후 수차례 운행시각을 개정하였으나 열차의 배치를 변경한 것에 지나지 않으며, 1923년 7월 여객화물열차 1왕복을 증가하여 총 6왕복으로 하였다.

겸이포선 : 기존대로 3왕복의 혼합열차를 운전하였는데 1918년 7월에 4왕

복, 1919년 12월 5왕복으로 하고 그 중 1왕복을 평양까지 직통으로 운전하였다.

평양탄광선 : 1918년 5월 5일 오노다 시멘트 전용선이었던 미림~승호리 구간을 매수해서 일반 영업을 개시하여 평양~미림 구간에 혼합열차 2왕복, 평양~승호리 구간에 혼합열차 1왕복을 운행하고, 후에 1919년 12월 전 구간을 혼합열차 3왕복으로 하였다. 그 후 1922년 5월 다시 객화 취급 열차 1왕복을 추가하였다.

평남선 : 1918년 7월 기존의 혼합열차 3왕복을 5왕복으로 하고, 1919년 12월 1왕복을 줄이고 화물열차 2왕복을 증설하였다. 그 후 1924년 5월에 처음으로 여객열차 1왕복을 마련하였다.

군산선 : 1918년 7월 기존의 혼합열차 4왕복을 5왕복으로 하고, 1922년 5월 7왕복으로 하였다.

군용열차 운전

군용열차 운전 : 1918년 9월 9일부터 약 2주간 시베리아 출정 부대 수송을 위해서 함경선 북부를 제외한 전선에 걸쳐서 전시 운행체제를 실시하고, 10개 열차 중 8개 열차를 군용에 충당하는 대수송이 이루어졌다. 이때 일반 수송에 미치는 영향을 가능한 한 최소화하도록 특별한 배려를 하였다.

제2차 직영시대(〈표 8-2〉 '열차 운행 횟수표' 참조)

개황 : 1925년 4월 직영으로 환원할 때 만주철도 간에 조선~만주 간 열차 직통 운전에 관해서 각종 협정을 실시하는 한편, 운전에 관한 제반 규정은 한동안 종전 제도를 이용하기로 하였다. 그러나 기존 운전 및 신호규정은 1908년에 제정되었기 때문에 현 상태를 따라가지 못해서 1927년 8월 근본적으로 개정을 실시하여 양 규정을 통일하여 조선철도 운전규정을 제정하였다.

제1차 세계대전 후의 경제계는 불황 상태에서 만주사변까지 이어지고, 철도 운수도 이를 반영해서 특별한 진전은 없었지만 당국은 수차례의 열차 운행시각 개정을 통해서 수송의 합리화를 도모하였다.

한편, 조선의 산업 개발을 위해 조선 탄을 사용하면서 각종 방법을 강구하여 연료 절약을 위해서 노력했다.

그 후 함경선의 전선 개통을 시작으로 1927년 이후 발족한 철도 12년 계획에 의한 도문과 만포, 혜산, 동해, 경전 5선의 건설과 기설선 개량 및 사철의 매수 및 개축이 착착 진행되어 조선철도는 비약적인 발전을 이루었다.

또한 경제계의 불황 속에서도 조선의 산업 개발이 진행되어 객화가 현저하게 증가하였으며, 기존의 수송 방법을 아주 새롭게 바꿔서 이에 대응할 필요가 대두하였다. 즉, 위탁경영시대에 경인선 및 기타 단거리 구간을 운행하던 기동차를 비롯 그 후 도시 근교에서 활약한 경유 동차를 대신해서 수송이 번거로운 구간에 대해서 고속도의 '프레하형'기관차 및 경중량의 신제 '라하형'객차로 편성된 경쾌(輕快)열차를 운전하고 객화 분리를 실시하였다. 이 경쾌(輕快)열차는 당시 여객의 호평을 받았으며, 경인선부터 점차로 경성~대전 구간, 경성~신막 구간, 경성~복계 구간 및 평양과 부산 부근 등으로 운행 구간을 확대하였다.

1931년 9월 만주사변 발발 후의 조선을 둘러싼 외적 상황 및 조선 자체 각 방면에서의 획기적인 발전과 함께 객화가 급격하게 증가하여 수시로 전선의

〈표 8-2〉 열차 운행 횟수표

경부·경의 본선 국제열차

연도 열차 종별	1925	1930	1935
급행여객	1 부산~봉천 직통 1	1 좌동	2 부산~봉천 직통 1 부산~신경 직통 1
여객	2 부산~봉천 직통 2	2 좌동	3 부산~봉천 직통 2 부산~안동 1

경부 본선

연도 / 열차 종별	1925	1930	1935
여객	2 경성~목포 직통 1 경성~수원 1	2 부산~경성 1 (경성~목포 객차 직통) 경성~천안 1	4 부산~진주 직통 1 대전~경성 2 경성~목포 직통 1
동차			7 부산~대구 1 부산 근교 1 대구 〃 1 대전 〃 1 경성~수원 3
혼합	3 부산~경성 2 부산~마산 1	5 부산~경성 2 기타 3	5 부산~대전 1 경성~대전 2 기타 2
화물	2 부산~용산 2	5 부산~용산 3 기타 2	4 부산~안동 직통 1 부산~용산 1 기타 2
부정기 화물	3 부산~용산 2 기타 1	7 대구~대전 2 대구~경성 4 기타 1	0

경의 본선

연도 / 열차 종별	1925	1930	1935
여객			6 경성~신막 2 〃 ~ 토성 2 〃 ~ 개성 1 평양 근교 1
동차			4 평양~정주 2 평양 근교 2
혼합	2 경성~안동 1 기타 1	3 경성~안동 1 용산~토성 1 기타 1	2 평양 근교 2

화물	4 경성~안동 4	7 경성~안동 4 기타 3	9 부산~안동 직통 1 경성~안동 2 기타 6
부정기 화물	1 경성~안동 1	7 경성~안동 5 기타 2	1 정주~안동 1

경원·함경 본선

연도 열차 종별	1925	1930	1935
급행여객			1 경성~웅기 1
여객	2 경성~신북청 1 경성~함흥 1	2 경성~회령 1 〃~청진 1	5 경성~청진 1 〃~성진 1 〃~복계 3
동차			6 경성~연천 1 경성~의정부 2 원산~영흥 2 성진~청진 1
혼합	13 복계~신북청 1 단천~성진 3 성진~길주 2 청진~주을 2 〃~회령 2 기타 3	10 경성~원산 1 〃~복계 1 원산~함흥 2 함흥—청진 1 청진~회령 1 함흥~서호진 2 기타 2	4 경성~함흥 1 원산~명천 1 〃~용담 1 청진~주을 1
화물	5 경성~복계 1 복계~고산 2 함흥~신북청 1 청진~회령 1	9 경성~원산 1 복계~고산 5 고산~원산 1 원산~청진 1 청진~회령 1	15 경성~청진 1 〃~원산 1 〃~복계 1 복계~원산 1 〃~고산 2 원산~함흥(하) 1 〃~신북청(상) 1 명천~청진 1 성진~길주 1 기타 5

연도 열차 종별	1925	1930	1935
부정기 화물	5 청진~회령 1 기타 구간운전 4	4 청진~회령 3 기타 1	1 함흥~신북청 1

기타 노선(1935년 1월 현재)

연도 열차 종별	여객	동차	혼합	화물
경인선	13 경성~인천 13			4 경성~인천 4
평남선	6 평양~진남포 6	3 평양~진남포 3		4 평양~진남포 4
호남 본선	4 대전~목포 3 (그 중 1은 경성~목포 간 직통) 전남 광주~목포 1	3 대전~이리 2 영산포~담양 1	1 이리~정읍 1	3 대전~목포 1 〃 ~ 이리 1 이리~목포 1
군산선		5 전주~군산항 3 남원~ 〃 1 이리~ 〃 1	1 곡성~군산항 1	5 이리~군산항 3 곡성 〃 1 전주~ 〃 1
경전남부선	1 부산~진주 1		4 부산~진주 1 삼랑진~ 〃 1 〃 ~ 마산 1 창원~ 〃 1	4 삼랑진~진주 1 마산~ 〃 1 삼랑진~마산 2
경전북부선	1 이리~곡성 1	5 남원~군산 1 전주~ 〃 3 〃 ~이리 1	1 곡성~군산항 1	3 곡성~군산항 1 〃 ~남원 1 전주~군산항 1
동해남부선		5 부산~좌천 3 〃 ~해운대 2		1 부산~울산 1
동해중부선	3 대구~포항 3	6 대구~포항 3 〃 ~경주 1 경주~울산 2		13 대구~포항 2 〃 ~영천 2 〃 ~경주 1 경주~포항 1 포항~학산 2 경주~울산 4 기타 1

연도 열차 종별	여객	동차	혼합	화물
동해북부선		2 원산~고성 2	2 안변~고성 2	1 안변~고성 1
평원서부선		1 평양~장림 1	1 순천~장림 1	1 평양~장림 1
만포 본선	1 평양~희천 1		2 순천~희천 1 평양~개천 1	1 평양~희천 1
혜산선				3 성진~백암 1 길주~〃 2

열차 운행시각을 개정해 운수 계통의 개선과 수송 합리화를 도모하였다. 각 선 열차의 증설과 북선, 동북 만주와 북중국 방면의 직통열차 설정, 전라선 및 여수항을 경유하는 내선 연락선 증설 등을 실시해 어려운 수송 완화에 대비하였다.

한편, 조선 경유의 대륙 노선은 종래 안동 경유의 1선밖에 없었지만, 만주국의 확립과 중일전쟁 후 대륙의 치안 회복에 따라 조선과 만주 연락로 강화의 필요성이 요구되었기 때문에 1933년 10월 청진 이북의 철도를 만주철도에 위탁하였다. 또한 만주철도에서는 나진항을 축항하고 경도선과 도령선을 건설하여 대련항을 경유하는 노선과 함께 만주국 동쪽을 자유롭게 출입할 수 있는 항구로 삼았으며, 조선 측에서는 만포선을 연장하여 만주철도의 매집선과 연결, 이 3경로로서 조선과 만주 연락로를 강화하였다. 즉, 경도선은 1933년 10월 15일 도문강교량으로 도문선과 연결하고, 만포선은 1939년 12월 1일 만포철교로 매집선(梅輯線)에 연결해서 안봉선과 함께 3경로의 근간을 마련하였다.

태평양전쟁 발발 후에도 일본과 만주, 중국 간의 교통량은 계속 증가하였는데 전쟁이 치열해지면서 해상 수송이 어려워지고, 육군 물자 수송으로 인해 여객 수송은 점차로 축소되었다. 따라서 여객열차는 속도를 저하하여 수송력 증강을 도모하는 동시에 순차적으로 운전을 중지하고 모든 잉여 수송력을 화물 수송에 사용하였다.

안동구의 완화와 신호장 신설 : 1943년 4월 1일 다사도 철도 소속의 신의주~남시 구간 33.9km를 매수하여 경의 지선인 양시선으로 운수 영업을 개시하는 동시에 신의주~남시 구간이 복선화되어 본선의 선로용량이 크게 완화되었다. 또한 같은 해 10월 1일에는 신의주~의주 간의 운수 영업을 폐지하고, 경의 본선 석하~신의주 구간에 남신의주정거장을 설치하였다. 이어서 12월 20일에는 신의주 강안선의 운전을 중지하는 등 안동구의 열차를 수용하였다.

1943년 12월 30일 경부 본선 대전~회덕 구간에 오정신호장과 1944년 6월 1일 경부 본선 삼랑진~임천 구간에 미전신호장을 신설하였으며, 경부 본선과 호남 본선 및 경전남부선을 각각 직접 연결해 운행함으로써 여수와 마산 양 항을 더욱 많이 활용하였다.

대륙철도수송협의회 설립 : 대륙 물자 수송의 육운 전가에 의한 대륙 각 철도 및 국유철도, 관계부처간의 종합적인 조정을 위해서 1943년 6월 1일 대륙철도수송협의회가 발족하고, 사무국을 만주철도 사내에 두었다.

사무국은 운수와 운전, 시설, 해사의 4계로 구분되고 조선철도와 만주철도, 화북, 화중 각 철도 및 선박 운영회에서 각 계에 파견된 담당자가 3개월마다 수송회의에서 결정한 수송 계획에 의하여 열차의 운전과 자재 준비 등의 기타 조정을 실시하였다.

국제철도로서의 열차 운전

1927년 아시아~유럽 연결선의 부활과 1932년 만주국의 성립과 대륙의 치안이 회복됨에 따라 일본~만주 교통의 요지로서 조선철도의 사명은 더욱더 중요시되었다. 이에 1933년 4월 1일 관계 연락 철도와 협력하여 조선~일본 간 교통 소요시간의 단축을 목적으로 운행시각을 개정하고, 철도성 측에서 부산~시모노세키 간 연락선의 운항 시간을 단축하여 당국은 부산에서의 선박과 차량 연락 시간의 단축을 도모하였다. 즉, 기존의 연결 시간인 1시간 40분을 40분 내지 50분으로 단축하고, 또한 부산발 만주행 급행 여객열차의 속도를 경부, 경의선에서 선로 강도가 허용하는 한 향상시켜 재래의 각 열차에 비하여 부산~안동 구간에서 2시간 내지 4시간 정도를 단축하였다.

개정의 요점을 살펴보면 다음과 같다.

(1) 경성~시모노세키 구간에서 2시간 내지 2시간 40분, 신경~시모노세키 구간에서 3시간 5분 내지 5시간 50분 단축

(2) 종래 부산~봉천 구간을 운전하는 급행여객 제7·8열차를 경성까지 운행하고, 부산~경선 구간을 운행하던 제3·4열차를 제1·2열차로 고쳐서 이를 부산~봉천 간 직통 급행여객열차인 '히카리'라고 명명하고, 부산~시모노세키 간 주간 연락선에 연결하였다. 이렇게 속도를 향상시킨 결과 기존보다 부산~안동 구간에서 하행 2시간 15분, 상행 4시간 15분 또한 부산~신경 구간에서 상하 각각 5시간 30분을 단축하였다. 이때의 평균 시속은 경부선 52km, 경의선 53.5km였다.

(3) '히카리호' 외에 2왕복의 부산~봉천 구간 직통 여객열차도 부산~안동 구간에서 하행 4시간 10분, 상행 3시간 45분을 단축하였다.

그 후 철도성 단나터널 및 암덕선 개통을 계기로 1934년 11월 1일 일본과 조선, 만주철도가 협동하여 운행시각을 개정하고 제1·2열차 '히카리'의 속도를 향상시켜서 이를 신경까지 직통 운행하도록 하였다.

또한 부산~시모노세키 간 연락객의 약 70%가 야간 편을 이용하는 종래의 실적을 고려하여 야간 연락선에 연결하는 부산~경성 간 급행여객 제7·8열차 '노조미'를 봉천까지 연장하고, 봉천에서 신경 및 대련 방면행 열차와 연결하였다.

이 개정으로 부산~안동 간 소요시간을 2시간 내지 5시간 단축하고, 도쿄~신경 구간을 55시간으로 하여 개정전보다 10시간 내지 12시간 단축되었다.

<참고>

　1열차(하행)

　고3.00　익일　고6.00　　　제3.05　　　제11.20　　　고21.00
　　　　　　　　　7.20　　　　3.15　　　고12.00

　도쿄　⇄　부산　⇄　경성　⇄　안동　⇄　신경

　고3.25　　　제10.50　　　제2.55　　　고6.10　　　제7.00
　　　　　　　11.30　　　　3.05　　　　6.40
　　　　　　　　　　　　　　　　　　　2열차(상행)

　　　　　(만주 24시간제, 시차 1시간)

　북중국 방면의 치안 회복과 함께 일본과 만주, 중국 간의 교통량이 격증하여 1938년 10월 1일 일본~만주선에 맞추어 전선의 열차 운행시각을 개정하는 한편, 부산~북경 간 급행 여객열차 1왕복을 신설하고 부산~경성 구간 급행 여객열차를 2왕복으로 늘려 조선과 만주, 중국의 교통 역사에 신기원을 수립했다.

　또한 1939년 11월 1일 부산~시모노세키 간 야간 연락선에 연결하여 부산~북경 간에 급행 여객열차 1왕복을 증설하였는데, 이 북경급행열차를 '흥아', 전년에 설정한 급행열차를 '대륙'으로 각각 명명하였다. 이 열차의 부산~북경 간 소요시간은 38시간 40분이었다.

　그러나 그 후에도 멈출 줄 모르는 일본과 만주, 중국 간의 객화 증가에 대응하기 위해 다음 해인 1940년 10월 관계철도와 제휴하여 열차 운행시각을 개정하여 대륙 교통 황금시대가 출현하였다. 즉, 함경선에 경성~목단강 구간 직통 여객열차 1왕복, 평양~길주 간에 만포선을 경유하는 직통 여객열차 1왕복을 신설함으로써 1920년대 초부터의 만주로의 3경로가 전면적으로 개통되었다.

　이 상태는 태평양전쟁 발발 후에도 여전히 계속되어 1942년 5월에는 경성~

목단강 구간 직통 여객열차를 2왕복으로 늘리는 한편, 같은 해 8월에는 부산
~신경 구간 급행 여객열차 중 1곳의 열차를 하얼빈까지 연장 운행하였다.

1942년 10월 1일 현재 조선과 만주, 중국 직통 여객열차의 1일의 운행 횟
수는 다음과 같다.

부산~북경 구간	2왕복
부산~하얼빈 구간	1왕복
부산~신경 구간	1왕복
부산~봉천 구간	1왕복
경성~목단강 구간	2왕복
평양~길림 구간	1왕복

그 후에도 수송량의 증가 경향은 여전하여 수송력 증강을 필요로 하였지
만, 요원 및 자재 관계로 인해 필요한 만큼 열차를 증설하지는 못하였다.

그러나 태평양전쟁 하의 해상 수송 물자의 육군 전가 및 기타 중요 물자의
수송 증강을 위해서 부득이하게 여객 수송을 축소해야 했다. 1943년 4월 부
산~봉천 구간 직통열차 1왕복을 폐지하는 한편, 기타 직통열차에 대해서는
속도를 낮추고 연결 차수를 증가시켜 종전과 같은 수송력을 확보하기 위하여
노력하였다. 그러나 1943년 10월 9일 부산~시모노세키 간 야간 연락선의 운
행이 중지된 같은 날부터 부산~경성 구간 급행 여객열차인 '아카쓰키'의 운
행을 중지하였으며, 같은 해 11월 25일을 기하여 여객열차의 배치를 교체하여
부산~북경 간 급행 여객열차 1왕복을 경성~북경 간으로 변경하였다.

그러나 육군 전가 물자와 기타 중요 물자의 수송 요구량이 계속 증가하는
데다 여객열차를 축소해야 했기 때문에 1944년 2월 1일 부산~신경 구간 1
왕복, 경성~북경 구간 1왕복 및 경성~목단강 구간 1왕복의 각 급행 여객열
차를 폐지하고, 같은 해 4월 1일에는 조선 내 여객열차를 축소하는 동시에
화물열차를 증설하여 수송력 확보를 위해서 노력했다.

그 결과 1944년 10월 1일 조선과 만주, 중국 간의 직통 여객열차는 부산~

북경 간, 부산~하얼빈 간 및 경성~목단강 구간의 각 1왕복만 남았다.

조선 내의 열차 운전

조선철도는 국제 연락 철도로서 활약하는 한편, 조선 내 산업 개발과 문화 향상, 국방상의 중요한 사명을 짊어지고 있다는 점에 입각하여 정치, 경제, 문화 등 시대의 요청에 따르도록 적시에 열차 운행 횟수 및 그 배열을 개정하고 속도를 향상시켜 객화의 속도 달성을 위해서 노력하였으며, 노선 주변의 통학 아동 및 통근자를 위해서 특정 열차를 설치하였다. 또한 매년 준공하는 신선의 영업 개시와 사설 철도 중 중요 물자의 수송 선로 매수 및 정거장 증설 등 각종 사정을 참작해서 운행시각을 개정하여 사명을 달성하였다.

주요 열차 운전시각 개정 및 특별 열차의 운전 현황 등에 대해서 기술한다.

1933년 4월 1일 운행시각 개정 : 만주국 성립과 함께 일본~만주 간 교통의 요충지로서 중요성이 더해져 관계 연락 철도와 협의하여 일본과 조선, 만주 간 교통 소요시간의 단축을 목적으로 열차의 운행시각을 개정하였는데 조선 내 열차 관계의 주요 개정 사항을 들면 다음과 같다.

(1) 종래 경성~목포 구간에는 직통열차가 없고 일부 객차가 직통으로 운행되었는데, 새로이 경성에서 호남선으로 직통열차를 설정했다.

(2) 일본~만주 간 연락 화물의 속달을 위하여 부산~안동 간 직통 화물열차의 속도를 향상시켜 약 6시간 단축하였다.

(3) 경성~상삼봉 구간 직통 여객열차의 속도를 향상시키고 경성~주을 구간에 경원~함경선 최초로 급행열차를 운행하여 종래의 소요시간을 6시간 30분 단축했다.

(4) 앞에서 기술한 여객열차가 경성~주을 간 급행 여객열차가 되었기 때문에 이를 보완하기 위해서 경성~함흥 간에 여객열차 1왕복을 신설했다.

(5) 화물열차의 계승 연결을 원활히 하여 경성~청진 구간에서 상행 13시간, 하행 15시간으로 화차 속도를 단축시켰다.

1934년 11월 1일 운행시각 개정 : 전년도의 운행시각 개정에 이어서 간선 주요 열차의 속도 향상을 위해 국제열차를 중심으로 운행시각을 개정하였다. 이와 동시에 개정된 각 선 열차의 개요는 다음과 같다.

(1) 대전~신막 구간 객화 분리의 제1 계정으로서 대전~개성 구간 화물열차의 여객 취급을 폐지하고, 경성~개성 구간 2왕복(그 중 1왕복은 동차)을 3왕복으로 하고, 별도로 경성~신막 구간에 여객열차 2왕복을 증설한다.

(2) 대구~김천 구간에 동차 1왕복, 평양~정주 구간에 동차 2왕복을 증설한다.

(3) 경성~상삼봉 구간의 급행열차(주을까지 급행)를 도문선의 광궤 개축 준공에 의해서 웅기까지 연장 운전한다.

(4) 경성~원산 구간 혼합열차 503·504열차를 여객열차로 바꾸고, 503열차는 동 구간에서 1시간 25분 단축한다.

(5) 성진~청진 구간에 화물열차 1왕복을 증설하고, 경성~청진 구간에 직통 화물열차를 운전한다.

(6) 경성~복계 구간의 객화를 분리하고, 경성~복계 구간의 여객열차 2왕복(그 중 1왕복 동차)을 3왕복으로 한다.

(7) 기타 일부 구간 열차를 증설한 결과 국제열차를 포함하여 1일의 열차 주행거리가 약 5,400km 정도 증가하였다.

1936년 12월 1일 운행시각 개정 : 부산~시모노세키 간 대형 연락선 취항과 여객 화물 증가에 대한 수송 열차 조정 및 수송 계통의 개선, 만철선의 운행시각 개정과 함께 전선 열차의 운행시각을 개정하였다.

조선~만주 직통열차 이외의 개정 요점은 다음과 같다.

(1) 경성~부산 간에 특별 급행열차 제17·18열차를 신설하고 '아카쓰키'라고 명명하였다. 기존의 급행 '노조미' 제7·8열차는 경성~부산 간 운행에 7시간 50분이 소요되었으나, 아카쓰키는 6시간 45분으로 단축 운

전하고 정차 역은 대전, 대구의 2역으로 하였다.

(2) 부산~안동 구간에 부정기 급행 여객열차를 신설하고, 연말연시 등 기타 여객 수송 성수기에 대비하였다.

(3) 부산~안동 구간에 직통 급행화물열차(하행 편도)를 신설하고, 부산~안동 구간에서 11시간 55분을 단축하였다.

(4) 경성~함흥 구간에 여객열차 2왕복을 증설하였다.

(5) 12월 16일의 전라선 개통과 함께 이리~여수항 구간에 여객열차 1왕복을 신설했다.

(6) 부산~경주 구간 여객열차의 속도 향상을 도모하여 기존에 4시간 12분이 소요되던 것을 3시간으로 단축하였다.

1938년 10월 1일 운행시각 개정 : 객화 증가에 따른 수송력 증대와 수송계통 개선 및 만철선의 열차 운행시각 개정에 따라서 전선의 열차 운행시각을 개정하였으나, 조선 내 열차로서는 북선과 동만주 방면과의 교통량 증가에 대처하기 위해서 함경선에 중점을 두었다. 즉,

(1) 경성~청진 구간에 급행 여객열차를 증설하고, 수성에서 청진~나진 구간을 왕복하는 여객열차에 연결하였다.

(2) 경성~웅기 구간의 직통 급행여객열차의 속도를 향상시켜 경성에서 신설 급행여객열차에 연결하였다.

(3) 대전~평양 구간 2왕복, 경선~복계 구간 1왕복, 복계~영안 구간 2왕복, 영안~청진 구간 3왕복, 평양~희천 구간 2왕복으로 화물열차를 증설하였다.

(4) 이 개정으로 1일당 열차 km는 광궤선 76,983km, 협궤선 2,781.3km, 총 79,764.3km가 되어 1933년 4월 1일의 개정에 비하여 33,226km의 증가로 5년간에 71% 증가하였다.

1941년 4월 1일 운행시각 개정 : 평원서부선 양덕과 평원동부선 성내 구간 58.7km가 개통되고, 여기에 조선 북부의 유일한 중요 횡단선인 평원선이 전

선 개통되었다. 또한 본선의 주요 업무인 조선 서부지역의 주요 자원의 북선 공업지대 및 일본 방면 수송, 서북 구간의 수송거리 단축을 위해서 평원선 전선에 걸쳐서 열차 운행시각을 개정했다.

그 중요 내용은 다음과 같다.

(1) 평양~원산 구간 직통 여객열차 2왕복 신설

(2) 평양~원산 구간 직통 화물열차 2왕복 신설

(3) 평양~순천 구간의 객화 분리

(4) 이 개정에 의해서 1일당 열차 운행 길이가 2,106.2km 증가하였다.

1941년 12월 1일 운행시각 개정 : 1941년 7월 1일 경경남부선 경북 안동~영주 구간 38.7km 및 원주~제천 구간 46.8km이 개통되고, 또한 같은 해 9월 1일 용문탄광선 어룡~용문탄광구간 7.1km가 개통되어 각각 열차의 연장 운전과 일부 열차의 운행시각을 수정하였다.

같은 해 12월 1일 함경 본선 수성~고무산 구간의 복선공사가 완성되어 이 구간의 복선운전을 개시하였다. 동시에 나남~청진 구간 직결선의 개통을 계기로 주로 경원·함경선과 이에 관련된 제 선의 열차 운행시각을 개정했다.

선로용량과 자재 부족 등의 관계로 필요한 만큼의 증설은 이루지 못하였다. 열차 증설은 북선 방면의 중요한 물자 수송에 중점을 두어 증설 가능한 운행 킬로미터는 대부분 화물열차에 충당하였으며, 여객열차는 배치 교체, 열차 단위 증대를 통해 여객 수송에 대처하였다.

이 개정의 요점은 다음과 같다.

〈여객열차 관계〉

(1) 부산~경성 구간 제103·104열차를 급행화하고 이를 평양까지 연장 운전

(2) 경원·함경선 제307·308·309·310열차를 병행 운전하고, 그 중 제307·308열차를 주간 운행으로 재배치

(3) 경원·함경선 야간 급행열차가 1개 열차가 되어 여객 폭주 우려가 있으므로 경성~청진 구간에 보조 기관차를 사용하여 열차 단위의 증대 도모

(4) 가솔린의 소비규정에 수반하여 동차의 운전이 불가능해졌기 때문에 부산 근교와 용산선, 평남 평원선 및 호남 전라선 등 일부에 남아있던 동차에 의한 열차를 모두 증기 열차로 교체

〈화물열차 관계〉

북선 방면에서의 중공업 발흥(發興)에 따른 자재의 원료나 제품 수송 격증에 대응하기 위해서 원산~상삼봉 구간, 함흥~청진 구간, 함흥~신북청 구간, 성진~청진 구간, 순천~고원 구간, 길주~혜산진 구간에 각각 1왕복, 청진~고무산 구간에 5왕복의 화물열차를 증설하였다.

이 개정에 의해서 1일당 열차 운행 km가 3,393km 증가하였다.

1942년 10월 1일 운행시각 개정 : 1942년 4월 1일 경경선 영주~제천 구간 62.3km가 개통되어 경경선 전선이 운행되었으며, 같은 해 1일 경선~평양 구간의 복선공사가 완성되어 이 구간의 복선운전을 개시하였다. 또한 같은 해 9월 21일 서선중앙철도의 평남 강동~신성천 구간 30.3km가 개통되고, 승호리~북창 간이 직통으로 운전되는 등 순차적으로 애로점을 타개하였다. 그러나 객화의 격증은 여전히 감소하지 않아 이에 대응하기 위해 열차를 증설하는 동시에 만주철도와 화북교통 양 사의 시각 개정에 협조해서 전선의 시각을 개정하였다.

이렇게 해서 증설이 필요한 운행 길이는 상당하였지만, 바퀴 관련 자재 관계로 소요 길이를 조달하지 못하고 주로 화물열차의 증설에 그쳤다.

이번 운행시각 개정 후 10월 11일부터 24시간제를 실시하였다.

이 개정의 요점은 다음과 같다.

〈여객열차 관계〉

(1) 부산~경성 구간에 준급행열차 1왕복 증설

(2) 경성~목단강 구간 급행 제301·302열차의 속도를 청진 이북부터 향상시켜 여행 시간을 약 3시간 30분 단축

(3 경성~북경 구간 제3·4열차의 속도를 저하하고 수송력 증가

(4) 경성을 중심으로 근교 도시 구간에 6개 열차의 지방 여객열차 증설

〈화물열차 관계〉

(1) 부산~대구 구간, 대전~용산 구간, 신막~안동 구간, 고산~명천 구간, 고무산~삼상봉 구간, 평양~만포 구간, 평양~운곡 구간, 길주~혜산진 구간, 대전~송정리 구간, 원산~고성 구간에 각각 1왕복씩 화물열차 증설

(2) 복계~고산 구간, 운곡~고원 구간, 청진~고무산 구간에 각각 2왕복의 화물열차 증설

(3) 안동~부산 구간에 2개 열차, 용산~상삼봉 구간에 1개 열차의 부정기 화물열차 신설

이 개정에 의해서 1일당 열차의 운행 km가 6,816km 증가하였다.

1943년 11월 25일 운행시각 개정 : 부산~시모노세키 간 야간 연락선의 운행 중지에 따른 여객열차의 배치 변경을 위하여 주로 경부·경의 본선의 열차 운행시각을 변경했다.

그 주요 내용은 다음과 같다.

(1) 부산~경선 구간 급행 여객열차 '아카쓰키' 제17·18열차를 폐지하고, 주간 연락선과 연결하는 부산~경성 구간 급행 여객열차 제11·12열차 신설

(2) 부산~북경 구간 급행 여객열차 제9·10열차를 경성~북경 구간으로 변경

이 개정에 의해서 1일당 열차 운행 길이가 740.7km 감소하였다.

1944년 2월 1일 운행시각 개정 : 대륙 전가 물자 및 중요 물자의 급격한 수송 요청량 증가와 함께 수송력 확보를 위해서 일부 여객열차의 운전을 중지하는 동시에 침대차 축소와 열차 속도의 대폭적인 저하에 의한 견인정수 증대 등 비상조치를 강구하였다. 이로써 발생한 여력을 모두 화물열차 증설에 충당하고, 경부·경의 본선 및 호남, 전라, 경전, 평남, 겸이포 각 선의 열차 운행시각을 개정했다.

그 주요 내용은 다음과 같다.

〈여객열차 관계〉

(1) 부산~신경 구간 '노조미' 제7·8열차, 경성~북경 구간 '대륙' 제9·10열
차 및 경성~목단강 구간 제309·310열차의 각 급행열차 폐지

(2) 부산~봉천 구간 수화물열차 제53·54열차 폐지

〈화물열차 관계〉

안동~부산 구간 1왕복, 안동~부산 구간 1왕복, 안동~여수 구간 1왕복,
이리~여수 구간 2왕복, 황해 황주~겸이포 구간 2왕복의 각 화물열차를 증
설였다.

이 개정에 의해서 1일당 열차 운행 km가 3,418.7km 감소하였다.

1944년 4월 1일 운행시각 개정 : 1944년 4월 1일 대망의 경원선 복계~고
산 구간 53.9km의 전철화공사가 완료되어 동양 최초로 직류 3,000볼트의
전기 기관차에 의한 열차의 운전을 개시하여 경원선의 수송력이 더욱 증강되
었다.

같은 날 조선철도 황해선 전선 278.5km, 서선중앙철도 승호리~신성천
구간 68.4km, 북선척식철도 고무산~무산 구간 60.4km, 또한 같은 해 5
월 1일에는 부산임항철도 부산진~감만리 구간 6.1km의 각 철도를 매수하
여 각각 황해선, 평양탄광선, 무산선, 부산임항선으로 개칭하고 운수 영업을
개시하였다.

이상 각 사철선 매수와 함께 중요 물자의 수송 요청 증가를 예상, 수송력 확
보를 위해서 전선의 열차 운행시각을 개정하였다.

그 주요 내용은 다음과 같다.

〈여객열차 관계〉

부산~안동 구간 제47·48열차, 경성~청진 구간 제303·304열차, 부산~
청량리 구간 제507·508열차의 각 여객열차 폐지

〈화물열차 관계〉

안동~부산 구간, 신막~부산 구간, 이리~순천 구간, 안동~마산 구간, 안

동~수색 구간, 안동~황해 황주 구간, 황해 황주~겸이포 구간, 안동~평양 구간 각 1왕복 및 평양~문천 구간 4왕복의 화물열차를 증설하였다.

이 개정에 의해서 1일당 열차 운행 km가 7,448.5km 증가하였다.

1944년 10월 1일 운행시각 개정 : 대륙 전가 물자 및 기타 중요 물자의 수송량 증가에 대응한 수송력 확보와 부산~시모노세키 구간 연락선의 착발 시간 변경에 따른 직통 여객열차의 배치 변경 및 황해 본선 사리원~하성 구간 41.7km의 광궤 개축공사의 준공, 경북선 점촌~경북 안동 구간의 영업 중지 등에 의해서 전선의 열차 운전시각을 개정했다.

그 주요 내용은 다음과 같다.

〈여객열차 관계〉

(1) 부산~경성 구간 제11·12열차를 평양까지 연장

(2) 경성~청진 구간 제311·312열차 신설

(3) 부산~경북 안동 구간 제501·502열차를 청량리까지 연장

(4) 이상과 더불어 지방 여객열차의 일부 폐지

〈화물열차 관계〉

(1) 안동~부산 구간, 안동~마산 구간, 안동~여수 구간, 안동~목포 구간, 이리~순천 구간, 삼랑진~마산 구간, 안동~평양 구간, 황해 황주 ~신막 구간, 수색~부산 구간, 평양~문천 구간 각 1왕복, 이리~목포 구간 2왕복으로 화물열차 증설

(2) 이상과 더불어 선로용량 관계상 하행 화물열차의 일부 폐지

〈여객열차의 운전 중지〉

앞에서 기술한 바와 같이 여객열차를 일부 증설하였으나, 우량탄 공급 실정을 고려하여 개정 전보다 증설되지 않도록 당분간 다음과 같이 여객열차를 운전 중지한다.

경성~평양 구간 급행 여객 제11·12열차

함흥~청진 구간 여객 제305·306열차

제천~경북 안동 구간 여객 제501·502열차

이 개정에 의해서 1일당 열차 운행 길이가 5,213.2km 감소하였다.

종전 직전의 열차 운행 상황 : 1932년 착공된 이래 계속해서 부분 개통한 백무선은 1944년 12월 1일 마지막으로 연사~무산 구간 54.8km의 공사가 준공되어 전선이 개통되었다.

또한 1936년에 시작한 경부·경의 본선의 복선 개량공사도 1945년 3월 1일에 준공되어 부산~안동 구간의 복선운전을 개시하였으며, 기존에 애로 사항이었던 역 구내의 유효장과 선로의 곡선, 구배 등도 완화되어 수송력이 현저하게 향상되었다.

한편, 전시 상황이 진전됨에 따라 수송 요청이 나날이 증대하여 여객열차 축소와 일부 지선구의 운전 중지까지 요구되었으며, 열차 운행시각 개정 시마다 전가 화물 및 중요 자재 수송 중심으로 운행시각이 변경되었다.

그러나 열차 운행이 선로의 최대 수용량을 기준으로 짜여 졌기 때문에 약간의 지연도 허용되지 않았으며, 연료 질의 저하와 차량 보수 자재 부족, 중견 승무원 징집 등이 겹쳐서 열차 운행에 점차 혼란이 가중되었다.

부득이하게 기관차의 견인정수를 일시적으로 증가시키고, 열차 본수를 감소하는 방안을 강구하였으나, 이것도 오래 지속되지 못하고 일반 화물열차 등은 수 시간 지연되기에 이르렀다. 열차의 지체는 급수소의 물 보급을 곤란하게 하였으며, 이로써 지연을 더욱 가중시키는 악순환이 반복, 마침내 열차 사고의 원인이 되어 종전 전의 열차 운전은 실로 최악의 상태였다.

만주국 황제 열차 운전

1943년 5월 5일 만주국 황제의 압록강 상류에 부설된 수풍발전소 댐 시찰을 위해서 안동~정주 구간과 평북철도 정주~수풍 구간에 열차를 운전했다.

황제 열차는 견인기 '파시시' 976호, 어소 열차 신제 '토크' 7호 및 부수차 1량으로 편성되었으며, 열차에는 야마다 국장을 비롯하여 관계자가 동승하고 정주에는 임시운전사령부를 설치하여 열차 운전에 만전을 기하였다.

평북철도 본선인 수풍에서 수풍댐 제방까지의 1km 미만의 구간은 트롤리식 화차만 운행되는 연약한 선로로 상당한 위험을 감수하고 운전하였다. 아침부터 비가 왔지만 열차가 평북철도에 들어갈 무렵부터 날씨가 맑아져 무사히 운전을 끝마칠 수 있었다.

군용열차 운전

1937년 5월 2일과 3일 양일간 부산발 만주 파견부대 수송을 위해서 4월 28일부터 5월 4일까지 수송 처리 기관으로서 부산에 임시철도관리부를 설치했다.

마찬가지로 7월 7일 중일전쟁 발발에 따른 이 지역의 파견부대 수송을 위해서 7월 16일부터 계속해서 경부·경의 본선에 군용열차를 운전했다.

당초에는 일반 열차에 전혀 제한이 없었으나, 8월 4일부터 장기간에 걸쳐서 집단 수송을 실시하게 되어 부득이하게 일반 영업에 상당한 수송 제한을 두어 평상시의 열차 운전은 일체 중지하고 그 사이에 전선에 걸쳐서 임시열차를 운행하였다.

이 군용열차 집단 운행은 9월 말에 일단 종료하고 10월 5일부터 평상시 운행으로 복귀하였다.

관동군 특별 대연습 열차 운전

1941년 7월 15일 봉천에서 조선과 만주 특수 긴급 간사회가 개최되어 이미 계획되어 있던 군사 수송 운행시각에 따른 수송을 실행하게 되었다. 일본으로부터의 군대와 군수품은 부산과 마산, 여수에 상륙하여 경의·함경 양 선을 북상해서 만주로 수송하였다.

부산 상륙을 중심으로 7월 21일부터 매일 10여 개의 열차가 '미카형' 기계 견인과 화차 40량, 환산 24량의 편성으로 수개월에 걸쳐서 60만 내지 70만

명의 병사와 이에 부수하는 병기 군수품을 만주를 향해서 수송하였다.

수송은 철도국 전체의 노력으로 함경선 영흥역 부근의 수해로 인한 함경선의 일시 두절 외에는 커다란 사고 없이 매우 순조롭게 진행되었다.

〈한국 철도 연보〉

연 월 일	주요 사항
1877. 2.	파일 수신사 김기수 《일동기유(日東記游)》에서 일본 철도 시승기 소개
1889.	주미 대리공사 이하영이 귀국할 즈음 세밀한 철도모형을 갖고 와서 고종임금을 비롯한 대신들에게 관람시키고 철도의 필요성 역설
1894. 7.	의정부 공무아문(工務衙門)에 철도국을 둔 것이 우리나라 공식 철도업무 수행을 위한 최초의 기구
8. 1.	청일전쟁이 일어나자 일본은 서울~인천 간 군용철도를 부설하려고 철도기사 센고쿠 미츠구(仙石 貢) 등을 보내 경부·경인철도를 답사케 함.
8. 20.	일본에 의해 조일잠정합동조관(朝日暫定合同條款)이 강제 체결됨.
1896. 3. 29.	조선 정부, 경인철도 부설권을 미국인 제임스 R. 모스에게 특허
7. 3.	경의철도 부설권을 프랑스 피브릴 회사 대표 그릴르에게 특허
7. 15.	국내 철도 규칙 7조를 제정 공포, 궤간을 영척 4척 8촌 5푼(1,435mm)의 표준궤간으로 결정(농상공부 관할)
1897. 1. 15.	궤간을 시베리아철도와 동일한 5척(1,524mm)으로 개정
3. 22.	모스가 인천 우각현(牛角峴, 소뿔고개)에서 경인철도 공사 착공
5. 12.	모스가 5만 불의 교부금을 받고 경인철도를 자신이 건설하여 경인철도인수조합(일본 자본)에 양도키로 계약
8. 24.	조선 정부, 경부철도 부설권을 일본인 회사에 특허
1898. 5. 10.	모스, 경인철도를 경인철도인수조합에 양도(1,702,452원 75전)
6. 3.	박기종(朴淇綜)이 부산~낙동강 하단에 이르는 부하철도(釜下鐵道) 부설권을 취득

7. 6.	농상공부에 철도사(鐵道司) 설치 관제 공포. 얼마 후 철도국으로 개정
9. 8.	한국 정부는 경부철도주식회사 발기인 대표자와 경부철도합동조약을 체결하고 부설을 허가
9.	국내 철도규칙 중 궤간 5척을 다시 4척 8촌 5푼(1,435mm)으로 환원
1899. 4. 23.	경인철도인수조합, 인천에서 다시 기공식 거행
5. 17.	서대문~청량리 간 전차 개통
6. 18.	경인철도 기설구간에 '모가형 탱크(Mogul tank)' 기관차를 시운전
6. 30.	프랑스 피브릴르 회사의 경의철도 부설권 소멸
7. 8.	한국 정부, 경의철도 부설권을 박기종이 창립한 대한철도회사에 특허
9. 18.	노량진~인천 간 33.8km(21마일)의 경인철도가 최초로 개통(부분개통)되어 가 운수영업 개시. 인천역에서 개통식 거행 (증기기관차 4대, 객차 6량, 화차 28량, 역수 7개, 직원 119명)
1900. 4. 1.	궁내부에 철도원 설치(철도업무가 농상공부로부터 철도원에 이관)
7. 5.	한강교량 준공
7. 8.	경인철도 전선 개통. 경성~노량진 간 준공으로 경인 간 직통운전 개시
9. 13.	궁내부에 서북철도국을 설치하고 경의·경원철도 부설권을 관리케 함.
11. 12.	경인철도 개업식(전통식)을 경성역(후에 서대문역으로 개칭)에서 거행. 11개 정거장(경성, 남대문, 용산, 노량진, 영등포, 오류동, 소사, 부평, 우각동, 축현, 인천) 영업
1902. 5. 8.	한국 정부의 서북철도국, 경의철도 기공식을 서울 서대문 밖에서 거행
6.	박기종, 마산~삼랑진 간 철도부설을 위한 '영남지선철도회사' 조직
11. 28.	박기종, 영남지선 부설권을 철도원으로부터 인허
12. 10.	경인·경부 양 철도 합병조약 체결
12. 18.	박기종, 마산선 부설권을 농상공부로부터 인허

1903. 2. 27.	일본 대본영의 내명으로 경의선 용산~개성 간을 사관(士官) 30여 명과 철도기사 이시카와, 가토 등이 측량 실시
7. 30.	대한철도회사 박기종, 경의철도 서울~평양 간 부설권을 인허받음.
9. 8.	대한철도회사 부회장 박기종, 일본과 경의철도에 대한 출자계약 체결
11. 1.	경부철도회사에서 경인철도를 매수하여 합병
1904. 2. 21.	일제, 서울~의주 간 군용철도 부설을 위한 임시군용철도감부 편성
3. 12.	일제, 경의선 부설에 대한 출자계약 일방적 해약통지와 동시에 군용철도 삼랑진~마산 간 노반공사 및 용산~개성 간 노반공사 착공
8. 27.	일제, 경원선을 군용철도로 부설하기로 결정
9. 14.	마산선을 군용철도로 부설 착수함을 일본공사가 한국 정부에 통고
1905. 1. 1.	경부선 영등포~초량 간 전 구간(445.6km) 운수영업 개시
1. 26.	평양~신의주 간 궤조부설 준공
2. 5.	경의선 용산~개성 간 개통
3. 1.	임시군용철도감부에서 인천에 철도리원양성소 설치(국내 최초의 철도 종사원 양성기관. 한·일인 각 40명 모집. 운수과, 기차과)
3. 10.	군용철도 경의선 용산~신의주 간에 1일 2왕복의 지정열차 운전 개시
3. 24.	경성역을 서대문역으로 개칭(남대문역은 그대로 사용)
5. 1.	서대문~초량 쌍방간 1일 1회의 직통 급행열차 운전 개시(14시간 소요)
5. 25.	경부철도 개통식을 남대문역 구내에서 거행
5. 26.	마산포~삼랑진 간 직통운전 개시
9. 11.	경부철도와 일본 철도의 연대운수 개시
11. 10.	경부철도와 군용철도인 경의선 용산~평양 간의 연락운수 개시
12. 22.	일제, 통감부를 설치하여 국내철도 통합운영 추진
1906. 1. 4.	경인선에서 일반공중의 편승 및 탁송화물 취급 개시
2. 1.	통감부 개청
3. 11.	경부철도매수법 공포
4. 3.	경의선 용산~신의주 간 직통운전 개시
4. 16.	서대문~초량 간 급행열차 운행(소요시간 11시간)

7. 1.	통감부 철도관리국 설치 • 경부철도를 관영으로 하고 통감부 철도관리국에 인계 (총연장 1,020.6㎞, 매수가 20,123,800원)
1907. 4. 20.	남대문~부산 간 융희호(隆熙號) 운행
7. 1.	일본 각지의 각 역과 여객 수소화물 및 화물의 연대취급 개시
9. 20.	전선 각 역과 만주 안둥역(현 단둥) 간에 여객 및 화물 연락 수송 개시
12. 1.	서울의 동인병원을 매수하여 철도국 서울진료소로 발족
1908. 4. 1.	열차 운전시각을 한국 표준시에 의하도록 결정(일본보다 약 30분 늦음) • 부산역 영업 개시와 동시 부산~초량 간 개통 • 부산~신의주 간 직통 급행열차 융희호 운행 개시
10. 2.	순종황제의 제례(융릉, 건릉) 참배와 권업모범장 순람을 위해 남대문~대황교 임시정거장(수원) 간 궁정열차 운전
1909. 3. 16.	통감부 철도관리국제를 폐지하고 통감부 철도청 설치
10. 21.	남만주철도 주요 역과 여객 수화물의 연락운수 개시
12. 16.	한국 철도를 일본 철도원의 소관으로 이관하고, 한국철도관리국이 설치되어 통감부 철도청 폐지
1910. 8. 29.	경술국치
10. 1.	조선총독부 철도국이 설치되어 철도원 한국철도관리국 폐지
10. 15.	용산~원산 간 경원선 철도기공식 거행
10. 16.	평남선(평양~진남포 간 55.3㎞) 영업 개시
11. 6.	평남선 진남포에서 전통식 거행
1911. 6. 1.	한강교량(A선) 준공
12. 1.	경부선 야간열차 융희호를 매일 운행으로 개정
1912. 1. 1.	열차 운전시각을 일본과 같이 중앙표준시간에 의하기로 결정
5. 1.	한·만 상호간에 급행열차 및 침대권의 직통취급 개시
6. 15.	부산~중국 신징(新京, 지금의 창춘) 간 직통 급행운전 개시
1913. 5. 1.	일본~만주 간 여객 연락운수 취급 개시
6. 10.	한국 철도와 시베리아 경유 유럽 주요 도시간 여객 및 수소화물 연락운수 개시
10. 1.	만철선 경유 한·중간 여객연락 운수취급 개시 • 호남선 목포~송정리 간 개통
1914. 1. 1.	일본~만주 간 화물연락운수 취급 개시

1. 11.	정읍~송정리 간 준공으로 호남선 전통
1. 22.	호남선 전통식을 목포에서 거행
9. 16.	경원선 전통식을 원산에서 거행
11. 1.	한국~만주~러시아 간 여객연락운수 취급 개시
1915. 10. 3.	'조선철도 1,000리(마일) 기념 축하회'거행(경복궁)
1917. 7. 31.	한국 철도 경영을 남만주철도주식회사에 위탁. 동일부로 철도국 관제를 폐지하고 만철은 서울에 경성관리국 설치
1918. 5. 12.	유럽 전란의 영향을 받아 한국 직통열차 취급 중지
1919. 3. 31.	서대문역 폐지
1921. 11. 1.	사설철도 충북선 조치원~청주 간 개통
1922. 7. 1.	남조선철도 광주선 송정리~광주 간 개통, 경전선 송정리~순천 간 134.6㎞ 개통
1923. 1. 1.	남대문역을 경성역으로 역명 변경
7. 1.	남조선철도주식회사 호남선 송정리~광주 간 14.9㎞ 개통
12. 1.	조선철도주식회사 경남선 마산~진주 간 70㎞ 개통
1924. 8. 1.	금강산전철선 철원~김화 간 28.6km 개통
1925. 4. 1.	남만주철도주식회사에 의한 위탁경영을 해제하고 조선총독부의 직접 경영으로 환원하여 철도국 설치 • 직영 환원 시 철도 총연장 : 2,092km, 역 수 : 231개, 종사원 : 13,000명
9. 30.	경성역(현재의 서울역 구 역사) 신축 준공
10. 15.	경성역, 신 역사에서 영업 개시 1925. 10. 15. 당시의 구 서울역사
10. 25.	경성역 구내식당(서울역 그릴 전신) 개업

1926. 4. 1.	철도국 서울진료소를 경성철도병원으로 개칭, 직영으로 함.	
4. 25.	축현역을 상인천역으로 역명 변경	
1927. 7. 1.	한국 최초로 '터우 6'형 기관차를 경성공장에서 제조	
8. 1.	시베리아 경유 아시아, 유럽 각국간과 여객 및 수소화물의 연락운수 개시	
1928. 8. 30.	아시아·유럽 국제여객 및 수화물연락운수 취급범위를 프라하, 빈, 로마까지 연장	
1929. 6. 15.	아시아·유럽 연락열차 부산~중국 신징(新京) 간에 한국 철도 1, 2등차를 직통운행	
1930. 4. 1.	영업이정(마일법)을 키로정으로 개정(미터법 사용)	
1931. 6. 15.	아시아·유럽 연락운수에 영국이 가입하여 런던행 여객 및 단체취급 개시	
7. 1.	금강산전철선 금강구~내금강 간 개통되어 철원~내금강 간 116.6㎞ 개통	
8. 1.	조선경남철도 충남선 남포~판교 간 개통되어 천안~장항 간 전통	
1934. 11. 1.	부산~펑톈 간 직통열차 '히카리'를 신징까지 연장하고, 또 새로 부산~펑톈 간에 직통열차 '노조미' 설정	
1935. 10. 1.	직영 환원 10주년 기념사업으로 철도박물관 설치(용산)	
1936. 7. 1.	청량리~춘천 간 건설공사 착공	
11. 3.	중앙선, 청량리 방면에서 건설공사 착수	
1937. 1. 1.	소비에트연방 경유 부산, 서울, 평양과 에스토니아, 라트비아, 리투아니아, 독일, 폴란드 간에 화물연락운수 개시	
8. 6.	조선경동철도(주)에서 수원~인천항 간 개통으로 인천항~여주 간 전통	
9. 18.	철도기념일 제정	
1938. 5. 1.	영등포역을 남경성역으로, 청량리역을 동경성역으로 바꿈	
1939. 7. 25.	경춘철도 성동~춘천 간 93.5㎞ 개통	
11. 1.	부산~북경 간에 직통급행 여객열차 1왕복 '흥아호' 증설, 종래의 부산~북경 간 직통 급행여객열차 '대륙'이라 명명	
1942. 4. 1.	중앙선 전통으로 운수영업 개시	
4. 30.	경성~평양 간 복선 개통	

1943. 5. 15.	평양~신의주 간 복선 완성으로 경성~신의주 간 복선 전통
1945. 8. 16.	일본 집권층과 철도업무 접수를 위한 한국직원간 대책협의 (종사원 79,000명 중 일본인 23,000명)
9. 6.	미 육군 해밀턴 중령 군정청 교통국장에 취임(12월 1일까지 재임)
10. 27.	일본인 종사원 모두 사직시킴. 〈광복 당시 철도 현황〉 영업거리 : 6,362㎞, 기관차 : 1,166대 객차 : 2,027량, 화차 : 15,352량 역 수 : 762개소, 종사원 : 100,527명 〈남한 철도 현황〉 연장거리 : 3,738㎞, 영업거리 : 2,642㎞ 기관차 : 488대, 객차 : 1,280량 화차 : 8,424량, 동차 : 29량 역 수 : 300개소, 종업원 : 55,960명
1946. 1. 1.	교통국을 운수국으로 개칭
4. 30.	〈남한의 선로연장〉 표준궤 : 정부 소유 2,074.0㎞, 민간 소유 416.5㎞, 계 2,490.5㎞ 협　궤 : 정부 소유 86.7㎞, 민간 소유 125.3㎞, 계 212.0㎞ 　　　　　　　　　　　　　　　　　합계　2,702.5㎞ 〈차량보유 현황〉 기관차 472대, 객차 1,060량, 화차 8,466량
5. 17.	사설철도 및 동 부대사업 일체를 국유철도에 합병함(군정령 제75호).
5. 20.	경성~부산 간에 특별급행 1, 2열차 '조선해방자호' 운행
9. 23.	적색계열에 의한 철도 총파업(10. 1. 해제)
1947. 3. 19.	미국제 기관차 30대 최초로 부산항에 도착
8. 9.	소련 열차에 객차 2량 연결, 경성~평양 간 2회 운행
11. 1.	경성역을 서울역으로 개칭
1948. 8. 15.	대한민국 정부수립으로 운수부를 교통부로 개편
9. 7.	과도정부 운수부 및 그 부속기관의 행정권 일체를 동일 오후 1시 30분을 기하여 대한민국 교통부장관이 인수

1950. 6. 25.	동란 발발로 전시 수송체제로 전환(수송본부 설치)하고 비상차량 동원
7. 19.	미 24사단장 윌리엄 F. 딘 장군 구출결사대 열차 대전~세천 간 운행 중 피습(김재현 기관사 등 승무원 3명 사상, 미군 27명 전사)
8. 3.	구미, 약목, 왜관역 철수와 동시에 왜관~약목 간 낙동강철교 폭파
10. 8.	개성 수복 • 부산~서울 간 철도 완전 개통으로 복귀, 첫 열차 운행(제112열차) • 서울, 용산지구 철도기관 완전 수복
1951. 1. 4.	서울지구, 중공군 개입으로 완전 철수 〈6·25 전쟁 피해상황〉 터널 : 4,935m(6%) 궤도 : 329,480m(7.5%) 신호 및 보안장치 : 20% 급탄설비 : 38개소(40%) 전기 신호장비 : 56% 역건물 : 131,471㎡(41%) 공장설비 : 27% 기관차 : 51% 교량 : 9,351m(12%) 노반 : 100,000m(3%) 급수시설 : 26개소(25%) 전신전화시설 : 50% 전력설비 : 56% 선로부대건물 : 39% 자재 : 80% 객차 : 50% 화차 : 34%
6. 12.	한강교량(A선) 복구공사 준공
1952. 6. 30.	한강교(B선) 복구
1953. 3. 16.	교통부 철도건설국 설치
5. 25.	사천선 개양~사천 간 10.5㎞ 개통
9. 18.	경의선 문산역, 경원선 신탄리역에 '철마는 달리고 싶다' 푯말 건식
1954. 4.	디젤기관차 UN군에서 4대 인수 (전란 중 UN군이 반입 사용하다가 ICA원조 계획에 의거 이양)
1955. 6. 1.	동란 이후 UN군에서 장악하고 있던 철도 운영권 인수
8. 15.	서울~부산 간 특급 통일호 운행(운행시간 9시간 30분)

9. 15.	문경선 점촌~가은 간 22.5km 개통
1956. 1. 16.	영암선 전통식을 동점역 구내, 영월선 개통식을 영월역 구내에서 거행
6. 14.	충남선을 장항선으로, 경기선을 안성선으로, 경전남부선을 진주선으로, 경전 서부선을 광주선으로 각 선 명칭 개정
1957. 3. 9.	함백선 영월~함백 간 22.6km 개통으로 60.7km 전통
7. 5.	한강교량(복선) C선 복구공사 완성으로 개통식 거행(동란 후 7년 만에 성사) • 한강교량 A, B선 노후로 1957. 7. 5.부터 C선만을 사용. 1969. 6. 28. A, B선 개량 완전 복구
8. 30.	부산~서울 간 특급 통일호, 종전 운행시간 9시간을 7시간으로 단축
11. 10.	직통열차 26개 열차에 좌석지정제 실시
1958. 2. 20.	대전 디젤전기기관차공장 개설
1959. 2. 27.	국산 신조객차 제작 개시
8. 20.	국산 신조객차(1, 2, 3호) 운행식
1960. 1. 26.	서울역서 승객 압사사고(22시 55분 서울발 목포행 여객열차 개표 시 3번 타는 곳 계단에서 인파에 떠밀려 압사 31명, 부상자 다수 발생)
2. 16.	경부선 특급 무궁화호 서울~대전 간 시운전
2. 21.	서울~부산 간 특급 무궁화호 6시간 30분에 운행 개시
7. 8.	경부선에 PC침목 부설 개시('58년 시험 제작)
1961. 6. 30.	능의선 능곡~가능 간 26.5km 개통(7월 5일 개통식 거행)
1962. 1. 1.	철도법 공포(전문 97조 2부칙)
5. 15.	서울~부산 간 특급 재건호 6시간 10분으로 운행 개시
12. 21.	중요 여객열차에 여자 안내원 승무 (재건호, 통일호, 31, 32, 9, 10열차의 2등차 및 침대차)
1963. 5. 17.	영암선, 철암선, 삼척선, 동해북부선을 통합하여 영동선으로 명명함.

5. 30.	황지 본선 통리~심포리 간 8.5km 개통으로 인클라인의 필요성이 사라짐.

8. 12.	서울~여수 간 직통급행열차 '풍년호' 운행
8. 20.	능의선(서울교외선) 가능~의정부 간 5.4km 개통으로 운수영업 개시
9. 1.	철도청 발족. 초대 철도청장에 박형훈, 철도청 차장 임승일 취임
12. 31.	철도청 휘장 새로 제정
1964. 1. 16.	재단법인 철도협력회 설립
5. 1.	월간 종합 교양지 〈한국철도〉 창간
11. 26.	'철도의 날' 제정(대통령령 제1992호)
1965. 1. 27.	철도간호학교 제1기 졸업식 거행
1966. 1. 19.	예미역 구내에서 정선선 개통식 거행(예미~증산~고한 간 30km)
1. 27.	경북선 점촌~예천 간 28.9km 개통식
3. 21.	경부간 화물열차 수출호 첫 운행
4. 1.	중앙선에 건설호, 호남선에 증산호 특별 화물열차 운행
7. 21.	특급 맹호 서울~부산 간 첫 운행 • 주월 한국군 사령관 채명신 장군에게 '맹호'열차 명명판 증정
7. 27.	'철도의 노래' 제정(이은상 작사, 김동진 작곡)
7. 30.	철도여행 기념 스탬프 제정
11. 1.	미국 존슨 대통령 특별열차 이용
11. 9.	경북선 예천~영주 간 29.7km 개통식 영주에서 거행
1967. 1. 20.	태백선 증산~정선 간의 24km 개통식 정선역에서 거행
3. 30.	철도고등학교 개교

8. 31.	서울역 타는 곳에서 증기기관차 종운식 거행

9. 1.	특급 비둘기호 서울~부산진 간 첫 운행. 소화물 전용 급행열차 운행
1968. 2. 7.	경전선 개통식 거행. 진주~순천 간 80.5㎞ 진주선과 광주선 순천~송정리 간을 경전선에 통합
6. 1.	중앙선 C.T.C(열차 집중 제어장치) 시운전 실시(망우사령실)
10. 22.	중앙선 망우~봉양 간 C.T.C 및 경부선 영등포~대전 간 A.B.S장치 개통식
1969. 2. 10.	특급 관광호(특1등, 1등 8량, 식당차 1량, 발전차 1량, 도합 11량) 서울~부산 간 첫 운행. 경부, 호남, 전라선의 특급열차 3등 폐지
2. 21.	특급 '청룡호'를 보통급행으로 격하 운행(소요시간 6시간 50분)
4. 5.	열차자동정지장치(A.T.S) 경부 간 설치 완료(공비 2억 7,400만 원)
5. 15.	열차 무선전화 경부, 호남선에 개통(예산 1억 7,556만 원)
6. 20.	문경선 진남신호소~문경 간 10.6㎞ 개통, 여객열차 3왕복 신설 운행
6. 28.	서울~인천 간 복선 38.7㎞ 개통. 한강 A, B철교 복구공사 준공
1970. 12. 23.	철도청, 용산 청사에서 교통센터로 이전
1971. 4. 7.	수도권 전철화 착공(경인, 경수 간)
9. 15.	광복 이후 처음으로 570개 여객열차 다이아 전면 개정 • 철도청 컴퓨터 가동식 거행(유니백 9400)
1972. 2. 15.	서울시내 안내전화를 직직폭폭으로 설치(42-7788, 22-7788, 93-7788)
3. 17.	최초의 전기기관차 도입(66량)

3. 31.	수려선(협궤선) 수원~여주 간 73.4km 폐선
4. 29.	교통부, 교통센터로 이전
9. 18.	컨테이너 화물수송 개시
1973. 2. 28.	정암터널 4,505m 순수 국내 기술진에 의거 관통
6. 20.	중앙선 전철 청량리~제천 간 155.2km 개통
1974. 1. 23.	100만 킬로 무사고 첫 주파자(이동진 기관사) 탄생
7. 17.	수도권 전동차 경인선에서 시운전
8. 15.	수도권전철 86.7km 개통 (구로~인천 간 27.0km, 서울~수원 간 41.5km, 용산~성북 간 18.2km) 서울 지하철 1호선(종로선) 서울역앞~지하청량리 간 7.8km 개통
8. 15.	특급열차 명칭 변경 경부선 : 관광호를 '새마을호'로, 특급열차인 상록·비둘기·통일·은하호를 '통일호'로 호남선 : 태극, 백마호를 '풍년호'로, 전라선 : 풍년호를 '증산호'로 중앙선 : 십자성호를 '약진호'로, 장항선 : '부흥호'로 개칭
1975. 1. 5.	철도청, 서울역 서부역 신 청사로 이전
4. 5.	철도승차권 전화예약제 실시
9. 18.	서부역 역사 준공식. 국산 컨테이너 열차 경부간 첫 운행
10. 1.	노량진 철도시발기념비 제막
10. 24.	수도권 C.T.C 사령실 신축 준공

12. 5.	북평역에서 산업선 전철 전통식(중앙, 태백, 영동선 총 320.8km) 태백선 고한~백산 및 영동선 철암~북평 간 85.5km 개통 
1977. 4. 6.	국내 최초로 국산전동차 1편성 제작 시승운행(대우중공업 제작)
11. 11.	이리역 구내에서 화약 적재열차 폭발로 호남, 전라선 불통 (사망 59명, 중경상 1,300여 명 발생. 철도인 16명 순직, 50여 명 중경상) 
12. 15.	마산시 도시계획 촉진책으로 구 마산, 마산, 북마산을 폐합하여 마산 3역 통합역사 준공 영업 개시
1978. 5. 5.	대통령의 뜻에 따라 제주도 및 흑산도에 증기기관차와 객차 영구전시
11. 10.	이리역 역사 신축 준공
1979. 9. 18.	국산 디젤기관차 첫 운행식(현대차량에서 미국 GM과 기술제휴로 제작)
1980. 4. 10.	국산 새마을호 신형동차 대우중공업에서 제작
8. 10.	김포선 폐선, 경춘선 성북~성동 구간 폐선
10. 17.	충북복선 개통식
11. 1.	국산 우등 전기동차 운행식 (110km/h, 전기식 자동제어 3860HP, 55% 국산화, 대우중공업 제작)
1981. 1. 1.	부산시, 지하철건설본부 설치
9. 1.	서울특별시지하철공사 창립

10. 1.	새마을호 승차권 전산발매 실시. 부산~경주 간 증기관광열차 운행 
10. 15.	철도기념관 개관(철도창설 82주년 기념)
11. 18.	국립서울병원 신축 준공
1982. 9. 25.	서울~수원 간 최초의 직통 전동열차 운행
10. 22.	철도순직부원비 용산에서 충북 옥천군 이원면으로 이전
1983. 11. 28.	고 김재현 기관사 동작동 국립묘지에 안장
1984. 1. 1.	열차명 개칭 (새마을호→새마을호, 우등→무궁화호, 특급→통일호, 보통→비둘기호)
7. 1.	서울철도병원 민영화로 중앙대학교에 위탁경영
7. 20.	남부 화물기지 내 컨테이너기지 준공
11. 26.	경춘선(청량리~춘천)에 무궁화호 2왕복 신설 운행(1시간 39분대 운행)
1985. 6. 11.	새마을호 승차권 검표제 폐지
7. 19.	부산지하철 1호선 1단계구간 범내골~범어사 간 개통
11. 15.	호남선 이리~정주 간 43.9㎞ 개통식
1986. 2.	철도고등학교 폐교
7. 12.	최신 유선형 새마을호 서울~부산 간 2왕복 운행
9. 2.	경원선 복선전철 성북~의정부 간 13.1㎞ 개통
1987. 7. 6.	전후동력형(push-pull) 새마을호 경부선에 1왕복 운행

1988. 1. 26.	철도박물관 개관 (부지 6,173평, 본관 864평, 옥외차량전시장 586평, 전시품 3,569점, 투자비 2,541백만 원)
7. 1.	매표소 '표파는 곳'을 '표사는 곳'으로 표기
7. 1.	부산교통공단 창단(부산지하철 운영기관)
7. 12.	한일공동승차권 발매 개시
7. 26.	철도기관사 파업(7. 27. 정상운행)
1989. 3. 25.	서울역 민자역사 전면 개관
4. 29.	전후동력형 새마을호 중련 운행(16량 편성, 서울~부산 간 1왕복)
9. 18.	승차권 전화예약제 실시(철도회원카드 가입자 대상)
10. 1.	지하철-버스 환승승차권제 실시
10. 16.	고속전철국제심포지엄 개최(22일까지. 스위스그랜드호텔)
1990. 7. 1.	여객열차 차실명 변경(특실→태극실, 보통실→일반실)
1991. 2. 1.	수도권 모든 전철역에 자동개집표기 설치가동
5. 4.	영등포 민자역사 완공 및 완전 개관
8. 1.	용산~성북 간 경원선 열차운행 개선(디젤동차에서 전동차로 대체운행)
11. 23.	경인 복복선 기공식 및 영등포~구로 간 3복선 개통식 거행
1992. 3. 10.	한국고속철도건설공단 창립 현판식
6. 20.	경부고속철도 착공(1단계 천안~대전 간 57.8km : 천안 장재리)
6. 30.	경부고속전철 기공식
7. 10.	경부선 CTC 전통(총 614억 원 투입)
12. 1.	수도권전철 여성전용차량 시범운용
1993. 1. 11.	철도청 교통방송실 설치 운영(교통정보 실시간 제공)
5. 20.	새마을호열차 개표·집표 생략(전국 15개 주요 역)
9. 1.	태극실→특실로 명칭 환원
10. 28.	철도기술연구소 설립 현판식
11. 1.	고속철도 심포지엄 개최

12. 10.	개표·집표 업무생략 확대 실시(새마을호는 모든 역에서 개집표 생략. 무궁화호 및 통일호와 비둘기호는 집표만 생략)
12. 17.	서울역문화관 개관
1994. 3. 15.	서울도시철도공사 창립(서울지하철 5, 6, 7, 8호선 담당)
1994. 4. 1.	과천선 복선전철 전 구간 개통(금정~사당 간 15.7km)
8. 1.	새마을호 열차 내 검표제도 폐지 PC통신을 통한 철도정보안내서비스 개시
8. 3.	중국산 증기기관차(SY-11호 텐더형) 도입
8. 21.	증기기관차 주말관광열차로 운행 재개(무궁화호 객차 4량 편성) 교외선 서울~의정부 간 48.3km, 2000. 6. 31.까지 운행
12. 16.	경부고속철도 객차모형 전시(12. 16.~1995. 1. 14. 서울역 광장)
1995. 4. 28.	대구지하철 공사현장에서 가스폭발사고로 101명 사망, 145명 부상
5. 1.	열차승차권 신용판매 실시(14개 역 20개 창구)
11. 20.	대구광역시지하철공사 창립
12. 31.	마지막 협궤선, 수인선(水仁線) 열차 고별운행
1996. 1. 30.	일산선 복선전철 지축~대화 간 19.2km 개통
2. 1.	철도청 심벌마크 변경
2. 27.	정동진역 해돋이 관광열차 운행(TV드라마 '모래시계' 방영, 관광객 급증)
3. 4.	전철승차권을 대신할 RF카드 이용 자동운임시스템 운영계약 체결
1997. 3. 13.	탄력운임제 실시
3. 28.	영동선 영주~철암 간 87km 전철 개통
4. 1.	철도박물관 서울역관 개관
5. 26.	한중 공동승차권 발매협약 조인
6. 16.	경원·교외선 통근형 통일호열차 운행 개시
11. 26.	세계 최초 냉동·냉장컨테이너 열차 운행
11. 26.	대구지하철 1호선 1단계구간 진천~중앙로 간 10.3km 개통
1998. 4. 15.	인천지하철공사 창립

1998. 5. 1.	열차 운전실명제 시행(새마을호 우선 시행) 부산~후쿠오카 간 초고속여객선 '제비호' 취항
6. 22.	전철용 RF교통카드(또는 국민패스카드) 확대 시범운영
7. 31.	철도청 서울청사 퇴청식 거행
8. 8.	철도청 정부대전청사 개청식
9. 15.	한국고속철도건설공단 신청사 현판식
9. 25.	'깨우미(Train Call)서비스' 도입(새마을호 특실 이용자 대상)
12. 13.	환상선 눈꽃순환열차 첫 운행
12. 15.	새마을호 자유석제도 및 KORAILPASS(자유이용권)제도 시행
1999. 7. 20.	승용차와 승객을 함께 싣고가는 '복합수송열차(CarRail)' 성북~강릉 간 첫 운행
8. 1.	철도민영화추진팀 운영
9. 11.	한국 철도 100주년 기념승차권 발매 개시
9. 14.	사이버객차와 바둑객차 운행 개시
9. 16.	서울역사 야간 경관조명 점등식
9. 18.	'한국 철도 100주년 철도의 날' 기념식 거행
10. 6.	인천지하철 1호선 박촌~동막 간 개통
12. 1.	일본식 철도용어를 쉬운 우리말로 개정 (예 : 대합실→맞이방, 개표→표확인, 홈→타는 곳 등)
2000. 1. 1.	철도청 대대적 조직 개편 • 5개 지방철도청을 폐지하고 17개 지역관리역 체제로 • 본청 4국 2본부 2담당관 1과 체제에서 11본부 3실 체제로 개편
1. 1.	기차표 발매 실명제 실시(매표담당자의 이름을 기차표에 인쇄 발매)
1. 20.	버스카드(RF교통선급카드)로 수도권전철(인천지하철 제외) 이용 개시
2. 1.	한중 공동승차권 발매(3월 1일 승차분부터)

2. 26.	한국 철도 캐릭터 '치포치포(CHIPOCHIPO)' 발표
4.	국내 최초 '한국 철도지도' 발간
5.	철도회원 전용 홈페이지(www.barota.com) 개설
7. 1.	교외선 관광열차용 증기기관차 운행 중지
7. 14.	'한국 철도 1백년' 기념 조형물 제막 • 새로운 세기의 철도 Ⅰ : 서울역 광장 설치, 매립형 • 새로운 세기의 철도 Ⅱ : 철도박물관 설치, 지구모형
9. 18.	경의선 철도·도로 연결 기공식
11. 14.	비둘기호 열차 마지막 운행 (정선선 증산~구절리 간 운행되던 비둘기호 운행 중단)
2001. 2. 5.	철도고객센터 개관 • 철도안내전화, 철도회원예약전화를 각각 1544–7788과 1544–8545로 통합
3. 23.	승차권 인터넷결제 및 바로티켓팅 서비스 실시
9. 30.	경의선 철도 임진강역까지 연장 운행
2002. 2. 12.	망배 특별열차 운행 및 도라산역 현판식 거행 • 1952년 이후 임진강 철교를 넘은 최초의 여객열차
2. 20.	김대중 대통령 및 부시 미국 대통령 도라산역 방문 (대통령 전용열차 '경복호' 첫선)

4. 11.	임진강~도라산역 개통 및 열차 운행
4. 12.	KTX 국산제작 1호차(KTX 13호) 출고 기념식 • 대당 가격은 약 4,000만 달러(약 520억 원)
5. 1.	철도청 어린이 홈페이지 키즈코레일(kids.korail.go.kr) 개설
5. 2.	중앙선 덕소~원주 간 복선전철 기공식
9. 18.	경의선 및 동해선 철도·도로 연결 착공식 • 총사업비 1,804억 원 투입, 군사분계선 DMZ 내 경의선 및 동해선 철도와 도로 북측과 연결
2002. 11.	광주광역시도시철도공사 창립
11. 30.	고양고속철도차량기지 준공
2003. 1. 24.	고속철도 CI 선포식 : 심벌을 코레일로 바꿈.
2. 18.	대구지하철 중앙로역 화재참사로 192명 사망, 148명 부상
4. 30.	경부선 수원~병점 간 복선전철 개통식
5. 13.	경부고속철도 개통 대비 영업선 1단계 시운전 개시
6. 14.	경의·동해선 남북철도 연결식(비무장지대 군사분계선 철도 연결지점)
6. 28.	전국철도노동조합 파업 돌입(6. 28.~7. 1.) • 요구사항 : 철도공사법 국회 통과 반대
7. 29.	철도산업발전기본법 제정
8. 13.~8. 14.	경부고속철도 첫 시운전 실시(고양기지 출발 대전역까지 운행)
9. 19.	살신성인 철도공무원 김행균 팀장 옥조근정훈장 수훈
10. 23.	KTX 차량 최초 인수(KTX 7호)
11. 16.	고속철도 열차이름을 KTX(Korea Train eXpress)로 최종 확정 발표
11. 17.	고속철도 경부선구간(서울~부산 전 구간) 시험운행 완료
11. 28.	KTX 국내 생산분(34편성) 제작 완료 출고식
12. 26.	8200대형 신형전기기관차 도입
12. 31.	한국철도공사법 제정(한국철도공사 설립과 사업범위 등에 관하여 규정)
2004. 1. 1.	고속철도 서울역(신 역사) 준공식
1. 1.	한국철도시설공단 설립.

1. 7.	한국철도시설공단 창립 기념식
3. 24.	호남선 복선전철 준공식 및 고속열차 개통식 목포역 광장에서 거행
3. 24.	고속철도(KTX) 승차권 첫 예매 실시
3. 26.	KTX차량 최종 인수(KTX 46호)
3. 30.	경부고속철도 1단계 개통식 서울역 광장에서 거행
3. 31.	고속철도 개통을 앞두고 통일호열차 전면 운행 중단(마지막 운행)
4. 1.	경부고속철도 1단계 개통 • 1992년 착공 12년 만에 개통, 약 13조 원 투입
4. 14.	KTX 이용객 100만 명 돌파
4. 28.	광주지하철 1호선 1구간 녹동~상무 간 개통. 승강장에 스크린도어 적용
7. 1.	신교통카드시스템 도입 • 대중교통 환승할인 시행(전철/지하철+서울버스) • 운임체계 개편(구역제+이동구간제→거리비례제)
8. 20.	KTX 이용객 개통 142일 만에 1,000만 명 돌파
10. 27.	아름다운 철도원 김행균 씨, 적십자 박애장 금장 받음.
10. 30.	'한국 현대시 100년 기념' KTX 특별열차 운행
12. 1.	경춘선 신남역을 김유정역으로 바꿈. 사람이름을 딴 첫 번째 역
12. 16.	한국형 고속전철 시속 350km/h 시험운행 성공 • 구간 : 천안~신탄진 구간, 속도 : 352.4km/h 기록, 국산화율 87%

2005. 1. 1.	한국철도공사 출범 • 철도산업발전기본법에 따라 발족, 정부가 100% 전액출자한 공기업
1. 5.	한국철도공사 창립 기념식 • 공사기 전달, 비전선포, CI상영, 현판식 등 공사 창립 선포
1. 20.	경부선 병점~천안 간 8개 역, 47.9km 연장개통
4. 1.	홈티켓서비스 시행(KTX열차 및 회원)
5. 1.	홈티켓서비스 전면 확대 시행(무궁화호, 새마을호)
7. 1.	정선선 아우라지~구절리 간 레일바이크 운영
8. 1.	KTX특송서비스 본격 시행
9. 8.	영동선 동해~강릉 간 45.1km 전철화 개통
10. 7.	승차권 없이 KTX 타는 e-Ticket 서비스 개시
10. 27.	서울특별시지하철공사, 사명을 '서울메트로'로 개명
10. 27.~28.	제14차 시베리아횡단철도 국제운송협의회(CCTST) 서울총회 개최
12. 10.	KTX 개통 20개월 만에 이용고객 5,000만 명 돌파. 서울역에서 기념행사
12. 16.	중앙선 청량리~덕소 간 7개 역, 17.2km 개통
12. 27.	경부선 병점~천안 간 복선전철 개통
12. 28.	용산민자역사 완공
2006. 1. 1.	부산교통공사 창립(부산지하철 운영기관)
3. 1.	전국철도노동조합 파업(3. 1.~3. 4.) • 요구사항 : 해고자 복직, KTX승무원 정규직화, 구조조정 철회
3. 15.~3. 20.	남, 북, 러 철도운영자 회의 및 제1차 한·러 철도운영자회의
3. 16.	대전도시철도 1단계구간 판암~정부청사 간 12개 역 개통
3. 16.	경의선, 동해선 CIQ 준공
5. 1.	철도 소화물사업 전면 폐지

7. 1.	철도공사 조직개편 : 기능통합형 17개 지사체제, 3개 철도차량관리단
8. 23.	철도경영개선종합대책 수립 발표 • 2015년 흑자 전환 목표로 공사와 정부가 공동 노력
9. 1.	SMS티켓서비스 시행(KTX패밀리 회원 대상)
12. 8.	경부선(조치원~대구) 전 구간 전철화 개통식
12. 15.	경원선 의정부~소요산역 간 9개 역, 24.4km 연장개통
12. 15.	경부고속선 시흥~광명역 간 4.7km 개통, 용산~광명 간 셔틀열차 운행
12. 22.	철도교통관제센터 개통(5개 지역관제실을 관제센터로 통합)
2007. 1. 3.	SMS티켓서비스 확대(새마을호 이상, 일반고객)
3. 21.	이철 사장, UIC(국제철도연맹) 아시아지역총회 초대의장에 선출
3. 23.	공항철도 1단계구간 인천국제공항역~김포공항역 간 개통
4. 17.	대전도시철도 2단계구간 정부청사~반석 간 10개 역 개통
4. 19.	사내방송 'KORAIL TV' 개국
4. 21.	KTX 이용고객 1억 명 돌파(개통 1,116일 만에 달성)
5. 7.	한국철도공사의 커뮤니케이션 명칭을 코레일로 일원화
5. 17.	남북철도 연결구간 열차시험운행 • 경의선(문산⇔개성, 27.3km) : 문산역 구내에서 기념행사 후 개성역까지 왕복운행 • 동해선(제진⇔금강산, 25.5km) : 금강산역에서 기념행사 후 남측 제진역까지 왕복운행

6. 1.	경부선 기존 선 구간(김천, 구미 경유) KTX 운행 개시
7. 1.	구 서울역사 문화재청에 귀속됨.
7. 1.	대중교통 환승할인 확대 시행(전철/지하철 + 서울버스 + 경기버스)
7. 16.	바다열차 개조 완료 • 개조 수량 : 1편성(3량), 강릉~동해~삼척시에서 각각 3억 원씩 출연
8. 17.	용산역세권 개발 합의 기자회견
8. 23.	KTX시네마 개관식
10. 2.~10. 4.	이철 사장, 2007 남북정상회담 수행원으로 북한 방문
12.	KTX 캐릭터 'KTX-Mini' 탄생
12. 10.	남북출입사무소 도라산물류센터 준공
12. 11.	경의선 문산~봉동 간 화물열차 개통식 및 화물열차 운행 개시 
12. 13.	용산역세권국제업무지구 개발사업 협약체결식
12. 28.	장항~군산 간 철도 연결 개통식
2008. 1. 28.	UIC(국제철도연맹) 아시아사무국 서울사옥에 설치
2. 14.	WCRR 2008 성공 개최를 위한 전진대회 개최
3. 20.	포항~삼척 간(동해중부선) 철도건설사업 기공식 • 동남권~동해안권과의 연계로 환동해권 국가기간 철도망 구축
5. 18.	제8차 세계철도학술대회(WCRR 2008) 및 UIC 정례회의 참석자를 위한 환영 리셉션
5. 19.	제8차 세계철도학술대회(WCRR 2008) 및 UIC 정례회의 개막식 • 제2차 아시아경영위원회와 제3차 아시아총회 개최

5. 20.	제4차 UIC 집행이사회 개최 제72차 UIC 총회 개최 
5. 21.	국제철도연수센터(IRaTCA) 개소식
5. 21.	WCRR 2008 폐막식
9. 2.	수도권 통합요금제 확대 시행을 위한 공동협약 체결
9. 20.	대중교통 환승할인 확대 시행 • 전철/지하철 + 서울버스 + 경기버스 + 광역/좌석버스
10. 1.	대구광역시지하철공사, 사명을 대구도시철도공사로 변경
11. 6.	'철도 100년을 위한 100인 선언대회' 개최
11. 25.	신규고속차량 제1호 편성 낙성식 • 국산 상용고속차량 제1호 개발 완료
12. 1.	경의선 문산~판문(봉동) 간 화물열차 운행 중단
12. 15.	장항선 천안~신창 간 6개 역, 19.4km 개통식
2009. 1. 13.	모바일승차권 운영 개시 (휴대전화로 철도승차권 예매와 발권까지 원스톱으로 처리되는 서비스)
3. 26.	간선형 전기동차(EMU, 150km/h) 최초 도입
4. 1.	'KTX 개통 5주년' 기념 55,555번째 고객 선정 및 축하행사
5. 8.	사단법인 한국철도협회 창립총회
5. 15.	코레일 허준영 사장, UIC 아시아총회 의장에 당선
6. 1.	간선형 전기동차 '누리로' 서울~온양온천~신창구간 첫 영업운행
7. 23.	호남선 고속철도 착공식 거행
7. 24.	서울지하철 9호선 개통식(개화~신논현 간)

9. 12.	국내 최초 에코레일 자전거열차 첫 운행
9. 17.	공항철도㈜ 주식매매계약 체결식
11. 17. ~11. 20.	세계 고속철도 워크숍 및 UIC 아시아총회 개최 • 제6차 UIC 아시아경영위원회(7개국 대표 30여 명 참석) • 제8차 UIC 아시아총회(UIC 아시아회원 19개국 대표 60여 명 참석) • 제1회 UIC 세계 고속철도교류 워크숍 개최
11. 30.	공항철도㈜, 코레일공항철도㈜로 사명 변경
12. 19.	KTX 이용객 2억 명 돌파
2010. 2. 14.	설날 하루 KTX 영업수입 50억 원 돌파, 17만 7천명 이용
2. 16.	무궁화형 동차 NDC 운행 중지. 2. 17.부터 RDC로 대체 1985년 최초 도입 이래 1990년 도입분 내구연한 20년 도래로 퇴역 
3. 2.	한국형 고속전철 KTX-산천 상업운행 개시 첫 열차 : 용산~광주역 간 KTX 501열차, 용산역 06:40발 
3. 5.	청량리 민자역사 역무시설 사용 개시 지하 3층, 지상 6층. 19,163평방미터(5,797평)

4. 1.	고객맞춤형 양회 블록트레인 운행 개시 도담역발 수도권행 4개, 대전권 1개 열차 매일 운행
4. 5.	세계 최초의 다지형 침목 개발 성공
4. 29.	코레일, 천안함 희생자 고 장철희 일병을 명예사원으로 임명
11. 1.	경부고속철도 2단계구간 개통 (동대구~신경주~부산 신선 건설 124.2km)
11. 3.	최초의 택배 간선열차 운행 개시. 수도권~부산 간 화~토요일 매일 운행
12. 5.	허준영 사장, UIC(국제철도연맹) 아시아총회 의장에 재추대
12. 8.	승차권 예약, 결제, 발권이 가능한 스마트폰 어플 '글로리 코레일' 공개
12. 13.	부산신항만선 개통
12. 15.	경전선 복선전철 개통 및 KTX 운행(삼랑진~마산 간)
12. 20.	경춘선 마지막 무궁화호열차 운행
12. 21.	경춘선 복선전철 개통(상봉~춘천 간 81.3km)
12. 29.	코레일공항철도 전 구간(서울~인천국제공항 간 61km) 개통
2011. 2. 1.	코레일 앙상블 창단 연주회. 24명의 직원으로 구성
2. 11.	광명역 KTX-산천 탈선사고 발생. 부산발 광명행 #224열차. 인명피해 없음.
4. 6.	경부선 서울~부산 간 일반열차 운행에도 ATP 적용 (Automatic Train Protection, 열차자동방호시스템)
9. 17.	김해경전철 사상~삼계·가야대 간 23.9km 영업 개시. 2량 1편성 부산-김해경전철운영㈜ 운영
10. 5.	전라선 용산~여수엑스포 간 KTX 운행 개시
10. 28.	신분당선 강남~정자 간 17.3km 개통 국내 최초 무인 중전철, 네오트랜스㈜ 운영

11. 1.	부산신항 배후철도 전철화 개통(삼랑진~부산신항 간 38.8km)	
12. 9.	코레일공항철도 계양역 부근에서 작업자 6명 사상사고 발생	
12. 28.	분당선 죽전~기흥 간 5.9km 전동열차 운행 개시 보정, 구성, 신갈, 기흥역 영업 개시	
12. 29.	KTX 개통 후 7년 만에 1년 이용객 5천만 명 돌파	
2012. 2. 9.	코레일 심포니 오케스트라 창단	
2. 21.	KTX 이용객 3억 명 돌파	
2. 28.	경춘선 준고속열차 ITX-청춘 운행 개시	
5. 16.	차세대고속열차 HEMU-430X(해무) 출고 	
6. 26.	고 김재현 기관사, 미 정부 '특별공로훈장' 추서 	
6. 27.	영동선 솔안터널 개통(6. 26. 스위치백방식 열차 운행 중단)	
6. 30.	수인선 오이도~송도 간 복선전철 13.1km 개통	
7. 1.	의정부경전철 발곡~탑석 간 10.588km 개통. 2량 1편성, 고무차륜. AGT(무인자동운전)방식, 의정부경전철㈜ 운영	
7. 3.	국립대전현충원에 '호국철도전시장' 개장	
7. 20.~22.	철도문화체험전 문화역서울284에서 개최	
11. 12.	철도역사 최초의 여성 서울역장 탄생(김양숙 역장)	

11. 17.	코레일축구단, 2012 내셔널리그 챔피언 등극
11. 20.	경원선 신탄리~철원 백마고지 간 5.6km 개통
12. 5.	경전선 마산~진주 간 복선전철 53.3km 개통
12. 5.	코레일사이클단 창단
2013. 2. 21.	신형 새마을호 명칭을 ITX-새마을로 확정 발표
2. 25.	경원선 성북역을 광운대역으로 역명 변경
2. 27.	철도안전체험센터 개관(경기도 의왕시 인재개발원 내)
4. 12.	중부내륙관광전용열차(O-train, V-train) 개통
4. 16.	박병덕 기장, 철도 역사상 최초로 무사고 3백만 km 달성
5. 13.	중소기업명품 '마루'(우수 중소기업제품 전시판매장) 1호점 서울역에 개장
5. 30.	국립대전현충원에 호국철도기념관 조성 개관
9. 10.	남도해양관광열차(S-train) 개통식(서울역)
9. 16.	중소기업명품 '마루' 2호점 대전역에 개장
9. 27.	남도해양관광열차(S-train) 개통(부산~여수엑스포, 광주~마산 간 운행)
11. 30.	분당선 망포~수원 간 6.1km 연결로 분당선 완전 개통
11. 30.	경춘선 천마산역 영업 개시
12. 9.	전국철도노조 파업 돌입(12. 29.까지 21일간)
2014. 1. 10.	수서고속철도주식회사 출범
1. 25.	신개념디젤기관차 25량, 2주 일정으로 시험운행 시작
2. 24.	ITX-청춘 개통 2년 만에 누적이용객 1천만 명 돌파
3. 1.	중앙선 전동열차 전부 8량으로 확대 운영
5. 4.	평화열차(DMZ-train) 개통
5. 12.	ITX-새마을 영업 개시

6. 30.	인천국제공항 KTX 직결운행
7. 22.	태백선 열차충돌사고 발생
8. 1.	평화열차(DMZ-train) 경원선 영업 개시
8. 15.	수도권전철 개통 40주년
10. 25.	전국호환교통카드 레일플러스 출시
12. 20.	국립서울현충원 내에 김재현 기관사 유물관 설치
12. 27.	경의선 용산~공덕 간 복선전철 개통으로 경의선과 중앙선 상호연결
2015. 1. 22.	정선 아리랑 열차(A-train) 개통
2. 5.	서해금빛열차(G-train) 개통
4. 2.	호남고속철도 개통 호남고속선 오송~광주 송정 간 및 동해선(포항 직결선) 신경주~포항 간 개통 
2015. 3. 31.	포항 KTX(38.7km) 개통식 
4. 1.	호남고속철도(182.3km) 개통식
5. 22.	서해선 복선전철 기공식
6. 24.	수도권고속철도 율현터널 관통식
7. 31.	경부고속철도 2단계(대전~대구 도심구간) 개통식

8. 5.	경원선 남측구간(백마고지~군사분계선) 기공식
11. 30.	원주~강릉 철도 대관령터널(국내 최장 산악터널) 관통식
12. 4.	중앙선 도담~영천 복선전철 전구간 착공
2016. 1. 29.	신분당선 연장선 정자~광교(13.8km) 구간 개통식
2. 26.	수인선 인천~송도(7.5km) 개통식

7. 15.	경전선 진주~광양(51.5km) 개통식

8. 22.	수도권고속철도 300km/h 시험운행 성공
9. 23.	경강선 성남~여주(57.0km) 복선전철 개통식

10. 6.	원주~강릉 철도건설 마지막 터널(강릉터널) 관통식

12. 8.	수서고속철도(SRT) 개통식(61.1km) * 철도 117년사 최초로 경쟁체제 도입

12. 29.	동해남부선 부전~일광(28.0km) 개통식